A produção de conhecimento no Serviço Social

FUNDAÇÃO EDITORA DA UNESP

Presidente do Conselho Curador
Herman Jacobus Cornelis Voorwald

Diretor-Presidente
José Castilho Marques Neto

Editor-Executivo
Jézio Hernani Bomfim Gutierre

Conselho Editorial Acadêmico
Alberto Tsuyoshi Ikeda
Célia Aparecida Ferreira Tolentino
Eda Maria Góes
Elisabeth Criscuolo Urbinati
Ildeberto Muniz de Almeida
Luiz Gonzaga Marchezan
Nilson Ghirardello
Paulo César Corrêa Borges
Sérgio Vicente Motta
Vicente Pleitez

Editores-Assistentes
Anderson Nobara
Henrique Zanardi
Jorge Pereira Filho

RICARDO LARA

A PRODUÇÃO DE CONHECIMENTO NO SERVIÇO SOCIAL
O MUNDO DO TRABALHO EM DEBATE

© 2011 Editora UNESP

Direitos de publicação reservados à:
Fundação Editora da UNESP (FEU)

Praça da Sé, 108
01001-900 – São Paulo – SP
Tel.: (0xx11) 3242-7171
Fax: (0xx11) 3242-7172
www.editoraunesp.com.br
www.livraria.unesp.com.br
feu@editora.unesp.br

CIP – BRASIL. Catalogação na fonte
Sindicato Nacional dos Editores de Livros, RJ

L328p

Lara, Ricardo
  A produção de conhecimento no Serviço Social: o mundo do trabalho em debate / Ricardo Lara. - São Paulo : Editora Unesp, 2011.
  Inclui bibliografia
  ISBN 978-85-393-0118-8

  1. Serviço social – Filosofia. 2. Serviço social – Pesquisa. 3. Trabalho. 4. Literatura científica. I. Título.

11-2044.
CDD: 361
CDU: 364

Este livro é publicado pelo projeto *Edição de Textos de Docentes e Pós-Graduados da UNESP* – Pró-Reitoria de Pós-Graduação da UNESP (PROPG) / Fundação Editora da UNESP (FEU)

Editora afiliada:

Asociación de Editoriales Universitarias
de América Latina y el Caribe

Associação Brasileira de
Editoras Universitárias

In memoriam *de Genoefá Malagutti Lara, que despertou em mim o companheirismo e a sensibilidade pela vida, desde os meus primeiros contatos com o mundo social.*

Ao professor Narciso João Rodrigues Junior, velho companheiro, pela paciência, discordâncias e insistências em indicar que o saber é sobre o mundo e o mundo carece de transformação.

Agradecimentos

Este livro é resultado da tese de doutorado defendida no Programa de Pós-Graduação em Serviço Social da Faculdade de Ciências Humanas e Sociais da Universidade Estadual Paulista (Unesp), *campus* de Franca. Na realização desta pesquisa, tive a pretensão de compreender as principais tendências de estudo sobre o mundo do trabalho no Serviço Social e, simultaneamente, questionar o lugar da *potência revolucionária do trabalho* nas investigações acadêmicas.

Gostaria de deixar meus agradecimentos às pessoas que estiveram presentes no percurso da realização deste livro. Ao professor e companheiro José Walter Canôas, pelas oportunidades institucionais oferecidas nos estudos pós-graduados e confiança em me proporcionar total autonomia teórica.

Aos professores Claudia Maria França Mazzei Nogueira, João Antônio Rodrigues, José Fernando Siqueira da Silva e Ricardo Antunes, pelas importantes contribuições na defesa da tese de doutorado.

Para os amigos Diogo Prado Evangelista e Marlon Garcia da Silva, pelos constantes estudos e debates no Grupo de Estudos Pensamento Vivo, que felizmente contou com a dedicação do professor Narciso João Rodrigues Junior, que não se limitou a nos oferecer obras e textos científicos, mas, acima de tudo, indicou caminhos para que não nos iludíssemos com a "decadência ideológica" presente nas ciências sociais e humanas contemporâneas.

Aos companheiros Márcio Lupatini, Ellen Lucy Tristão, Raquel Cristina Lucas Mota e aos alunos do curso de Serviço Social da Universidade

Federal dos Vales do Jequitinhonha e Mucuri (UFVJM), pelo convívio universitário na fase final de elaboração deste trabalho.

Especial agradecimento a minha esposa Thalita Simões Pinotti Lara e meu filho Pedro Gabriel Pinotti Lara, pela paciência e espaço de diálogo cotidiano em relação às minhas inquietações políticas e teóricas.

"Toda vida social é essencialmente prática. Todos os mistérios que conduzem a teoria ao misticismo encontram sua solução racional na prática humana e na compreensão dessa prática."

(Karl Marx, *A ideologia alemã*)

"A ciência se desenvolve a partir da vida; e, na vida, quer saibamos e queiramos ou não, somos obrigados a nos comportar de modo ontológico."

(Georg Lukács, *Ontologia do ser social*)

Sumário

Prefácio   13
Introdução   17

1 Traços expressivos da pesquisa e da produção
   de conhecimentos no Serviço Social   25
2 O mundo do trabalho na produção teórica do Serviço Social   57
3 A objetividade da produção de conhecimento no Serviço Social   197

Considerações finais   283
Referências bibliográficas   311

Prefácio

A produção que vem a público na forma de livro, originalmente elaborada por Ricardo Lara para sua tese de doutoramento no Programa de Pós-Graduação em Serviço Social da Faculdade de Ciências Humanas e Sociais da Unesp, *campus* de Franca, é leitura certa para aqueles que têm na emancipação humana o motivo para consumir a própria vida. Isso impõe, necessariamente, o compromisso com uma produção de conhecimentos orientada por demandas ontológicas, vinculadas à produção e à reprodução da vida do ser, ciência essa que não se sustenta ou se legitima, em hipótese alguma, na pretensa neutralidade científica comprometida, no limite, com a reforma social. É preciso reafirmar, com toda clareza, que não existe conhecimento desprovido de intencionalidade, desvinculado de projetos societários que representam necessariamente interesses de classe.

Muito longe de ser um estudo "de Serviço Social", que agrada o paladar daqueles que creem na produção de "conhecimentos especializados", em princípios endógenos e no manuseio de "teorias próprias" como traços fundantes e legitimadores de uma profissão e de sua cientificidade, a obra apresentada tece críticas radicais aos limites impostos pela ciência burguesa que é responsável, nos dizeres de Lukács, por uma profunda "decadência ideológica" na produção científica. Para perquirir essa complexa trama em que se insere o Serviço Social como profissão, o autor elege para seu estudo uma categoria central à sociabilidade humana: *o trabalho*. Componente fundamental na relação orgânica entre o Homem e a natureza, ponto nevrálgico à sociabilização humana como prévia ideação que se exterioriza em valores de uso, como natureza humanizada e humanidade naturalizada, o trabalho objetiva-se, materializa-se, na ordem do capital, nas suas diferentes fases, em mercadorias que não pertencem aos produtores, produtos esses munidos de valor de troca e constituídos por trabalho alienado-estranhado. O capital, como brilhantemente lembra Marx, é trabalho morto que se reanima vampirizando trabalho vivo capaz de pôr em movimento a valorização não apenas como valor pago à força de trabalho (o salário), mas, sobretudo, como valorização no processo de trabalho para além do tempo socialmente necessário à reprodução da força de trabalho como tal.

Obviamente que a crítica à sociabilidade burguesa, à sua racionalidade técnico-instrumental, à sua forma de produzir e de reproduzir a vida e os conhecimentos humanos sobre ela não são considerados, sob o paradigma liberal-burguês (em suas diversas variações), como aspectos relevantes à preparação de profissionais competentes (entre eles os assistentes sociais). Caberia, então, no caso do Serviço Social, fazer o possível como profissão para contribuir com a gestão da pobreza, reduzindo a categoria trabalho à sua dimensão meramente operativa, abstrata, tomando-a como insignificante, na melhor das hipóteses como coadjuvante, também para o Serviço Social e para a formação profissional dos assistentes sociais.

A crítica radical à categoria trabalho na sua forma abstrata, alienada-estranhada, oferece bases sólidas para a análise de um importante complexo social que sustentou a gênese do Serviço Social como profissão, "como prática institucionalizada, socialmente legitimada e legalmente sancionada" (nos dizeres de José Paulo Netto): a "questão social". Somente sob as bases ontológicas radicalmente tratadas pela teoria social de Marx é possível explicar o significado do Serviço Social como profissão, seus vínculos e funcionalidades no mundo do capital, particularmente na era monopolista-flexível-financeirizada, constituída, no Brasil, pela via colonial-hipertardia. A chamada "questão social", então, poderá ser desvelada não como um conjunto de problemas de ordem subjetivo-individual, mais recentemente tratados como "questões sociais" que retomam temas a assuntos que rodeiam sistemicamente a vida dos indivíduos (claramente inspirados na tradição positivo-funcional), mas adquirirá concretude tendo como "chão" a lei geral da acumulação capitalista, a crítica à economia-política nos dizeres marxianos.

Em tempos de resistência e de reorganização das forças comprometidas com a emancipação humana de homens e de mulheres, com o resgate da potência propiciada pelo trabalho concreto e útil, capaz de saturar o ser social com seus atributos humano-genéricos, em uma sociedade para além do capital (conforme insiste Mészáros), o debate sobre a categoria trabalho e sobre a maneira como o Serviço Social tem se apropriado dessa discussão adquire importância particular. Mais do que isso, a qualidade desse debate, a recuperação da potência do trabalho sobre o capital e o resgate da política como potência crítica que alimente a reorganização dos segmentos que teimam em resistir ao capital e afirmar a sua insustentabilidade são condições básicas para que o Serviço Social possa radicalizar o seu projeto ético-político profissional. Isso, certamente, não elimina as inúmeras contradições dessa profissão, insuprimíveis como tais na sociabilidade burguesa, mas lhe impõe outra dinâmica, levando-a a suas fronteiras mais distantes, forcejando-a, exigindo o enfrentamento de suas tensões essenciais para o reconhecimento de seus limites e potencialidades. A obra apresentada por Ricardo Lara se inscreve, certamente, nessa tradição emancipatória e libertária.

José Fernando Siqueira da Silva
Franca, outono de 2011

Introdução

> Serão as necessidades teóricas diretamente necessidades práticas? Não basta que o pensamento procure realizar-se; a realidade deve igualmente compelir ao pensamento.
>
> (Marx, 2005, p.152)

Nas últimas décadas, as diversas áreas do conhecimento abordaram com veemência o mundo do trabalho, especialmente a partir de mais uma crise de acumulação do capital iniciada nos anos 1970.

O mundo do trabalho é uma temática ampla e complexa que pressupõe opções teóricas e políticas acerca de aspectos a serem abordados num estudo científico, especialmente em razão de as investigações sobre o trabalho terem as mais variadas abordagens nas ciências sociais e humanas. Neste livro, o objetivo é analisar a produção teórica do Serviço Social sobre o mundo do trabalho, de 1996 a 2006. Objetivamos levantar as principais temáticas e tendências das investigações dos assistentes sociais sobre o mundo do trabalho.

A opção de estudar o mundo do trabalho não é meramente uma questão de temática ou de alternativa teórica; é, acima de tudo, esforço e preocupação em produzir um saber que não se contenta com uma análise teórica restrita, mas, sobretudo, almejamos um saber que se posiciona politicamente em favor do trabalho e, respectivamente, da *humanidade social*.

Compreendemos que consciência política não é o mesmo que compreensão teórica, mas teorizar é também fazer política no sentido de encarar a ciência, a pesquisa e a produção do conhecimento não de forma neutra, como roga o preceito positivista de cunho conservador. Temos como pressuposto produzir um saber que se posiciona em favor do trabalho, e com as devidas consequências teóricas e políticas desse posicionamento. É bom ressaltar que nossa concepção está distante das necessidades políticas como critério da cientificidade, ou seja, está afastada das concepções para as quais o verdadeiro cientificamente é o que justificasse a necessidade da tática política.

Esta pesquisa tem relação estreita com nossa vida profissional como professor universitário. Observando o cotidiano da Universidade e as inquietações que essas relações trazem, é que definimos nosso tema de estudo: a produção do conhecimento em Serviço Social sobre o mundo do trabalho. O ambiente universitário que se apresenta sólido e rico diante do saber é, ao mesmo tempo, vazio e pobre quando são cobrados posicionamentos de alguns "acadêmicos". Claro que não podemos generalizar, pois ainda temos poucos ilustres representantes do gênero humano na Universidade, ou seja, homens e mulheres que se preocupam com um saber que favoreça e lute pela humanidade. Mas o que mais nos angustia é deparar com o ambiente universitário e observar que muitos "intelectuais" estão satisfeitos em produzir e reproduzir a Universidade, sem preocupação alguma de estabelecer relações com o conjunto das contradições e lutas sociais.[1]

Por essas questões, optamos por estudar o mundo do trabalho e, simultaneamente, questionar os caminhos da produção do conhecimento, pois vivemos na contemporaneidade uma contrarrevolução extrema. A desconsideração dessa situação em relação à processualidade social pode nos levar à "doce melodia" do debate da pós-modernidade, que tudo coloca em xeque com intenso esforço de erradicar a análise crítica da luta de classes, da propriedade privada, do trabalho estranhado[2] e, por conseguinte, oculta

---

[1] Voltaremos a esse debate no Capítulo 3 deste livro.
[2] Na atualidade torna-se necessário relembrar as indicações de Marx (2004, p. 89): "Da relação do trabalho estranhado com a propriedade privada depreende-se, além do mais, que a emancipação da sociedade da propriedade privada etc., da servidão, se manifesta na forma *política da emancipação dos trabalhadores*, não como se dissesse respeito somente à emancipação deles, mas porque na sua emancipação está encerrada a [emancipação] humana universal. Mas esta [última] está aí encerrada porque a opressão humana inteira está envolvida na relação do trabalhador com a produção, e todas as relações de servidão são apenas modificações dessa relação. Assim como encontramos, por *análise*, a partir do conceito de trabalho *estranhado*,

o principal questionamento que, a nosso ver, é a produção e a reprodução da vida social sob o sistema do capital.

O mundo do trabalho é compreendido como o palco central da produção e da reprodução da vida material e, consequentemente, o espaço – no campo, na indústria ou no setor de serviços – de intensa exploração dos trabalhadores que vendem sua força de trabalho. As relações precarizadas de trabalho tomaram proporções alarmantes no capitalismo contemporâneo, simultaneamente, o *estranhamento*[3] intensificou-se no conjunto da vida social.

O desafio deste livro é estudar as investigações dos assistentes sociais sobre o mundo do trabalho e analisar suas construções teóricas, para assim termos as principais tendências de estudo dos profissionais em Serviço Social sobre a relação capital *versus* trabalho contemporânea e, especialmente, visualizarmos possíveis "caminhos" teóricos e políticos em relação a nossas preocupações cotidianas com a luta de classes.

As principais inquietações que perpassam este livro são as seguintes: o conhecimento produzido pelo Serviço Social subsidiado pelas ciências sociais e humanas a respeito da principal tensão da vida social, que academicamente nomeamos de mundo do trabalho, tem como objetivo desvendar a *potência revolucionária do trabalho*? O conflito capital *versus* trabalho foi solapado pela fome voraz de título da "Universidade Produtivista" e se tornou mais uma temática de estudo?

Para responder a tais indagações, foram pesquisados artigos das revistas *Serviço Social & Sociedade*; *Debates Sociais*; *Serviço Social e Realidade*;

---

exteriorizado, o conceito de *propriedade privada*, assim podem, com a ajuda destes dois fatores, ser desenvolvidas todas as *categorias* nacional-econômicas, e haveremos de reencontrar em cada categoria, como por exemplo do regateio, da concorrência, do capital, do dinheiro, apenas uma *expressão determinada* e *desenvolvida* desses primeiros fundamentos".

3 Neste estudo, quando nos referimos a *estranhamento ou alienação*, temos como referência a palavra alemã *Entfremdung*, que tem o sentido negativo do trabalho assalariado submetido ao capital. Marx (2004), nos *Manuscritos econômico-filosóficos*, aborda o *trabalho estranhado* na composição da socialidade humana, especialmente na forma em que o trabalho é transformado em elemento subordinado à troca e à propriedade privada. Marx trata do complexo *estranhamento e alienação*, especificamente no modo de produção capitalista, no processo de criação da mercadoria, por meio das categorias *Entfremdung* e *Entäusserung*. Essas categorias são complexas e repletas de discussões entre os principais estudiosos da obra de Marx; portanto, não entraremos nessa discussão, pois não é nosso objetivo. Indicamos, para a discussão sobre *alienação* e *estranhamento* em Marx, as seguintes obras: *A teoria da alienação em Marx* (Mészáros, 2006) e *A câmara escura* (Ranieri, 2001).

Praia Vermelha. Tivemos dificuldades em delimitar o material de pesquisa, pois a partir de 1980 o Serviço Social começou a colher os frutos do *movimento de reconceituação*[4] e surgiram importantes investigações sobre as mais variadas temáticas que tomam como pressuposto a centralidade do trabalho. Portanto, neste livro restringimo-nos a analisar os artigos que trazem como preocupação central o mundo do trabalho. A opção em investigar as citadas revistas ocorreu depois de uma ampla pesquisa sobre os principais meios de publicitação de conhecimentos do Serviço Social. A seguir justificamos a delimitação do material investigado.

A revista *Serviço Social & Sociedade* tem sua presença no debate teórico do Serviço Social há 28 anos, registrando parte significativa da trajetória histórica da profissão. Atualmente, é uma publicação de referência nacional e internacional, cujo objetivo é levar aos profissionais de Serviço Social e áreas afins as últimas informações sobre os mais diversos temas ligados à vida social. Definimos como recorte histórico da pesquisa os anos de 1996 a 2006, por condensar significativos estudos e publicações do Serviço Social sobre o mundo do trabalho. Um dos marcos que também influenciaram a definição desse período foi a publicação da revista *Serviço Social & Sociedade* número 52, tendo como tema o mundo do trabalho. Observe a apresentação do Comitê Editorial (1996, p.7-8) da revista:

> Este número da revista *Serviço Social e Sociedade* está organizado em torna da problemática do trabalho na sociedade capitalista contemporânea. O impacto desencadeado pelas mudanças nos processos produtivos atinge a todos os países, ainda que com expressões e desdobramentos particulares e diferenciados em cada um deles [...] fazer desta temática o eixo desta edição não é casual. [...] A temática trabalho se desdobra pelos artigos, tanto na ótica do seu rebatimento na prática do Serviço Social com diferentes segmentos sociais, quanto através da contribuição de Lukács para a análise ontológica da categoria trabalho.

---

4 Entendemos o *movimento de reconceituação* como a crítica desenvolvida pelos assistentes sociais, contra o Serviço Social tradicional nos anos 1960 e que se estendeu até início dos anos 1980. Esse processo foi de fundamental importância para a profissão se aproximar de autores da tradição marxista e iniciar de forma mais homogênea, no âmbito da formação e do exercício profissional, uma postura crítica diante do capitalismo.

A revista *Debates Sociais* é uma publicação do Centro de Cooperação e Intercâmbio em Serviços Sociais (CBCISS).⁵ Seu primeiro número foi editado em 1968 e apresenta, desde então, discussões dos mais diversificados temas do Serviço Social. A revista é um espaço de discussão da categoria profissional há 40 anos, por tal motivo consideramos uma fonte de pesquisa relevante.

A revista *Serviço Social e Realidade* desde 1993 é um periódico de circulação em âmbito nacional e representa a produção de conhecimentos do Programa de Pós-Graduação em Serviço Social da Universidade Estadual Paulista (Unesp/Franca), que tem como uma de suas linhas de pesquisa: "Serviço Social – Mundo do Trabalho". O programa de pós-graduação tem considerável número de dissertações e teses que pesquisaram questões relacionadas à temática trabalho.

A revista *Praia Vermelha* existe desde 1997 e responde pela produção acadêmica do Programa de Pós-Graduação da Escola de Serviço Social da Universidade Federal do Rio de Janeiro (UFRJ). Esse programa de pósgraduação apresenta como uma de suas linhas de pesquisa: "Processo de trabalho e classes sociais", que objetiva realizar estudos nos diferentes setores da economia e observar as alterações e os impactos ocorridos no mundo do trabalho.

Selecionamos essas revistas pela impossibilidade de analisarmos toda a produção teórica disponível do Serviço Social sobre o *mundo do trabalho*. Consideramos que esses volumes condensam significativos estudos dos assistentes sociais e profissionais das áreas afins e contêm conselho editorial composto por expressivos pesquisadores da área.

Pressupomos que, ao analisarmos os artigos das revistas, teremos o quadro sinóptico dos estudos dos assistentes sociais sobre o mundo do trabalho, e o que é mais importante, surgirão as mais diversificadas tendências de estudos que poderão colaborar para os avanços teóricos da profissão. Outro fator de acréscimo que a pesquisa pode trazer diz respeito à seguinte afirmação: se o Serviço Social for impreciso na apreensão do mundo do trabalho, também ficará aquém ou além da realidade social nas propostas, nas elaborações e execuções de políticas, programas e projetos sociais.

---

5 A história do CBCISS tem sua origem como representante da Conferência Internacional de Bem-Estar Social em 1962. O CBCISS tem relevância no cenário internacional, projetando-se como comitê e é respeitado por seus trabalhos e contribuições relevantes.

Contudo, no atual momento de produção teórica dos assistentes sociais, torna-se relevante uma análise sistematizada da produção do conhecimento sobre o mundo do trabalho.

Esta pesquisa foi de cunho bibliográfico e buscamos pressupostos teóricos na intelecção de mundo que se pauta pela "descrição ontológica do ser social sobre bases materialistas..." (Lukács, 1979a, p.14). Debruçamos sobre o material de pesquisa não simplesmente para cumprir uma exigência acadêmica, mas, antes de tudo, para construir um saber que nos fortaleça na compreensão das contradições da vida social, que é orquestrada de forma destrutiva pelo sistema do capital. Essa forma de se inclinar sobre um determinado "objeto de estudo" ou realidade social não se atém somente ao empirismo pragmático propriamente dito, mas destaca o *real* como edificação constituída historicamente e movido por rupturas que exigem novas superações no confronto com o *mundo dos homens*.

Neste livro, abrimos discussões que, aparentemente, são específicas, mas que englobam apreensões mais amplas e complexas. A produção de conhecimento no Serviço Social sobre o mundo do trabalho foi nossa *objetivação de estudo*, que observamos por intermédio da ciência não como algo estático, fechado e final, mas buscamos ampliar as discussões e as possibilidades de pensar o "objeto de estudo", pois, ao desvendarmos o "objeto", as análises mostraram os diversos caminhos na exposição teórica. Entendemos que o recorte do "objeto estudado" não existe por si só, está engendrado em um complexo sistema social. A busca da totalidade no desenvolvimento da investigação não foi um fato formal do pensamento, mas a busca pela

> reprodução mental do realmente existente, as categorias não são elementos de uma arquitetura hierárquica e sistemática; ao contrário, são na realidade "formas de ser, determinações de existência", elementos estruturais de complexos relativamente totais, reais, dinâmicos, cuja inter-relações dinâmica dão lugar a complexos cada vez mais abrangentes, em sentido tanto extensivo quanto intensivo. (Lukács, 1979a, p.28)

A preocupação central deste livro foram as investigações dos assistentes sociais sobre o mundo do trabalho, mas, no desenvolvimento, surgiram vários questionamentos que nos levaram a interrogar a objetividade da pesquisa e da produção do conhecimento no Serviço Social; a protestar em relação aos caminhos "tortuosos" da "Universidade Produtivista"; a perquirir a fragmentação do conhecimento das ciências sociais com suas metodologias reducionistas na apreensão da vida social; a traçar alguns apontamentos sobre a *perspectiva ontológica materialista-histórica* e a esforçar para compreender os nexos causais entre trabalho e ciência.

Além desta Introdução, o presente livro é constituído pelo Capítulo 1, "Traços expressivos da pesquisa e da produção de conhecimentos no Serviço Social", contendo um breve histórico da pesquisa e da produção de conhecimentos no Serviço Social, no qual destacamos o momento em que os assistentes sociais se afirmam como pesquisadores e realçamos quando o trabalho emerge como temática de destaque nas investigações dos programas de pós-graduação da área; pelo Capítulo 2, "O mundo do trabalho na produção teórica do Serviço Social", que objetiva apresentar, a partir das análises dos artigos, as principais preocupações de estudo dos assistentes sociais sobre o mundo do trabalho além de elaborar os eixos temáticos que facilitaram a forma de expor o conteúdo investigado; e pelo Capítulo 3, "A objetividade da produção de conhecimento no Serviço Social", que objetiva questionar a condição atual da pesquisa e da produção do conhecimento na "Universidade Produtivista" e a fragmentação a que as ciências sociais são submetidas diante da concepção burguesa de ciência; ainda nesse capítulo indicamos os pressupostos da *perspectiva ontológica materialista-histórica (e dialética)* com a pretensão de aproximar-se de um saber *carente do mundo e mundo carente de transformação* e, por consequência, perquirimos os nexos causais entre trabalho e ciência em busca de uma ciência genuinamente humana, que privilegie, na produção do conhecimento, a lógica do trabalho. Nas considerações finais, retomamos a discussão do Capítulo 2 e realizamos uma interlocução com os principais autores que influenciam a produção teórica do Serviço Social sobre o mundo do trabalho.

1
TRAÇOS EXPRESSIVOS DA PESQUISA E DA PRODUÇÃO DE CONHECIMENTOS NO SERVIÇO SOCIAL

O Serviço Social contemporâneo responde por significativa produção de conhecimentos nas mais diversas áreas das ciências sociais e humanas. A partir de 1970, com maior evidência, a profissão inseriu-se como *interlocutora* das demais áreas do conhecimento e começou a responder por sua própria produção teórica, permitindo maior destaque à pesquisa e à produção de conhecimentos. A pós-graduação em Serviço Social ganhou espaço junto ao Conselho Nacional de Desenvolvimento Científico e Tecnológico (CNPq), à Fundação Cooperação de Aperfeiçoamento de Pessoal de Nível Superior (Capes) e às demais agências de fomento. O país oferece cursos de especialização, mestrado, doutorado e pós-doutorado. A qualidade e o volume da produção científica revelam uma profissão que alcançou sua maturidade intelectual (Netto, 1996b).

O debate sobre pesquisa e produção do conhecimento passou a ser frequente nos encontros da categoria profissional e, de certa forma, surge também como preocupação de estudo na bibliografia da área. Portanto, para pôr em relevância a pesquisa e a produção de conhecimentos no Serviço Social, vamos resgatar momentos particulares no processo histórico da profissão.

O Serviço Social como profissão inserida na divisão social do trabalho tem algumas singularidades em seu "fazer profissional". Uma das mais destacadas é a execução de políticas públicas no enfrentamento das expressões da "questão social". No âmbito científico, o Serviço Social é classificado como *ciência social aplicada*. Aqui já cabe uma breve pergunta. O que é *ciência social aplicada*? Cremos que toda forma de existir da ciência advém de uma realidade social, do mundo real, e não de uma imaginação aleatória, em que não tenha o *vínculo aplicado* com a concretude histórica. Percebemos que, desde a sua origem, o Serviço Social mantém uma relação estreita com a ciência burguesa. Isso é claro! Sua emersão como profissão se deu na idade do capital monopolista, momento de organização do Estado e das legislações sociais segundo os princípios de *regulação social liberal* e consolidação das "ciências particulares" no âmbito acadêmico.

Em um dos principais momentos do capital monopolista, período aproximado entre 1890 e 1940, as contradições sociais foram substanciais e a economia burguesa buscou saídas para manter seu ciclo de acumulação. A principal característica dessa fase do capitalismo é o *acréscimo dos lucros capitalistas por meio do controle dos mercados*. Os principais fenômenos da organização monopólica são: crescimento contínuo dos preços das mercadorias e serviços produzidos pelos monopólios; taxas de lucros tendem a ser mais altas nos setores monopolizados; taxa de acumulação eleva-se, em contrapartida, ocorre a tendência descendente da média de lucro e a disposição ao subconsumo; investimentos concentram-se nos setores de maior concorrência; substituição do *trabalho vivo* pelo *trabalho morto* em razão da inserção de novas tecnologias; crescimento do número de trabalhadores que vão compor o exército industrial de reserva de força de trabalho, ou seja, o desemprego (Netto, 1996a).

Para assegurar os mecanismos tencionados pela ordem monopólica, o Estado é reivindicado como mecanismo de *intervenção extraeconômica*, cuja função é assegurar os *grandes lucros* dos monopólios e desempenhar funções econômicas como investimentos em setores menos rentáveis e em empresas com dificuldade de crescimento ou em crise; entregar aos monopólios os complexos construídos com fundos públicos, além de outros fatores que os fortalecem em detrimento dos custeios do Estado. O Estado passa a ter como principal objetivo garantir as condições necessárias à acumulação e valorização do capital monopolista.

Em relação às contradições sociais oriundas da relação capital *versus* trabalho, o Estado responsabiliza-se por controlar e manter a força de trabalho e por suportar certo nível de organização de luta classista. Parafraseando José Paulo Netto (ibidem, p.25), o capitalismo monopolista, por suas dinâmicas e contradições, cria condições tais que o Estado por ele capturado, ao buscar legitimação política por meio do jogo democrático, é permeável a demandas das classes subalternas, que podem fazer incidir nele seus interesses e suas reivindicações imediatas. Com isso, a "questão social" passa a ser objeto de intervenção contínua e sistemática por parte do Estado, por meio das políticas sociais, as quais passam a atuar diretamente nas expressões da "questão social"[1] de forma fragmentada e parcializada.

Enquanto intervenção do Estado burguês no capitalismo monopolista, a política social deve constituir-se necessariamente em políticas sociais: as seqüelas da "questão social" são recordadas como problemáticas particulares (o desemprego, a fome, a carência habitacional, o acidente de trabalho, a falta de escolas, a incapacidade física etc.) e assim enfrentadas. (Netto, 1996a, p.28)

Evidencia, portanto, a ação interventiva do Estado, que desconsidera a "questão social" como resultante da ordem burguesa e das contradições do modo de produção capitalista, em sua maneira conflitante de produzir e apropriar da riqueza social. Dessa forma, a "questão social" é atacada nas suas expressões, em suas sequelas, e são entendidas como problemáticas para o desenvolvimento econômico-social.

Nesse contexto, o Serviço Social, em âmbito mundial, emerge como profissão e consolida seu espaço sócio-ocupacional na idade do capitalismo monopolista. Para José Paulo Netto (ibidem, p.69-71), é somente na ordem societária comandada pelo monopólio que se gestam as condições histórico-sociais para que, na divisão social e técnica do trabalho, constitua-se um espaço em que se possam mover práticas profissionais como as do assistente social. "A profissionalização do Serviço Social não se relaciona decisivamente à 'evolução da ajuda', à 'racionalização da filantropia' nem à 'organização da caridade'; vincula-se à *dinâmica da ordem monopólica*". Portanto, é na consolidação da sociedade burguesa madura que surge o

---

[1] "Todas as evidências disponíveis sugerem que a expressão 'questão social' tem história recente: seu emprego data de cento e setenta anos. Parece que começou a ser utilizada na terceira década do século XIX e foi divulgada até a metade daquela centúria por críticos da sociedade e filantrapos situados nos mais variados espaços do espectro político. A expressão surge para dar conta do fenômeno evidente da história da Europa Ocidental que experimentava os impactos da primeira onda industrializante, iniciada na Inglaterra no último quartel do século XVIII: trata-se do fenômeno do pauperismo. Com efeito, a pauperização (neste caso, absoluta) massiva da população trabalhadora constituiu o aspecto mais imediato da instauração do capitalismo em seu estágio industrial-concorrencial e não por acaso engendrou uma copiosa documentação" (Netto, 2001c, p.42).

Serviço Social com sua base sustentada nas modalidades do Estado burguês que se defronta com a "questão social"[2] por meios das políticas sociais. É nessa processualidade histórico-social que se põe o *mercado de trabalho* para o assistente social, e esse passa a ter sua ação profissional reconhecida "como um dos agentes executores das políticas sociais".

A profissão adquire concretude histórica nos marcos da expansão do capitalismo monopolista, confrontando seu exercício profissional com as sequelas da "questão social". Nesse sentido, a política social é um dos campos essenciais da ação profissional, mas vale lembrar que o Serviço Social não se esgota nessa ação.

No Brasil, o Serviço Social deu seus primeiros passos na década de 1930, com a iniciativa particular de vários setores da burguesia com fortes laços com a Igreja Católica, tendo como referência, primeiramente, o Serviço Social europeu de orientação franco-belga. Martinelli (2000, p.122) alerta que "o Serviço Social brasileiro não pode ser entendido como uma simples transposição de modelos ou mera importação de idéias, pois suas origens estão profundamente relacionadas com o complexo quadro histórico conjuntural que caracteriza o país naquele momento". Dentre os principais fatores da realidade brasileira, a autora destaca que a acumulação capitalista deixava de se fazer por meio das atividades agrárias e de exportação, centrando-se no amadurecimento do mercado de trabalho, na consolidação do polo industrial nacional e na vinculação da economia com o mercado mundial. Os levantes sociais em curso no Brasil desde a segunda metade da década de 1920 vinham exigindo uma rápida recomposição do quadro político, social e econômico. A repressão policial, peculiar da primeira república, por meio da qual fracassara o plano da burguesia em conter avanço do movimento operário, necessitava de mecanismos mais sólidos para combater as contradições sociais.

Os primeiros passos operacionais do Serviço Social no Brasil se dão no seio do movimento católico. O processo de profissionalização e legiti-

---

2 "Em nossa perspectiva, a apreensão da particularidade da gênese histórico-social da profissão nem de longe se esgota na referência à 'questão social' tomada abstratamente; está hipotecada ao concreto tratamento desta num momento muito específico do processo da sociedade burguesa constituída, aquela do trânsito à idade do monopólio, isto é, as conexões genéticas do Serviço Social profissional não entretecem com a 'questão social', mas com suas peculiaridades no âmbito da sociedade burguesa fundada na organização monopólica" (Netto, 1996a, p.14).

mação encontra-se estreitamente articulado à expansão das grandes instituições socioassistenciais estatais, paraestatais e autárquicas, que nascem especialmente na década de 1940. Dentre as instituições podemos destacar: o Conselho Nacional de Serviço Social (1938), a Legião Brasileira de Assistência (1942), o Serviço Nacional de Aprendizagem Industrial (1942) e o Serviço Social da Indústria (1946). A criação de tais instituições tem como pano de fundo um período, na história do Brasil, marcado pelo aprofundamento do modelo de Estado intervencionista sob a égide do capitalismo monopolista internacional, e por uma política econômica nacional que privilegiou o crescimento da industrialização. No Brasil, o desenvolvimento material desencadeia a expansão do proletariado urbano, reforçada pela migração interna, o que cria a necessidade política de controlar e absorver esses segmentos sociais. O Estado incorpora parte das reivindicações da classe trabalhadora nacional, ampliando a base de reconhecimento legal da "cidadania", do proletariado e dos direitos sociais por meio da criação de legislações sociais (Iamamoto, 1998, p.30-1).

No campo teórico, as primeiras décadas do Serviço Social no Brasil tiveram como seiva o pensamento social da Igreja e o pensamento conservador,[3] especialmente, da sociologia norte-americana.[4] É imperativo recordar as influências das encíclicas papais pela abordagem da escola franco-belga e as análises funcionalistas norte-americanas com as "metodologias de ação": *caso, grupo e comunidade*. A relação da profissão com o ideário católico vai cunhar seus primeiros referenciais no contexto de expansão e secularização do mundo capitalista. Sua fonte é a doutrina social da Igreja, a ação social franco-belga e o pensamento de Santo Tomás de Aquino (século XII) retomado em fins do século XIX por Jacques Maritain na França e pelo cardeal Marcier na Bélgica (neotomismo), tendo como objetivo "aplicar" esse pensamento às necessidades do contexto social. Essa relação vai imprimir à

---

3 "Originalmente parametrado e dinamizado pelo pensamento conservador, adequou-se ao tratamento dos problemas sociais quer tomados nas suas refrações individualizadas (donde a funcionalidade da psicologização das relações sociais), quer tomadas como seqüelas inevitáveis do 'progresso' (donde a funcionalidade da perspectiva 'pública' da intervenção) – desenvolveu-se legitimando-se precisamente como interveniente prático-empírico e organizador simbólico no âmbito das políticas sociais" (Netto, 1996a, p.75).

4 "O Serviço Social nasce e se desenvolve na órbita desse universo teórico. Passa da influência do pensamento conservador europeu, franco-belga, nos seus primórdios, para a sociologia conservadora norte-americana, a partir dos anos de 40" (Iamamoto, 2000, p.26).

profissão um caráter de apostolado fundado em uma abordagem da "questão social" como problema moral e religioso e em uma intervenção que prioriza a formação da família e do indivíduo para solução de "problemas" e atendimento de suas necessidades materiais, morais e sociais. O contributo do Serviço Social, nesse momento, incidirá sobre os valores e comportamentos de seus "clientes" na perspectiva de sua integração à sociedade, ou melhor, nas relações sociais vigentes do capitalismo monopolista (Yazbek, 2000, p.22). Em seguida, a busca pelo aprimoramento técnico buscou aproximação com o Serviço Social norte-americano. Essa aproximação objetivava atender as novas configurações do desenvolvimento do capitalismo da época e que, por consequência, exigia da profissão maior qualificação e sistematização de seu espaço sócio-ocupacional, priorizando responder às necessidades do Estado que iniciava a implementação das políticas sociais. De acordo com Iamamoto (2000, p.28):

> Analisando a sociedade a partir do suporte teórico da noção de comunidade, do princípio da solidariedade como base ordenadora das relações sociais, o Serviço Social alia a este universo teórico um outro elemento: a filosofia social humanista cristã. Ao mesmo tempo, aprimora os procedimentos de intervenção incorporando os progressos do Serviço Social norte-americano no que se refere aos métodos de trabalho com indivíduos, grupos e comunidade. Ou seja: enquanto os procedimentos de intervenção são progressivamente racionalizados, o conteúdo do projeto profissional permanece fundado no reformismo conservador e na base filosófica aristotélico-tomista.

Por sua vez, a recepção *acrítica* das ciências sociais e humanas marcou o início do Serviço Social. As abordagens europeias, em especial a interpretação durkeimiana do sistema da divisão do trabalho, a peculiar teorização sobre o normal e o patológico e sua relação com as matrizes do pensamento católico integraram as bases teóricas[5] do Serviço Social em uma óptica restauradora e moralista. Com a consolidação das ciências sociais e a sua consequente fragmentação que deu margem à consolidação da sociologia, a escola norte-

---

5 Segundo Yazbek (2000, p.23): "Este processo vai constituir o denominado 'arranjo teórico doutrinário', caracterizado pela junção do discurso humanista cristão com o suporte técnico-científico de inspiração na teoria social positivista, reitera para a profissão o caminho do pensamento conservador (agora, pela mediação das Ciências Sociais)".

americana, com as elaborações de Mary Richmond, designa ao exercício do assistente social a noção de uma *ciência social sintética aplicada*. Segundo Paulo Netto (1996a, p.142): "O caráter *aplicado* provinha da convicção de que era essencial à profissão intervir sobre variáveis prático-empíricas, mais que qualquer outra dimensão; o traço *sintético* derivava do tônus sistemático da sociologia norte-americana de então". O empirismo atribuído ao Serviço Social é resultado de sua consolidação na divisão social do trabalho. Atribui-se a ele o caráter de uma profissão interventiva, que necessita dar resposta *prática* para as contradições sociais. As ciências sociais são buscadas pelos profissionais de uma forma sistemática ao extremo, havendo, em alguns momentos, reivindicações de receituários capazes de oferecer caminhos eficazes para as ações profissionais, desconsiderando, até mesmo, o processo histórico-social. Calcado nesses preceitos, o Serviço Social tem sua filiação teórica com as ciências sociais do século XX que, em suas construções teórico-metodológicas, produz um saber fragmentado sobre a realidade social.

A aceitação inicial de uma aproximação receptora do Serviço Social em relação às ciências sociais enfraqueceu o eixo de apreciação crítica dos subsídios teóricos. A matriz positivista ofereceu uma compreensão das relações sociais e do ser social de cariz imediatista, restringindo a perspectiva teórica ao âmbito do verificável, da experimentação e da fragmentação do homem e da sociedade. Essa visão de mundo não oferecia possibilidades de mudanças, senão dentro da ordem estabelecida, voltando-se sempre para ajustamentos e conservações do *status quo* do sistema do capital. Em sua orientação funcionalista, essa abordagem apresenta para a profissão propostas de trabalho ajustadoras e um perfil manipulatório, voltado para o aperfeiçoamento dos instrumentais e das técnicas para a intervenção, com "metodologias de ação" que buscavam padrões de eficiência. Observa-se "uma tecnificação da ação profissional que é acompanhada de uma crescente burocratização das atividades institucionais (Yazbek, 1994, p.71). Segundo Paulo Netto (op. cit., p.143), não havia validação crítica do acervo das ciências sociais por parte dos assistentes sociais, resultando em:

> *a)* o tônus do Serviço Social tendia a ser *heterônimo*, isto é, tendia a ser dinamizado a partir da valoração "científico" – acadêmica variável desfrutada num momento dado por uma ou outra ciência social ou uma de suas correntes; *b)* a verificação da validez dos subsídios tendeu a desaparecer do horizonte profissional do assistente

social – já que prévia e supostamente realizada no sistema de saber de origem –, *donde uma escassa atenção à pesquisa e à investigação* (e as escassas predisposição e formação para tanto). A outra conseqüência deletéria foi a consolidação do *praticismo* na intervenção do profissional (praticismo que, como vimos deita raízes na própria emergência da funcionalidade histórico-social do Serviço Social); tacitamente, o caráter "aplicado" de intervenção profissional passou a equivaler ao cancelamento da inquietação em face dos produtos das ciências sociais.

Já a partir dos anos 1950, o Serviço Social, na continuidade e na qualidade de receptor *acrítico* das ciências sociais, passou a ter influências teóricas heterogêneas que vão desde as concepções teóricas conservadoras às mais progressistas. Em princípio, no decurso da *modernização do Serviço Social*, há uma aproximação com os fundamentos da *teoria da modernização* presente nas ciências sociais. Esse período teórico respondia pelas condições materiais do Brasil que se aventurava no *desenvolvimentismo* e apostava no capitalismo industrial. Simultaneamente, ocorre o desdobramento de alguns setores populares que causavam calafrios aos poderes autoritários da sociedade brasileira. Diante da realidade social do país, o Serviço Social passa a ser um agente importante para o enfrentamento da "questão social", o que amplia seu campo de intervenção. No âmbito interno da profissão, já na década de 1950, os primeiros questionamentos do *status quo* do Serviço Social se fazem presentes, especialmente, pela preocupação de alguns profissionais em responder às ânsias de alguns setores populares.

Nos anos de 1960, sob a tutela da ditadura militar, a categoria profissional, impossibilitada de questionar as condições políticas, sociais e econômicas da realidade brasileira, inicia um ciclo de indagações sobre o objeto, os objetivos, os métodos e os procedimentos de intervenção do Serviço Social, dando início ao *movimento de reconceituação*. Os encontros[6] que marcaram esse período tiveram avanços que possibilitaram aos assistentes sociais questionar a *natureza* do Serviço Social. No decorrer do *movimento de reconceituação*, segmentos progressistas da profissão se aproximaram dos movimentos sociais, de perspectivas teóricas críticas, de grupos de

---

6 Os encontros a que nos referimos são os "seminários de teorização": Araxá (1967); Teresópolis (1970); Sumaré (1978) e Alto da Boa Vista (1984). Nesses seminários ocorreram reflexões inscritas no processo de renovação do Serviço Social no Brasil.

esquerda das universidades e questionaram o *tradicionalismo da profissão*, dando início ao que se afirmou, a partir dos anos 1980, como ruptura com o Serviço Social tradicional. Segundo Iamamoto (2000, p.37):

> O posicionamento crítico – que passa a ser assumido nos últimos anos por uma parcela minoritária, embora crescente, de Assistentes Sociais – emerge não apenas de iniciativas individuais, mas como resposta às exigências apresentadas pelo momento histórico. Torna-se possível a medida que o contingente profissional se expande e sofre as conseqüências de uma política econômica amplamente desfavorável aos setores populares. Nessa conjuntura político-econômico em que já não se podem ignorar as manifestações populares, em que os movimentos sociais e o processo organizativo de diversas categorias profissionais se revigoram, a prática do Assistente Social passa a ser analisada a partir das implicações políticas do papel desse intelectual vinculado a um projeto de classe. Verificam-se tentativas de ruptura de parte do meio profissional com o papel tradicionalmente assumido, na procura de somar-se às forças propulsoras de um projeto de sociedade. A isso se alia a busca de fundamentos científicos mais sólidos que orientam a atuação, ultrapassando a mera atividade técnica. Questiona-se, inclusive, que tipo de orientação teórico-metodológica deve informar a prática e como esta pode ser repensada a serviço da produção do conhecimento voltado para os interesses dos "setores populares" e de sua organização autônoma. Essa nova qualidade de preocupação com a prática profissional visa ainda resgatar, sistematizar e fortalecer o potencial inovador contido na vivência cotidiana dos trabalhadores, criação de alternativas concretas de resistência ao processo de dominação.

A *perspectiva da intenção de ruptura*,[7] no processo de renovação do Serviço Social, objetivava romper com o *tradicionalismo* e suas implicações *teórico-metodológicas e prático-profissionais*. Nesse período, o regime militar do ciclo autocrático burguês obstaculiza liminarmente o *projeto de ruptura* no terreno da "prática profissional". A reforma do Estado e a realocação

---

7 "A emergência visivelmente objetivada desta perspectiva renovadora está contida no trabalho levado a cabo, mais notadamente entre 1972 e 1975, pelo grupo de jovens profissionais que ganhou hegemonia na Escola de Serviço Social da Universidade Católica de Minas Gerais, onde se formulou o depois célebre 'Método Belo Horizonte'. É na atividade deste grupo que a intenção de ruptura se explica originalmente em nosso país, assumindo uma formulação abrangente que até hoje se revela uma arquitetura ímpar" (Netto, 2001b, p.261).

profissional dos assistentes sociais não propiciavam margem para "práticas críticas" nem nos espaços do setor privado, nem nos espaços do setor público. Nesse momento, a *intenção de ruptura*, como perspectiva profissional que objetiva romper com o tradicionalismo e escrever novas páginas para o Serviço Social, aproxima-se da Universidade que se apresentava como um espaço "menos adverso que os outros para apostas de rompimento; era, comparado ao demais, uma espécie de ponto fulcral na linha da menos resistência" (Netto, 2001b, p.250).

Nos anos 1970, o espaço acadêmico oferecia inicial solidez com a graduação e a recente pós-graduação em Serviço Social, o que proporcionava um caminho um pouco mais seguro para os questionamentos e o trabalho teórico-metodológico pretendido pelos protagonistas da *perspectiva da intenção de ruptura*. Na Universidade, foi possível a interação intelectual entre assistentes sociais que pretendiam se dedicar à pesquisa, sem as demandas imediatas da "prática profissional" submetida às exigências e aos controles institucionais das agências empregadoras. No espaço universitário, foi possível realizar experiências nos campos de estágios com novas abordagens e referenciais e, especialmente, quebrar o *isolamento intelectual* do assistente social e viabilizar experiência de práticas *autogeridas* (ibidem).

A partir da *perspectiva da intenção de ruptura*, o Serviço Social se insere com maior assiduidade no espaço acadêmico e a interlocução com profissionais das diversas áreas do saber (historiadores, filósofos, sociólogos) cria oportunidade para o desenvolvimento da pesquisa e da produção do conhecimento. A busca pela renovação que gerou a ruptura com o tradicionalismo no seio da profissão ofereceu uma nova inserção dos assistentes sociais no debate acadêmico, e a pesquisa emerge como um dos principais pré-requisitos para a formação e o exercício profissional.

Nesse momento, inicia-se a interlocução da profissão, de forma heterogênea, com a obra de Marx, em alguns casos enviesados e com duvidoso rigor teórico. Posteriormente, nos anos 1980, com outros pensadores da tradição crítica como Antonio Gramsci, com as abordagens acerca do Estado, da sociedade civil, do mundo dos valores, da ideologia; com Georg Lukács, no resgate da *centralidade do trabalho* e dos enunciados ontológicos da obra de Marx; com Agnes Heller, na problematização sobre o cotidiano, os valores e a ética; com E. P. Thompson, na concepção acerca das "experiências humanas"; com Eric Hobsbawm, na contribuição sobre a interpretação marxista da história, além de outros importantes estudiosos críticos do *mundo dos homens*.

Em uma rápida linha de raciocínio, podemos dizer que o Serviço Social iniciou-se sob as balizas da teoria social da Igreja, passou para a concepção positivista de uma sociologia conservadora permeada por ecletismos e, no *movimento de reconceituação*, sofreu influências de um leque amplo de abordagens teóricas das ciências sociais, que vai desde as perspectivas funcionalistas, fenomenológicas, passando pelo vulgarismo teórico, até as fontes de uma teoria social crítica. Tais influências foram simultâneas e emergiram de acordo com as determinações históricas do País e, especialmente, com a necessidade da profissão em dar respostas que se aproximassem da realidade social brasileira. A luta pela redemocratização no início dos anos 1980, no alvorecer dos movimentos sociais, é um exemplo, que desencadeou a afirmação do compromisso do Serviço Social, nos *Códigos de ética* de 1986 e 1993, com a classe trabalhadora e com os valores de uma sociedade que vá *para além do capital*.

Nas décadas de 1970 e 1980, o Serviço Social aproximou-se de matrizes teóricas que colocavam os movimentos sociais, as lutas de classes e a "questão social" como categorias de análises essenciais para o entendimento da realidade social. Nesse momento, as teorias sociais críticas começaram a ser estudadas com maior aprofundamento pelos assistentes sociais, com especial atenção pela teoria social de Marx.

Nos anos 1980, há certa densidade do debate teórico, o que gerou maior visibilidade acadêmica e científica da profissão. A pesquisa que, até então, não era uma realidade determinante do modo de ser e existir do Serviço Social passa a ser uma necessidade em todos os níveis de formação. A aproximação do Serviço Social com a teoria social crítica proporcionou avanços no arsenal teórico-metodológico da profissão, o que ultrapassou a condição de mero executor de políticas, programas e projeto sociais, e passou a assumir, nos últimos vinte anos, a condição de planejadores e gestores das políticas sociais e fez crescer o material bibliográfico produzido pela área.

A pesquisa passa a ser inelimináspecialmente para o Serviço Social em todas as suas manifestações profissionais. Em sua origem, praticamente não existia preocupação com a pesquisa. A partir da *renovação do Serviço Social*, ou seja, do *movimento do reconceituação*, o Serviço Social evidencia-se diante da Universidade e da produção do conhecimento, pois o aprofundamento científico foi um imperativo interior e exterior para a profissão, tanto para avançar nas análises sobre a sua particularidade[8] e as demandas postas, como para assegurar maior recolhimento no mercado de trabalho. A postura investigativa passou a ser uma exigência para a sistematização *teórico-prática* do exercício profissional e para definição de estratégias e de instrumentais *técnico-operativos* que oferecessem melhores formas de enfrentamento das manifestações da "questão social".

A relação do Serviço Social com a pesquisa passou a ser agenda de vital importância a partir dos anos 1980. As entidades representativas da profissão como a Associação Brasileira de Ensino em Serviço Social (Abess) e o Centro de Documentação em Pesquisa e Política Social e Serviço Social (Cedepss), juntamente com o surgimento dos programas de pós-graduação, exerceram papel de extrema relevância para o desenvolvimento da pesquisa na área. Segundo Ammann (1984, p.147): "A incorporação da pesquisa na prática profissional da área é um fenômeno relativamente recente, posto que tinha havido esforços orientados para consolidar uma política geral de capacitação e investigação, no campo do Serviço Social, por parte dos organismos profissionais".

Para Simionatto (2005, p.24-5), os fatores fundamentais, nos anos 1980, foram a reforma curricular de 1982, em que a pesquisa aparece como uma das exigências da formação profissional, e a criação, em 1987, do Cedepss. Sob a coordenação do Cedepss e com a participação das demais entidades da categoria, a pesquisa ganhou novo impulso. Houve investimento na produção do conhecimento, conformaram-se posições científicas e políticas pela construção de uma coletividade que, nos ambientes universitário, político e associativo, foi audaz em estabelecer caminhos fecundos para pensar a realidade social brasileira. A mesma autora ainda comenta que a organização e a sistematização do conhecimento ganharam novos espaços de divulgação com a criação dos *Cadernos de Pesquisa do Cedepss* e dos *Cadernos Abess*, que vigoraram de 1986 a 1988.[9] As produções veiculadas nesses espaços evidenciaram as preocupações da pesquisa em relação à discussão metodo-

---

8 "Diante da amplitude e da complexidade das questões que envolvem a definição de conhecimento é que o Serviço Social vê-se obrigado a refletir sobre a sua própria natureza. É então a partir do deslocamento de uma programação desenvolvida pela Associação Brasileira de Ensino no Serviço Social, nestas duas últimas décadas, principalmente nos primeiros anos de 1980, que é travado no interior do Serviço Social um debate polêmico sobre a construção do conhecimento" (Setúbal, 2005, p.31).

9 Os *Cadernos Abess* foram substituídos, a partir de 1988, pela *Temporalis*.

lógica, às controvérsias paradigmáticas nas ciências sociais e humanas, suas implicações na construção do conhecimento e na intervenção profissional.

É consenso na literatura da área que a aproximação do Serviço Social com a pesquisa em proporções consideráveis, no que diz respeito ao conjunto da profissão, ocorreu com a inserção do Serviço Social nas Universidades, pois, até 1970[10], os cursos funcionavam como escolas isoladas. As universidades que primeiro ofereceram cursos de pós-graduação foram: Pontifícia Universidade Católica de São Paulo (PUC/SP), em 1971; Pontifícia Universidade Católica do Rio de Janeiro (PUC/RIO), em 1972; Universidade Federal do Rio de Janeiro (UFRJ), em 1976; Pontifícia Universidade Católica do Rio Grande do Sul (PUC/RS), em 1977; Universidade Federal da Paraíba (UFPb), em 1979; Universidade Federal de Pernambuco (UFPe), em 1979. Apesar disso, não podemos esquecer que o Serviço Social apresenta preocupações com a produção do conhecimento antes do surgimento da pós-graduação, como exemplo: os materiais do Centro Brasileiro de Cooperação e Intercâmbio de Serviço Social (CBCISS) que, com seus trabalhos sustentados no pensamento conservador de matriz positivista, subsidiou os encontros de Araxá (1967) e Teresópolis (1970) durante o *movimento de reconceituação*. O Centro Latino-Americano de Trabalho Social (Celats) foi outra tendência que se aproximou da matriz marxista e foi responsável pelo desenvolvimento do "Método B. H.", que procurou confrontar teórica e politicamente com os documentos da CBCISS. "Embora o CBCISS e o Celats não constituam órgãos de investigação, têm, em alguns momentos de sua trajetória, utilizado os procedimentos metodológicos da pesquisa, com claro propósito de estudar as práticas profissionais do Serviço Social" (Setúbal, 2005, p.73).

A partir dos anos 1980, no entanto, a pesquisa para o Serviço Social passou a ser situada como uma das principais preocupações, pois era necessária a afirmação da profissão no espaço universitário e nas intervenções sistematizadas com instrumentais casados com fundamentos teórico-metodoló-

---

10 "A formação dos assistentes sociais como profissionais, dado o seu caráter interventivo, privilegiou fundamentalmente o aspecto técnico-operacional, em detrimento da produção do conhecimento. A reforma educacional, instaurada pela ditadura militar, refuncionaliza o sistema educacional, principalmente no que concerne ao ensino superior, adequando-o ao modelo econômico, no que se refere ao Serviço Social. Nesse sentido, a refuncionalização e expansão do ensino superior passa a oferecer, em todo o país, cursos de Serviço Social, ocasionando a inserção do ensino de Serviço Social no âmbito universitário" (Kameyama, 1998, p.34).

gicos que ofereçam maior proximidade entre a teoria e a prática. A pesquisa e a produção do conhecimento são os únicos caminhos possíveis e necessários para tais situações. No âmbito da intervenção, a pesquisa é parceira em potencial, pois fica difícil pensar em uma forma de intervir na realidade sem desenvolver um estudo sistematizado para posteriormente propor uma ação que seja aceita pela objetividade social, pois a capacidade operacional dos assistentes sociais, desvinculada da pesquisa e da produção do conhecimento, acaba por expressar-se, em algumas circunstâncias, como sinal distintivo da identidade dessa profissão, permitindo que se institua um verdadeiro fetiche da prática (ibidem).

Entendemos que a pesquisa em Serviço Social não pode ser reduzida aos programas de pós-graduação, pois em todas as áreas de intervenção da profissão, muitas consolidadas e outras emergentes de acordo com as condições sócio-históricas oriundas dos mecanismos do Estado ou da sociedade civil no enfrentamento da "questão social", ela oferece condições de aproximação, nas devidas proporções, da realidade e de suas complexas determinações.

A pesquisa pode ser pensada, com o devido cuidado, a partir de sua intrínseca relação com o exercício profissional, pois se o espaço de intervenção são as expressões da "questão social", nada mais coerente do que investigar, conhecer, compreender, para depois, dentro do campo das possibilidades postas pelas determinações sociais, políticas, econômicas, culturais, realizar uma *ação profissional* que tenha relevância para o segmento social atendido. Setúbal (ibidem, p.23) alerta que, "não podemos considerar a pesquisa apenas como resultante da formação da pós-graduação nem dos estímulos que essa apresenta à produção do conhecimento científico", pois estaríamos desconsiderando a necessária sistematização dialética para a intervenção profissional, ou seja, a pesquisa, em suas devidas proporções, é indispensável ao assistente social em toda ação, seja na produção de uma tese na universidade, seja na análise socioeconômica na instituição social. Pelo menos, assim deveria ser pensada desde a origem do Serviço Social.

Diante das considerações sobre pesquisa, ação profissional e produção de conhecimentos, não estamos colocando nas mesmas dimensões a pesquisa acadêmica que tem a finalidade de elaboração de dissertações, teses, artigos ou livros com a elaboração de investigações que orientam a ação profissional. A pesquisa acadêmica pode oferecer elementos para o profissional intervir, mas teoria não se aplica. Existem diferenças substanciais entre pesquisa acadêmica e "sistematização da prática", o que queremos enfatizar é a importância de alocar a pesquisa, dentro de suas proporções, limites e avanços, tanto na produção de conhecimentos acadêmicos quanto na compreensão mais aproximada possível da realidade social, que é espaço de intervenção profissional, com isso, não estamos em nenhum momento tratando a pesquisa acadêmica e a denominada "sistematização da prática" como sinônimos. Enfatizamos a necessidade de construção de uma concepção de pesquisa que supere a ruptura entre o teoricismo e o praticismo. É evidente que a pesquisa e a produção de conhecimentos científicos têm seus espaços privilegiados no âmbito acadêmico, pois existem diferenças significativas entre pesquisa *stricto sensu* e "sistematização da prática". O Serviço Social, especialmente a partir dos anos 1980, começa a produzir conhecimentos científicos para além da "sistematização da prática", o que eleva a condição teórico-metodológica da área e seu reconhecimento teórico-científico. Em nossa concepção, a pesquisa e a produção de conhecimentos no Serviço Social não se limitam ao estudo das áreas de intervenção da profissão, o Serviço Social questiona a realidade social e o que pode ser pesquisado pela área provém da determinação sócio-histórica das relações sociais da luta de classes da sociedade burguesa, ou como muitos preferem, as diversificadas expressões da "questão social".

A categoria profissional, nos últimos trinta anos, contudo, começou a contribuir e a responder pela produção de conhecimentos que dão sustentação segura à ação profissional e obteve reconhecimento científico diante das demais áreas das ciências sociais e humanas. Segundo José Paulo Netto (2001b, p.133): "Este relevo tem reconhecimento institucional: credibilizando-se como interlocutor das ciências sociais e desenvolvendo-se no plano da pesquisa e da investigação, o Serviço Social consagra-se junto a agências oficiais de financiamento que apóiam a produção de conhecimento". Isso se deu, especialmente, após a *renovação do Serviço Social*, ou seja, ao *movimento de reconceituação*, que constituiu[11] "segmentos de vanguarda, sobretudo, mas não exclusivamente inseridos na vida acadêmica, voltados para a investigação e a pesquisa" (ibidem, p.136).

---

11 "Esta constituição – que supõe, entre outros dados, a diferenciação entre segmentos profissionais alocados preferencialmente à prática e segmentos alocados especialmente ao trabalho investigativo – tem sido equivocadamente identificada a uma ruptura teoricista com a prática profissional; como sabem todos aqueles que têm alguma familiaridade com a reflexão sistemática, ela é a condição mesma para a criação dos requisitos para a compreensão crítica da prática profissional" (Netto, 2001b, p.136).

O desenvolvimento da profissão proporcionou a inserção de seus programas de pós-graduação, seus núcleos de pesquisa e, por conseguinte, começou a responder por uma determinada produção científica, nas mais diversas áreas do conhecimento. De acordo com Iamamoto e Carvalho (1998, p.88): "O Serviço Social em sua trajetória não adquire o status de ciência, o que não exclui a possibilidade de o profissional produzir conhecimentos científicos, contribuindo para o acervo das ciências humanas e sociais, numa linha de articulação dinâmica entre teoria e prática". Conforme destacamos, a pesquisa e a produção de conhecimentos na área do Serviço Social aceleraram a partir de 1970 e 1980, momento em que iniciaram os primeiros cursos de pós-graduação na área de ciências sociais e, especificamente, em Serviço Social no País. Desde então, a produção bibliográfica teve um aumento considerável, sendo alimentada por dissertações de mestrado e teses de doutorado. Mas foi somente a partir de 1984 que o Serviço Social obteve reconhecimento pelo Conselho Nacional de Desenvolvimento Científico e Tecnológico (CNPq) como uma área específica de pesquisa, sendo-lhe atribuídas as seguintes linhas de investigação: Fundamentos do Serviço Social, Serviço Social Aplicado, mais recentemente, Serviço Social do Trabalho, Serviço Social da Educação, Serviço Social do Menor, Serviço Social da Saúde, Serviço Social da Habitação (cf. CNPq). Atualmente, o Serviço Social integra, juntamente com as áreas de Direito, Comunicação, Economia, Administração, Arquitetura, Demografia e Economia Doméstica, a grande área de Ciências Sociais Aplicadas (Kameyama, 1998).

Na formação profissional, a pesquisa recebeu um tratamento específico com as novas diretrizes curriculares de 1996. A pesquisa, na graduação, deve perpassar os três núcleos[12] de fundamentação que compõem o currículo do Serviço Social. A investigação passou a ser compreendida como dimensão constitutiva da ação profissional do assistente social e como subsídio para a produção do conhecimento sobre os processos sociais e a reconstrução do objeto da ação profissional. A postura investigativa do assistente social é essencial para a sistematização teórica da realidade social. A pesquisa é um potencial que oportuniza o entendimento e o enfrentamento das desigualdades sociais, oferece subsídios suficientes para a superação do pragmatismo.

---

12 Os três núcleos constitutivos da formação profissional em Serviço Social são: núcleo de fundamentos da vida social; núcleo de fundamentos da formação sócio-histórica da sociedade brasileira; núcleo de fundamentos do trabalho profissional. Sobre as diretrizes curriculares e os núcleos de fundamentação consultar *Cadernos Abess* n.7.

As diretrizes curriculares do curso de Serviço Social delimitam claramente o campo de formação profissional e evidenciam os componentes principais que são as dimensões: *teórico-metodológica, técnico-operativa e ético-política*. O assistente social deve estar capacitado para apreender, pela perspectiva da totalidade, as determinações da vida social da sociedade burguesa, o processo histórico da sociedade brasileira, o significado social da profissão e de suas demandas, sua inserção na divisão social do trabalho e, especialmente, compreender a estatura política que envolve a profissão. O projeto ético-político protagoniza valores bem articulados com os movimentos sociais, a classe trabalhadora, e faz opção por um projeto profissional vinculado ao processo de construção de uma nova ordem societária, sem dominação-exploração de classe, etnia e gênero. A busca da realização desses valores recai diretamente sobre a crítica radical aos modos de ser e existir da sociedade burguesa, que se sustenta materialmente na propriedade privada e na propagação de uma ideologia individualista e alienada pelos *sentidos do ter*.[13] O Código de ética de 1993 preconiza a defesa e o aprofundamento intransigente da democracia, como socialização da riqueza socialmente produzida e a participação dos setores populares no poder político. A liberdade[14] é cobrada como possibilidade de construção de novas relações sociais em que os homens serão capazes e terão condições de *fazer história*, bem distante da liberdade burguesa que é medida pela posse da propriedade privada.

Para compreensão das dimensões – *teórico-metodológica, técnico-operativa e ético-política* – que cercam a formação profissional, o assistente social

---

13 De acordo com Marx (1993, p.197): "A propriedade privada tornou-nos tão estúpidos e parciais que um objeto só é nosso quando o temos, quando existe para nós como capital ou quando por nós é diretamente possuído, comido, bebido, transportado no corpo, habitado, etc., numa palavra quando é *utilizado*. Embora a propriedade privada conceba todas estas formas diretas de propriedade como simples *meio de vida*, a vida à qual servem de meios é a *vida da propriedade privada* – o trabalho e a criação de capital".

14 De acordo com Lukács (1978, p.15): "a liberdade, bem como sua possibilidade, não é algo dado por natureza, não é um Dom do 'alto' e nem sequer uma parte integrante – de origem misteriosa – do ser humano. É o produto da própria atividade humana, que se propusera, mas que nas suas conseqüências dilata – objetivamente e de modo contínuo – o espaço no qual a liberdade se torna possível; e tal dilatação ocorre, precisamente, de modo direto, no processo de desenvolvimento econômico, no qual, por um lado, acresce-se o número, o alcance etc., das decisões humanas entre alternativas, e, por outro, eleva-se ao mesmo tempo a capacidade dos homens, na medida em que se elevam as tarefas a eles colocadas por sua própria atividade. Tudo isso, naturalmente, permanece ainda no 'reino da necessidade'".

deve adotar a pesquisa como uma potencialidade de compreensão científica da sociedade burguesa, pois a demanda profissional é produto e produção dessa ordem social. As análises sobre o modo de produção capitalista e suas refrações na vida social são pontos de partidas para apreender e entender, de forma mais aproximada possível, a particularidade do "fazer profissional" do Serviço Social.

O Serviço Social, no que diz respeito à pesquisa e à produção do conhecimento nos programas de pós-graduação da atualidade, envolve amplas e diversificadas áreas de concentração e linhas de pesquisa. Conforme dados da Fundação Coordenação de Aperfeiçoamento de Pessoal de Nível Superior (Capes, 2008)[15] do Ministério da Educação, a área de Serviço Social possui 24 programas de pós-graduação, sendo 24 cursos de mestrado e nove, de doutorado. Ainda segundo dados da Capes (ibidem), a natureza dos programas de pós-graduação da área de Serviço Social é: 15 em Serviço Social, três em Política Social, dois em Políticas Sociais, dois em Políticas Públicas, um em Serviço Social e Política Social e um em Políticas Sociais e Cidadania. Observe os programas de pós-graduação e os respectivos níveis, áreas, linhas de pesquisa e conceito.

Quadro 1 – Distribuição do nível dos cursos, áreas de concentração, linhas de pesquisa e conceitos dos programas de pós-graduação em Serviço Social no Brasil

Programa	Nível do(s) curso(s)	Área de concentração	Linhas de pesquisa	Conceito[17]	
				M	D
Serviço Social / Universidade Federal do Pará (UFPA)	Mestrado	Serviço Social, política social e cidadania	– Serviço Social, gestão de políticas e direitos sociais – Questão agrária / questão urbana e meio ambiente no contexto da Amazônia	3	–
Serviço Social / Universidade Federal de Pernambuco (UFPe)	Mestrado e doutorado	Serviço Social, movimentos sociais e direitos sociais	– Estado, política social e ação social – O processo de organização e mobilização popular – Relações de trabalho e práticas sociais de classes – Relações sociais e alternativas de trabalho comunitário no Nordeste	5	5

Fonte: Capes/MEC (2008); Carvalho; Silva e Silva (2005).

---

15 Cf. Capes. Mestrados e doutorados. Cursos recomendados e reconhecidos.
16 Os programas de pós-graduação são submetidos à avaliação periódica da Capes/MEC, considerando os seguintes critérios: proposta do programa, corpo docente, atividades de pesquisa, atividade de formação, corpo discente, teses e dissertações, produção e inserção social.

Quadro 2 – Distribuição do nível dos cursos, áreas de concentração, linhas de pesquisa e conceitos dos programas de pós-graduação em Serviço Social no Brasil

Programa	Nível do(s) curso(s)	Área de concentração	Linhas de pesquisa	Conceito M	Conceito D
Serviço Social / Universidade Federal da Paraíba (UFPB)	Mestrado	Fundamentação teórico-prática do Serviço Social; política social	– História, formação e prática profissional do Serviço Social – Processos participativos e organizativos – Relações sociais e processos de trabalho no mundo contemporâneo – Subjetividade, cultura e práticas sociais – Estado, direitos sociais e política social	3	–
Serviço Social / Universidade Federal do Rio Grande do Norte (UFRN)	Mestrado	Serviço Social, cultura e relações sociais; Serviço Social, formação profissional, trabalho e proteção social	– Questão social, relações de poder e cultura – Serviço Social: sociabilidade, cotidiano, cultura e violência – Trabalho, proteção social e cidadania	3	–
Serviço Social / Universidade Federal de Alagoas (Ufal)	Mestrado	Serviço Social, trabalho e direitos sociais	– Questão social, direitos sociais e serviço social – Trabalho, política e sociedade	3	–
Políticas Públicas / Universidade Federal do Piauí (UFPI)	Mestrado	Estado, sociedade e políticas públicas	– Cultura, identidades e processos sociais – Estado, políticas públicas e movimentos sociais	4	–

Fonte: Capes/MEC (2008); Carvalho; Silva e Silva (2005).

Quadro 3 – Distribuição do nível dos cursos, áreas de concentração, linhas de pesquisa e conceitos dos programas de pós-graduação em Serviço Social no Brasil

Programa	Nível do(s) curso(s)	Área de concentração	Linhas de pesquisa	Conceito M	Conceito D
Políticas Públicas / Universidade Federal do Maranhão (UFMA)	Mestrado e doutorado	Políticas públicas e movimentos sociais; políticas sociais e avaliação de políticas e programas sociais	– Estado e cultura – Estado e movimentos sociais – Estado, questão agrária e conflito – Estado, trabalho e políticas públicas – Avaliação de políticas e programas sociais – Seguridade social e pobreza – Serviço Social e formação profissional – Violência, família, criança e gênero	5	5
Política Social / Universidade Nacional de Brasília (UnB)	Mestrado e doutorado	Estado, políticas sociais e cidadania	– Movimentos sociais e cidadania – Política social: estado e sociedade – Trabalho e relações sociais – Questão social, instituições e serviços sociais	5	5
Serviço Social / Pontifícia Universidade Católica de São Paulo (PUC/SP)	Mestrado e doutorado	Serviço Social: políticas sociais e movimentos sociais; Serviço Social: fundamentos e prática profissional	– Assistência social e seguridade social – Política social: estado, movimento social e associativismo civil – Serviço Social: identidade, formação profissional e prática	6	6
Serviço Social / Pontifícia Universidade Católica do Rio de Janeiro (PUC/RJ)	Mestrado e doutorado	Serviço Social, questão social, direitos sociais	– Cultura, representações e políticas sociais – Trabalho, gênero e política social – Violência, família e direitos sociais – Questões socioambientais, estudos culturais e desenvolvimento sustentável	4	4

Fonte: Capes/MEC (2008); Carvalho; Silva e Silva (2005).

Quadro 4 – Distribuição do nível dos cursos, áreas de concentração, linhas de pesquisa e conceitos dos programas de pós-graduação em Serviço Social no Brasil

Programa	Nível do(s) curso(s)	Área de concentração	Linhas de pesquisa	Conceito M	Conceito D
Serviço Social / Universidade Estadual Paulista (Unesp)	Mestrado e doutorado	Trabalho e sociedade	– Serviço Social: mundo do trabalho – Serviço social: formação e prática profissional	4	4
Política Social / Universidade Federal Fluminense (UFF)	Mestrado	Proteção social e processos interventivos	– Sistemas de proteção social: regimes, história e sujeitos sociais – Serviço Social, avaliação e gestão de políticas sociais	4	
Serviço Social / Universidade do Estado do Rio de Janeiro (Uerj)	Mestrado e doutorado	Política social e trabalho	– Política social – Trabalho e representação social – Cultura e identidades sociais	4	4
Política Social / Universidade Federal do Espírito Santo (Ufep)	Mestrado	Política social, estado e sociedade	– Política social, cultura e práticas sociais – Política social, questão social e gestão de serviços sociais	3	–
Serviço Social / Universidade Federal do Rio de Janeiro (UFRJ)	Mestrado e doutorado	Serviço Social, instituições e movimentos sociais; Serviço Social, política social e cidadania	– Serviço Social, poder local e movimentos sociais – Serviço Social, processos políticos e políticas sociais – Análise institucional e avaliação de programas e recursos – Globalização, estado nação e serviço social – Serviço Social, processo de trabalho e políticas empresariais – História concepções contemporâneas do Serviço Social e teoria social	5	5

Fonte: Capes/MEC (2008); Carvalho; Silva e Silva (2005).

Quadro 5 – Distribuição do nível dos cursos, áreas de concentração, linhas de pesquisa e conceitos dos programas de pós-graduação em Serviço Social no Brasil

Programa	Nível do(s) curso(s)	Área de concentração	Linhas de pesquisa	Conceito M	Conceito D
Serviço Social / Pontifícia Universidade Católica do Rio Grande do Sul (PUC/RS)	Mestrado e doutorado	Serviço Social, políticas e processos sociais; demandas e políticas sociais; metodologias do Serviço Social	– Fundamentos do Serviço Social e relações sociais – Gerontologia social – Política social, trabalho e exclusão social	5	5
Serviço Social / Universidade Federal de Santa Catarina (UFSC)	Mestrado	Serviço Social, direitos humanos e questão social	– Estado, sociedade civil e política social – Serviço Social, exclusão, violência e cidadania	4	–
Serviço Social e Política Social / Universidade Estadual de Londrina (UEL)	Mestrado	Serviço Social e política social	– Gestão de políticas sociais – Serviço Social e processos de trabalho	4	–
Serviço Social / Universidade Federal do Amazonas (Ufam)	Mestrado	Serviço Social e sustentabilidade na Amazônia	– Questão social, políticas sociais, trabalho e direitos sociais na Amazônia – Serviço Social, diversidade socioambiental e sustentabilidade na Amazônia	3	–
Políticas Sociais / Universidade Católica de Pelotas (UCPEL)	Mestrado	Processos participativos, desenvolvimento e política social	– Desenvolvimento, território e inovação social – Políticas sociais, processos participativos e cidadania social	3	–

Fonte: Capes/MEC (2008); Carvalho; Silva e Silva (2005).

Quadro 6 – Distribuição do nível dos cursos, áreas de concentração, linhas de pesquisa e conceitos dos programas de pós-graduação em Serviço Social no Brasil

Programas	Nível do(s) curso(s)	Área de concentração	Linhas de pesquisa	Conceito M	Conceito D
Políticas Sociais / Universidade Cruzeiro do Sul (Unicsul)	Mestrado	Cidades e questões sociais	– Cidades, cultura e práticas sociais – Políticas sociais, famílias e desigualdades sociais	3	–
Políticas Sociais e Cidadania / Universidade Católica de Salvador (Ucsal)	Mestrado	Política social, trabalho e cidadania	– Estado, sociedade e políticas sociais – Trabalho, questão social e cidadania	3	–
Serviço Social / Universidade Federal de Juiz de Fora (UFJF)	Mestrado	Questão social, território, política social e serviço social	– Política social e gestão pública – Serviço Social e sujeitos sociais	3	–
Serviço Social / Universidade Católica de Goiás (UCG)	Mestrado	Serviço Social, política social e movimentos sociais	– Teoria social e Serviço Social – Política social, movimento social e cidadania	3	–

Fonte: Capes/MEC (2008); Carvalho; Silva e Silva (2005).

Os estudos dos assistentes sociais abarcam amplos temas resultantes das áreas de concentração e das linhas de pesquisas. A amplitude temática oferecida nos programas de pós-graduação "é um privilégio da categoria atuar transversalmente nas múltiplas expressões da questão social, na defesa dos direitos sociais e humanos e das políticas públicas que os materializam" (Iamamoto, 2007, p.457). A cada conjuntura histórico-social emergem "novos problemas de pesquisa" que são "objetos" de investigação do Serviço Social. O Serviço Social tem uma forma particular de inserção na sociedade, ou seja, caracteriza-se pela "forma de intervir na vida social, contendo uma dimensão intelectual e uma dimensão interventiva. Enfrenta o desafio de decifrar a dinâmica da sociedade e do Estado e suas determinações no âmbito profissional" (Kameyama, 1998, p.71). Por isso, as investigações apresentam-se, em termos gerais, como movimento de articulação teoria/realidade, de busca de construção de conhecimento, apontando como subjacente um movimento de crítica às dimensões aparentes, fenomênicas e *reificadas* da realidade social. O campo específico de *objetivação* das pesquisas do Serviço Social na contemporaneidade são as expressões da "questão social", nas particularidades regionais do Brasil e em suas relações com as contradições do modo de produção capitalista.

No diretório de Grupos de Pesquisa do CNPq, no primeiro censo realizado em 2000, foram registrados 74 grupos de pesquisa na área de Serviço Social e, atualmente, indicam-se, aproximadamente, 140 grupos inscritos nessa agência de fomento (Simionatto, 2005). Sposati (2007) também comenta que a área de Serviço Social apresenta, em seu conjunto na Capes, 55 linhas de pesquisa ativas, em uma relação média aproximada de dez projetos em andamento para cada uma delas.

As transformações societárias nos anos 1990 e início do século XXI trazem em seu bojo o avanço da ofensiva neoliberal e o recuo das políticas sociais públicas acarretando diretamente no enfraquecimento dos direitos sociais. Essas transformações, somadas às transformações no mundo do trabalho, penalizam sobremaneira a classe trabalhadora. Tais mudanças colocam "velhas e novas" preocupações para o Serviço Social, tanto em relação à intervenção profissional como em relação a seu corpo de conhecimento. Yazbek e Silva (2005a, p.32) apontam as seguintes áreas emergentes de intervenção e produção de conhecimento:

- a emergência de processos e dinâmicas que trazem para a profissão novas temáticas, novos sujeitos e questões como o desemprego, o trabalho infantil, os sem-terra, os sem-teto, a violência doméstica, as drogas, a discriminação por gênero e etnia, a Aids, as crianças e adolescentes, os moradores de rua, os velhos e outras tantas questões temáticas da exclusão;
- o avanço de alternativas privatistas e refilantropizadas para a pobreza e a exclusão social, com o crescimento do terceiro setor, do trabalho voluntário e de iniciativas privadas face à questão social;
- as novas características da questão social, com a prevalência dos Programas de Transferência de Renda;
- a Assistência Social, qualificada como política pública, constitutiva da Seguridade Social do cidadão brasileiro, constitui-se em temas de estudos, pesquisas e campo de interlocução do Serviço Social com amplos movimentos da sociedade civil que envolvem fóruns políticos, entidades assistenciais e representativas dos usuários de serviços assistenciais.

As alterações[17] nas relações sociais cobram dos assistentes sociais novos patamares para compreensão da sociedade, o que faz emergir "novas" questões de investigações. O Serviço Social, por ser uma profissão interventiva, tem seu modo de existir unido diretamente às manifestações da vida social, as quais se assentam nas diferentes construções históricas. Portanto, sempre que ocorrerem alterações nas relações sociais e na sociedade, os assistentes sociais terão "novas"[18] preocupações de estudo. Aqui tornam-se necessários alguns esclarecimentos: 1) o Serviço Social não investiga tudo, mas as manifestações da "questão social" entendidas a partir da perspectiva da totalidade, da *centralidade do trabalho* e que se expressa em uma sociedade dividida em classes; 2) as pesquisas estão relacionadas ao projeto ético-político profissional comprometido com a classe trabalhadora, com os movimentos sociais e com as outras profissões que se pautam pela construção de conhecimentos que não se resumem apenas a diagnósticos ou justificativas da sociedade burguesa, mas que priorizam desvendar as contradições sociais e perquirir os caminhos de superação; 3) isso não quer dizer que estamos produzindo conhecimento parcial, pelo contrário, produz-se um conhecimento que se preocupa em compreender como emergem as contradições sociais e, portanto, não se contenta somente em explicar ou justificar as condições dadas; 4) o conhecimento para o Serviço Social não é apenas uma forma de saber, mas, especialmente, uma maneira de compreender em primeiro momento e, posteriormente, apresentar caminhos seguros para intervir na realidade social; 5) o estudo da ideologia da sociedade burguesa, das configurações do modo de produção capitalista e da exploração do capital sobre o trabalho é essencial para entender a vida social, que, necessariamente, tem sua materialidade e sua espiritualidade condicionadas pela formas de *ser e existir* das relações sociais que se produzem e reproduzem pela lógica da propriedade privada e do trabalho estranhado; 6) a busca do embasamento no *pensamento*

---

17 "Alteram-se as relações de trabalho, altera-se a 'questão social' e alteram-se seus enfrentamentos. E, no quadro mais amplo de desregulamentação das relações sociais e dos mercados de trabalho, alteram-se as profissões, redefinem-se suas demandas, seus perfis, seus monopólios de competência e sua própria inserção no mundo do trabalho" (Carvalho; Silva e Silva, 2005, p.32).
18 As "novas" preocupações de estudo dizem respeito às mudanças parciais nos processos sociais e não mudanças de caráter estrutural. Sabemos que enquanto existir capitalismo vai existir a "questão social". "A 'questão social' é constitutiva do desenvolvimento do capitalismo. Não se suprime a primeira conservando-se o segundo" (Netto, 2001c, p.45).

crítico que teve como principal preocupação estudar as particularidades da produção e reprodução da vida social da sociedade burguesa e as possibilidades de *transcendência* não é uma questão meramente de opção teórica, mas antes de tudo uma questão *prática*, ou seja, uma necessidade de conhecer os mecanismos ocultos da aparência *fetichizada* da sociedade capitalista; 7) a aproximação da *perspectiva ontológica materialista-histórica (e dialética)*[19] que busca nas obras de Marx e Lukács as principais referências é um convite para aqueles que objetivam um saber que não se limita ao saber erudito acomodado, apologético, mas, acima de tudo, o saber inquieto que questiona a vida social, a qual carece de conhecimento que tencione mudanças.

A pesquisa no Serviço Social[20] pode ser o meio de construção de um conhecimento comprometido com as demandas da profissão e com as possibilidades de enfrentamento das "injustiças sociais". Não existe separação entre a teoria e a prática, pois no exercício profissional a pesquisa é desafio e meio para as ações concretas do saber. É de fundamental importância tomar o processo de produção de conhecimento como elemento de transformação da realidade social, reconhecendo o conhecimento como uma das expressões da *práxis*, como uma das objetivações possíveis do trabalho humano ante os desafios colocados pela relação entre o homem, a natureza e a sociedade.[21] Nesse sentido, a pesquisa ganha significado ontológico, ou seja, existencial e laboratório, pois faz parte da natureza humana perguntar pelo desconhecido para, por meio das possibilidades de respostas, atender as necessidades do homem em suas dimensões individual e coletiva, produzindo e reproduzindo sua própria existência, não de forma mecânica, mas de forma complexa, processual, contraditória e histórica (Bourguignon, 2007).

A edificação e a difusão de um conhecimento que seja aderente às transformações da realidade social é um dos principais pressupostos que devem

---

19 Sobre a *perspectiva ontológica materialista-histórica (e dialética)*, nós a desenvolvemos na segunda seção do Capítulo 3 deste livro.
20 De acordo com Barroco (2005, p.110): "Os parâmetros éticos orientadores das decisões do Serviço Social em relação à pesquisa devem ser buscados no Código de Ético Profissional, especialmente em seus princípios fundamentais: 'a liberdade, valor ético central, as demandas políticas a ela inerentes – autonomia, emancipação, e plena expansão dos indivíduos sociais; defesa intransigente dos direitos humanos e recusa do arbítrio e do autoritarismo; defesa e aprofundamento da democracia; posicionamento em favor da equidade e da justiça social'".
21 Desenvolvemos os nexos causais entre ciência e trabalho na quarta seção do Capítulo 3 deste livro.

ser tomados como condição *sine quo non* pelos assistentes sociais. Isso está bem longe de ser uma forma de produção de conhecimento pragmático ou enviesado; muito pelo contrário, é uma maneira de propor a construção de um saber que diverge radicalmente de grande parte do saber das ciências sociais e humanas que estão nutridas de categorias e conceitos conservadores que tudo sabem sobre as relações sociais, mas pouco propõem na direção de perspectivas de mudanças substantivas. Claro que não podemos generalizar tais afirmações em relação às ciências sociais e humanas, mas pelo menos indicar e reconhecer seu caráter infracto e endógeno presente nos cursos universitários das atuais circunstâncias.[22]

Por mais rigoroso que seja o saber, é conhecida a distância entre o conhecimento e a realidade social, por isso ele é sempre uma aproximação, mas em contrapartida é fulcral lembrar que a pesquisa é uma possibilidade objetiva de compreender a sociedade e o que a diferencia são os pressupostos teóricos que o pesquisador apropria ao longo da investigação. O conhecimento sobre determinada expressão da "questão social" é a sistematização científica sobre suas particularidades e, no ordenamento levado a cabo pelo pesquisador, condensam-se os pressupostos teóricos e, no entrelaçar com a realidade pesquisada, emerge o saber que sintetiza a opção teórica, política e ideológica. Por essa questão, podemos afirmar que não existe conhecimento que não seja prático, a opção teórica quando tomada de forma contundente mostra a direção pretendida pelo investigador, seja ela de caráter conservador, seja reformista, seja revolucionária.

Em estudo realizado por Carvalho e por Silva e Silva (2005, p.93-7) intitulado *Serviço Social, pós-graduação e produção de conhecimento no Brasil*, as autoras realizaram diagnóstico da pós-graduação em Serviço Social. Dentre as informações, destacamos os eixos temáticos[23] das teses de doutorado e dissertações de mestrado que foram desenvolvidas nos anos 1998-2002 e os projetos de pesquisas no período de 2001-2003.

---

22 Desenvolvemos considerações sobre a fragmentação das ciências sociais na terceira seção do Capítulo 3 deste livro.

23 Os eixos temáticos seguem as classificações temáticas elaboradas no 7º Encontro de Pesquisadores em Serviço Social (Enpess) e nas temáticas mais relevantes do 10º Congresso Brasileiro de Assistentes Sociais, ambos os eventos realizados em 2000 (Carvalho; Silva e Silva, 2005, p.92).

Quadro 7 – Principais eixos temáticos das teses/dissertações e projetos de pesquisa dos programas de pós-graduação em Serviço Social no Brasil

Eixos temáticos das teses e dissertações no período de 1998/2002			Eixos temáticos dos projetos de pesquisas no período de 2001/2003		
Eixos temáticos	Porcentagem %	Total de trabalhos	Eixos temáticos	Porcentagem %	Total de trabalhos
1 – Infância, juventude, família e sociedade	14,22	108	1 – Infância, juventude, família e sociedade	12,23%	88
2 – Serviço Social, trabalho, prática profissional	13,69%	100	2 – Trabalho, reestruturação produtiva, condições de vida, pobreza, exclusão social	11,40%	82
3 – Política social: saúde	11,72%	89	3 – Serviço Social, trabalho e prática profissional	10,98%	79
4 – Questão urbana: movimentos sociais, meio ambiente	10,27%	78	4 – Política social – Estado e sociedade	7,79%	56
5 – Trabalho, reestruturação produtiva, condições de vida, pobreza, exclusão social	9,60%	73	5 – Etnia, gênero, orientação sexual	7,64%	55
6 – Política social: assistência social	8,03%	61	6 – Cultura, identidade, prática social	7,51%	54
7 – Etnia, gênero, orientação sexual	4,60%	35	7 – Política social – saúde	6,53%	47
8 – Pessoa portadora de necessidades sociais; terceira idade, envelhecimento	4,60%	35	8 – Avaliação de políticas, programas e projetos sociais	6,39%	46

Continua

Quadro 7 – *Continuação*

Eixos temáticos das teses e dissertações no período de 1998/2002			Eixos temáticos dos projetos de pesquisas no período de 2001/2003		
Eixos temáticos	Porcentagem %	Total de trabalhos	Eixos temáticos	Porcentagem %	Total de trabalhos
9 – Serviço Social e formação profissional	4,60%	35	9 – Política social – assistência social	5,98%	43
10 – Cultura e identidade	4,60%	35	10 – Questão urbana, movimentos sociais e meio ambiente	6,67%	42
11 – Questão agrária, movimentos sociais, meio ambiente	3,82%	29	11 – Questão agrária, movimentos sociais e meio ambiente	4,03%	29
12 – Terceiro setor	3,03%	23	12 – Serviço Social e formação profissional	3,75%	27
13 – Política social: estado e sociedade	1,31%	10	13 – PPNE – terceira idade – processo de envelhecimento	2,92%	21
14 – Ética, cultura, política, direitos humanos	1,05%	8	14 – Terceiro setor	1,39%	10
15 – Avaliação de políticas, programas e projetos sociais	1,06%	8	15 – Ética, cultura, política, direitos humanos	0,97%	07
16 – Política social: previdência social	0,52%	4	16 – Política social – previdência social	0,41%	03
17 – Outros	3,28%	25	17 – Outros	4,17%	30
Total	100%	760	Total	100%	719

Fonte: Datacapes, 1998-2002, 2001-2003 (apud Carvalho; Silva e Silva, 2005, p.93-7).

Na análise de Carvalho; Silva e Silva (2005) foram consultadas 760 teses e dissertações e 719 projetos de pesquisas de 1998 a 2003. As autoras classificaram 17 eixos temáticos, e o maior número de trabalhos se concentra no eixo temático *infância, juventude, família e sociedade*, com 108 teses e dissertações – 14,22% do total –, e 88 projetos – 12,23% do total.

A amplitude dos eixos temáticos que envolvem as pesquisas do Serviço Social mostra a interação da profissão com a realidade social, pois suas pesquisas são frutos de estudos e intervenções em heterogêneas regiões do país, que se expressam com diferentes configurações da vida social. Interessante notar que eixos temáticos ligados à crítica da realidade social contemporânea ganham destaque nas investigações, isso se dá pela própria roupagem teórica do Serviço Social nas últimas décadas.

Iamamoto (2007, p.459), ao analisar os mesmos dados citados no Quadro 7, comenta que a concentração temática da pesquisa indica uma profissão com profunda vocação histórica, atenta ao cenário das transformações operadas nas relações entre o Estado e a sociedade no país, no marco das relações internacionais, apresentando uma inquietante agenda de questões, denota uma intensa interlocução do Serviço Social com o movimento da sociedade.

No Quadro 7, observamos que o eixo temático *trabalho, reestruturação produtiva, condições de vida, pobreza, exclusão social* tem relevância nas dissertações, teses e projetos de pesquisa, respondendo por 118 trabalhos de 1998 a 2003 e 21% do total. Esses dados são relevantes por mostrarem o debate em torno da temática trabalho, pois acreditamos que as análises sobre o *mundo do trabalho* é um ponto de partida seguro para a compreensão dos complexos sociais que envolvem a sociabilidade. Esse eixo passou a ser de interesse dos pesquisadores a partir dos anos 1990, com destaque para os seguintes temas: transformações no mundo do trabalho e seus impactos na vida dos trabalhadores, tais como precarização da força de trabalho, desemprego, aumento do trabalho informal; a economia solidária como alternativa às mudanças nas relações e condições de trabalho; as demandas postas ao trabalho do assistente social frente às expressões da "questão social" no processo de reestruturação produtiva.[24]

---

24 Análises detalhadas sobre as temáticas do quadro encontram-se em Carvalho e em Silva e Silva (2005, p.65-113) e Iamamoto (2007, p.442-71).

Segundo Iamamoto (2007, p.460):

> O tema trabalho alçou a segunda posição na prioridade da pesquisa da área, o que é uma conquista relativamente recente, condizente com as transformações societárias operadas na esfera da produção de bens e serviços, no contexto da reestruturação da produção e dos mercados no atual estágio de acumulação capitalista. Observa-se uma dupla direção das pesquisas: *o foco nas relações e processos de trabalho*, extrapolando o universo empresarial para abranger a diversidade das formas de organização e das relações de trabalho e perfis de segmentos de trabalhadores (com distinções de gênero e etnias) e *do mercado de trabalho, incluído o mercado para o assistente social*. A segunda direção é centrada no *trabalho do assistente social e suas metamorfoses*, no contexto societário.

Em seu conjunto, a amplitude dos eixos temáticos apresenta as preocupações de uma profissão que está colada às mudanças da realidade social, pois os temas de estudos ganham destaque em consonância às alterações sociais. Temas como transformações no mundo do trabalho, questão agrária, etnia, orientação sexual, meio ambiente e os demais presentes no quadro representam as preocupações contemporâneas do Serviço Social e respondem pelas principais manifestações da "questão social".

2
O MUNDO DO TRABALHO NA PRODUÇÃO TEÓRICA DO SERVIÇO SOCIAL

> *Posto que sou cientificamente ativo etc., uma atividade que raramente posso realizar em comunidade imediata com outros, então sou ativo socialmente porque [o sou] enquanto homem. Não apenas o material da minha atividade – como a própria língua na qual o pensador ativo – me é dado como produto social, a minha própria existência é atividade social; por isso, o que faço a partir de mim, faço a partir de mim para a sociedade, e com a consciência de mim como um ser social.*
>
> (Marx, 2004, p.107)

Conforme já aludido anteriormente, a pesquisa e a produção do conhecimento são partes integrantes e de fundamental importância para a profissão. Entre as áreas de investigação do Serviço Social, a temática trabalho ganhou considerada relevância; portanto, na continuidade deste estudo, temos o objetivo de nos aproximar do saber produzido sobre o mundo do trabalho por meio dos artigos das revistas elencadas para análise.

Na bibliografia recente das ciências sociais e humanas, o mundo do trabalho é intensamente investigado por pesquisadores das mais diversas áreas do conhecimento. Nas pesquisas, ganham destaques os estudos sobre relações e condições de trabalho, a terceirização e a subcontratação, a precarização, as inovações tecnológicas, o desemprego estrutural e as demais refrações da crise de acumulação do capital que acentuam, sobremaneira, as expressões da "questão social". O Serviço Social com seus programas de pós-graduação, núcleos de pesquisas e, respectivamente, seus meios de publicitação de conhecimentos apresentam significativas investigações referentes à temática, a qual absorve expressiva relevância na produção teórica da área a partir de 1990.

Neste livro, não temos a pretensão de analisar as obras dos autores em seu conjunto, que publicaram nas revistas pesquisadas, mas objetivamos lançar um olhar sobre o "estado da arte" em relação à produção do conhecimento em Serviço Social sobre o mundo do trabalho. Seria muita pretensão de nossa parte analisar o pensamento social dos autores, pois este estudo se resume a abordar os artigos que, em sua maioria, são sínteses de produções teóricas mais abrangentes.

Os artigos das revistas selecionadas que respondem pelos estudos sobre o mundo do trabalho oferecem resultados de pesquisas e ensaios teóricos[1] que compõem um material bibliográfico de larga heterogeneidade. Inicialmente, nas análises dos artigos, realizamos uma primeira leitura que possibilitou a elaboração dos eixos temáticos, o que facilitou a exposição do conteúdo; em seguida, analisamos a particularidade de cada texto e expusemos os objetivos e as principais considerações dos autores sobre os assuntos investigados. Elaboramos os eixos temáticos por meio da *análise temática*, que respeitou o objeto e os objetivos de estudo de cada artigo. Os eixos temáticos foram organizados a partir do conteúdo do texto e não simplesmente pelos títulos dos artigos que, em muitos casos, não correspondiam ao conteúdo.

Os eixos temáticos elaborados foram os seguintes: 1) trabalho e política social; 2) transformações no mundo do trabalho e reestruturação produtiva; 3) precarização do trabalho, informalidade e desemprego; 4) Serviço Social de empresa; 5) trabalho infantil; 6) trabalho, sindicalismo e lutas; 7) processo de trabalho e Serviço Social; 8) centralidade do trabalho; 9) trabalho feminino; 10) trabalho e qualidade de vida; 11) trabalho e subjetividade; 12) trabalho e ética; 13) trabalho e pessoa com deficiência.

Elaboramos os eixos temáticos por necessidade de sistematização, organização e clareza na exposição do conteúdo da bibliografia pesquisada. De forma alguma, compreendemos o mundo do trabalho por meio de uma visão efêmera

---

[1] Ensaios teóricos – artigos que não fazem referência a pesquisas de mestrado, doutorado ou núcleos de pesquisa; resultado de pesquisa – artigos que são apresentados pelos autores como resultado de dissertação de mestrado, tese de doutorado ou de núcleos de pesquisa. Tal classificação foi necessária somente para exposição do conteúdo, pois acreditamos que tanto os ensaios teóricos como os resultados de pesquisa têm suas origens em pesquisas realizadas pelos autores.

e fragmentada da realidade social. As particularidades dos temas estudados e apresentados nos eixos temáticos são entendidas no conjunto da produção e reprodução da vida social; a *perspectiva da totalidade* não é simplesmente uma apropriação de caráter semântico, é, acima de tudo, um esforço de interpretação dos nexos causais que se concretizam e compõem de forma recíproca as intricadas contraditoriedades universais, particulares e singulares que se afirmam e se negam na processualidade social do modo de produção capitalista.

Encontramos dificuldades em organizar o conteúdo bibliográfico nos eixos temáticos, especialmente em razão da diversidade dos temas dos artigos, por isso, indicamos aos leitores, em relação aos eixos temáticos, atenção às contribuições e aos focos de estudos dos autores analisados, pois se não compreendidos dessa forma, corre-se o risco de uma compreensão descontínua dos eixos temáticos e, consequentemente, da proposta do livro.

Apresentamos a seguir os eixos temáticos com as particularidades de cada artigo. As análises apresentam os estudos e as considerações dos autores sobre os assuntos investigados que compõem os eixos temáticos. Dessa forma, objetivamos elencar as principais preocupações e tendências da produção do conhecimento em Serviço Social sobre o mundo do trabalho.

Eixos temáticos e tendências de estudo sobre o mundo do trabalho

Trabalho e política social

Consideramos que o eixo temático *trabalho e política social* condensa os artigos mais polêmicos da produção teórica sobre o mundo do trabalho. As discussões sobre trabalho e política social estão centradas na contradição latente da sociedade burguesa, pois as políticas sociais são simultaneamente conquistas sociais da classe trabalhadora e formas amenizadas e conciliatórias de o Estado burguês combater a desigualdade social, por meio de mecanismos institucionais de redistribuição de renda. Ganham destaques nos artigos as reformas da previdência social, trabalhista e sindical, os desafios para a seguridade social brasileira com a ofensiva neoliberal, as políticas de "reintegração" do "preso" à sociedade, a economia solidária, a renda mínima e o caráter corretivo e "inclusivo" que o trabalho recebe ao ser conciliado aos programas sociais.

O eixo temático *trabalho e política social* é o mais numeroso, com 14 artigos, que representam 17,72% do total da produção teórica analisada. O Quadro 8 apresenta o eixo temático de acordo com as particularidades de cada artigo científico.

Quadro 8 – Eixo temático – Trabalho e política social

Autor	Área de graduação do autor	Título do artigo	Caráter do artigo	Revista
Ivanete Boschetti Ferreira	Serviço Social	O trabalho e a assistência: as hesitações e os paradoxos do programa de renda mínima na França	Resultado de pesquisa	*Serviço Social e Sociedade*, n.52, 1996
Maria Carmelita Yazbek	Serviço Social	Globalização, precarização das relações de trabalho e seguridade social	Ensaio teórico	*Serviço Social e Sociedade*, n.52, 1996
André Gorz	Ciências Sociais	Direito ao trabalho *versus* renda mínima	Ensaio teórico	*Serviço Social e Sociedade*, n.52, 1996
Beatriz Fortes Rey	Serviço Social	Preparação para a aposentadoria e os programas nesta área	Ensaio teórico	*Serviço Social e Sociedade*, n.52, 1996
Jacqueline Rodrigues da Silva	Serviço Social			
Marta Ponzi Pezzi	Serviço Social			
Sandra Virgínia Tubino Jorge	Serviço Social			
Sirlei Pompeo Costa	Serviço Social			
Tânia Maria de Menezes	Serviço Social			
Vera Regiana Capra Fritsch	Serviço Social			
Jailson Rocha Siqueira	Serviço Social	O trabalho e a assistência social na reintegração do preso à sociedade	Ensaio teórico	*Serviço Social e Sociedade*, n.67, 2001
José Lucas Cordeiro	Economia	Frentes de trabalho: além de uma solução emergencial	Resultado de pesquisa	*Serviço Social e Sociedade*, n.68, 2001
Maria Helena de Castro Lima	Ciências Sociais			

Continua

Quadro 8 – *Continuação*

Autor	Área de graduação do autor	Título do artigo	Caráter do artigo	Revista
Jacqueline Oliveira Silva	Serviço Social	Políticas públicas municipais de trabalho e renda na perspectiva da economia solidária	Ensaio teórico	*Serviço Social e Sociedade*, n.69, 2002
Evilásio Salvador	Economia	A reforma da Previdência Social no Brasil e os impactos sobre o mercado de trabalho.	Resultado de pesquisa	*Serviço Social e Sociedade*, n.70, 2002
Ivanete Boschetti	Serviço Social			
Evilásio Salvador	Economia	Implicações da Reforma da Previdência sobre o mercado de trabalho	Resultado de pesquisa	*Serviço Social e Sociedade*, n.81, 2005
Ariovaldo Santos	Ciências Sociais	A reforma trabalhista e sindical do governo Lula: de volta aos parâmetros neoliberais	Ensaio teórico	*Serviço Social e Sociedade*, n.81, 2005
Hercídia Mara F. Coelho	Direito / Pedagogia / História	Estado democrático e políticas sociais na fala dos operários de Franca	Resultado de pesquisa	*Serviço Social e Realidade*, n.5 (1), 1996
Dulce M. Pamplona Guimarães	Ciências Sociais			
Maria Angélica F. S. Guercio	Serviço Social	O Estado, o neoliberalismo e o mundo do trabalho: reflexões e tendências	Ensaio teórico	*Serviço Social e Realidade*, n.7 (1), 1998
Luiz Antônio Hungria Cecci	História / Direito / Geografia	O mundo do trabalho: implicações da política trabalhista	Ensaio teórico	*Serviço Social e Realidade*, n.7 (1), 1998
José Walter Canôas	Serviço Social	As questões do trabalho frente o neoliberalismo e o terceiro setor	Ensaio teórico	*Serviço Social e Realidade*, n.10 (1), 2001
Mirian Cândida de Oliveira Siqueira	Serviço Social			

A relação é composta por cinco artigos que são resultados de pesquisas e nove ensaios teóricos. Desse eixo temático, nove artigos foram escritos por assistentes sociais. Observa-se também a contribuição de profissionais de outras áreas como Ciências Sociais, Economia, História, Direito.

Iniciamos o eixo temático com o texto de Ivanete Boschetti (1996) que analisa o Programa de Renda Mínima de Inserção (RMI) implantado na

França em dezembro de 1988. A autora investigou as normas legais do RMI, sua natureza e as possibilidades de atingir seus objetivos.

Para a autora, o RMI pode ser explicado como uma política social que articula os seguintes objetivos: 1) fornecer a toda pessoa em situação de pobreza e "exclusão social" um patamar mínimo de recurso financeiro que assegure meios de sobrevivência; 2) garantir aos beneficiários dessa renda mínima um percurso de "inserção social" e/ou profissional (Boschetti, 1996, p.51).

O RMI, ao colocar a inserção social e profissional como objetivos, apresenta-se como um programa social original e inovador dentre os países da Comunidade Europeia, mas é nessa questão que reside o maior debate. A inserção é apresentada como o componente do direito que deve ter duplo papel: vencer a pobreza a partir da luta contra a "exclusão" e impedir o RMI de se transformar em uma assistência permanente. O RMI deve assegurar uma solidariedade que supere a assistência e garanta o progresso social e a coesão social.

Na análise de Boschetti (ibidem, p.53), o programa estabelece um direito com duas faces: direito a uma renda para sobrevivência e direito a uma inserção durável no mercado de trabalho. Nesse sentido, ele surge como uma ponte para a passagem da condição de "excluído" ao *status* de "inserido". A nosso ver, é aqui que reside o velho debate: a política social que tem ligação com a inserção dos usuários no mercado de trabalho é vista como a panaceia para as contradições da sociedade capitalista.

Na lei que regulamente o RMI, a inserção profissional ocupa o lugar mais importante. A principal referência para o sucesso está centrada no mercado de trabalho. A autora, ao analisar a lei que cria o RMI e uma posterior circular, chega à conclusão de que ambas apresentam uma noção global de inserção, mas ainda deixam escapar forte tendência pela inserção profissional; portanto, o programa social é uma "velha" manifestação dicotômica entre assistência e trabalho. No programa, predomina a concepção moral do trabalho como único meio possível de inserção social, o que faz emergir a representação do esforço e da responsabilidade individual, em especial para aqueles que estão aptos para o trabalho.

A lei que cria o RMI carrega a concepção de inserção fundada na noção de trabalho e emprego.

> A inserção é a representação da idéia de que a ligação entre a atividade produtiva não pode ser rompida, pelo menos para os pobres que devem garantir

sua subsistência pelo próprio trabalho. Apesar de as atividades de inserção social serem consideradas como um modo de integração social, são as atividades econômicas que predominam na representação da sociedade como o modelo mais estável de integração e coesão social. (Boschetti, p.55)

Notamos que o RMI é um programa social que reproduz a velha concepção moralista do trabalho, para a qual a única forma possível de reconhecimento social é pelo trabalho assalariado. A ligação direta entre a renda mínima concebida aos usuários e certa atividade profissional produtiva permite a construção de referência ao trabalho – inserção profissional – e não referência à assistência social.

Em entrevistas realizadas pela pesquisadora com assistentes sociais franceses que executam o RMI, os profissionais questionaram profundamente o programa. Muitos consideravam que a lei que cria o RMI estabelece sanções para os usuários que não conseguirem se engajar nos projetos de inserção profissional, mas não propõe nenhuma sanção para os casos em que a sociedade não for capaz de oferecer a inserção necessária aos usuários. Dessa forma, a velha punição pela compreensão reduzida do trabalhado assalariado, como único meio possível de inserção social, ganha relevância na execução do programa.

O debate acerca do RMI gerou vários pontos de vista entre os teóricos franceses e entre os assistentes sociais. Alguns consideram o RMI uma possibilidade de inserção social e profissional. Outros, e entre esses se encontra grande parte dos assistentes sociais, consideram o programa social como uma ajuda de subsistência, não uma medida de luta contra a "exclusão", e não vislumbram nenhuma possibilidade de o RMI provocar inserção durável via trabalho estável.

Vários assistentes sociais entrevistados reconhecem que, para a sociedade burguesa em geral, o modelo de inserção predominante é aquele ligado ao trabalho, mas eles enfatizam que a crise estrutural do mundo do trabalho exige novas respostas para o enfrentamento da "exclusão social" contemporânea. Os assistentes sociais que executam o RMI situam-se entre dois polos, ou seja, em meio à inserção social e à profissional. Alguns deles ainda continuam a se dedicar especificamente à inserção profissional, mesmo sabendo que não terão respostas relevantes diante das condições reais do mercado de trabalho francês.

André Gorz (1996), em seu artigo, traz uma discussão interessante sobre trabalho, "cidadania", garantia de renda mínima e suas relações intrínsecas com a crise do capital do final do século XX. O autor retoma criticamente Friedman, que acredita que o objetivo de "renda mínima garantida" era pressionar os "pobres aptos ao trabalho" a aceitarem empregos marginais, sazonais, irregulares e de remuneração baixa, para os quais não havia candidatos suficientes, e os benefícios sociais teriam maior eficiência quando seus usuários executassem os trabalhos "inferiores e subalternos". Era conveniente, então, reduzir as alocações da "ajuda social", agravar a pobreza dos pobres e forçá-los a aceitar trabalhos que, ainda malpagos, representem um complemento de renda. Nessa concepção asquerosa, os benefícios sociais seriam substituídos por um trabalho subalterno que contribuiria para criar um segundo mercado de trabalho, pobre de rendimentos para os pobres sem trabalho.

Para Gorz (1996, p.79) a "sociedade dual" tomaria uma nova forma:

> de um lado os ativos, cada vez menos numerosos, que ocupam empregos estáveis, qualificados e relativamente bem pagos, de outro, aqueles e aquelas que são destinados aos *bad jobs*, aos padrões especializados de uma mão-de-obra ao avesso, ao *status* de cidadãos de segunda categoria.

O mito da renda mínima tem a preocupação de garantir para aqueles trabalhadores que não conseguem emprego o mínimo necessário para se reproduzir como "cidadão", o que camufla o grande interesse que é de empregar e remunerar abaixo do nível de subsistência e exterminar ocupações daqueles que não tem uma "qualificação" adequada para os novos arranjos do processo produtivo mundializado. A proposta regressiva dessa renda mínima serve, de um lado, para criar um grande número de "empregos ao avesso", forçando os desempregados a aceitá-los, e, de outro, para garantir uma renda mínima de existência que pode preencher também uma função perfeitamente adaptada à evolução das sociedades avançadas que produzem um volume crescente de riquezas com um volume decrescente de trabalho (cf. ibidem).

Essas atividades subalternas teriam como maior preocupação elevar o valor social ao mesmo nível do trabalho e seria o fundamento do pertencimento social e da "plena cidadania". Como conceber "cidadania" para aqueles que exercem atividades subalternizadas em uma sociedade em que a "cidadania" é mediada pela ocupação profissional e pela capacidade de consumo?

Essa concepção de renda mínima e de trabalho concentra todo o trabalho socialmente necessário para os trabalhadores mais capazes e, assim, aprofunda a ruptura na sociedade entre aqueles que são aptos a empregos qualificados e o restante executará as atividades em troca de salários de fome, como é o caso dos benefícios sociais. A sociedade fica dividida "de um lado entre os maníacos e os apaixonados pelo sucesso, monopolizando o trabalho macrossocial e o espaço público; de outro lado uma massa de beneficiários destinados às atividades privadas e às trocas de convivências" (Gorz, p.85).

Gorz (ibidem, p.87) discorda da proposta de renda mínima e a saída que ele vislumbra é que o "direito ao trabalho remunerado e em condições adequadas confere a cidadania", pois um benefício que dispensa o trabalho dispensa também a sociedade de "fazer a pessoa aceder à plenitude de seus direitos".

Percebemos que as saídas de Gorz (ibidem) se limitam ao espaço restrito do mundo do trabalho sob a regência de uma sociedade em que o trabalho (força de trabalho) como mercadoria entra em profunda crise a partir dos anos 1970, com o desenvolvimento das condições materiais de produção – especialmente as inovações tecnológicas e as novas gestões de produção – ocasionando o acirramento pelo emprego e tencionando a competição entre os trabalhadores.

O acesso à "cidadania" pelo trabalho é uma condição possível nas limitações da sociedade burguesa, pois o trabalhador, ao ter um emprego que oferece as condições adequadas para sua reprodução social, entra no ciclo do mercado de trabalho formal, o que confere certa "inserção social" medida por sua capacidade de consumo.

Em relação às políticas sociais do Brasil, o primeiro artigo do eixo temático é de Cordeiro e Lima (2001), que caracterizam o Programa Emergencial de Auxílio-Desemprego (Pead), realizado pelo governo do Estado de São Paulo, por intermédio da Secretaria de Emprego e Relações de Trabalho. O referido programa aproxima-se da proposta de "renda mínima e trabalho" criticado por Gorz (op. cit.).

O Pead, iniciado em junho de 1999, teve a finalidade de abrir 50 mil postos de trabalho em caráter temporário para pessoas que estavam desempregadas. O requisito para ingressar no programa era morar há pelo menos dois anos na Região Metropolitana de São Paulo. A atividade realizada no programa incluía participar de frentes de trabalho em órgãos públicos, executando diversas tarefas, que vão desde atividades de manutenção e limpeza até serviços de escritório, conforme a necessidade de cada órgão receptor e as habilidades da pessoa. O trabalho tinha duração de seis horas diárias, durante quatro dias na semana, pelo qual os beneficiados recebiam bolsa-auxílio de R$ 160,00 e cesta básica mensal com 32 kg de alimentos.

A caracterização geral dos usuários atendidos pelo Pead é bem próxima da maioria da população da Região Metropolitana de São Paulo, pois eles vivem em situação precária em relação a habitação, alimentação, educação, em resumo, bem distante das oportunidades de "bem-estar social".

Para Cordeiro e Lima (2001, p.142), as frentes de trabalho organizadas pelo Programa representam mais do que um auxílio emergencial para os desempregados, significam o "usufruto de mínimos sociais".

Em nossa compreensão, o programa tem caráter emergencial e temporário, atingindo um número reduzido de pessoas que usufruem de renda e alimentação – insuficientes para a adequada reprodução social – durante o período de nove meses em que realizam trabalhos temporários sem vínculos empregatícios. Entendemos que é mais um dos programas dos governos locais em busca de popularidade, sem falar que a dissertação do artigo está toda voltada para mostrar o sucesso do Programa, e não para avaliar sua relevância para os usuários atendidos.

Jacqueline Silva (2002), em seu artigo, discute a economia solidária como estratégia de desenvolvimento sustentado, com ênfase na geração de emprego, renda e superação da inacessibilidade de amplas camadas da população aos bens de consumo vinculados às "necessidades sociais".

A economia solidária, na visão de Jacqueline Silva (ibidem, p.129), surge como uma estratégia social de sobrevivência, diante das transformações e da crise do mundo do trabalho, e ganhou visibilidade como forma de enfrentamento da desigualdade social, podendo ser inserida nas discussões sobre distributividade e assistência social que, até então, são centradas nos deveres do Estado como provedor de mínimos sociais. A autora destaca que as ações de geração de trabalho e renda, na perspectiva da economia solidária, podem configurar-se tanto na tentativa de respostas à miserabilidade da população e mecanismo de distributividade não tutelada quanto como elemento que compõe a produção ampliada de uma força de trabalho informalizada e desqualificada para as novas exigências do mercado de trabalho.

Segundo Jacqueline Silva (ibidem, p.131), a economia solidária compõe o terceiro setor quando concretiza empreendimentos voltados para produção e comercialização de produtos e serviços originários ou dirigidos a grupos sob "exclusão", operando em níveis diferenciados de vida social, a partir de processos de "inclusão" em que o trabalho, o consumo e o pertencimento expressam-se como mediações principais. Nesse sentido, a economia solidária projeta-se como uma das estratégias do "enfrentamento da pobreza" emanadas da relação Estado e sociedade civil. A economia solidária, ao inserir-se no processo econômico, na busca de expansão e transformação da "cidadania", pode contribuir para a superação dos padrões históricos da ação do Estado em relação ao enfrentamento da "questão social", mas, para isso, é necessário impulsioná-lo no âmbito das políticas públicas.

Nas considerações da autora, notamos duas possibilidades de transversalidade da inserção da economia solidária nas políticas públicas. A primeira centrada na constituição de redes de produção e consumo. A segunda, na criação de serviços coletivos vinculados às demandas sociais em rede de solidariedade. As duas atuam recompondo as relações entre indivíduo e coletivo, reaproximando a sociedade dela mesma. As duas possibilidades de inserção se nutrem do princípio de reinserção pela solidariedade na sociedade, incidindo diretamente sobre o processo de transformação do mundo do trabalho e na crise do Estado Social, que busca saídas no fortalecimento da sociedade civil.

Entendemos que a economia solidária, no atual estágio da acumulação capitalista, surge como um campo recheado de contradições em que há reivindicação pela "inclusão social" nos parâmetros burgueses para aqueles que caminham à margem do centro da produção e reprodução do capital. As propostas se limitam a um determinado segmento social, subordinadas ao sistema do capital, tendo poucas possibilidades de ruptura. Na maioria das propostas da economia solidária, o grande esforço dos "grupos sociais" está voltado para a inserção de seus produtos no mercado.

Os artigos de Salvador (2005) e Salvador e Boschetti (2002) analisam a reforma da previdência social realizada pelo governo Fernando Henrique Cardoso e exploram os impactos nocivos sobre o mercado de trabalho.

Os artigos condensam resultados da pesquisa de mestrado do economista Evilásio Salvador desenvolvida sob a orientação da assistente social Ivanete Boschetti. Os autores analisam a Emenda Constitucional n.20 (1998) que modifica o sistema de Previdência Social e estabelece as normas de transição, e os documentos que constituem o arcabouço institucional da reforma: o Decreto n.3.048 (1999) que aprova o regulamento da Previdência Social e a Lei n.9.876 (1999) que institui o fator previdenciário.

Para os autores, a reforma da Previdência Social significa um retrocesso de mais de quarenta anos nos direitos previdenciários dos trabalhadores brasileiros. O debate nacional sobre a reforma privilegiou o equilíbrio das contas e da sustentabilidade financeira, não relevando a responsabilidade do Estado em relação à previdência e ao mercado de trabalho. O principal retrocesso diz respeito à redução dos valores e das condições de acesso aos benefícios, em uma perspectiva de dar maiores garantias de gozo desse direito aos que forem mais bem-sucedidos em um mercado de trabalho cada vez mais heterogêneo e competitivo.

As principais alterações que impactaram o mercado de trabalho foram: a) a troca de critério de tempo de serviço pelo tempo de contribuição; b) as regras de transição para a concessão de aposentadoria proporcional e o retardamento para a aposentadoria por tempo de contribuição; c) a adoção do Fator Previdenciário (FPR); d) o estabelecimento de um teto nominal para os benefícios. O resultado é a permanência, por mais tempo, dos trabalhadores no mercado de trabalho e a busca de um complemento de renda com o retorno ao trabalho por parte dos aposentados (Salvador; Boschetti, 2002, p.136).

As mudanças, com a reforma da Previdência Social, nada contribuíram para o enfrentamento dos "problemas" do mercado de trabalho no Brasil, que contém um número elevado de trabalhadores na informalidade, os quais as políticas sociais não alcançam.

Com essas mudanças, após 1998, vem ocorrendo aumento da População Economicamente Ativa (PEA) acima do crescimento da População em Idade Ativa (PIA), implicando um acirramento da concorrência na oferta de força de trabalho (Salvador, 2005, p.9).

A reforma da Previdência Social foi na contramão das principais alternativas para combater o desemprego, que era, por mais que limitadas as determinações do capital, a redução da jornada de trabalho, sem redução do salário. Na lógica dessa proposta, está uma maior permanência dos trabalhadores no mercado de trabalho por meio de uma redução efetiva no número de horas trabalhadas.

Não podemos deixar de comentar, contudo, o caráter justificador da Previdência Social que é regida pela lógica do seguro social e uma forma encontrada pelo capitalismo de garantir um mínimo de segurança social aos trabalhadores que detêm somente a força de trabalho como meio de sobrevivência. Infelizmente, a Previdência Social só é realidade para um número reduzido de trabalhadores inseridos nas relações formais de trabalho. Para a maioria dos trabalhadores, no atual estágio da *acumulação flexível*, a Previdência Social é estranha e apresenta-se como uma "clivagem social". Surge uma situação de colapso, ou seja, muitos trabalhadores não têm acesso à proteção previdenciária porque não contribuem e não têm, por conseguinte, acesso à assistência social, pois ela é reservada aos "pobres incapacitados" de exercer uma atividade remunerada.

Correlacionando as discussões das "reformas", Ariovaldo Santos (2005) apresenta um debate introdutório sobre a reforma trabalhista e sindical. Os documentos – Projeto de Lei do senador Simbá Machado em 2003; documento Reforma Sindical: Relatório da Comissão de Sistematização de 2004 do Fórum Nacional do Trabalho – citados pelo autor expressam o primeiro grande movimento direcionado a conduzir a reforma trabalhista e sindical no Brasil.

Para Ariovaldo Santos (2005), a reforma trabalhista e sindical não tem por finalidade atender os interesses da classe trabalhadora, mas criar as condições favoráveis para um novo ciclo de expansão do capital por meio de medidas que flexibilizem as relações entre capital e trabalho, ao mesmo tempo que as restringem dentro de um campo definido, o tripartismo, em detrimento da livre organização dos interesses dos trabalhadores que, supostamente, a reforma pretende defender. Em favor da "necessidade" da "modernidade" ou da "justiça social", a reforma em questão persegue o objetivo de atender aos interesses do estágio da *acumulação flexível*.

Luiz Cecci (ibidem) traz também a discussão sobre a reforma trabalhista e analisa os documentos e legislações – Consolidação das Leis Trabalhista (CLT), Convenções, Medidas Provisórias, Projetos de Emenda Constitucional, Portarias Internas, Sistema Democrático de Relações de Trabalho – que permitem demonstrar como as transformações do mundo do trabalho afetaram os direitos do trabalhador brasileiro, especialmente a

CLT. Segundo Cecci (1998, p.169), a necessidade de reformulação da legislação trabalhista é a "pedra fundamental para a construção do mundo do trabalho isento de degradação e aviltamento".

Com as mudanças nos modelos de produção, antigas formas sob novas maneiras de exploração são retomadas. Atualmente a forma de pagamento dos trabalhadores, em vários ramos da indústria que terceirizam, depende da quantidade de mercadorias produzidas, o salário do trabalho precarizado – subcontratado que foge das legislações trabalhistas – é determinado pela capacidade de produção. Esse é um exemplo de que os capitalistas escapam das legislações.

A preocupação de Cecci (1998, p.178), com a reforma da CLT, está ligada à precarização do trabalho ocasionada pela *acumulação flexível*, não com intenção de favorecer os empresários, mas com rumo definido de reconhecer e regulamentar as relações precárias de trabalho que passam longe das legislações sociais. O autor argumenta que: "o Brasil tem de pensar seriamente se deseja continuar com essa precarização crescente das condições de trabalho ou se cria uma legislação trabalhista mais moderna para acomodar a maioria das pessoas em situações regulares, com um mínimo de proteção e um máximo de empregos". A possível saída encontrada na reforma trabalhista é o contrato coletivo, pois é o instrumento para que os objetivos comuns e conflitivos entre as partes sejam negociados. Cabe às partes usarem exaustivamente esse experimento para chegar a um denominador comum. Por meio dos contratos coletivos, nasce o compromisso, base para o crescimento da produtividade, bem como para a melhoria da qualidade dos empregos.

Cecci (ibidem) enfatiza que, em relação ao ponto de vista político, seria pertinente caminhar na direção da liberdade sindical do associativismo voluntário e da valorização do contrato coletivo, o que significa livrar-se das relações arcaicas de trabalho no Brasil de traços corporativistas, bem como do *varguismo* no campo do associativo e do trabalho. Por fim, de caráter reformista, o autor suplica e deseja a construção de novos projetos com atenções voltadas para a "modernização capitalista", em que os direitos e as condições de trabalho e de vida do "cidadão" sejam privilegiados, em todos os espaços de negociações coletivas e reformas sociais.

O texto de Maria Guercio (1998) apresenta uma discussão sobre as maneiras que o Estado está encontrando para enfrentar a "questão social" em consonância com as mudanças ocorridas no mundo do trabalho.

A preocupação de Maria Guercio (ibidem) é sobre o papel do Estado e das políticas públicas no atual estágio da acumulação capitalista. O neoliberalismo tem como proposta efetiva a redução do papel do Estado e, no Brasil, tal questão foi levada a rigor com as políticas governamentais dos presidentes nos últimos anos. A partir de 1995, instalou-se definitivamente uma "agenda negativa" de desmonte do Estado, fatores como o controle da inflação tornaram-se prioridade na busca de estabilidade, com a instauração da nova moeda – o real. A abertura econômica desenfreada, a sobrevalorização cambial e a política de altas taxas de juros levaram à queda dos investimentos e desviaram capital para a especulação financeira, ou seja, esses fatores somados ao processo de reestruturação produtiva das empresas e à *mundialização do capital* contribuíram para o "desmonte do Estado nacional".

De acordo com as considerações da autora, o movimento do Estado brasileiro, em correlação com as influências de cunho financeiro internacional, aprofunda as tendências neoliberais de criar as melhores condições para o processo de acumulação capitalista flexível e, em consequência, legitima a estrutura econômica como a principal responsável para o desenvolvimento social.

Siqueira e Canôas (2001) discutem o crescimento dos trabalhadores remunerados no terceiro setor. No terceiro setor do Brasil, segundo pesquisa da Universidade Johns Hopkins, cresceu o número de trabalhadores remunerados de 775,3 mil, entre 1991 e 1995, para 1,31 milhão em 1995, ou seja, um crescimento de 44,38%. Dados da Pesquisa por Amostra de Domicílios (PNAD) mostram que o número de pessoas que trabalham no terceiro setor ultrapassou o índice de empregos no setor de serviços, tendo um acréscimo de 30,9%. Stephen Kanitz, idealizador do prêmio Bem-Eficiente, junto à Kanitz Associados, em dados levantados em 1999, constatou que os cargos remunerados pelo terceiro setor aumentam cerca de 2.700 novos postos anuais de trabalho (ibidem, p.24).

Os números apresentados, por mais que sejam duvidosos quanto a sua metodologia, despertam algumas reflexões nos autores. Estaríamos a caminho de uma filantropia profissionalizada? O fortalecimento desse setor concorrerá para a diminuição do poder estatal, ou trata-se de uma estratégia deliberada pelo modelo neoliberal? Existem garantias de segurança para o trabalhador contratado pelo terceiro setor, visto que a grande maioria trabalha em projetos de duração determinada, com verbas subsidiadas e passíveis de suspensão?

Os autores lançam dúvidas sobre a ação do terceiro setor na substituição do papel do Estado no enfrentamento da "questão social", pois o terceiro setor apresentou ascensão nos anos 1990/2000 e sustenta, no plano das políticas sociais, os ideais do neoliberalismo. Portanto, acreditar no terceiro setor como saída para a crise do emprego seria um grande equívoco e resultaria, num futuro próximo, em trabalhadores que teriam de assistir a si mesmos no trabalho.

Coelho e Guimarães (1996) analisam os depoimentos e as representações dos trabalhadores da indústria de calçados e do curtume de Franca (SP), em relação às políticas sociais adotadas na década de 1980 e 1990.

Os trabalhadores, ao serem questionados sobre as políticas de educação, saúde, habitação e previdência, tecem, de modo geral, críticas severas às modalidades das políticas sociais que lhes são oferecidas e, especialmente, aos responsáveis pela gestão. Quando indagados sobre suas demandas em relação ao Estado, os trabalhadores entrevistados revelam, além de reivindicações específicas como segurança, saúde, educação e habitação, o sentimento de impotência política que permeia seu cotidiano (ibidem, p.48).

Pelos depoimentos dos trabalhadores, é possível apreender as críticas incisivas quanto à qualidade dos serviços públicos. Tal postura denota claramente um relacionamento não positivo dos "cidadãos" com o Estado, as políticas sociais e as gestões municipais. O Estado os "exclui", os trabalhadores não se sentem à vontade para lutar por melhores serviços públicos. "Os trabalhadores não vendo alternativas aceitam os serviços precários oferecidos pelo Estado e aderem aos serviços numa perspectiva de *adesão instrumental*: não são totalmente conformistas como, também, não são ações deliberadas de resistência" (ibidem, p.49).

Beatriz Rey et al. (1996) abordam os programas para aposentadoria que, segundo os autores, podem ser considerados uma alternativa a ser realizada nas empresas, no sentido de preparar o trabalhador para uma nova etapa da vida.

A aposentadoria é associada, em muitos casos, a perda de ordem física, intelectual, salarial e social. O aposentado, ao romper com o ambiente de trabalho, traduz a sensação de perda de *status* e de prestígio que desfrutava na sociedade enquanto era trabalhador.

O artigo apresenta de forma detalhada um projeto direcionado às empresas e aborda a preocupação com a aposentadoria como um desafio para as "empresas modernas", na valorização do homem, visando criar condições aos futuros aposentados para refletirem, questionarem e identificarem novos projetos de vida.

Infelizmente, esse tipo de programa atinge, quando realizado pelas empresas, um número reduzido de trabalhadores, pois o alarmante não são os futuros idosos que terão aposentadoria, mas o grande número de "velhos trabalhadores" que serão obrigados a sobreviver nas condições de informalidade ou, quando muito, com pobres benefícios sociais. Na atual fase do emprego, o trabalhador de "idade mediana" está com grande dificuldade de se manter no mercado de trabalho, pois cresce a cada dia o número de adeptos à informalidade como única estratégia de sobrevivência. Sem falar no aumento dos casos de aposentados que são obrigados a voltar ao trabalho para prover os gastos familiares.

Entendemos que o envelhecimento populacional, destacado pelos autores do artigo, é uma preocupação para a sociedade, mas não é a questão central que se assenta na contradição entre a produção da riqueza *versus* pobreza. O que pode ocasionar uma vida miserável para os idosos no futuro próximo são os trabalhos que muitos exercem na atualidade para sobreviver, sem nenhuma proteção social.

Jailson Siqueira (2001) discute a reintegração do preso à sociedade, no contexto capitalista das relações sociais. A produção e a reprodução desiguais provocam contradições concretas, a criminalidade ganha destaque quando o homem não consegue se inserir nas condições consideradas normais do mundo do trabalho.

Todos sabem que o mercado de trabalho não absorve a força de trabalho disponível, a *superpopulação relativa de trabalhadores* é essencial à reprodução das relações de trabalho do capitalismo. Em decorrência disso, há o agravamento da "questão social", pois os trabalhadores desempregados não encontram condições de sobrevivência. Dentre tais agravamentos, encontramos como expressão da "questão social" o aumento da criminalidade e, por consequência, o maior número de "cidadãos" presos. Claro que não podemos ser fatalistas e deterministas a tal ponto de atribuirmos aos desempregados a criminalidade, mas, segundo o autor, a "exclusão" do mercado de trabalho é uma particularidade de muitos homens e mulheres encarcerados.

No texto de Siqueira (ibidem), ganham destaque a discussão sobre o trabalho e a condição dos "presos" que são, de certa forma, obrigados a ressocialização com as práticas arcaicas do sistema penitenciário. É destacado que:

o trabalho penal possui um significado e um sentido útil à sociedade capitalista, não enquanto atividade que produz e reproduz certo sistema econômico, político e social, mas porque veicula um poder rigoroso, que traz, com efeito, a possibilidade aos infratores de, através do trabalho, reincorporarem regras, hábitos, idealmente indispensáveis a um bom relacionamento social. (ibidem, p.67)

O caráter punitivo do trabalho na sociedade burguesa, ao impor ao homem a execução de uma atividade estranhada, é aprofundado no sistema carcerário. Siqueira (2001) argumenta que o trabalho do sistema carcerário pode ser uma forma de penalizar o preso, pois se, para o homem livre, o trabalho tornou-se um suplício, uma perda de si, em que o salário é insuficiente para sua manutenção, para o preso, o trabalho é um tormento ainda maior. Isso ocorre em razão de não encontrar no trabalho nenhum sentido para a vida, pois o trabalho e a prisão estão na órbita destrutiva do capitalismo, ou seja, ambos punem. No entanto, na prisão o trabalho é uma maneira de punir e, ao mesmo tempo, educar para as mais variadas formas de exploração da força de trabalho.

Siqueira (ibidem) visualiza uma possibilidade para o "condenado" ser "respeitado" como sujeito social e vislumbrar a possibilidade de ser reintegrado à sociedade. Essa possibilidade tem no trabalho o instrumento capaz de despertar a capacidade criativa e a força de transformação do "encarcerado". Tal questão ainda é limitada pelo caráter de "inclusão", pois, no sistema do capital, o trabalho é força de trabalho e é concebido como mercadoria. A *lei geral da acumulação capitalista* necessita do desemprego, os "incluídos" são minorias privilegiadas que conseguem espaço para vender sua força de trabalho e ao máximo ingressar na produção e na reprodução da vida social como consumidores.

Na "vida em liberdade", restrita à liberdade limitada do capital, o trabalhador não tem possibilidade de despertar sua criatividade. Cremos que, no sistema prisional, isso pode acontecer em projetos sociais isolados, mas ao retornar à sociedade o "preso" encontrará os obstáculos de sempre, impostos ao trabalho como meio de socialização e criação; ou seja, o máximo que vai acontecer é o enfretamento com o mercado de trabalho na condição de trabalhador que vende sua força de trabalho para sobreviver.

Finalizamos o eixo temático *trabalho e política social* com o artigo de Maria Carmelita Yazbek (1996), que aborda os desafios da política de assistência social no Brasil, diante do precário sistema de proteção social público do país, no contexto das transformações que ocorreram nos padrões de acumulação, com suas consequências nefastas no plano social, político e cultural.

As mudanças nos padrões de acumulação do capital trazem implicações diretas para o mundo do trabalho, como o crescente desemprego e a eliminação de postos de trabalho, e reordenam o papel do Estado no âmbito das políticas sociais e suas relações com a sociedade civil. Yazbek (ibidem, p.51-2) destaca que uma das fortes características das transformações societárias é o processo de precarização das relações de trabalho fazendo surgir o crescimento do desemprego estrutural. O novo paradigma de *acumulação flexível* e as novas regras de organização do trabalho ampliam a insegurança dos trabalhadores com graves implicações para o tecido social que se fragmenta entre grupos cada vez menores dos que trabalham e são protegidos e os desempregados ou apenas precariamente vinculados, que contam com a proteção social.

Os trabalhadores têm suas conquistas e garantias sociais ameaçadas. O Estado, a cada dia, repassa as responsabilidades para a sociedade civil. As políticas públicas são submetidas à lógica das reformas estruturais do capital que estão voltadas para a estabilização da economia mundial.

Yazbek (1996, p.57) alerta que, mesmo não avançando para a privatização da área social, a redução da responsabilidade do Estado tem de ser encarada como recuo dos direitos sociais. "A redução de recursos tem significado um deterioramento dos serviços sociais públicos, comprometendo a cobertura universalizada bem como a qualidade e a equidade dos serviços. A opção é por programas assistencialistas e seletivos de combate à pobreza..." (ibidem). Os cortes assistencialistas, que caracterizam as ações sociais sob a égide do neoliberalismo, estão presentes nas formas como vêm sendo operacionalizados os benefícios sociais ao eleger seletividade para os mais pobres entre os pobres.

Diante desse cenário, torna-se necessária a defesa da Seguridade Social e dos direitos sociais previstos na Constituição Federal de 1988. É imperativo o confronto com as pretensões privadas de enfrentamento da "questão social". Se não houver espaços de cobrança de direitos, corre-se o risco de a Seguridade Social não chegar a ser realidade no Brasil.

Esse eixo temático, entretanto, carrega historicamente uma das principais contradições do sistema capitalista. A política social é resultado de mobilização e organização da classe trabalhadora e, ao mesmo tempo, é concessão por parte da burguesia.

A classe trabalhadora assegurou inúmeras e importantes conquistas na dimensão política e social como o direto de voto, de organização em sindicatos, livre expressão, direitos sociais, mas, ao mesmo tempo, são conquistas que, no início do século XXI, sofrem forte desmobilização em razão do avanço da política neoliberal com o desmonte da proteção social estatal.

Devemos ter em mente que as conquistas dos trabalhadores em relação à política social não podem estagnar com os direitos burgueses, devem ser encaradas como processos de transição para a *emancipação social*. As políticas sociais devem ser tomadas como processo de *emancipação política* e, consequentemente, de ruptura com o sistema do capital, pois temos de avançar sobre o papel da política social que, infelizmente, se resume a amenizar conflitos entre as classes sociais e estabelecer mínimos sociais.

É importante relembrar que cada modelo de produção na história do capitalismo forma um dado regime de acumulação e regulação social. Nos modelos de produção, devemos considerar o tipo de "racionalidade" produtiva e regulação social. Por exemplo, o *fordismo/taylorismo* tem de ser visto mais do que como um mero modelo de produção, mas como um modelo de vida social que particulariza uma fase na história da acumulação capitalista. Em cada modelo de produção, que são "momentos ou fases" do modo de produção capitalista, explodem as denominadas expressões da "questão social" e, claro, o desemprego é sempre a principal expressão. Podemos dizer que dois modelos de acumulação e regulação social marcaram o século XX e o início do XXI, o *fordismo-keynesiano* e o *flexível-neoliberal*. Portanto, entendemos a política social como resultado direto dos modelos de produção e de seu regime de acumulação e regulação social. A política social, quando provém do Estado burguês, é uma "forma pacífica" de amenizar o sofrimento da classe trabalhadora e nunca tem como maiores pretensões a ruptura com o sistema capitalista. Os movimentos sociais – com destaque ao sindical – foram importantes para as conquistas dos denominados "direitos sociais, políticos e civis", mas, em contrapartida, representam nada mais do que "migalhas" da riqueza social e oferecem oportunidades de desenvolvimento harmonioso sobre a base material que é a propriedade privada dos meios fundamentais de produção.

As políticas sociais no capitalismo, no entanto, estão sob o signo da contradição. Por um lado, aparecem como supostas "dádivas" do Estado burguês, com função intrinsecamente conservadora, visando à coesão social e criando condições para a acumulação ampliada do capital. Por outro lado, são elementos de "conquistas" da classe trabalhadora e obstáculos políticos à degradação física e moral dos trabalhadores, especialmente quando operam ações voltadas para aqueles que vivem à margem do mercado de trabalho. As políticas sociais são elementos contingentes e necessários da luta de classes. Mesmo os "mínimos sociais", quando tomados em uma óptica de *emancipação político-social*, podem tornar-se elementos de acúmulo de força no embate político da classe trabalhadora. Na atualidade, o neoliberalismo como reação conservadora busca aboli-los ao extremo ou focalizá-los, evitando universalizá-los, tendo em vista não apenas a crise fiscal do Estado burguês, mas o significado político de uma classe trabalhadora com dignidade moral e política que sempre almeja reivindicações para melhoria de suas condições de trabalho e vida. A burguesia teme as necessidades radicais do proletariado. Por isso, objetiva-se reduzir as políticas sociais de responsabilidade estatal e atrelar ao terceiro setor. Aqui está o caráter político do desmonte das políticas sociais universais no capitalismo neoliberal.

Transformações no mundo do trabalho e reestruturação produtiva

O eixo temático *transformação no mundo do trabalho e reestruturação produtiva* é composto por 11 artigos que representam 13,92% do total da produção teórica analisada. O eixo temático oferece estudos com destaque às mudanças no mundo do trabalho, a partir da crise de acumulação do capital dos anos 1970, com enfoques específicos sobre as inovações nos processos produtivos como a robótica, a microeletrônica, as estratégias empresariais como a terceirização, a subcontratação e os impactos nas condições de trabalho e vida da classe trabalhadora. O Quadro 9 apresenta o eixo temático de acordo com as particularidades de cada artigo científico.

Os quadros apresentam quatro artigos que são resultados de pesquisas e sete que são ensaios teóricos. Dos artigos do eixo temático, sete foram escritos por assistentes sociais. Observa-se a contribuição de profissionais de outras áreas das ciências sociais e humanas que publicam pesquisas e reflexões nas revistas do Serviço Social.

Quadro 9 – Eixo temático – Transformações do mundo do trabalho e reestruturação produtiva

Autor	Área de graduação do autor	Título do artigo	Caráter do artigo	Revista
Eduardo Navarro Stotz	Ciências Sociais	Reestruturação industrial na visão dos empresários brasileiros	Resultado de pesquisa	*Serviço Social e Sociedade*, n.52, 1996
Leila Baumgratz Delgado Yacoub	Serviço Social / Direito	Inovações na gestão de mão de obra	Resultado de pesquisa	*Serviço Social e Sociedade*, n.57, 1998
Rute Gusmão	Serviço Social	A terceirização de serviços na contra--reforma do Estado	Ensaio teórico	*Serviço Social e Sociedade*, n.70, 2002
Maria Elvira Rocha de Sá	Serviço Social	A cidade, a reestruturação produtiva e a nova ordem mundial	Ensaio teórico	*Serviço Social e Sociedade*, n.72, 2002
Maria José de Souza Barbosa	Serviço Social			
Ednéia Alves de Oliveira	Serviço Social	O atual estágio da acumulação capitalista: destruição criativa ou criação destrutiva?	Ensaio teórico	*Serviço Social e Sociedade*, n.82, 2005
Aidil Jesus da Silveira	–	Desigualdade social, trabalho e crise da modernidade	Ensaio teórico	*Serviço Social e Realidade*, n.7 (1), 1998
Delson Ferreira	História			
Patrícia E. Vittorazzi	–			
Hélio Braga Filho	Ciências Econômicas	A reorganização da indústria de calçados de Franca	Resultado de pesquisa	*Serviço Social e Realidade*, n.9 (1), 2000
Israild Giacometti	Serviço Social	Aspectos da terceirização no Brasil: recurso da acumulação flexível	Ensaio teórico	*Serviço Social e Realidade*, n.13 (2), 2005
Sílvia Arantes C. de Souza	Serviço Social			
Jean Lojkine	Filosofia	Novas tecnologias geradoras de empregos?	Resultado de pesquisa	*Praia Vermelha*, n.1, 1997
Ana Elizabete Mota	Serviço Social	Reestruturação produtiva e Serviço Social	Ensaio teórico	*Praia Vermelha*, n.2, 1999
Carlos Eduardo Montaño	Serviço Social	Globalização e reestruturação produtiva: duas determinantes para a estratégia neoliberal de Estado e mercado	Ensaio teórico	*Praia Vermelha*, n.2, 1999

Iniciamos a discussão desse eixo temático com o ensaio teórico de Ednéia Oliveira (2005), que analisa a crise contemporânea do mundo do trabalho ressaltando a concentração/centralização do capitalismo nos países centrais, a especulação financeira e o parasitismo econômico, o que, segundo a autora, resulta em uma desintegração social sem precedentes na história do sistema do capital.

A crise de acumulação do capital que se instala a partir dos anos 1970 carrega em seus eixos toda a trajetória do capitalismo do século XX, ou seja, o capitalismo monopolista, as crises cíclicas como a de 1929, a seguida política econômica keynesiana de pleno emprego e o alargamento da proteção social. Mas, a partir de 1970, o padrão de acumulação fordista/keynesiano foi questionado e o paradigma do intervencionismo estatal começa a desmoronar. Nesse momento, são resgatados os princípios liberais e o mercado passa a ser a instância suprema das relações econômicas. Segundo Oliveira (2005, p.29): "Essa revitalização do mercado como instância reguladora das relações sociais é justificado pelo baixo índice de crescimento econômico associado a inflação e ao desemprego, que assolava os países centrais, o que deu origem ao fenômeno denominado estagflação". A intervenção estatal é considerada a grande responsável pela queda do crescimento econômico, sendo necessária uma reestruturação de seu aparelho, como condição fundamental para superação da crise de acumulação do capital.

A autora, ao analisar os avanços tecnológicos e a concentração empresarial do capitalismo mundializado, a especulação financeira e o parasitismo econômico, afirma que, a partir dos anos 1970, os investimentos no setor produtivo entraram em declínio, provocando o caráter recessivo da economia. A ideia de lucros elevados e rápidos ativou uma ciranda especulativa que se tem acentuado nos últimos anos, sem nenhuma perspectiva de alteração. Nessa ciranda, são incluídos setores das elites nacionais e internacionais, empresas, Estados e fundos de investimento de forma geral. Diante desse cenário, a periferia capitalista tornou-se muito atrativa, pois oferece condições favoráveis de investimento rápido e lucros elevados proporcionados pelas altas taxas de juros praticados em tais países. Na análise do Investimento Externo Direto (IED) até 1990, o fluxo de investimento era maior nos países centrais, mas, em 2000, a participação dos países periféricos no estoque de IED chegou a 83%, enquanto nos países centrais ficou em 17%. Esse aumento do IED nos países periféricos pode ser explicado pela crescente compra de empresas privadas já existentes e/ou pelas funções/aquisições favorecidas pelo processo de privatização das empresas públicas estatais (ibidem, p.32).

Outro fato interessante na análise da autora é que a acumulação capitalista se desloca do setor produtivo para o setor financeiro internacionalizado, mas, especificamente, especulativo. Isso não implica afirmar que a especulação é um fenômeno característico do contexto da reestruturação produtiva, mas ressaltar que seu crescimento acelerado é uma marca predominante do atual estágio de acumulação capitalista. A acumulação capitalista sempre conviveu com uma classe rentista que sobrevive de juros, mas o que é relevante é a substituição dessa lógica na atualidade capitalismo, ou seja, a produção de lucros é deslocada para a concepção de ganhos por meio de juros.

Oliveira (2005) denuncia os caminhos destrutivos que o capitalismo tomou para prosperar nas últimas três décadas. Os principais marcos são o aumento de concentração/centralização da riqueza nos países centrais em detrimento dos países periféricos e a imbricação do setor produtivo com o setor financeiro de caráter especulativo. Os resultados do atual momento de acumulação do capitalismo e a hipertrofia econômica fazem aumentar o desemprego e a pobreza estrutural, ou seja, velhas formas de precarização do trabalho e vida sob o comando de "novos" ditames da acumulação de capital.

Sá e Barbosa (2002) analisam a cidade no processo de reestruturação produtiva e elencam o território (cidade) no comando do sistema de valorização planetário. Na "nova ordem mundial", as grandes cidades passam a realizar um tipo especial de atividade de circulação, estritamente ligada ao setor de negócios sob o monopólio do setor financeiro.

Para as autoras, a cidade é o espaço que ganha centralidade como lugar de encontros, desencontros e possibilidades, em meio a complexos fluxos econômicos e formas de produção, que se distribuem por toda a territorialidade. Surgem as redes, em que emergem novas formas de organização da produção material e imaterial, favorecidas por relações que vêm dinamizando processos produtivos de mercados *territorializados* e, contraditoriamente, *desterritorializados*. Essas formas de organização do espaço urbano ultrapassam fronteiras territoriais, na medida em que lançam produtos nos mercados internacional, nacional e regional.

A cidade é envolvida pela financeirização do capital. Os inovados meios de comunicação capacitam as economias das principais cidades do mundo e essas passam a comandar o mercado mundializado, o que faz subsumir as cidades dos países periféricos em uma integração subordinada.

> O tecido urbano passa a concentrar o movimento da produção de mercadorias e do trabalho humano, determinado sob o domínio das necessidades e dos prazeres a partir de crescente aglomeração. Assim, regiões mais "atrasadas" são arrastadas, de uma forma ou outra, para o movimento de valorização do capital. (ibidem, 2002, p.8)

A organização da produção no espaço urbano contemporâneo captura o trabalho sob a forma de processos terceirizados, subcontratados, trabalhos domiciliares e fluxos de produção imaterial. Observa-se o deslocamento da produção da riqueza do espaço fabril, e os ciclos produtivos exercidos sobre o conjunto dos trajetos virtuais ganham maior relevância.

As autoras alegam que na "nova ordem social mundial", sobre a base material da reestruturação produtiva, ocorre o acirramento dos processos de divisão internacional do trabalho em razão da mundialização e competição acirrada do mercado. As estruturas produtivas vinculadas às novas tecnologias informacionais apontam uma nova era sociotécnica do trabalho. Os "novos tempos" são marcados por processos de produção agilizados, via flexibilização; redução de gastos com estoques intermediários aos serem adotados procedimentos *just-in-time*; redução de estoques acabados; encurtamento dos prazos de entrega; diminuição dos gastos de giro de capital e do tempo de faturamento; dinamização de operações de franquia; compras e vendas por meios eletrônicos (Sá e Barbosa, 2002, p.9).

Entendemos que a "nova ordem social" que as autoras anunciam acentua-se no espaço restrito da organização da produção capitalista, pois o que temos é o processo contínuo de exploração do trabalho pelo capital que, no estágio da *mundialização do capital* somado à crise de acumulação, inova as maneiras de expansão do mercado em busca de consumidores e força de trabalho de baixo custo. Com a crise do modelo de produção *fordista/taylorista*, ocorre uma nova configuração do espaço produtivo, e o que era realizado em uma única fábrica passou agora a ser produzido por uma ampla rede de pequenas estruturas produtivas, espalhadas em vasta área territorial correspondendo a várias cidades, regiões e países.

Também tem destaque nas análises das autoras a discussão sobre as atividades produtivas centradas no homem, e não mais nas máquinas, visto que as mutações da sociedade aumentaram a necessidade de informações sofisticadas. "O progresso elevou a criatividade dos trabalhadores, que deixaram de ser massa. Nas últimas décadas, a produção social é inflexionada pelas novas tecnologias de comunicação e linguagem, que transfiguram o ritmo de trabalho e o tempo de vida do trabalhador" (ibidem, 2002, p.8). Essas considerações das autoras podem ser ponderadas quando analisamos as principais cidades do mundo do capital e seu limitado número de trabalhadores, mas não podemos generalizar e afirmar que as atividades produtivas estão centradas no homem e não mais nas máquinas, pois com o avanço da robótica e da microeletrônica, o aparato tecnológico contribuiu, sobremaneira, para a substituição do *trabalho vivo* pelo *trabalho morto* e o que mais se intensificou somado à precarização do trabalho foi a substituição do homem no processo produtivo, mesmo sabendo de seu papel vitalício nos processos de trabalho.

Quando o homem permanece no processo produtivo, as estratégias empresariais procuram precarizar ao máximo as condições e as relações de trabalho. No caso específico das cidades, observamos o crescimento do "setor informal da economia" que aglutina os trabalhadores que não mais são empregados pela fábrica em decorrência das novas exigências do emprego urbano e, na informalidade, encontram estratégias de sobrevivência, sendo as cidades, os grandes centros urbanos, os espaços em excelência para essa prática que se evidência como uma saída para grande parte dos trabalhadores.

Jean Lojkine (1997), em breve artigo, questiona até que ponto as novas tecnologias geram emprego ou desemprego. Para ele, o maior paradoxo é que as novas tecnologias de informação parecem ser muito próximas das "antigas", pois elas devoram os empregos e suscitam um desemprego em massa. O autor aponta possíveis acertos na estrutura do mundo do capital para que ocorra o relacionamento harmonioso entre as novas tecnologias e o desemprego. Essa questão é "chave" no processo de reestruturação produtiva, pois as novas tecnologias, sob o controle do capital, inovam tendo como único objetivo a substituição de força de trabalho, não existindo preocupação alguma com o emprego ou desemprego, mas somente com o menor custo da produção de determinada mercadoria.

O autor assinala possibilidades de saídas do desemprego em relação às novas tecnologias. Para evitar o desemprego estrutural ligado às novas tecnologias, é necessário levar em consideração três fatores: 1) necessária criação de emprego nos grandes serviços coletivos (formação, pesquisa, cultura); 2) diminuição maciça do tempo de trabalho; 3) novos critérios econômicos e sociais para avaliar o uso da tecnologia da informação em relação às necessidades sociais de empregos qualificados e eficazes. Sem falar, é claro, de novas regras de cooperação entre regiões desenvolvidas e subdesenvolvidas no mundo (ibidem, p.170).

Carlos Montaño[2] (1999), em seu artigo, faz crítica às formas correntes de analisar o projeto neoliberal. Para o autor, as análises correntes não compreendem o projeto neoliberal como atual estratégia do capital monopolista de superação da crise econômica que se estende desde 1973, ou seja, de adequação ao sistema de *acumulação flexível*, que busca sua legitimação política.

Os regimes de acumulação capitalista vão muito além das relações produtivas. "É necessário uma correspondência entre condições de produção e as condições de reprodução da força de trabalho, estabelecendo, em cada regime a quantia de produto líquido destinado ao consumo e à acumulação" (Montaño, 1999, p.104). Para o autor, em cada regime de acumulação devem ser considerados a produção, a distribuição, o consumo, o tipo de racionalidade que prevalece e a forma de regulação político-econômica. Em contrapartida, não devemos nos esquecer de que o fundamento principal do capitalismo é a produção coletiva e a apropriação privada, seguidas da centralização de capital nas mãos de quem detém os meios de produção.

Por exemplo, o fundamento *taylorista/fordista* baseia o lucro na redução dos custos de produção, por unidade, em razão de produzir cada vez maior quantidade de mercadoria pouco diversificada. O complemento do modelo é o mercado de massa, homogêneo, extenso e de larga escala – grande demanda de pequenas variedades de produtos –, porém lento e de reduzida mobilidade. "Efetivamente, se o fundamento é produzir cada vez mais, é

---

2 Carlos Montaño aprofunda tais análises em seu livro: *Terceiro setor e questão social*: crítica ao padrão emergente de intervenção social (2003).

necessário vender cada vez mais. Um processo sem o outro não funciona: só assim o círculo ('virtuoso') se completa" (ibidem, p.108).

O padrão de acumulação fordista/keynesiano afirmou-se com as indústrias produzindo no máximo de suas possibilidades, e assim "o círculo virtuoso" se completava. No plano da regulação social, temos o "pleno emprego" – complemento salarial estatal e assistência pública –, consumo e produção. Resumindo, no regime da acumulação fordista/keynesiano, o modelo de produção é em massa, um mercado homogêneo e de larga escala, com ênfase no consumo local.

Para o autor, mudanças significativas ocorreram no regime de *acumulação flexível* inspirado na produção ohnista/taylorista que objetiva um mercado diversificado e de pequena escala com ênfase no global. O "novo modelo de produção" que ficou conhecido como toyotismo apresenta as principais características: separa a fabricação da distribuição; reduz a força de trabalho; produz de acordo com o mercado. Surge a "fábrica enxuta", tendo como principal novidade as relações de subcontratação. A principal ênfase está na produção voltada diretamente para o mercado. "Se no modelo *taylorista/ fordista*, se produz tudo dentro da própria fábrica, no modelo japonês se produz o maior volume possível de peças fora da indústria matriz" (ibidem, p.115). Surgem as pequenas e as médias empresas subcontratadas que dão suporte à produção. Os custos de produção, os riscos, o tempo perdido, os produtos defeituosos, os encargos sociais são retirados da empresa matriz e repassados para as empresas subcontratadas. Nesse modelo, a maior preocupação é captar a demanda do mercado, que é seleto e altamente concorrido, globalizado, heterogêneo. A produção está voltada para o mercado em nível global, o que faz aumentar as transações internacionais.

Montaño (1999, p.118) destaca que, do ponto de vista da relação produção-comercialização, os dois modelos de produção migram da necessidade de expandir a demanda de um mercado homogêneo de larga escala, com ênfase no local com forte participação do Estado nos complementos salariais político-assistenciais, e da necessidade de ampliar os serviços sociais no protecionismo da indústria local com barreiras alfandegárias, passando a atender a necessidade de diversificar a oferta dirigida a um mercado seleto e de pequena escala, porém heterogêneo, ágil e com maior ênfase no global, podendo, em alguns casos, ficar apenas no nível local. Portanto, o neoliberalismo, que se nutre nas mudanças da esfera produtiva, tem lançado campanhas vitoriosas na queda do regime de acumulação fordista/taylorista para o ohnista/taylorista. O objetivo é produzir para um mercado localmente seleto e, ao mesmo tempo, globalizado, ágil e heterogêneo, com mercadorias variadas e produção flexível em quantidade e diversidade, com custos totais mais baixos e, especialmente, flexibilizando os contratos de trabalho e/ou terceirizando áreas produtivas de serviços. Para isso, já não parece necessário nem adequado um Estado intervencionista com políticas sociais voltadas para a classe trabalhadora.

Entrando no conjunto dos artigos que analisam a particularidade brasileira, Giacometti e Souza (2004) trazem uma reflexão sobre a terceirização no processo de reestruturação produtiva e buscam conceituar tal "fenômeno", verificando sua relação direta com a informalidade e em que medida a terceirização determina alterações significativas na correlação de forças entre o capital e o trabalho.

As autoras denunciam a "desestruturação do mercado de trabalho" ocasionado pela reestruturação produtiva nos anos 1990, no Brasil. A terceirização incentivou o crescimento da informalidade no setor industrial, acarretando a precarização das relações e das condições de trabalho no período da *acumulação flexível*, que é uma continuação direta, porém com traços particulares da relação capital *versus* trabalho da *mundialização do capital* do final do século XX. Para as autoras, a terceirização no setor produtivo brasileiro não pode ser entendida como uma estratégia inevitável decorrente do processo de reestruturação produtiva, pois "há que se considerar o papel do Estado nacional e da macroeconomia que este ajudou a desenhar". No Brasil, a terceirização que se generalizou tinha como objetivo garantir a competitividade e a obtenção de lucros em curtos prazos, por meio da redução de custos, especialmente de gastos relacionados ao capital variável (Giacometti; Souza, 2004, p.110).

Eduardo Stotz (1996) apresenta um estudo que objetivou captar o modo como os dirigentes nacionais identificam as mudanças empresariais vistas como essenciais à posição de liderança de mercado de bens e serviços que cada empresa produz, procurando ressaltar as visões dos dirigentes sobre o lugar do trabalho e dos trabalhadores nessas mudanças. A pesquisa teve como fonte primária de investigação "o discurso empresarial modernizante" publicado na seção "A Fórmula do Líder" do Caderno de Finanças da *Folha de S.Paulo*. As empresas pesquisadas foram Eletromental (aços especiais), Freio Vargas (freios), Villares (elevadores, siderurgia), Sharp (televisores, telecomunicações, informática), Alpargatas (têxtil, calçados), Votorantim (cimento, metalurgia, química, papel, agroindústria), Margels (botijões e aços relacionados), Toga (embalagens), Iochpe-Maxion (autopeças, equipamento agrícolas, informática, papel e celulose), Marcopolo (carrocerias para ônibus), KHS (equipamentos para engarrafar e enlatar bebidas), Basf (química, fitas de áudio e vídeo), General Electric (lâmpadas, disjuntores, medidores de energia, bens de capital) e Duratex (madeiras especiais, metais e louças sanitárias).

A análise do autor aponta o caráter pragmático e defensivo da reestruturação produtiva nacional. O processo de reestruturação encaminhado pelas empresas resume-se nos discursos dos dirigentes como uma forma de reduzir custos e ajustar a capacidade e a especificidade da produção ao mercado. "O caráter 'defensivo' da reestruturação manifesta-se no predomínio de fatores relacionados à redução de custos, dentre os quais o mais significativo foi o 'enxugamento' do quadro de pessoal (incluindo redução do número de diretores e gerentes e de níveis hierárquicos)" (ibidem, p.100).

A pesquisa mostra a precarização do trabalho e a eliminação dos postos de trabalho por meio de estratégias empresarias, como a terceirização de setores e atividades, desmonte do parque industrial com as relocalizações de empresas em outros países da América do Sul. Importante questão no estudo diz respeito à mudança cultural das empresas, os funcionários passaram a ser chamados de "colaboradores". Agora o operário não somente produz, mas "pensa" a produção e passa a ser um "colaborador". Aqui, percebemos como as transformações do mundo do trabalho capturaram a *subjetividade* do trabalhador. Subjacente a essa perspectiva colaboracionista, na qual o trabalhador abdica de seus interesses específicos para aderir aos da empresa capitalista, encontra-se uma concepção sobre o "fim da história" na visão dos dirigentes, ou seja, da luta entre as classes sociais e, por conseguinte, uma naturalização das relações sociais e políticas que cercam o espaço da produção. Os novos mecanismos da gerência científica do trabalho solapam os trabalhadores que, envolvidos pela nova cultura empresarial, passam a pensar, mais do que nunca, com a cabeça do proprietário. Pena que o autor não aprofunda análises sobre essas questões.

A importante contribuição do estudo de Stotz (1996) está em apresentar um diagnóstico das mudanças organizacionais expressas nos discursos dos dirigentes empresariais. O estudo oferece subsídios para perceber a visão conservadora dos dirigentes empresariais nacionais e o apelo pela produção a qualquer custo, sem discutir qualquer possibilidade de negociação política com os trabalhadores, que foram os mais prejudicados nesse processo.

Leila Yacoub (1998) aprofunda a discussão sobre a nova cultura empresarial no processo de reestruturação produtiva. Sua pesquisa foi realizada em oito empresas, localizadas em diferentes regiões do país, de dimensões e ramos de negócios diferenciados, e que, na gestão empresarial, contemplam programas participativos. O objetivo do estudo é evidenciar experiências na inovação na gestão da força de trabalho no Brasil nos anos 1990, por meio da investigação das diversas estratégias que culminam na participação dos trabalhadores no processo produtivo.

Os avanços no padrão de qualidade e competitividade nas empresas não ocorreram somente pela introdução de tecnologias. O principal responsável pela efetivação desse modelo passa a ser o próprio trabalhador. As empresas procuram sem cessar pelo trabalhador polivalente, confiável e participativo, e estimulam a capacidade criativa e de autorrealização. Há um incentivo constante e crescente à participação dos trabalhadores nas decisões empresariais relativas ao processo de produção e à cooperação. O que, em nossa compreensão, é um tremendo engodo, pois assim a nova cultura empresarial responsabiliza o trabalhador pelas inovações, sucessos e insucessos na produção.

A autora analisa o Círculo de Controle de Qualidade (CCQ), conhecido nas empresas como Plano de Sugestão ou Núcleo de Inovação Tecnológica (NIT), que constitui a modalidade de maior participação com 75%. Os CCQ foram criados no Japão na década de 1960, simbolizando um "investimento na classe trabalhadora", apropriando-se de seu saber e extraindo de sua criatividade o máximo de rentabilidade e qualidade, sem alterações nas estruturas de poder das empresas. Os círculos são formados por setores e turnos de trabalho, sendo as ideias posteriormente avaliadas pela gerência científica. As opiniões consideradas adotáveis são premiadas com mercadorias que representam para o "trabalhador-autor" símbolo de *status* e orgulho pessoal, tais como troféus, medalhas, homenagens, viagens e outras formas de alienação e cooptação da subjetividade do trabalhador. Observamos as principais considerações de Yacoub (1998, p.66) em relação ao CCQ:

a) o trabalhador é estimulado muito mais a pensar e criar para a ampliação dos lucros e/ou resultados do que para a melhoria e/ou modificação do seu espaço de trabalho; b) significativo como o trabalho imediato estimula à ampliação do nível de conhecimento dos trabalhadores sobre o processo de trabalho, associado ao caráter de incremento à competição entre eles.

A pesquisa demonstra como as estratégias empresariais de participação – CCQ, Pesquisa de Clima Organizacional, Comissões de Fábrica, Envolvimento dos Trabalhadores no Processo de Seleção, Participação nos Lucros e Resultados, Café da Manhã com o Patrão, Comissão de Melhoria do Ambiente, Assembleias de Trabalhadores, Ginástica Coletiva, Participação Acionária, Cinco S, Comissão de Alimentação, Avaliação Anual das Chefias, Auditorias Internas de Qualidade, Programa de Integração Família-Empresa – ocorrem na empresa, parecendo ser um grande avanço, mas o que na verdade acontece é o aprofundamento das formas de manipulação dos trabalhadores.

As estratégias empresariais e a situação em que as empresas se encontram refletem o contexto econômico nacional dos anos 1990 de mercados saturados e estagnados. A saída é a flexibilização na estrutura produtiva. O novo paradigma exige polivalência, qualificação do trabalhador e atribui a ele responsabilidade na organização do espaço empresarial, mas nas tomadas de decisão ele fica excluído. O que se verifica é uma cooperação horizontal no que se refere ao processo produtivo e pouco poder de decisão no espaço da gestão empresarial. Segundo Yacoub (1998, p.69):

> Esses modos participativos, impostos e controlados pelo capital, apelam para a subjetividade do trabalhador, envolvendo-o na produção, exigindo-lhe responsabilidade, criatividade e decisão e motivando-o a auto-estimar-se, cooperar e auto-integrar-se, passando a imagem de que empresa não é mais o *lócus* privilegiado da exploração da dominação capitalista, e sim a de que ela simboliza nossa família e nosso segundo lar.

O trabalhador tem espaço para representação no padrão flexível e nas inovações de acumulação. Se não tiver propostas, não serve. A representação política é considerada coisa do passado. As estratégias empresariais objetivam antecipar as investidas sindicais e revelam o ânimo do capital em perpetuar o controle sobre a classe trabalhadora pela cooptação, ou melhor, pela captura do tempo dentro e fora do trabalho.

Rute Gusmão (2002) apresenta um interessante ensaio teórico que destaca a terceirização de serviços no Estado brasileiro, em plena expansão nas últimas décadas, especialmente na gestão de Fernando Henrique Cardoso, com sua orientação político-ideológica neoliberal.

As mudanças na produção material da sociedade nos anos 1990 no Brasil, as instruções em âmbito mundial de cariz vertical, com destaque ao Congresso de Washington (1989), além da proposta de reforma estatal para os países do denominado Terceiro Mundo envolvendo a descentralização, a municipalização dos recursos oficiais e a mobilização das organizações não governamentais foram levadas a cabo pelos presidentes do Brasil.

No governo Fernando Henrique Cardoso, as orientações dos organismos internacionais foram atendidas com o objetivo de responder às demandas do mercado e à acumulação capitalista. O governo brasileiro instaurou uma contrarreforma estatal que assumiu uma direção político-ideológica após a criação do Ministério da Administração Federal e da Reforma do Estado (Mare). Com a aprovação, em novembro de 1995, do Plano Diretor da Reforma do Aparelho do Estado, elaborado pelo titular desse ministério na época, Bresser Pereira, a terceirização passou a ser uma das formas de privatização que se expandiu em todos os órgãos federais, em todas as áreas além das conhecidas atividades de apoio, por meio da extinção e/ou substituição de serviços públicos por serviços privados.

Para Gusmão (2002, p.98), as razões das terceirizações de serviços públicos na contrarreforma do Estado estão ligadas à reestruturação do Estado para o mercado, que acentua a flexibilização do mercado de trabalho, a precarização, o controle e a intensificação do trabalho, a fragilização da organização coletiva dos trabalhadores e o estímulo ao Estado patrimonialista. "A terceirização tem no Estado o mesmo sentido que na esfera privada, de horizontalização de atividades para as empresas privadas, de contratação indireta de serviços, com o objetivo de modificar o mercado de trabalho para a superação da crise do capital." A terceirização do setor estatal está mais próxima ao desmantelamento, ao descontrole e ao desaparecimento do Estado, do que propriamente uma complementação do público com o privado.

A política de subcontratação não se justifica apenas pela inexistência de concursos e do decorrente aumento de cargos de vagas. Essa realidade integra uma política privatizante, que envolve a terceirização de serviços tendente à queda de direitos, precarização do trabalho, fragmentação das relações trabalhistas, fragilização da resistência sindical dos serviços públicos e adequação do Estado às demandas do mercado. Assim, a ausência de concurso público para servidores estatutários, em determinadas áreas, não é a causa do problema, mas parte de uma política deliberada do governo de ampla flexibilização e precarização do trabalho do Estado (cf. Gusmão, ibidem).

O artigo de Gusmão (ibidem) apresenta uma abordagem conveniente e necessária sobre o desmonte do Estado e todas as implicações da subcontratação no serviço público. Cabe maior destaque, além da precarização do trabalho, às vantagens de acumulação que algumas empresas realizam ao oferecerem o trabalho terceirizado. O alarmante na análise da autora é que os salários menores dos subcontratados não representam necessariamente custos menores para o Estado. O controle estatal de serviços, os custos menores e os lucros das empresas representam uma nova faceta da precarização do trabalho na incessante crise de acumulação do capital, que encontrou na privatização do Estado uma forte aliada.

Silveira et al. (1998) apresentam um ensaio teórico que objetiva refletir sobre as relações possíveis entre a permanente questão da desigualdade social, o problema das "cortiginosas" mutações que ocorreram nas relações de trabalho e a controversa crise da modernidade burguesa. Os autores analisam as transformações do mundo do trabalho em estreito diálogo com o livro *Adeus ao trabalho: ensaio sobre as metamorfoses e a centralidade do mundo do trabalho*, de Ricardo Antunes.

A preocupação de pensar a realidade brasileira é anunciação constante dos autores, mas o texto apresenta limites nas análises propostas, que repetitivamente oferecem colocações de forma genérica para explicar a configuração societal da crise contemporânea, sem aprofundar as anunciadas particularidades da "crise do trabalho" no Brasil. O artigo restringiu-se a um estudo comentado da obra de Antunes, o que mostra a influência do autor na produção do conhecimento sobre o mundo do trabalho, especialmente em relação a esse eixo temático analisado.

As preocupações dos autores em compreender a "crise do trabalho", a modernidade burguesa, e posteriormente em vislumbrar saídas emancipatórias, "com a identificação dos sujeitos políticos", ficaram aquém de qualquer possibilidade real, se considerada a particularidade contemporânea das transformações societárias.

Helio Braga Filho (2000) apresenta os resultados parciais de sua dissertação de mestrado que investigou a reorganização da indústria de calçados de Franca (SP), no cenário da abertura econômica do país na década de 1990. O autor aborda o desenvolvimento econômico e social no Brasil e enfatiza o processo histórico de constituição da população urbana em Franca, que responde pela força de trabalho precarizada da cidade, no processo de reorganização industrial.

Para Braga Filho (ibidem), o crescimento da população em congruência com as diversificadas atividades produtivas em Franca contribuiu para seu desenvolvimento econômico e, já nos anos 1970, o setor de calçados ganha relevo em âmbito nacional. A indústria de calçados da cidade teve um notável crescimento entre 1950 e 1967 e recrutou uma grande quantidade de força de trabalho que se deslocou de outras regiões, especialmente do estado de Minas Gerais. Segundo o autor, a população francana quase quadruplicou em apenas trinta anos, atingindo um grau de urbanização acima de 90% entre 1940 e 1970.

A indústria de calçados de Franca, com as transformações do mundo do trabalho nos anos 1980 e 1990, inserida em uma conjuntura econômica interna pouco favorável depara com uma situação de estabilização seguida de estagnação. Na década de 1990, as indústrias locais, submetidas a uma forte pressão competitiva (interna e externa), procuraram um "novo" arranjo organizacional capaz de proporcionar competitividade e sobrevivência à crise.

Nesse contexto, as indústrias promoveram reduções dos níveis hierárquicos, medidas que visavam, especialmente, tornar a estrutura industrial mais leve, mais enxuta, possibilitando aumentar a produtividade e, ao mesmo tempo, reduzir os custos da força de trabalho. Outro mecanismo encontrado foi a intensificação da transferência de parte da produção e/ou etapas do processo de fabricação de calçados para pequenas empresas terceirizadas, ou seja, prestadoras de serviços. Esse movimento ocasionou grande informalização do trabalho da indústria de calçados de Franca além de precarização das relações e condições de trabalho.

O último artigo desse eixo temático é de Ana Elizabete Mota (1999) e aborda a dinâmica do mundo do trabalho e suas vinculações com as particularidades da profissão de Serviço Social. A autora avalia, com propriedade, o processo de reorganização das forças produtivas na atual fase de recomposição do ciclo de reprodução do capital, que determina um conjunto de mudanças na organização da produção material e nas modalidades de gestão e consumo da força de trabalho.

As transformações do mundo do trabalho foram abordadas pela autora, primeiramente em relação às questões que afetam o exercício profissional do assistente social, como é o caso do mercado de trabalho e as condições de trabalho. Em segundo momento, as esferas mais amplas e complexas, que se referem ao surgimento de novas problemáticas que podem ser mobilizadoras de competências profissionais, como a elaboração de proposições teóricas, políticas, éticas e técnicas que, levando em conta as particularidades do Serviço Social, se apresentam como respostas qualificadas ao enfrentamento das expressões da "questão social" postas no processo de reestruturação produtiva.

Mota (ibidem) entende o processo de reestruturação produtiva como um conjunto determinado de mudanças na organização da produção material e nas modalidades de produção, gestão e consumo da força de trabalho, o que altera o "conteúdo e a forma" de intervenção das mais diversas práticas sociais na esfera da produção e reprodução material. Essas mudanças exigem do Serviço Social a refuncionalização de procedimentos operacionais e cobram rearranjo de competências técnicas e políticas que, mediadas pelo mercado de trabalho, assumem o perfil de novas demandas do Serviço Social. A necessidade de identificar as exigências de refuncionalização emerge como principal desafio da profissão. Para a autora, é "preciso fazer – teórica e metodologicamente" – o caminho entre a demanda e suas necessidades fundantes e situar a complexidade do capitalismo contemporâneo.

O primeiro desafio dos profissionais do Serviço Social, no contexto da reestruturação produtiva e de responsabilização do Estado com o esgotamento do sistema de proteção social, é entender que as mudanças no mundo do trabalho atingem toda a sociedade, e não somente as empresas e os trabalhadores. Não podemos restringir as práticas profissionais e o entendimento sobre as transformações na esfera produtiva como resultado negativo somente para o espaço ocupacional das empresas, mas para o conjunto das relações sociais. Mota (1999, p.47) afirma que, dentre as estratégias utilizadas pelo grande capital para redefinir socialmente o processo de produção de mercadorias, os mecanismos de externalização da produção, levados a efeito pela grande empresa, "determinam um elenco de situações que afetam as esferas do trabalho, da produção, da cultura, da vida privada, das práticas do

Estado e da sociedade civil e com os quais se defronta, na atualidade, o profissional de Serviço Social que deve alertar-se para as novas demandas sociais".

As mudanças na base da produção material, entretanto, geram necessariamente novas preocupações e exigem novas respostas para o conjunto dos profissionais que atuam com as expressões do conflito entre capital e trabalho.

Os artigos desse eixo temático, conforme apresentamos, são heterogêneos em suas abordagens com objetos, objetivos e análises diversificados. Notamos que os artigos são sínteses de dissertações de mestrado, teses de doutorado e, em alguns casos, são ensaios teóricos que, em sua maioria, estão ligados a livros publicados pelos autores. Os artigos trazem ricas perspectivas analíticas com forte traço de denúncia da exploração da força de trabalho.

Merecem destaque os artigos que discutem as mudanças nas gestões empresariais e fica evidente a ganância dos gestores do capital, no processo de *acumulação flexível*, em capturar a subjetividade de todos os espaços de convivência dos trabalhadores.

O pensamento conservador acostumado a justificar as relações sociais capitalistas de exploração da força de trabalho faz crítica aos estudos sobre o mundo do trabalho por serem demasiadamente "denuncistas". Concordamos que alguns trabalhos científicos se resumem a denunciar a "pobreza do trabalho", mas isso não é uma opção, é uma necessidade de, em um primeiro momento, diagnosticar as realidades sociais pesquisadas. Quanto mais pessimistas formos nas denúncias, entendidas neste estudo como diagnósticos, mais otimistas seremos na ação revolucionária, ou seja, como disse o pensador italiano Antonio Gramsci: "devemos ser pessimistas no diagnóstico, mas otimistas na ação".

Precarização do trabalho, informalidade e desemprego

O eixo temático *precarização do trabalho, informalidade e desemprego* é composto por 11 artigos que representam 13,92% do total do material analisado. O conjunto dos artigos retrata a miséria do trabalho no Brasil. O desemprego, a informalidade, as condições sub-humanas de trabalho são denunciados pelos autores com pesquisas empíricas que, por meio de entrevistas e depoimentos realizados com os trabalhadores, dão voz ao sofrimento da classe trabalhadora e denunciam as mais diversas formas de espoliações de homens, mulheres e crianças por meio da exploração da força de trabalho. O Quadro 10 caracteriza as particularidades de cada artigo científico.

Quadro 10 – Eixo temático – Precarização do trabalho, informalidade e desemprego

Autor	Área de graduação do autor	Título do artigo	Caráter do artigo	Revista
Denise Chrysóstomo de Moura Juncá	Serviço Social	Ilhas da exclusão: o cotidiano dos catadores de lixo de Campos	Resultado de pesquisa	*Serviço Social e Sociedade*, n.52, 1996
Denise Chrysóstomo de Moura Juncá	Serviço Social	Da cana para o lixo: um percurso de desfiliação?	Resultado de pesquisa	*Serviço Social e Sociedade*, n.63, 2000
Fátima Grave Ortiz	Serviço Social	Trabalho, desemprego e Serviço Social	Ensaio teórico	*Serviço Social e Sociedade*, n.69, 2002
Izabel Cristina Dias Lira	Serviço Social	Informalidade: reflexões sobre o tema	Ensaio teórico	*Serviço Social e Sociedade*, n.69, 2002
Raquel de Souza Gonçalves	Serviço Social	Catadores de material reciclável: trabalhadores fundamentais na cadeia de reciclagem do país	Resultado de pesquisa	*Serviço Social e Sociedade*, n.82, 2005
Lígia Maria Castelo Branco Fonseca	Serviço Social	Condições de trabalho e adoecimento na Guarda Municipal de Santos – SP	Resultado de pesquisa	*Serviço Social e Sociedade*, n.82, 2005
José Walter Canôas	Serviço Social	Franca, globalização e as estratégias de sobrevivência	Ensaio teórico	*Serviço Social e Realidade*, n.10 (1), 2001
Soraia Veloso Cintra	Serviço Social			
Helena Yuri Anaguchi	Serviço Social	A costura manual de calçados na cadeia pública de Franca	Ensaio teórico	*Serviço Social e Realidade*, n.11 (1), 2002
Israild Giacometti	Serviço Social			
José Ronaldo Teles	História	A trajetória dos desempregados calçadista de Franca/SP	Resultado de pesquisa	*Serviço Social e Realidade*, n.12 (2), 2003
Ricardo Lara	Serviço Social	Sob a ótica do trabalho: questionamentos e depoimentos sobre as condições de trabalho na indústria de calçados de Franca/SP	Ensaio teórico	*Serviço Social e Realidade*, n.13 (2), 2004
José Walter Canôas	Serviço Social			
Reinaldo Gonçalves	Economia	Desemprego e progresso técnico	Ensaio teórico	*Praia Vermelha*, n.2, 1999

Os quadros apresentam seis ensaios teóricos e cinco resultados de pesquisas. Dos artigos, nove foram escritos por assistentes sociais, um por economista e um por historiador.

Os estudos enfatizam a *precarização do trabalho, a informalidade e o desemprego* como resultados diretos da crise de acumulação do capital, da *mundialização do capital,* do neoliberalismo que penalizam, assiduamente, a classe trabalhadora que busca sobrevivência em todas as dimensões possíveis do submundo do trabalho no capitalismo.

Fátima Grave (2002) apresenta discussão sobre o cenário atual da crise do capital, o desemprego e os rebatimentos no Serviço Social. O desemprego resultante da crise de acumulação do capital da década de 1970 tem características preocupantes para o conjunto da classe trabalhadora, com incidências especiais em profissões como o Serviço Social, que teve reconhecimento e legitimidade no mercado de trabalho por parte do Estado.

É sobre a classe trabalhadora que recai o maior ônus decorrente do padrão de acumulação, uma vez que tem provocado um processo crescente de exclusão do mercado de trabalho, especialmente em relação aos "antigos" postos de trabalho formais e "estáveis". Alguns segmentos sofrem mais intensamente esse processo, entre eles os jovens e os trabalhadores na faixa etária acima de quarenta anos. Enquanto os primeiros tornam-se alvos fáceis para os quadros da criminalidade, os últimos são considerados "velhos" demais para o capital, ingressando na informalidade como alternativa de sobrevivência, ao mesmo tempo que engrossam as fileiras do exército industrial de reserva, em um mundo em que a oferta de vagas no setor produtivo é irrisória, e o setor de serviços não absorve a força de trabalho disponível (ibidem, p.85).

As principais características do desemprego no atual mundo do trabalho são: demora na obtenção de um novo emprego, crescimento de desemprego entre as atividades ditas gerenciais, redução dos postos de trabalho nas indústrias e crescimento de empregos precários nas empresas terceirizadas e subcontratadas. Os trabalhadores desempregados sofrem uma forte pressão em relação ao engodo da qualificação, fazendo que eles sejam responsáveis pelo desemprego. É transmitida a ideia de que sua inserção no mercado de trabalho depende de suas próprias condições técnicas.

No caso específico do Serviço Social, Grave (2002, p.101) destaca o papel das universidades na formação do profissional e ressalta a preocupação com os assistentes sociais desempregados, pois a escassez na oferta de emprego não é um fenômeno comum apenas aos assistentes sociais, nem é um processo que se reverterá em curto prazo. O mercado de trabalho tem acenado para o Serviço Social diferenciadas possibilidades, cabendo aos profissionais aproveitarem sob pena de perderem espaços sócio-ocupacionais preciosos. Estar atento aos liames institucionais e aos rumos conjunturais do mundo do trabalho é de fundamental importância, devendo esses constituir-se, para o Serviço Social, não um simples "pano de fundo", mas ingredientes orgânicos do "fazer profissional". A prática investigativa, entendida não só como tarefa prioritariamente acadêmica, deve consistir, portanto, em um dos elementos centrais do cotidiano do assistente social.

Diante do cenário do mundo do trabalho, concordamos com a autora quando ela enfatiza que somente a articulação dos profissionais de Serviço Social com a luta dos demais trabalhadores poderá reverter ou amenizar o processo crescente de desemprego, que possui raízes estruturais.

Izabel Lira (2002), em seu texto, discute a informalidade como um processo de acumulação de capital que acentuou a precarização das relações e condições de trabalho. A crescente flexibilização dos contratos de trabalho que ocorreram tanto no âmbito interno como no externo das empresas, por meio da terceirização, é justificada pela abertura comercial e financeira que obrigou o Brasil a criar condições de competitividade em relação ao mercado internacional. Essa conjuntura foi o grande estimulador da informalidade desenfreada.

Lira (ibidem, p.142-3) alerta que é problemático o uso da expressão "setor informal", pois as condições atuais de trabalho mesclam relações formais e informais nas estruturas produtivas. A dualidade formal e informal é questionada e vista como justificativa, pois é utilizada por órgãos institucionais para ações focalistas e discriminatórias direcionadas para grupos de trabalhadores "sobrantes" ou "marginais". Por esse motivo, o termo *informalidade* é mais apropriado, pois representa uma noção mais ampla em relação às complexas mudanças no mundo do trabalho.

O termo *informalidade* surge como reflexo de uma relação social, um conceito ligado à lógica de funcionalidade da sociedade, à relação complexa entre Estado e sociedade e suas relações heterogêneas. A *informalidade* está associada às ocupações nas quais as relações de trabalho não obedecem à legislação trabalhista, o que caracteriza essas ocupações seria a ilegalidade, pois estão à margem do sistema tributário. Por exemplo, uma das características marcadas da *informalidade* que recai sobre os trabalhadores é a marca negativa em relação a adoecimento ou acidentes de trabalho. Na *informalidade*, eles não são assistidos pelo sistema previdenciário (cf. Lira, 2002).

Para o atual mundo do trabalho, a *informalidade* tem um papel fundamental, pois as atividades informais reduzem os custos do produto final e assim as empresas têm condições de oferecer suas mercadorias com o menor preço e ser competitivas. Os capitalistas usam a *informalidade* como estratégia para diminuir os custos com o capital variável.

Na *informalidade*, encontram-se trabalhadores com baixa e alta qualificação profissional, com salários de fome e ótimos rendimentos, mas, em seu conjunto, desestrutura o mercado de trabalho e aprofunda as desigualdades sociais com um grande número de trabalhadores sem direito à proteção social. A maioria dos trabalhadores que exercem suas atividades na *informalidade* usufrui de condições de vida bem próxima da pauperização.

As observações de Lira (ibidem) são pertinentes, quando ela destaca que esse quadro, apesar de adverso, não é estático, pois temos de considerar as possibilidades criadas pelas contraditoriedades inerentes ao capitalismo e articular as forças de resistências no campo político para que sejam gestadas condições de reação por parte dos trabalhadores e da sociedade civil, no sentido de direcionar as ações para melhores e mais dignas condições de trabalho e de vida para os trabalhadores.

O artigo de Reinaldo Gonçalves (1999) analisa a relação excludente entre desenvolvimento técnico e desemprego no mundo moderno. O argumento do autor é que a principal causa da tendência do desemprego no mundo do trabalho contemporâneo não é o progresso técnico, mesmo entendendo que as novas tecnologias sejam poupadoras de força de trabalho. Para ele, o progresso técnico envolve novas oportunidades de investimentos, incluindo aqueles associados tanto a novos processos produtivos como a novos produtos. Nesse sentido, é a incapacidade dos agentes econômicos de explorar essas novas oportunidades de negócios, via maiores investimentos, que provoca uma escassez de demanda agregada e, por conseguinte, a tendência ao desemprego. Esse argumento aplica-se a países desenvolvidos e em desenvolvimento, caso dos países que compõem o núcleo duro do sistema econômico mundial.

Gonçalves (1999, p.82), ao comparar o período 1979-1993 com o período 1956-1973 nos países desenvolvidos, destaca a desaceleração do crescimento da produção industrial e da acumulação de capital, assim como, em contrapartida, desponta o crescimento do desemprego industrial de 1979-1993. Na indústria de transformação, setor mais diretamente afetado pelo desemprego tecnológico, há um processo marcado por uma dualidade perversa, visto que, por um lado, o progresso técnico é fortemente poupador de trabalho, e, por outro, a produção entra em uma trajetória declinante de crescimento. Observa-se que a desaceleração do aumento da produtividade é menor do que a desaceleração do crescimento da produção. O sistema industrial perde dinamismo e torna-se incapaz de gerar empregos correlacionados ao crescimento da produção. "Dados mostram, por exemplo, que a participação do emprego na indústria de transformação no emprego total nos Estados Unidos caiu de 33%, em 1970, para 30%, em 1980, e para 25% em 1991; na Alemanha a queda foi de 37%, em 1970 e 1980, para 30%, no final dos anos 1980" (ibidem).

Entendemos que, de um lado, o desemprego – "mal social" – priva homens e mulheres de uma fonte de renda e de satisfação de suas necessidades elementares; de outro, o progresso técnico – "bem social" – inova processos produtivos e proporciona mercadorias com custos reduzidos de capital variável. Mas, diante disso, as bases materiais e ideológicas de sustentação do modo de produção capitalista são perversas em relação ao emprego e potencializam o desenvolvimento da técnica com o objetivo de eliminar custos com a força de trabalho, não se preocupando com o desemprego de milhões de trabalhadores. Esses trabalhadores podem, a qualquer momento, fazer opções em relação ao modo de produção e apropriação da riqueza dominante e, por conseguinte, negar radicalmente as relações econômicas que anulam o trabalho vivo pela voracidade da técnica voltada somente para os interesses de acumulação do capital.

Lígia Fonseca (2005) apresenta síntese de sua tese de doutorado que estudou as condições de trabalho dos guardas municipais de Santos (SP), com o objetivo de compreender por que esses profissionais, homens e mulheres, são os funcionários que apresentam o mais elevado índice de afastamento dos postos de trabalho, em decorrência de adoecimento e consequente necessidade de "readaptação profissional".

Fonseca (2005, p.180-1) destaca como principais situações que agravam as condições de trabalho dos guardas municipais: a) trabalho noturno e em turnos constitui elemento desfavorável à saúde, especialmente quando associado ao prolongamento da jornada de trabalho com horas extras, sem espaço intermediário para reposição do gasto de energia da força de trabalho; b) desgaste para as mulheres é acentuado em razão da dupla jornada de trabalho; c) natureza do trabalho fundamentada na hierarquia e na subordinação. O terceiro fator vinculado às relações de trabalho revela que, no cotidiano dos guardas municipais, sobretudo das mulheres, a submissão e a revolta não se expressam em palavras, mas de forma muda, silenciosa, manifestada no sofrimento psíquico e nos desgastes da força de trabalho. A revolta contida, submetida ao sistema hierárquico e à disciplina, explode no corpo e na mente dos trabalhadores, causando-lhes sofrimento psíquico.

A autora demonstra em seu estudo que o estresse e o desgaste físico são características de adoecimento dos guardas municipais e que refletem semelhanças com as demais condições de adoecimento de homens e mulheres que trabalham em organizações responsáveis pela segurança pública, como as polícias civil e militar.

Os homens e as mulheres, assalariados em organizações responsáveis de segurança pública ou privada, não realizam trabalho característico do processo produtivo, mas exercem função necessária à sociedade burguesa, que é a de preservar a ordem e o patrimônio. Isso contribui para a manutenção do sistema capitalista que sobrevive do cerceamento da propriedade privada. Conforme comprova a pesquisa de Fonseca (ibidem), os trabalhadores são vítimas da própria atividade que realizam.

Denise Juncá (1996; 2000), em seus dois artigos, analisa as condições de trabalho e vida dos trabalhadores do município de Campos (RJ), que sobrevivem do lixo e, em alguns casos, por sorte, são empregados no corte da cana-de-açúcar. Ganha relevância nos artigos a discussão sobre a trajetória dos trabalhadores da cultura da cana-de-açúcar que, em razão da sazonalidade do trabalho com o final da safra, são obrigados a buscar serviços temporários e o lixo, na maioria das vezes, é a única saída.

Juncá (2000, p.132) investiga uma possível sintonia entre o "mundo da cana" e o "mundo do lixo", procurando identificar não só as vulnerabilidades no cotidiano dos trabalhadores em suas trajetórias pela pobreza, mas também suas reações, na tentativa de assegurarem um lugar no circuito de trocas produtivas na atual sociedade brasileira.

As análises de Juncá (1996; 2000) assentam-se na interpretação de Castel[3] de que a "exclusão social" é algo permanente da sociedade atual. O que era em outros momentos período de exclusão do mercado de trabalho com situações precárias de sobrevivência na realização de biscates, agora é permanente e se transforma na única estratégia de sobrevivência de grande parte dos trabalhadores.

> Se de um lado não há como ignorar a existência de uma enorme criatividade no mundo do trabalho dos excluídos – dentro da lógica da "viração" –, não há também como negar que esta reinclusão pode ser precária, comprometedora, distante do que seria considerado uma reinserção via padrões "normais". (Juncá, 2000, p.136)

Os catadores de lixo são exemplo de permanência "no mundo dos excluídos". A "exclusão", que em contrapartida exige a "inclusão", está se dando de forma precária, pois cria e acentua um "mundo de guetos, de ilhas de exclusão", por meio do trabalho precário. Isso vai configurando e acentuando uma situação periférica da vida social da maioria dos trabalhadores. A denominada "exclusão social" nos remete a uma realidade de pobreza e desigualdade social e o que ganha destaque, no âmbito material, é uma dimensão natural de compreensão da existência da sociedade dividida entre "ricos e pobres".

Na atual fase de precariedade do trabalho, os trabalhadores acabam aceitando as piores condições de trabalho para sobreviver, pois muitos dispõem de baixa escolaridade, pouca ou nenhuma qualificação formal, o que acaba diminuindo as opções de trabalho. Sabemos que a escolaridade e a qualificação não garantem emprego, mas aqueles que não possuem uma "inserção mínima" no mundo do trabalho por sua especialidade técnica condensam os contingentes de pobres e miseráveis do Brasil. Cabe um alerta para não cairmos nos engodos dos especialistas em Recursos Humanos, quando afirmam que a qualificação garante emprego em um sistema social

---

3 Robert Castel é frequentemente retomado nos artigos de Juncá, o livro mais citado do autor é: *As metamorfoses da questão social*: uma crônica do salário (1998).

em que o exército industrial de reserva de trabalhadores é parte essencial para sua sobrevivência, ou seja, é parte integrante da *lei geral da acumulação capitalista*.

No artigo de Juncá (1996), é relatado que os trabalhadores da cana-de--açúcar, mesmo inseridos no mercado formal, convivem com a instabilidade e a insegurança à semelhança do que ocorre com o "catador de lixo". Os trabalhadores da cana têm trabalho durante seis a oito meses no período da safra. No restante do ano têm de campear outros meios de sobrevivência, e o lixo é, na maioria dos casos, a saída.

Os trabalhadores, seja na cana ou no lixo, realizam uma "travessia histórica pela margem, constituindo-se em eternos passageiros de um mundo de des(iguais)". A vulnerabilidade tem sua presença assegurada tanto no espaço da cana quanto no do lixo, expressando-se nas permanentes oscilações no mundo do trabalho. Mesmo admitindo diferenças entre tais ocupações e nas outras tantas que preenchem os espaços que se colocam entre ambas, não podemos negar as semelhanças em termos de fragilidade, insegurança, precárias condições de existência e rendimentos insuficientes.

> Não há como se negar rótulos que são construídos em torno delas, rótulos que desqualificam os trabalhadores. Cortar cana é visto como "algo que qualquer um faz". Catar lixo, por sua vez, não só pode ser feito por qualquer um, como também é degradante, inspira repugnância e desprezo, é o "resto". (Juncá, 2000, p.148)

Na cicatriz da mesma discussão, o artigo de Raquel Gonçalves (2005) é síntese de sua dissertação de mestrado que estudou os trabalhadores catadores de materiais recicláveis e destacou a importância fundamental de tal atividade na cadeia de reciclagem do país.

Para Gonçalves (ibidem), os "catadores" por meio de seus trabalhos, ainda que seja uma atividade precarizada e sem reconhecimento social, tentam encontrar condições possíveis que lhes permitem ser "incluídos" no mundo do trabalho. Reconhecer esses trabalhadores como sujeitos de direitos e, especialmente, como protagonistas da ação de reciclagem de lixo é uma meta com a qual a sociedade já se vem deparando. Esses trabalhadores prestam valiosos serviços à sociedade, pois reduzem a exploração de recursos naturais não renováveis e minimizam os impactos ambientais do lixo.

Os trabalhadores catadores de materiais recicláveis apresentam histórias de vida singulares, que têm em comum as marcas de um processo de "exclusão social", entendida como processo que envolve trajetórias de vulnerabilidade, fragilidade e precariedade nas dimensões do trabalho e da vida social. A precariedade do trabalho é acentuada ao máximo, os trabalhadores, expostos ao sol ou chuva, coletam material, convivem com o mau cheiro dos gases que exalam do lixo acumulado, com os urubus e moscas em grande quantidade, e ficam à mercê do risco de contrair várias doenças. Chegam, muitas vezes, a se acidentar e se contaminar. Os trabalhadores encontram-se expostos aos mais variados tipos de resíduos perigosos, como o lixo hospitalar, pois ainda não existe, em várias cidades, destinação diferenciada para esse tipo de lixo. Trata-se de uma situação agravada pelo fato de os catadores não fazerem uso de equipamentos de proteção individual, como luvas e botas apropriadas para a atividade que exercem (cf. Gonçalves, 2005).

Em seguida, apresentaremos quatro artigos que respondem por estudos sobre a precarização, o desemprego, a subcontratação e a informalidade do trabalho no setor calçadista da cidade de Franca, interior do estado de São Paulo.

O primeiro é o artigo de Canôas e Cintra (2001) que, em tom de denúncia, analisa as estratégias de sobrevivência dos trabalhadores francanos na crise da indústria de calçados nos anos 1990.

As estratégias mais recentes dos trabalhadores desempregados pela indústria de calçados de Franca são as saídas encontradas em serviços como: mototáxi, camelô, vendedores ambulantes de alimentos (pão de queijo, pamonha, salgados, doces). Algumas bancas de calçados – responsáveis pela realização de partes do processo de produção do sapato como o pesponto e a costura – encontraram a saída anódina quando começaram a produzir capas de celulares, cintos e outros materiais sintéticos correlacionados (cf. ibidem, 2001).

Esses exemplos de estratégia de sobrevivência para fugir ao desemprego são frequentes por grande parte dos trabalhadores desempregados pelas indústrias em Franca, mas ainda existe um número significativo vivendo em condições precárias, em verdadeiros bolsões de pobreza, sobrevivendo da "caridade" de grupos religiosos e de Organizações Não Governamentais (ONG). Alguns poucos procuram os serviços sociais públicos.

Em Franca, os contrastes sociais alarmaram-se com a reorganização industrial, nos anos 1990, e a consequente queda no número de trabalhadores empregados pelas fábricas, o que trouxe à tona a pobreza que muitos políticos, "intelectuais" e responsáveis pela gestão municipal acreditam não existir na cidade.

Correlacionado ao assunto, a pesquisa de Reinaldo Teles (2003) traçou os perfis dos desempregados sapateiros. Em texto extenso que explora entrevistas e questionários aplicados aos trabalhadores, Teles (ibidem, p.139) afirma que eles são:

> pacíficos, conformados, resignados, humildes, responsáveis, pacientes, confiantes no futuro, mas não têm a percepção do contexto em que estão inseridos, ou seja, não têm consciência política, desconhecem a realidade de seu próprio meio e de suas próprias condições. Falta-lhes consciência crítica, tanto social como política e econômica.

Na citação destacada e ao longo do artigo, Teles (ibidem) tece comentários caóticos que acabam responsabilizando os trabalhadores por sua condição de desempregados, mas o autor se esquece de analisar que a produção capitalista se estabelece na base material e, necessariamente, produz uma espiritualidade que coopta as formas de consciência dos homens. O sistema capitalista submete as formas de consciência dos indivíduos ao modo como eles produzem sua vida material, portanto fica difícil responsabilizar o trabalhador por sua situação de existência, sem colocar em xeque o conjunto do metabolismo social que produz o desemprego, o *estranhamento* do trabalhador. Em uma perspectiva mundial, os trabalhadores podem ser responsáveis por suas condições de desempregados, pois a classe trabalhadora não se organizou o suficiente no século XX para realizar a *revolução social* pela lógica do trabalho. Em outra linha, não podemos olvidar do "poder da ideologia" burguesa em responsabilizar os trabalhadores por seus fracassos. Como exemplo disso, a afirmação de Teles (2005, p.144) de que o desemprego dos trabalhadores é fruto de falta de qualificação, e assegura que "não há dúvidas que a qualificação profissional seja um dos caminhos, uma das estratégias de sobrevivência na atualidade". Tal afirmação é irrelevante, ainda mais quando estamos nos referindo ao ramo de produção periférica, na valorização do capital, como a de calçados, que exige pouco conhecimento técnico do trabalhador.

Fazer comentários críticos sobre os depoimentos dos trabalhadores que vivem cotidianamente o processo de *estranhamento social* torna-se fácil, ainda mais quando é feito na comodidade da Universidade, que nos proporciona a oportunidade de esclarecimentos sobre a produção e a reprodução social. Cremos que os depoimentos dos trabalhadores são essenciais para entendimento e estudo da situação da classe operária, mas não devemos tomá-los como verdades absolutas ou mártires sem compreender o processo material e espiritual que cerca a vida social burguesa, pois, mesmo sendo trabalhador, o homem produz e reproduz sua vida de acordo com a ideologia burguesa. O próprio trabalhador tem seus "sonhos" burgueses. Portanto, se queremos construir um saber que favorece a classe trabalhadora, temos de, antes de tudo, entender o sistema do capital sobre o prisma da *teoria da exploração* do trabalho (produção da mais-valia) e da *teoria do estranhamento* (produção do fetiche).⁴

O terceiro artigo que estuda a precarização do trabalho no setor de calçados de Franca é de Anaguchi e Giacometti (2002). As autoras analisam o trabalho subcontratado no setor que chega até a cadeia pública da cidade.

A terceirização de partes do processo produtivo de calçados é realidade no setor calçadista. A costura manual de calçados, em sua maioria, é feita por meio do trabalho em domicílio, fato existente desde os primórdios da industrialização do município, mas foi drasticamente acentuado com a crise do setor na década de 1990.

Para Anaguchi e Giacometti (ibidem, p.191), o uso da força de trabalho dos presos para a costura manual de calçados sempre ocorreu como forma de baratear os custos da produção. A introdução da costura manual na Cadeia Pública de Franca iniciou em 1979 com um projeto de intervenção junto aos presos, elaborado pela empresa Sândalo S/A e o Serviço Nacional de Aprendizagem Industrial (Senai). O objetivo inicial do projeto era capacitar

---

4 O caráter *expansionista, incontrolável, incorrigível, insustentável* do movimento sistêmico da produção capitalista constituiu, simultaneamente, um sistema social capaz de reproduzir tal lógica perpétua de acumulação de riqueza abstrata – a sociedade burguesa. Ela se constitui por meio da produção de uma outra natureza, uma segunda natureza, que se impõe de forma *estranhada*, pois tende a frustrar as expectativas de seus agentes humanos. Essa teoria crítica do capital, desenvolvida por Marx contém, assim, não apenas uma *teoria da exploração*, que explica os mecanismos da produção de mais-valia por meio da exploração da força de trabalho, mas uma *teoria do estranhamento* (*alienação*), que expressa a própria natureza do capital (Mészáros, 2006; Alves, 2007).

a força de trabalho ociosa, facilitando a reintegração do preso após cumprimento da pena e proporcionar condições de trabalho remunerado para o detento. Mas, durante a execução do projeto, o trabalho foi direcionado essencialmente para a lucratividade da empresa, uma vez que não havia acompanhamento social. Mesmo com o fim do projeto, houve uma continuidade da utilização da força de trabalho do preso para a costura manual de calçados, especialmente quando o mercado calçadista sofreu sua grave crise, nos anos 1990. As fábricas e "bancas"[5] aumentaram, nesse período, o envio do trabalho para a cadeia, o que faz desse espaço uma extensão da indústria.

O artigo mostra como as estratégias da produção que almejam a redução de custo vão em busca das mais arcaicas formas de exploração do trabalho. No caso de Franca, os presos recebem o equivalente a R$ 0,20 por par de sapatos costurado, enquanto nas "bancas" o trabalhador ainda na informalidade recebe R$ 0,80.

Lara e Canôas (2003) apresentam o quarto artigo da série que aborda o setor de calçados de Franca. Os autores analisam as relações e as condições do trabalho subcontratado.

Durante os anos 1990, a indústria de calçados foi bastante irregular e sofreu as consequências da conjuntura econômica e política nacional. Em Franca, o impacto do processo de reestruturação produtiva é percebido quando intensifica a competitividade, tanto no mercado interno quanto no externo, por calçados de melhor qualidade, com maior variedade de modelos produzidos em volumes menores e preços competitivos. A adequação da produção a essa nova lógica do mercado levou as empresas à adoção de "novas formas de organização da produção e do trabalho". Isso incentivou a desregulamentação do trabalho e a crescente informalização do emprego no setor, especialmente com a intensificação das práticas de subcontratação, por meio de empresas especializadas em confeccionar determinadas partes do calçado, bem como pelo aumento da contratação do trabalho realizado nas bancas e em domicílio.

Para Lara e Canôas (ibidem, p.97), a subcontratação seguida da informalização do trabalho, no setor calçadista de Franca, sempre esteve pre-

---

5 Segundo glossário elaborado por Navarro (1998) – bancas: denominação dada às unidades produtivas prestadoras de serviço para as indústrias de calçados de Franca, especializadas em realizar determinadas etapas da confecção de calçados. Exemplo, banca de pesponto, banca de corte, banca de chanfração, banca de ponteação etc. Na região produtora de calçados do Rio Grande do Sul essas unidades produtivas são denominadas "ateliers".

sente com o trabalho domiciliar e nas "bancas". Na década de 1990, com o processo de terceirização, tal prática adquiriu grande proporção. Ao longo do desenvolvimento da indústria local, esse tipo de trabalho, em sua maioria, era executado por mulheres e crianças, características que justificam a "permanente" informalidade.

Na produção em Franca, com o aumento da subcontratação irregular, o mercado de trabalho reconfigurou-se com o crescente número de trabalhadores sem registro em carteira. Em 2000, estimou-se que existiam cerca de 790 a 1.371 estabelecimentos indicados como bancas de pesponto. Entre todos os locais subcontratados, incluindo as "bancas" de pesponto, de corte, os trabalhadores domiciliares responsáveis pelo tressê e pela costura manual, foi considerado que houvesse aproximadamente 9 mil trabalhadores, e a maioria esmagadora exercendo atividades na informalidade. Em 2004, Franca contava com aproximadamente 3 mil bancas de pesponto em situação irregular em relação a terceirização. No entanto, torna-se muito difícil um diagnóstico preciso sobre o número exato desse tipo de prestadora de serviço e de trabalhadores, em razão da clandestinidade crescente no setor. A realidade da informalização, como bem descreve Marx ao fazer referência "a terceira categoria de superpopulação relativa à estagnada", está enraizada na produção de calçados em Franca, onde esses trabalhadores são fontes inesgotáveis de exploração (Lara e Canôas, 2004, p.90).

O caminho encontrado pela indústria local no reajuste organizacional e econômico foi a terceirização baseada na subcontratação, alternativas para reduzir os custos da produção e, sobretudo, da força de trabalho. A produção intrafábrica encarece o produto e a forma de baratear foi a contratação de serviços prestados pelas bancas. Isso nos mostra que a terceirização, baseada na subcontratação em condições precárias de trabalho e assentada na suspensão dos direitos do trabalhador, apresentou-se, pelo menos na maioria dos casos, como a alternativa encontrada pelo setor calçadista diante das crises dos anos 1990.

No conjunto dos artigos desse eixo temático, ganham relevância as denúncias das condições precárias de trabalho e de vida dos trabalhadores, que não conseguem vender suas forças de trabalho no mundo produtivo em condições consideradas "normais" pelo sistema do capital, se é que existem "regras" no capitalismo no que diz respeito à exploração da força de trabalho. A miséria e a pobreza do trabalho são delatadas pelos autores por meio dos depoimentos dos próprios trabalhadores que, mesmo em um processo hostil, lutam incessantemente pela sobrevivência.

Os ensaios teóricos e os resultados de pesquisa desvendam um submundo do trabalho que passou a ser permanente nos últimos trinta anos. As contradições tornam-se alarmantes com a reestruturação produtiva, o neoliberalismo e as seguidas flexibilizações nas relações de trabalho. As pesquisas retratam a caótica destruição do homem, por meio do trabalho realizado em condições adversas.

Diante das denúncias do desemprego e das precárias condições de trabalho que os artigos retratam, devemos tomar a situação caótica de destruição do homem como um "grito de alerta". O que podemos fazer com o contingente crescente de força de trabalho disponível no mercado?[6] Conseguiremos resistir nos momentos em que o homem, como mercadoria que vende sua força de trabalho, tornou-se excedente? Vivemos uma dupla desumanização: a primeira que é estabelecida pelo desemprego, pelo trabalho precário, pela miséria absoluta; a segunda é constituída pelo resto da humanidade, que se preocupa somente com seu bem-estar material e se reduz a sua pobreza de espírito ao acreditarem ser "natural" a miséria material daqueles que não conseguem espaço no mercado de trabalho.

Serviço Social de empresa

O eixo temático *Serviço Social de Empresa* responde por nove artigos que representam 11,39% da produção teórica analisada. Esse eixo temático ressalta, por meio de significativas experiências de intervenção profissional na área empresarial, as demandas, as dificuldades, os desafios e as "novas" exigências do mercado de trabalho sobre os assistentes sociais que trabalham em empresas. O Quadro 11 apresenta as particularidades de cada artigo científico.

---

6 As palavras escritas por Engels, em 1886, sobre a realidade social inglesa, revivem e podem ser retomadas para inquietar a sociedade burguesa dos dias atuais: "O almejado período de prosperidade reluta em voltar; quando acreditamos divisar os sinais que os anunciam, começam eles a desaparecer. Entrementes, em cada inverno, renova-se a pergunta: 'O que fazer com os desempregados?' Enquanto se avoluma, a cada ano, o número deles, não há ninguém para responder a essa pergunta: e quase podemos prever o momento em que os desempregados perderão a paciência e encarregar-se-ão de decidir seu destino, com suas próprias forças". Citação extraída do prefácio da 3ª edição de *O capital* (Marx, 2002a, p.42-3).

Quadro 11 – Eixo temático – Serviço Social de empresa

Autor	Área de graduação do autor	Título do artigo	Caráter do artigo	Revista
Lucia Maria de Barros Freire	Serviço Social	Serviço Social e reestruturação produtiva na empresa	Resultado de pesquisa	*Debates Sociais* n.61, 2002
Germano Gomes de Alvarenga	Serviço Social	Empresa humanizada e competitiva: realidade ou utopia do Serviço Social	Ensaio teórico	*Debates Sociais*, n.61, 2002
Terezinha Monteiro Martinez	Serviço Social	As novas mudanças do Serviço Social de empresa	Ensaio teórico	*Debates Sociais*, n.61, 2002
Tereza Cristina da Silva	Serviço Social	Reposicionamento do Serviço Social da empresa brasileira de correios e telégrafos	Ensaio teórico	*Debates Sociais*, n.61, 2002
Jorgete Lemes	Serviço Social	Reposicionamento do Serviço Social e oportunidades de trabalho para o assistente social	Ensaio teórico	*Debates Sociais*, n.61, 2002
Bernadete Barbosa Teixeira	Serviço Social	A intervenção do Serviço Social no cotidiano institucional frente às novas relações de trabalho	Ensaio teórico	*Debates Sociais*, n.61, 2002
Ana Cláudia Peres Marques	Serviço Social			
Maria do Socorro de Souza e Lobo	Serviço Social	Sensibilizando para a qualidade e produtividade	Ensaio teórico	*Debates Sociais*, n.61, 2002
Raquel S. Cavalcanti	Serviço Social	O Serviço Social na área de cultura de empresa	Ensaio teórico	*Debates Sociais*, n.61, 2002
Maria M. V. de A. Silva	Serviço Social	O Serviço Social e as estratégias de controle de gestão da força de trabalho	Ensaio teórico	*Praia Vermelha*, n.3, 2000

O quadro apresenta nove artigos escritos por assistentes sociais. Um artigo é excerto de pesquisa de doutorado, os oito restantes são ensaios teóricos escritos por assistentes sociais, e sete atuam em empresas. A produção do conhecimento do eixo temático ganha relevância por responder pela sistematização do exercício profissional.

Lúcia Freire (2002) apresenta resultados parciais de sua pesquisa de doutorado.[7] A autora abordou os impactos da reestruturação produtiva em três empresas de grande porte do Rio de Janeiro e estudou com maior abrangência a saúde do trabalhador, na visão do Serviço Social. O artigo é um estudo comparado entre as empresas e enfoca a dinâmica dos aspectos sociopolíticos, no estágio de reestruturação produtiva, na vida do "trabalhador-cidadão".

Freire (2002), em uma perspectiva "crítico-dialética" e na compreensão da totalidade como movimento, entende a realidade constituída de múltiplas particularidades e singularidades, contradições e mediações, inseridas e em articulação com a instituição empresarial, a sociedade e o Estado. Nessa direção, a reestruturação produtiva é compreendida como expressão concreta, na empresa, do aprofundamento e da expansão do capitalismo, em seu estágio denominado *acumulação flexível*. As transformações que recaem sobre o mundo do trabalho e encontram local privilegiado nas empresas são maneiras de enfrentar a crise do capital e a competição do mercado globalizado, utilizando o espaço produtivo para iniciar as "novas tecnologias e políticas de produção", desenvolvendo um novo modelo de racionalização nas relações de trabalho. As principais manifestações da reestruturação produtiva, destacadas pela autora nas três empresas analisadas, são: reengenharia; terceirização; novos sistemas de gestão; substituição do controle direto individual pelo controle grupal de tarefas; influências do modelo japonês de produção como o *Just in Time/Kanban*; programas de qualidade total (*Total Quality Control – TQC*); aumento de doenças mentais nos trabalhadores; síndromes autodestrutivas como a dependência química; acidentes de trabalho; afastamento do movimento sindical com as novas estratégias da produção e precarização das condições de empregabilidade.

É destacado o papel do assistente social nos programas sociais das empresas voltadas para o trabalhador. Espaço de velhos dilemas do Serviço Social e de contradições da ação profissional, mas a autora compreende que esse espaço deve ser apreendido na direção da luta de classes e reconhece a limitação desse campo de intervenção profissional.

O ensaio teórico de Germano Alvarenga (2002) discute o impacto das transformações societárias, em especial as mutações do mundo do trabalho

---

7 Tese de doutorado que foi publicada como livro com o título: *O Serviço Social na reestruturação produtiva*: espaços, programas e trabalho profissional (2003).

no Serviço Social de empresa, com destaque aos desdobramentos nas identidades dos trabalhadores e nos processos de gestão da Petrobras.

Para Alvarenga (ibidem, p.11-2), a crise dos anos 1970 representa o fim do padrão capitalista monopolista, baseado em um regime de acumulação e de regulação sociopolítica, denominado de fordista-keynesiano. Recentemente, o "novo modelo" de produção e acumulação caracteriza-se pela articulação de um desenvolvimento tecnológico com uma descentralização produtiva baseada em pequenas e médias empresas. As grandes empresas são eliminadas e substituídas por pequenas, que são articuladas e controladas pelos grandes conglomerados empresariais. Há uma articulação entre descentralização produtiva e avanço tecnológico, objetivando produzir somente o necessário e no melhor tempo. A competência e a competitividade são determinadas pela capacidade de satisfazer rapidamente pedidos pequenos e variados.

Com as novas estratégias de gestão da produção, o trabalhador passa a ser mais responsável. Por exemplo, no toyotismo, o trabalho é realizado em equipe. Se um membro da equipe falha, todo o grupo perde. O próprio grupo, para garantir a produtividade, tem de assumir a função que antes era da gerência. O absenteísmo é controlado dessa maneira. Percebemos a intensificação e a autoexploração do trabalho por parte dos próprios trabalhadores. Há diminuição de hierarquias, redução do autoritarismo e maior "participação" do trabalhador na concepção do processo produtivo. A gestão toyotista, destacada por Alvarenga (2002), troca o autoritarismo pelo envolvimento, passa a haver a participação pela manipulação, ou seja, o consenso e a cooptação são praticamente forçados.

O autor destaca a revolução informacional como sucessora da revolução industrial. Na revolução industrial, as funções manuais dos trabalhadores são substituídas pela máquina-ferramenta. Na revolução informacional, as funções cerebrais são substituídas pela automação, pelos computadores. O trabalho transfere-se das máquinas para o tratamento da informação, operando uma transformação em todas as atividades humanas, profissionais e não profissionais. Segundo Alvarenga (ibidem, p.13): "Assistimos a uma nova interpenetração entre informação e produção".

As mutações na gestão empresarial seguida da descentralização das estruturas de decisão são sintomas da crise das gestões empresariais. A revolução informacional alarga a concepção de classe operária. Extinguem-se os muros que eram obstáculos entre operários, técnicos, supervisores e gerentes. A informatização da produção material e dos serviços instaura passarelas e continuidades entre "trabalhadores intelectuais" e "trabalhadores da produção material". Pode ocorrer uma verdadeira cooperação entre operários, técnicos e engenheiros. Essa é a problemática que envolve a mutação das identidades dos gerentes, supervisores e executores. Esses perdem a nitidez de seus espaços, o que pode aproximar os trabalhadores e formar laços que os unem no sofrimento do trabalho ou na resistência política.

Destacamos interessante exemplo que Alvarenga (2002, p.15) relata:

> A Associação dos Engenheiros da Petrobrás (AEPET), que durante muitos anos defendeu exclusivamente os interesses corporativos dos engenheiros, hoje agrega outros profissionais de nível superior e se aproximou mais do sindicato dos demais trabalhadores em geral. Estas mudanças devem-se à revolução informacional, que alijou esses profissionais de posições de comando, aproximando-os do crescente efetivo dos "proletários de escritórios".

O autor ainda apresenta, no artigo, ricos exemplos da Petrobras, empresa onde trabalha e onde teve de se adequar aos "novos processos empresariais". Na Petrobras está ocorrendo uma ampla reestruturação da cadeia produtiva, com fusão de departamentos, redução de níveis hierárquicos e de pessoal, racionalização dos custos com trabalhadores, descentralização das decisões para as unidades operacionais, revisão e automação dos processos produtivos, terceirização das atividades-meio e concentração nas atividades-fim. O modelo de gestão adotado na Petrobras é o modelo japonês de qualidade total. Essa reprofissionalização do trabalho (polivalência, formação qualificada e multidisciplinar, responsabilização) não se restringe aos operários da área industrial, mas envolve também os gerentes, trabalhadores administrativos dos escritórios e o conjunto dos assalariados dos serviços.

Percebemos, na análise do artigo em destaque, que, diante desse cenário empresarial, a polivalência recai sobre todas as profissões e sua legitimidade social e, por conseguinte, o assistente social também se insere nesse ciclo. Na atualidade, não há mais o monopólio do espaço profissional, quer seja por meio de regulação formal, quer de reivindicações corporativas. O espaço de trabalho será conquistado pelo profissional que der respostas mais eficazes às demandas postas. Para isso, é necessário que o profissional conheça a realidade social em que a empresa está inserida. No caso do Serviço Social, é preciso que se desenvolvam novas competências sociopolíticas e teórico-instrumentais. Para Alvarenga (ibidem, p.16), a área de treinamento e desenvolvimento de Recursos Humanos representa uma possibilidade de legitimação do trabalho profissional mais coletivo e menos instrumental-operativo. Para isso, é preciso que o assistente social invista em "reciclagem" para adquirir novas competências de consultor interno, melhorando sua qualificação.

Na possibilidade apontada pelo autor, notamos o esforço que os assistentes sociais estão fazendo para permanecerem no espaço empresarial. O Serviço Social de empresa foi um dos locais de atuação profissional que mais perderam campo nos últimos vinte anos, em razão das reorganizações da gerência científica do trabalho. Há uma luta permanente para a permanência dos profissionais na área, mas isso só será possível com a legitimação de um "fazer profissional" que proponha uma contribuição de elevada envergadura para as empresas.

Alvarenga (2002, p.28), tratando de um assunto contraditório, termina de forma conflitante o artigo, ao afirmar que, diante do cenário do mundo do trabalho, para "a empresa ser humanizada faz-se necessário que ela seja competitiva". Sem considerar esse contexto, o assistente social não poderá avançar em seus resultados. A realidade ou utopia do Serviço Social de empresa dependerá dos confrontos internos, das tensões e da resultante do campo de forças extremamente contraditórios que estão presente nesse espaço profissional, em que, para o assistente social permanecer, ele deverá desenvolver novas competências teóricas, técnicas e políticas "mais eficazes e adequadas aos novos tempos".

Discussão semelhante é apresentada por Terezinha Martinez (2002), que levantam as principais questões que envolvem o "papel" do assistente social, ante as novas demandas sociais oriundas da "globalização" e dos avanços tecnológicos.

Nas empresas da atualidade, cada vez mais, não há necessidade de profissionais eminentemente técnicos, mas de trabalhadores voltados para processos de interpretação e elaboração. O trabalhador deve ser capaz de propor para a empresa e executar várias funções ao mesmo tempo, há reduzidos espaços para os trabalhadores que somente recebem ordens e executam funções "tarefeiras". Agora, cobram-se "ações propositivas" dos trabalhadores.

Em relação a essa realidade, Martinez (ibidem, p.24) destaca as principais preocupações dos trabalhadores: sinal de alerta permanente vivenciado pelo trabalhador quanto a esse novo "clima social" estabelecido entre ele e o processo de privatização; terceirização nas empresas, gerando expectativa em torno da possibilidade de perda de emprego; aparecimento de doenças no trabalho, manifestadas por meio de estresse permanente, na dura convivência com a incerteza, o medo e a instabilidade emocional; excesso de informação; alta tecnologia para se pensar e agir em tempo limitado, mas sem tempo para digerir; disputa e competição geradas pelos mercados e entre os próprios trabalhadores.

As empresas socializam as responsabilidades da produção, mas centralizam as decisões políticas. Sem participação dos trabalhadores nas decisões, a convivência no ambiente das empresas gera um processo de eliminação de direitos. Alguns trabalhadores acabam se afastando das empresas, pedindo desligamento, muitas vezes, por não aguentarem o clima desumano de convivência no espaço de trabalho. Sem falar das demissões voluntárias, incentivadas pelas reformas trabalhistas, o que inviabiliza a preservação das condições sociais de trabalho.

Para Martinez (2002, p.24), historicamente o Serviço Social tentou conciliar seus objetivos com os da empresa, assumindo o papel de "mediação de ajustamento", representado por "desequilíbrio" ou "desajuste", sem trabalhar os resultados desse espaço que acarreta carências dos mais diferentes tipos à classe trabalhadora. Hoje, esse quadro ainda persiste nas empresas em que o assistente social é contratado para trabalhar diretamente para prestação de benefícios assistenciais ou executar programas sociais para atender a demandas e interesses do "empregador", com limitada participação no processo que desenvolva a política social da empresa. A nosso ver, aqui residem os obstáculos para o trabalho do assistente social de empresa, pois suas intervenções são limitadas aos objetivos da estrutura produtiva, que se nutre de uma lógica de enriquecimento em favor da exploração do trabalhador.

No processo de reestruturação produtiva, por exemplo, em que as estratégicas da gestão e organização do trabalho se realizam pela terceirização e enxugamento do quadro de trabalhadores, os assistentes sociais são forçados a atuar nos processos de seleção dos que vão permanecer empregados ou vão compor o exército industrial de reserva. O assistente social, tendo clareza dos mecanismos do capitalismo, está colaborando para a flexibilização, a precarização do trabalho e o desemprego. Notamos, portanto, o campo contraditório do Serviço Social de empresa, local onde os assistentes sociais realizam o exercício profissional de forma limitada, pois trabalham no principal núcleo em que as contradições da relação capital *versus* trabalho estão mais presentes.

Em seguida, apresentamos três artigos que abordam o denominado "reposicionamento" do Serviço Social de empresa, ou seja, uma "nova proposta" de atuação profissional diante dos desdobramentos da reestruturação produtiva e das novas gestões da gerência científica do trabalho.

Jorgete Lemos (2002), em seu artigo, retoma as principais obras do Serviço Social de empresa, com destaque às propostas e características de intervenção no âmbito das organizações empresariais e, por conseguinte, desenvolve de forma introdutória o "reposicionamento" do Serviço Social de empresa, como possibilidade de o profissional permanecer no âmbito empresarial diante dos processos de reorganização da gerência científica do trabalho.

A autora faz um breve histórico de sua atuação profissional na área organizacional e destaca sua atual identificação com os valores da *perspectiva holística*. A abordagem holística busca compreender os fenômenos em "função de uma totalidade integrada que contempla aspectos científicos, tradicionais e artísticos" (Jorgete Lemos, p.15).

O "reposicionamento" diz respeito a uma nova forma de o Serviço Social se situar nas empresas, como resposta à crise do mundo do trabalho dos anos 1990, no Brasil. Para a autora, é necessário um "reposicionamento" que ofereça condições de empregabilidade de acordo com as novas determinantes do capital.

Infelizmente, Lemos (ibidem, p.60) está preocupada com a adequação do Serviço Social e de seus serviços prestados às novas formas de precarização do trabalho que prevaleceu na última década nas empresas. Destacamos a seguinte passagem da autora: "contribuindo com uma empresa, pessoa jurídica, o Assistente Social qualifica-se para o universo da terceirização, quarteirização [...] e outras oportunidades...". Nesse excerto fica clara a preocupação da autora com as novas determinantes da gerência científica pautada pelo atual estágio de mudanças do mundo do trabalho, em desenvolver estratégias da gestão e produção empresarial que resultaram, na maioria dos casos, nas avessas condições de trabalho.

O artigo é adequado aos profissionais que trabalham em empresas e não se preocupam em realizar uma discussão crítica do Serviço Social do trabalho. Percebemos a preocupação de Lemos (ibidem) em pensar as melhores estratégias possíveis de equilíbrio entre o capital e o trabalho. O Serviço Social de empresa está situado, a nosso ver, na maior contradição das áreas de intervenção profissional do assistente social, pois desenvolve seu trabalho em um "campo minado" que é o principal centro das contradições da sociedade burguesa: a empresa. O impasse é constante, pois, ao mesmo tempo que busca assegurar os direitos dos trabalhadores, intervém sob a diretriz da gerência científica do trabalho, que vê no trabalhador uma fonte de produção de mercadorias e geradora de mais-valia.

Os artigos de Tereza C. da Silva (2002) e Maria Lobo (2002) também abordam o "reposicionamento" do Serviço Social de empresa.

No discurso das autoras, emerge a seguinte questão: a "velha" imagem do Serviço Social voltada para a resolução de problemas e atendimento a situações emergenciais individuais de caráter assistencialista deve ser superada, pois não mais responde às necessidades atuais do espaço empresarial. Se o Serviço Social pretende continuar nesse espaço ocupacional, deve se "reposicionar".

Para Silva (2002, p.28-9), a forma de atuação do Serviço Social, muitas vezes pautada pela carência social dos "usuários", contribui para reforçar uma relação de dependência entre esses e o profissional. Nessa perspectiva, o assistente social assume o papel de "intermediador" entre o trabalhador e seu gestor com base em um (falso) poder delegado a ele pelo próprio trabalhador. "Muitas vezes essa relação de dependência é estimada pelo gestor da sua unidade de trabalho, que não tem disponibilidade, ou sente dificuldade para lidar com as questões pertinentes às pessoas que compõem a equipe".

Com o "reposicionamento" do Serviço Social de empresa, a "nova proposta" de intervenção do assistente social é ampliada, permitindo maior atuação nas "causas sociais" e não raramente nas consequências dos "problemas" cotidianos. Ao assistente social cabe identificar e analisar as demandas sociais, discutir e formular, junto aos "clientes", alternativas de intervenção, além de instrumentalizar os gestores e sua equipe de trabalho no gerenciamento cotidiano das "situações sociais", atuando, assim, como "consultor interno". Essa forma de atuação permite uma maior abrangência do trabalho do assistente social e reforça a prática educativa com um importante aspecto de sua ação profissional. Nessa direção, o Serviço Social considera "clientes" todas as pessoas nos diversos níveis de representação da empresa. A atuação, como consultor interno, permitirá ao assistente social personalizar sua prestação de serviços, a partir do conhecimento das especialidades de cada área: "preparar os gestores para a atuação no âmbito do social e assessorá-los no desenvolvimento de ações" (ibidem, p.29).

O "reposicionamento", ou seja, o novo enfoque do Serviço Social de empresa adequado às emergentes estratégias de gerência do trabalho sob a regência do capital tem como princípio fundamental a fictícia crença no potencial das pessoas que compõem a organização. Dessa forma, o assistente social deverá atuar como facilitador do processo de desenvolvimento social, criar oportunidades de reflexão e mobilizar o potencial dos trabalhadores para que possam transformar os desafios diários em oportunidades de crescimento pessoal e profissional.

Segundo Lobo (2002, p.76-7), "o redimensionamento do processo produtivo nas empresas traz à tona a análise e revisão de todos os seus componentes, atribuindo nova valorização aos trabalhadores". No processo produtivo, utilizam-se recursos, meios, instrumentos, mas na condução desse processo "precisa-se de talentos, seres pensantes, pessoas capazes, motivadas, comprometidas com metas e com a qualidade do que fazem". Só o "trabalho criativo" pode produzir nos trabalhadores essa "sensação de prazer e de alegria que compensa o cansaço e o desgaste físico e mental de quem produz". Dessa forma, a excelência no processo produtivo seria obtida com adoção de novas posturas no gerenciamento de pessoas que privilegiem a produtividade em resposta à boa qualidade de vida dentro e fora do espaço produtivo.

Para T. C. Silva (2002, p.30), o "reposicionamento" do Serviço Social de empresa propõe fundamentalmente uma mudança filosófica e de cultura que implica "resgate de princípios e valores humanos pautados na crença, no potencial interno de cada indivíduo e na responsabilidade pelo seu auto--desenvolvimento". Observamos como a "nova proposta" caminha simultaneamente com as novas gestões de submissão do trabalho ao capital, que procura responsabilizar o trabalhador por seu sucesso ou fracasso. Em relação ao assistente social, o "reposicionamento" é um exemplo disso, pois é uma saída encontrada pelos assistentes sociais que trabalham em empresas em continuar "úteis".

As considerações das autoras (ibidem, 2002; Lobo, 2002) sobre o "reposicionamento" do Serviço Social de empresa apresentam as novas formas de captura da subjetividade do trabalhador pela gerência científica de submissão do trabalho ao capital. Destacamos a seguinte frase de Lobo (ibidem, p.77): "A idéia desta transformação consiste na descoberta que o trabalho como força criativa é algo extremamente prazeroso e mais produtivo de que o trabalho forçado e obrigatório, passando o trabalhador de mero executor à 'criador'". Como pensar no trabalho criativo sob o regime do salariato, ainda mais quando o trabalho é meio de subsistência e a criatividade do trabalho só encontra sua realização como trabalho abstrato?

As saídas pretendidas pela gerência científica de submissão do trabalho ao capital no âmbito da crise estrutural do capitalismo favorecem poucos trabalhadores que sobrevivem aos processos de terceirização, subcontratação, informatização, robotização. Esses "sobreviventes" são os "novos colaboradores" e corresponsáveis pela produção, qualidade, competitividade das empresas, mas, em relação a apropriação dos lucros, a "velha" lógica do trabalho assalariado prevalece. O trabalhador tem de ter uma "nova cultura", não mais aquela de posicionamento de classe e busca coletiva, por meio do sindicato, de melhores condições de trabalho. Agora ele é "colaborador" da empresa e, mais do que nunca, deve pensar individualmente em prol do coletivo e sempre ter propostas inovadoras para manter seu mísero salário. Infelizmente, não conseguimos vislumbrar melhoras para a classe trabalhadora e para os assistentes sociais com as novas formas de gestão do trabalho.

Raquel Cavalcanti (2002), em seu artigo, apresenta os projetos desenvolvidos entre 1993 a 1997 na Empresa Furnas Centrais Elétricas S.A., onde atua como assistente social.

Como percebemos em todos os artigos analisados, o Serviço Social de empresa enfrentou, na última década, dificuldades para se afirmar no espaço ocupacional empresarial. Cavalcanti (ibidem, p.91) destaca que "com a febre dos 5 S correlata com um diagnóstico preciso das demandas dos trabalhadores, ganhou novo e importante espaço na Empresa o trabalho com a melhora da qualidade de vida dos empregados". Abre-se, portanto, um novo espaço de atuação do Serviço Social que é o trabalho na área cultural.

As assistentes sociais da Empresa Furnas desenvolveram o "Projeto: Integração social e aprimoramento cultural" que comportava os subprojetos "Arte do meio-dia", "A família visita e empresa", "Grupo coral" e "Canal interativo". As atividades executadas nos subprojetos objetivavam oferecer aos trabalhadores e suas famílias uma melhor qualidade de vida. No breve artigo de Cavalcanti (ibidem), o trabalho na área cultural surge como uma das possibilidades do Serviço Social de empresa em oferecer alternativas aos trabalhadores, de interação com a empresa, fugindo um pouco das tradicionais formas de manipulação e captura do tempo livre do trabalhador.

O artigo de Teixeira & Marques (2002) aborda a intervenção do Serviço Social no Centro de Atividade do Sesi de São Gonçalo, com o objetivo de desencadear processos participantes dos trabalhadores.

O trabalho iniciou em dezembro de 1996 com todos os trabalhadores locais. O trabalho intitulado "Repensando a Empresa" proporcionou a todos os setores uma oportunidade de análise de suas atuações no decorrer do ano, com o levantamento do desempenho, do destaque positivo e de uma projeção para 1997. A intervenção do Serviço Social foi desenvolvida em dois momentos básicos e interligados: capacitação para a facilitação do processo de relações; capacitação para análise de problemas do cotidiano institucional. Os momentos de avaliação foram mensais e ocorreram no mesmo dia, envolvendo todos os trabalhadores, em dois turnos. O primeiro momento objetivou iniciar um processo contínuo de desenvolvimento pessoal e de equipe. O segundo objetivou a participação dos trabalhadores no levantamento, discussão e busca de soluções originais e criativas a cerca de seus próprios problemas. Esse momento proporcionou também, o conhecimento e o envolvimento de um setor com o outro na busca conjunta das possíveis soluções (Teixeira; Marques, 2002, p.71).

O Serviço Social de empresa é permeado por homéricos desafios que, ao mesmo tempo, são possíveis e contraditórios. No caso citado, o Serviço Social se propõe a desenvolver um "trabalho participativo, mobilizador, reflexivo e crítico, facilitando a saída das pessoas envolvidas no estado de imobilismo, para o resgate de sua característica anímica e criativa, apropriando-se da participação como um caminho legítimo da cidadania" (ibidem, p.73).

As autoras ressaltam o espaço desenvolvido pelo Serviço Social como um instrumento legítimo desencadeador dos processos participativos. A alternativa da participação no cotidiano institucional deve ser vista pela óptica da superação de espaços de poder e, portanto, por sua maior ou menor ruptura com as estratégias tradicionais, paternalistas e autoritárias. A essência da participação reside na possibilidade de os trabalhadores interagirem e opinarem efetivamente nas políticas formuladas, possibilitando com isso a apropriação não como mero mecanismo, mas de forma crítica e consciente, das novas demandas das relações de trabalho nos modelos de gestão do capitalismo contemporâneo.

O último artigo do eixo temático, de Maria V. A. Silva (2000), discute de forma inquieta e contrária aos outros textos, os principais desdobramentos do controle da força de trabalho no capitalismo, com ênfase na intervenção do Serviço Social no âmbito da gerência científica.

É sabido que, no sistema do capital, foi desenvolvida a gerência científica, que tem o objetivo de controlar a força de trabalho por meio das decisões tomadas nos processos de trabalho. A gerência científica trouxe inovações na concepção sobre o processo produtivo. O controle dos processos de trabalho foi, gradativamente, substituído por um controle formal e rigoroso entre superiores e subordinados. Como critério de avaliação encontramos o tempo padrão de execução de determinada tarefa, alcançado pela racionalização/padronização dos instrumentos de trabalho que foram materializados na maquinaria que controla o tempo e o movimento do trabalhador. Emerge a máxima, em vez de a ferramenta estar a serviço do homem, o homem passa a estar a serviço da máquina-ferramenta, ou seja, o homem torna-se apêndice do processo produtivo. No século XX, a racionalização/padronização da produção chega ao ápice com o desenvolvimento do modelo de produção fordista/taylorista, que redimensionou o grau de importância da força de trabalho, na medida em que subordinou o trabalhador ao processo de produção orientado pela lógica do capital, diminuindo o peso que o trabalhador atribuía a sua habilidade individual. Taylor, Ford e Fayol, com a concepção utilitarista do "homem econômico", protagonizaram a racionalização da estrutura organizacional que estabeleceu controles rígidos sobre a gestão da força de trabalho nos processos produtivos.

Com a crise do fordismo/taylorismo emerge a *acumulação flexível* que busca no modelo toyotista uma nova maneira de gestão e controle da força de trabalho. Para Maria V. A. Silva (2000, p.92), o advento do toyotismo, como "nova forma" de gestão do trabalho que envolve uma nova forma de participação/envolvimento, possibilita ao capital apropriar-se do saber e do fazer do trabalho. O trabalhador, na lógica da integração toyotista, deve pensar e agir para o capital, para a produtividade, sob a aparência da eliminação efetiva do fosso entre elaboração e execução no processo de trabalho.

No desenvolvimento dos modelos de produção, situam-se as profissões que surgem para contribuir para os processos de gestão e controle da força de trabalho. O Serviço Social insere-se como uma dessas profissões e desempenha seu papel como profissão inserida na divisão social do trabalho, situando-se no processo de reprodução das relações sociais fundamentalmente com uma atividade auxiliar e subsidiada no exercício do controle social, na criação de condições para reprodução da força de trabalho e na difusão da ideologia dominante junto à classe trabalhadora (Iamamoto apud Silva, 2000, p.99).

O Serviço Social tem surgimento e gênese polarizados entre as classes sociais, ou seja, uma profissão criada para servir aos interesses da burguesia e, ao longo de sua história, pauta-se a conceber direitos e mecanismos de luta contra a exploração da classe trabalhadora.

Na história do Serviço Social brasileiro, as estratégias de controle e gestão da força de trabalho ganham relevo na denominada *perspectiva modernizadora*. Nas décadas de 1950 e 1960, o Serviço Social inova seu papel no controle da força de trabalho, gerenciando o conflito social. Esse período é marcado por uma absorção significativa de assistentes sociais nos órgãos de assistência social do Estado e, em menor proporção, nas empresas privadas.

Nos anos 1970 e, com maior intensidade, nos anos 1980, no processo de redemocratização do Brasil, o Serviço Social utiliza-se metodologicamente da administração estratégica e de seu principal instrumento de gestão, ou seja, o planejamento estratégico.

Segundo Maria V. A. Silva (2000, p.110-1), o planejamento estratégico passa a ser o principal instrumento de trabalho na gestão administrativa. No que se refere à gestão das políticas públicas, como direito de "cidadania", o planejamento desempenhará papel preponderante na parceria do "controle social". No entanto, no exercício do "controle social", embora o planejamento estratégico tenha aproximado gestor público e demanda usuária, representada por interesses diversos e contraditórios de vários atores sociais, ele, na realidade, sugere sutilmente um "autocontrole", mediado pela ação do assistente social. Na gestão privada, a situação é um pouco mais complicada. A apropriação da administração e do planejamento estratégico tem cumprido, sem maiores resistências, seu propósito de autocontrole social, mediado pela intervenção do assistente social. Ao aproximar o planejamento da execução, o profissional, diretamente, redimensiona o papel da gerência científica e aproxima o "superior" e o "subordinado", em uma "parceria solidária", na tomada de decisões. Só que, com uma diferença essencial, essas decisões não são tomadas quanto à direção do processo, e sim quanto à melhor forma de implementar e executar o processo anteriormente decidido pela gerência científica. Uma fórmula mágica, no mais novo estilo de autocontrole participativo, com impactos significativos no aumento da qualidade, da produtividade e na diminuição dos postos de serviços. É comum, na empresa privada moderna, assistentes sociais desenvolverem tais processos na medida em que coordenam grupos autônomos e semiautônomos e programas de qualidade total.

O artigo de Maria V. A. Silva (ibidem) apresenta, em extensa dissertação, importantes análises que perpassam a história da profissão em relação às estratégias de controle e gestão social, oferecendo interpretações sobre a inserção do assistente social nos variados campos de intervenção ligados à gerência científica do trabalho.

Na análise dos artigos desse eixo temático, percebemos que o Serviço Social de empresa é um dos espaços, como destacamos inúmeras vezes, mais contraditórios do exercício profissional, mas ao mesmo tempo é um espaço conquistado coletivamente pela categoria profissional.

O "reposicionamento" do Serviço Social de empresa, por exemplo, surge como o caminho encontrado pelos assistentes sociais para "sobreviverem" diante do processo de reestruturação produtiva, que atingiu todas as áreas e ocupações das empresas. É interessante destacar a relevância nessa área de atuação profissional, o enfoque *holístico*, segundo o qual os trabalhadores envolvidos no espaço produtivo têm condições de construir, a partir de suas experiências, novos referenciais em prol da qualidade e da produtividade.

A contradição é latente no Serviço Social de empresa, pois, para fugir das "velhas" e tradicionais formas de intervenção que se resumem em "benefícios" aos trabalhadores, o denominado "reposicionamento" com o enfoque *holístico* potencializa sobremaneira as novas estratégias de gestão da força de trabalho, em busca da "qualidade total". Isso acaba tendo efeitos pouco favoráveis à classe trabalhadora. Os esforços dos assistentes sociais em coordenar e desenvolver programas sociais de incentivo ao trabalhador, objetivando a produtividade e a qualidade, é, na maioria das vezes, uma forma de capturar o trabalhador e torná-lo corresponsável pelo processo produtivo. Nesse caso, como sempre, o trabalhador é corresponsável pela produção, mas não participa da divisão dos lucros.

Não ignoramos, portanto, que as saídas visualizadas para o Serviço Social de empresa, na atual fase de transformações do mundo do trabalho, acentuam o caráter contraditório da ação profissional nessa área. Analisadas tais "práticas" em uma perspectiva crítica, há poucas possibilidades de se construir um projeto coletivo de ruptura social. Devemos deixar bem claro que não negamos o espaço ocupacional nessa área, mas, ao mesmo tempo, não podemos ser ingênuos e nos esquecer de assinalar que as considerações e propostas dos autores (Alvarenga, 2002; Martinez, 2002; Silva, C., 2002; Lemos, 2002; Teixeira; Marques, 2002; Lobo, 2002), mesmo considerando a clareza teórica demonstrada em relação ao processo de trabalho no capitalismo, favorecem as estratégias das "novas" formas de produção que cooptam e penalizam a força de trabalho.

Trabalho infantil

O *trabalho infantil* é tema de estudos e motivo de preocupação para os pesquisadores do mundo do trabalho. Em nossa pesquisa, este eixo temático é constituído por seis artigos que respondem por 7,59% da produção teórica do Serviço Social. Nos artigos, observamos reciprocidades em relação às principais causas do trabalho infantil. Ganham destaque as pesquisas que têm como objetivo o combate ao trabalho infanto-juvenil em várias regiões do Brasil. O Quadro 12 apresenta as particularidades dos artigos.

O quadro apresenta seis artigos, sendo cinco escritos por assistentes sociais e um por economista. Interessante ressaltar que cinco trabalhos são resultados de pesquisa ligados aos programas de combate ao trabalho infantil.

Maria Carvalho (1997, p.110) aborda a precariedade do trabalho infantil e sua relação com a educação. Segundo a autora, os estudos comprovam que há "uma clara correlação entre trabalho infantil e ausência ou precária oferta de educação básica". Inexiste, em geral, especialmente na zona rural, a flexibilização do ensino (até mesmo do calendário escolar), e a adequação dos processos de aprendizagem ao cotidiano vivido pelas famílias do campo.

Quadro 12 – Eixo temático – Trabalho infantil

Autor	Área de graduação do autor	Título do artigo	Caráter do artigo	Revista
Maria do Carmo Brant de Carvalho	Serviço Social	Trabalho precoce: qualidade de vida, lazer, educação e cultura	Ensaio teórico	*Serviço Social e Sociedade*, n.55, 1997
Maria Liduína de Oliveira Silva	Serviço Social	Adultização da infância: o cotidiano das crianças trabalhadoras no mercado Ver-o-peso, em Belém do Pará	Resultado de pesquisa	*Serviço Social e Sociedade*, n.69, 2002
Enimar Jerônimo Wendhausen	Ciências Econômicas	Pensando os direitos humanos como fornecedores de capital social: o trabalho infanto-juvenil na cultura de arroz no estado do Sergipe	Resultado de pesquisa	*Serviço Social e Sociedade*, n.86, 2006
Neide Aparecida de Souza Lehfeld	Serviço Social	A fabricação de calçados e o processo de terceirização: a dupla exploração da criança e do adolescente no trabalho informal	Resultado de pesquisa	*Serviço Social e Realidade*, n.6 (1), 1997/1998
Neide Aparecida de Souza Lehfeld	Serviço Social	A municipalização e as ações relativas ao trabalho infanto-juvenil	Resultado de pesquisa	*Serviço Social e Realidade*, n.6 (2), 1997/1998
Alessandra Aparecida Silva	Serviço Social			
Maria Ângela R. A. de Andrade	Serviço Social	O programa de combate ao trabalho infantil em Franca: uma prática de pesquisa avaliativa	Resultado de pesquisa	*Serviço Social e Realidade*, n.7 (2), 1998
Maria R. Tolosa Jorge	Serviço Social			
Neide Aparecida de Souza Lehfeld	Serviço Social			

Inúmeras são as dificuldades encontradas pelas crianças e adolescentes que são forçados a trabalhar para contribuir com a renda familiar. Em muitos casos, o trabalho faz os jovens abandonarem a escola e as brincadeiras, o que os força a renunciar ao desenvolvimento de suas capacidades e potencialidades criativas. Consequentemente, na vida adulta, ficam restringidos do convívio igualitário e da apropriação igualitária da riqueza social, cultural e econômica da sociedade.

Segundo Carvalho (1997), os estudos revelam que ainda existem crianças e adolescentes que trabalham em regime de servidão e exploração. Os jovens exercem atividades desqualificadas, perigosas, expostas ao tempo e ao mundo da rua, muitas vezes em situações constrangedoras. As crianças e os adolescentes são colocados em atividades caracterizadas pela imobilidade. São ocupações "mortas" para o trabalho adulto (empacotador, *office-boy*). Os jovens cumprem jornadas de trabalho extensas, superiores a quatro horas diárias, com demandas de produtividade iguais às exigidas dos adultos.

No atual estágio do mundo do trabalho, quem imagina que o trabalho infantil foi extinto está muito enganado. O trabalho precoce persiste, na maioria dos casos, para contribuir com a sobrevivência do grupo familiar, ou mesmo para atender aos apelos de consumo "impostos" aos jovens pelos meios de comunicação. Crianças e adolescentes trabalhadores são as maiores manifestações do que conhecemos como fenômeno de precarização das relações de trabalho. Os efeitos do trabalho precoce e os comprometimentos mais visíveis estão relacionados à saúde física, à baixa escolaridade e à posterior "qualificação profissional". Sem falar em outras questões mais sutis como a baixa autoestima, a exclusão dos bens culturais, o processo de subalternização quase irreversível e a adultização precoce (cf. Carvalho, ibidem).

O trabalho infantil emerge, em sua maioria, em razão da reduzida condição de sobrevivência das famílias. Muitas famílias não possuem acesso, ou se o possuem, é muito precário, a bens e serviços fundamentais aos direitos sociais básicos que oferecem aceitável "qualidade de vida", como saneamento básico, moradia, informação, lazer, educação, saúde.

A baixa "qualidade de vida" em que as famílias vivem, correlacionada ao trabalho precoce, reintroduz um círculo vicioso que aprisiona as novas gerações aos mesmos baixos padrões de vida. "As chances de ascensão e melhoria praticamente inexistem, pois o trabalho precoce fecha uma das poucas portas que a sociedade contemporânea abre para a mobilidade: a educação" (Carvalho, 1997, p.110).

No combate às diversas "exclusões" ocasionadas pelo trabalho infantil, a autora acredita que a educação tem uma centralidade insubstituível. A escola é o canal possível de ingresso às oportunidades oferecidas pela civilização contemporânea. A capacidade de compreensão e armazenamento cumulativo de conhecimento, assim como o aprendizado para processar e utilizar informações advêm da educação formal. Mas, infelizmente, os custos econômicos, sociais e políticos de uma baixa escolaridade – aliados ao trabalho precoce – não compensam os custos para sua reparação ou, mais que isso, os custos da exclusão de um enorme contingente de força de trabalho, incapacitado para integrar o cada vez mais seletivo e sofisticado mundo do trabalho. Não podemos, também, tomar a educação somente como mecanismo de formação de força de trabalho, mesmo que o que se tem visto no mundo capitalista seja essa ligeira relação: a educação atendendo ao mercado de trabalho.

Diante desse cenário, não podemos deixar de refletir sobre a situação precária da educação pública oferecida às crianças e aos adolescentes oriundos da classe trabalhadora pauperizada e sem condições de matricular seus filhos no ensino privado. Concordamos com Carvalho (ibidem, p.112) quando ela finaliza o artigo afirmando que a "percepção da escola como grande 'algoz', se tem certa dose de verdade, tem também uma dose de mito". O pleno desenvolvimento de crianças e adolescentes da classe trabalhadora pauperizada precisa, além da escola, de acesso efetivo às políticas que complementam o processo de formação: esporte, arte, cultura, assistência social e os demais direitos sociais que compõem a formação de homens e mulheres com potenciais críticos para que possam, nos limites dados pela sociedade burguesa, ter iguais condições de acesso ao mundo do trabalho, com uma sólida formação profissional e pessoal.

Maria Liduína Silva (2002) apresenta excerto de sua dissertação de mestrado e analisa a vivência precária do trabalho infantil. Em seu estudo, a autora procurou compreender o fenômeno do trabalho infantil no conjunto das "metamorfoses do mundo do trabalho". Os sujeitos da pesquisa foram crianças e adolescentes trabalhadoras do mercado "Ver-o-peso", localizado no centro comercial da cidade de Belém do Pará.

A autora considera o trabalho infantil como uma das mais radicais expressões da "questão social" que atingem não só os direitos sociais, mas o próprio direito à infância e à vida. Ao longo da história do capitalismo, a força de trabalho infantil passou a ser visualizada como uma maneira de redução de custos da força de trabalho adulta. Na atualidade, um fator impulsionador do trabalho infantil diz respeito à situação socioeconômica das famílias que vivem em estado de absoluta pobreza, pois, com o desemprego dos pais, as crianças são forçadas a trabalhar para contribuir com a manutenção dos gastos de sobrevivência da família.

Nas atuais circunstâncias, enganados estão aqueles que imaginam que o trabalho precoce foi abolido, pelo contrário, é acirrado o cenário de exploração do trabalho infantil. "Empresas de grande porte estimulam a exploração da força de trabalho da criança, não de forma direta, mas indiretamente, terceirizando, vendendo e comprando produtos e insumos produzidos por crianças" (Silva, M. L., 2002).

A pesquisa de Maria Liduína Silva (ibidem) é situada no chamado "trabalho tolerável", ou seja, a exploração da força de trabalho infantil invisível e que é socialmente aceita. Para a autora, esse tipo de trabalho tem a cumplicidade, a convivência e é promovido e legitimado pela sociedade.

No mercado "Ver-o-Peso", em Belém do Pará, as crianças desenvolvem dois tipos de trabalho: prestação de serviços e comercialização. O trabalho como prestação de serviços envolve crianças e adolescentes que vão, durante a madrugada, disponibilizar sua força de trabalho. Prestam serviços de carregadores de produtos alimentares, realizam serviços de limpeza, preparam os alimentos nas barracas, ou seja, realizam serviços gerais ou são colocados como ajudantes. Na comercialização, os jovens trabalhadores comercializam produtos em geral: frutas, legumes, verduras, caranguejos e outros produtos típicos da região. Na comercialização, a grande maioria é constituída de meninos que se ocupam da venda de sacos, especialmente no mercado do peixe, e são conhecidos como "saqueiros" (ibidem, p.159).

Maria Liduína Silva (ibidem) relata, em sua pesquisa, que, na maioria dos casos, o trabalho de comercialização envolve famílias inteiras. As crianças trabalham sob a responsabilidade imediata dos pais ou irmãos mais velhos. Em alguns casos, a pesquisadora constatou que as crianças entrevistadas constituíam a terceira geração de família a trabalhar no "Ver-o-peso". Nessa relação familiar de trabalho, o pai não é compreendido como a figura do "patrão", no sentido da relação empregador/empregado, apesar de a venda auferida ser repassada ao pai. Ocorre uma relação hierárquica de coordenação das atividades, que é sempre confundida com autoridade paterna, isto é, a organização do trabalho é coordenada sob a óptica de relacionamento doméstico, e não profissional.

Nos depoimentos das crianças apresentadas pela autora, percebemos a responsabilidade que elas carregam ao buscar, no trabalho, as possibilidades para melhor rendimento da família. Em alguns casos, com o desemprego dos pais, chegam a ser as principais responsáveis pelos rendimentos e manutenção material da família. No estudo de Maria Liduína Silva (2002) torna-se evidente que as crianças, como forma de estratégia de sobrevivência, estão assumindo atribuições e responsabilidades dos adultos, pois no cotidiano "Ver-o-peso", elas comprometem a identidade do ser criança e antecipam o futuro de seu ser adulto.

Enimar Wendhausen (2006), em sua pesquisa, discute a possibilidade de pensar os direitos humanos como formadores de capital social e de que forma os principais instrumentos teóricos contribuem para uma melhor compreensão da problemática do trabalho infantojuvenil, mais especificamente o caso da cultura de arroz no estado de Sergipe.

A autora faz uma discussão sobre capital social retomando os autores Grix, Bourdieu, Milani, Fernandes, Lima e Putnam. O capital social refere-se a um conjunto de recursos acessíveis a indivíduos ou grupos como integrantes de uma rede de conhecimentos mútuos. "Esta rede é uma estrutura social e tem aspectos (relações, normas e confiança) que ajudam a desenvolver a coordenação e a cooperação e a produzir benefícios comuns" (Milani apud Wendhausen, 2006, p.125).

A pesquisa apresentada pela autora foi realizada de 2002 a 2003, nos perímetros de Propriá, Bertume e Cotinguida/Pindoba, municípios situados em Sergipe. Foi indicado como um dos motivos responsáveis pela inserção de crianças/adolescentes em atividades produtivas o auxílio no sustento da família. Quanto à remuneração das crianças/adolescentes, contatou-se que, nos três perímetros urbanos investigados, não ultrapassou meio salário mínimo vigente na época da pesquisa.

Na pesquisa, contatou-se que as condições de trabalho em que as crianças e adolescentes encontram-se submetidos eram precárias. Em Propriá, a jornada de trabalho estendia-se de manhã ao turno da tarde. Em Cotinguida/ Pindoba, era de quatro até oito horas; em Bertume, era maior, 37,9% das crianças e adolescentes trabalhavam de oito até doze horas diárias.

Percebemos, por meio da pesquisa, que as causas estruturais do trabalho infantil são basicamente as mesmas do restante do Brasil, ou seja, a "pobreza" das famílias e o desemprego dos pais.

Em relação à educação, a pesquisa demonstra que a maioria dos "jovens trabalhadores" não consegue evoluir de forma linear nas séries escolares. Foram observados casos de repetência e abandonos, situações que impossibilitam a conclusão da formação educacional.

Para a autora, a consolidação dos direitos em suas diversas possibilidades – civis, políticas, econômicas, sociais e culturais – facilita a formação de capital social, podendo contribuir para a reprodução e introdução de novos direitos, que, por sua vez, acabam se instalando progressivamente no seio das comunidades. De acordo com a pesquisa, muitos dos direitos não são respeitados, como os básicos, por exemplo, trabalho e salários justos pagos aos responsáveis pelo sustento da família, acesso à educação, além de muitos fatores relacionados aos direitos que envolvem a vida social.

A inserção de crianças e adolescentes no trabalho precoce está diretamente relacionada ao descaso com os direitos sociais. "Afastados da escola, criança e/ou adolescente de hoje se transforma no adulto de amanhã. Esse adulto, com poucas perspectivas de vida e com rendimentos baixos, vê o seu filho repetir a sua trajetória, repetindo-se sempre, com raras exceções, o círculo vicioso da pobreza" (Wendhausen, 2006, p.125).

Concordamos com as considerações finais da autora quando ela afirma que enquanto os responsáveis pela sobrevivência da família não tiverem condições adequadas de produção e reprodução da vida social, ou seja, devidos direitos ao trabalho, à remuneração justa, à Previdência Social e aos direitos sociais, políticos, civis, econômicos, entre outros, não forem garantidos e exigidos por esses cidadãos, as crianças e adolescentes de ambos os sexos continuarão desempenhando atividades, nos mais diversos setores da economia, sujeitos a condições adversas de trabalho e a baixos rendimentos, presenciando-se, dessa forma, uma reprodução do círculo vicioso de baixo padrão de qualidade de vida para as novas gerações.

Apresentamos em seguida três resultados de pesquisas sobre o trabalho infantil na região de Franca, cidade localizada no interior do estado de São Paulo. O primeiro é de Neide Lehfeld (1997/1998) que objetivou identificar como ocorre a iniciação da criança e do adolescente no trabalho nas "bancas de pesponto" e nas pequenas fábricas de âmbito familiar no setor calçadista da cidade de Franca (SP).

Como já destacamos, nas análises dos artigos anteriores, as crianças e adolescentes ingressos no mercado de trabalho precoce são condicionados pela carência e necessidade de colaboração para ampliar a renda familiar; portanto, o trabalho precoce surge como uma possibilidade de garantir mais rendimentos para as famílias.

Segundo Lehfeld (1997/1998, p.60), em Franca, "em 1993, aproximadamente 73% das crianças absorvidas pela economia informal trabalhavam em atividades relacionadas à produção de calçados". Esse trabalho é caracterizado pela precariedade das relações e condições de trabalho.

Nas bancas de pesponto e no trabalho domiciliar, as crianças e adolescentes passam a dividir tarefas com os demais componentes da família para garantir a sobrevivência. O trabalho infantil, conforme consta da pesquisa – que entrevistou "jovens trabalhadores", mães e professores –, prejudica o desempenho escolar. Em visitas realizadas às escolas públicas, a pesquisadora entrevistou as professoras que salientaram que as crianças trabalhadoras não conseguem ter aproveitamento satisfatório, permanecendo nas médias mínimas de desempenho esperado pelo sistema educacional.

O trabalho infantil em Franca no setor de calçados é realidade constante, e é encoberto pelo ambiente familiar, pois o trabalho precoce cobrado das crianças e adolescentes é resultado das condições de pobreza das famílias.

O segundo artigo sobre o trabalho infantil na região de Franca (SP) é de Lehfeld e Silva (1997/1998). As autoras apresentam resultados de pesquisa realizada na 24º Região Administrativa do estado de São Paulo, que teve o objetivo de constatar como se processou a instauração do Estatuto da Criança e do Adolescente e seu papel na política nacional de atendimento, especificamente em relação à exploração da força de trabalho infantojuvenil.

A exploração do trabalho infantil está presente em vários municípios pesquisados, ocorrendo uma concentração maior na zona rural. Segundo Lehfeld e Silva (1997/1998, p.117), "o Estatuto da Criança e Adolescente dispõe sobre a proibição de trabalhos insalubres, penosos, perigosos, noturnos e em locais prejudiciais a formação física, psíquica, moral e social. Na pesquisa foi constado que as ações em volta destas questões são frágeis, às vezes não existem".

As justificativas sobre o trabalho infantil são as dificuldades econômicas das famílias. Para as autoras, umas das razões pelas quais as leis de proteção ao trabalho infantil tornam-se insuficientes é a insistência dos próprios pais para que seus filhos sejam colocados no mercado de trabalho e assim possam ajudar nas despesas das casas. Há uma grande demanda para a emissão de carteira de trabalho, principalmente antes dos quatorze anos de idade.

A pesquisa constatou que a maior problemática do trabalho infantil se encontra nas famílias numerosas, em que a geração de renda é o fator imprescindível para a sobrevivência.

O terceiro resultado de pesquisa sobre o trabalho infantil na região de Franca, é de Andrade et al. (1998). As autoras avaliaram o Programa Bolsa-Educação, instaurado na cidade de Franca objetivando a erradicação do trabalho infantil.

Uma comissão de pesquisadores e técnicos da Unesp/Franca avaliou o projeto "Combatendo o Trabalho Infantil", executado pela Secretária de Ação Social e Cidadania (Sasc), da Prefeitura Municipal de Franca, de 1997 e 1998. O projeto teve o objetivo de dar continuidade ao atendimento às crianças que trabalhavam, por meio da destinação de bolsa-educação para as famílias que mantivessem seus filhos matriculados e frequentando o Ensino Fundamental.

Na avaliação do projeto, as prioridades e os objetivos foram atendidos, em graus diferenciados, diante das determinações socioculturais e institucional, sedimentados em comportamentos vinculados à história sociopolítica e às características do desenvolvimento local e regional. Dentre as principais considerações das autoras sobre a pesquisa, destacamos a seguinte: a Bolsa educação foi estendida como "fonte de renda" e utilizada para despesas com subsistência do grupo familiar. A maior dificuldade encontrada na execução do projeto foi o tempo limitado do benefício, considerado insuficiente para garantir mudanças significativas no âmbito familiar, em relação ao trabalho infantil (cf. ibidem, 1998, p.47).

Considerando os artigos apresentados, não devemos nos esquecer de que o trabalho infantil é uma das expressões da luta de classes e a criança e o adolescente "trabalhador" sofrem os constrangimentos de uma sociedade em que a força de trabalho da classe trabalhadora é a principal fonte de produção de riqueza. Enquanto o filho da classe trabalhadora luta para permanecer na escola da sobrevivência, o filho da burguesia sonha com mundos virtuais e se tranca em cidades dentro de cidades, não vivenciando o mundo exterior aos condomínios de luxo.

Se pretendemos, portanto, efetivamente combater o trabalho infantil para garantir uma vida digna para o futuro "cidadão trabalhador", que deve carregar consigo ações críticas, criativas e integradas aos meios de luta política da sociedade de seu tempo, é indispensável, na atualidade, um conjunto de ações culturais, lúdicas e de formação política que vão além do ensino formal, mas que estejam presentes no cotidiano das crianças das famílias da classe trabalhadora.

Trabalho, sindicalismo e lutas sociais

Esse eixo temático é composto por seis artigos que representam 7,59% da produção teórica do Serviço Social sobre o mundo do trabalho analisada na pesquisa. Os textos discutem as lutas sociais da classe trabalhadora urbana e destacam o papel regressivo do sindicalismo nos últimos tempos. O Quadro 13 apresenta as particularidades dos artigos.

Quadro 13 – Eixo temático – Trabalho, sindicalismo e lutas sociais

Autor	Área de graduação do autor	Título do artigo	Caráter do artigo	Revista
Maria Ângela N. Serpa	Ciências Sociais	A instituição sindicato é necessária hoje?	Resultado de pesquisa	Serviço Social e Sociedade, n.60, 1999
Maria Cristina Soares Paniago	Ciências Econômicas	Lutas defensivas do trabalho	Ensaio teórico	Serviço Social e Sociedade, n.76, 2003
Leila Baumgratz Delgado Yacoub	Serviço Social / Direito	A luta contemporânea pela redução da jornada de trabalho: recuperando antigas bandeiras	Resultado de Pesquisa	Serviço Social e Sociedade, n.82, 2005
Elizabeth Regina Negri Barbosa	Serviço Social	As transformações do mundo do trabalho e o sindicalismo brasileiro	Ensaio teórico	Serviço Social e Realidade, n.7 (1), 1998
Israild Giacometti	Serviço Social	Os trabalhadores e a globalização do capitalismo	Resultado de pesquisa	Serviço Social e Realidade, n.7 (1), 1998
Jean Lojkine	Filosofia	Estratégias políticas e sindicais em face da mundialização e da reestruturação produtiva	Ensaio teórico	Praia Vermelha, n.2, 1999

As lutas da classe trabalhadora ao longo do século XX tiveram como principal instância representativa o sindicato, mas, com a *mundialização do capital* e a reestruturação produtiva, as práticas políticas de defesa dos direitos dos trabalhadores sofreram impactos negativos e o sindicalismo tradicional foi colocado em xeque.

O papel do sindicato e sua importância política no contexto das inovações tecnológicas poupadoras de força de trabalho, do desemprego estrutural e da precarização do trabalho inquietam os estudiosos do tema e provocam desafios aos dirigentes sindicais.

Maria Serpa (1999), em seu artigo, levanta reflexões sobre o papel da instituição sindical na atual sociedade brasileira. Para a autora, o movimento sindical ao longo da história nacional, embora não atingindo todos os segmentos da classe trabalhadora, vem cumprindo o papel de interlocutor dos interesses econômicos e políticos dos trabalhadores. Em relação à "prática sindical", o movimento vivenciou diferentes maneiras de ação. A "prática sindical" predominante foi a do sindicalismo corporativista, fruto da era *varguista*, da "Lei de Sindicalização" de março de 1931. Esse modelo de sindicato corporativo sobreviveu, mesmo nos períodos de intensa repressão política, e chegou na década de 1980 revitalizado, mas nos anos 1990 entra em crise. De acordo com a autora:

> Vale assinalar que, embora a CUT – central sindical hegemônica, oriunda do movimento *Novo Sindicalismo*-1978 e do Partido dos Trabalhadores (PT/1983) – se coloque como protagonista da liberdade sindical e do fim do sindicalismo varguista, continua no seu cotidiano com a mesma prática corporativista dos seus antecessores. (ibidem, p.148)

O sindicalismo brasileiro, nos anos 1990, sustentado ainda pelo modelo corporativista, não tem mais condições históricas para resistir. A conjuntura contemporânea não oferece mais incentivos governamentais. O modelo tradicional não consegue mais representar os interesses dos trabalhadores na atual conjuntura política de *mundialização do capital* e abertura econômica totalmente desprotegida pelo Estado. Nos últimos anos, o movimento sindical limitou-se a negociar as perdas salariais e a flexibilização das relações de trabalho, não tendo força e nem comportamento classista de confronto com o capitalismo.

O sindicalismo brasileiro vem operando um intenso caminho de institucionalização com valores fornecidos pela sociabilidade do capital, devendo, nessa conjuntura de crise do mundo do trabalho, buscar a difícil e imprescindível articulação entre os interesses imediatos e uma ação estratégica, de longo prazo, de clara confrontação anticapitalista. Mas, o que emperra tal proposta, segundo Serpa (1999, p.151), é o modelo sindical "corporativista estatal" que não tem forças políticas para responder às contradições entre capital e trabalho em uma sociedade cada vez mais lançada à competitividade do mercado. O que ainda intensifica essa questão são as legislações anacrônicas às quais os sindicatos estão presos para garantir sua sobrevivência, por meio do imposto sindical e do monopólio da representação, proibindo a prática do pluralismo na organização dos trabalhadores.

Elizabeth Barbosa (1998), com discussão próxima à de Serpa (ibidem), analisa as mudanças ocorridas no mundo do trabalho e questiona as perspectivas e as tendências do sindicalismo nas últimas décadas no Brasil. Para a autora, as "metamorfoses do trabalho" alcançaram o universo sindical e as questões estruturais, em relação à conjuntura nacional, acentuou o enfraquecimento das lutas sociais via ação sindical. Nos anos 1990, assistimos à passagem do sindicalismo de confronto e de massa para um sindicalismo "neocorporativismo" de participação. Isso, no entanto, não possui caráter ocasional, muito menos pontual. Na realidade, a decorrência do sindicalismo reestruturado pelo "neocorporativismo" e participação está ligada a fatores políticos, que incrementam a tendência à segmentação corporativa. Esse "novo" enfoque não possui nenhuma característica de inovação sindical, é, antes de tudo, fruto do novo contexto político-ideológico do país, da recessão econômica, da crise do socialismo real e da ofensiva do neoliberalismo internacional.

As novas relações de trabalho e os novos processos de produção entretanto colocam limitações aos sindicatos que estão com estratégias limitadas para o confronto político contra a crescente *precarização estrutural do trabalho*.

Mesmo diante de um cenário tão adverso apontado pelas autoras, acreditamos que o sindicalismo tem uma função primordial na defesa dos interesses da classe trabalhadora, da organização classista e do confronto com as formas de precarização das relações e condições de trabalho que ditaram as "regras" do mundo do trabalho no Brasil nos anos 1990.

Maria Paniago (2003) apresenta uma discussão mais genérica ao analisar o avanço que as lutas dos trabalhadores têm nas conquistas dos direitos sociais e questiona até que ponto tais lutas trouxeram emancipação para o trabalho. Para a autora, o que está em foco é saber se as lutas sociais podem fazer recuar o capital, forçando-o à restituição crescente de ganhos ao trabalho, justamente com a diminuição gradual de sua margem de lucratividade até que se alcance a emancipação definitiva do trabalho.

O século XX foi repleto de lutas sociais; os trabalhadores reivindicaram melhores condições de trabalho e vida; surgiram as políticas sociais em um espaço contraditório entre "concessão" e "conquista" e alguns direitos foram alcançados. Houve momentos em que ocorreram avanços no sentido da universalização dos direitos sociais, fortalecendo a convicção de que gradativamente retornaria aos trabalhadores parte da riqueza social, em forma dos benefícios indiretos assegurados pelos sistemas de proteção social, mas hoje a luta dos trabalhadores se resume à resistência e à manutenção de antigas conquistas.

Para Paniago (2003, p.80), como reação ao estreitamento das políticas sociais implementadas pelo projeto neoliberal, devemos aprofundar nossa reflexão teórico-política sobre os desdobramentos históricos das lutas por direitos sociais universais e examinar o significado dos avanços e recuos realizados, escapando da pressão exercida pelo estado de emergência em que as políticas sociais foram colocadas. As condições precárias de vida impostas aos trabalhadores em geral, nos marcos da crise estrutural do capitalismo, exigem uma reação que vá além da mera contabilidade de ganhos e perdas de direitos sociais. Recoloca-se, na ordem do dia, a própria continuidade da ordem do capital. Somos obrigados a reexaminar os pressupostos teóricos das políticas sociais premidas pela situação presente, como meio de inserir tais políticas no cerne das transformações societárias atuais. Se, por um lado, trouxe "restrições indesejadas", por outro tornou suas limitações mais evidentes. Obtendo-se ganhos parciais do trabalho, não importa se em maior ou menor grau, o trabalho permanece, acorrentado ao círculo do sistema do capital e de suas necessidades de autovalorização, bem como a tudo que isso implica para satisfação das necessidades sociais.

Devemos ter em mente que as políticas sociais refletem as contradições de um "confronto irreconciliável" entre o capital e o trabalho, sendo resultados de lutas e/ou mesmo "antecipações estratégicas" do Estado burguês;

portanto, os direitos dos trabalhadores "conquistados" ou "cedidos" estão sob o signo das contradições do capitalismo, ora podendo ser grandes avanços progressistas, ora como mecanismos estatais conservadores de "redistribuição de renda".

Uma questão é clara, as lutas das classes compreendidas dentro dos limites "jurídico-sociais" do Estado burguês impostos pela relação capital e trabalho não ameaçam o sistema do capital, pois sempre objetivam o estabelecimento do consenso entre interesses inconciliáveis e, no entanto, não têm nenhuma possibilidade de afirmarem-se como conquistas emancipatórias do trabalho. Segundo Paniago (2003, p.88):

> As forças políticas do trabalho estarão permanentemente se preparando para uma nova e sempre renovável pauta de reivindicações parciais, nível sempre superado pelas medidas compensatórias do capital, que inevitavelmente irá de novo recair sobre os vitoriosos trabalhadores do momento.

Diante das questões levantadas sob o signo da contradição em que se nutre a política social, questionamos: qual o papel e o lugar das lutas pelos direitos sociais no capitalismo? Concordamos com Paniago (ibidem, p.90) que, o "ilusionismo" jurídico da garantia de efetivação e acumulação das conquistas pelos trabalhadores não deve ser substituído pelo imobilismo ou capitulação diante das dificuldades históricas enfrentadas pelos movimentos sociais de luta pelo trabalho. Os reveses sofridos pelos trabalhadores só podem ser enfrentados na medida em que se coloquem as reivindicações parciais em consonância com a luta por um *projeto alternativo de ordem social*, em que se possa eliminar a desigualdade social a partir da superação da causalidade que lhe dá origem, qual seja, a apropriação privada da riqueza produzida socialmente.

Leila Yacoub (2005, p.48), com preocupações mais imediatas, aborda as atuais lutas pela redução do tempo de trabalho e suas relações com o desemprego contemporâneo. O artigo, elaborado a partir de sua tese de doutorado, analisa o sentido original da luta pela redução da jornada de trabalho. A autora, contrapondo as atuais tendências, enfatiza a posição dos atores envolvidos, as direções e as propostas nos âmbitos internacional e nacional, seus efeitos sobre o movimento dos trabalhadores, bem como o caráter restritivo, defensivo e insuficiente dessa luta, especialmente quando se tem em mente a construção de uma "nova sociedade" que propicie aos trabalhadores uma vida cheia de sentido, para além do capital.

Com a "crise do emprego", ou melhor, o desemprego estrutural, têm-se acentuado os debates sobre a reorganização das formas de contratação da força de trabalho. A flexibilização é a principal preocupação dos empresários, dos sindicalistas e dos trabalhadores. Os trabalhadores têm claro que a "flexibilização do mercado de trabalho" não oferece mais empregos, mas acarreta a precarização do trabalho, dos vínculos empregatícios, dos salários e das demais condições de trabalho. Muitos defendem a redução generalizada da jornada de trabalho, mas com a manutenção dos salários para garantir a sobrevivência, de maneira que amenize o avanço do desemprego e das formas emergentes de precarização do trabalho gestadas pela crise de acumulação do capital que se concretiza com as novas gestões da força de trabalho diante das exigências da revolução tecnológica.

Yacoub (2005, p.53-4) afirma que o movimento sindical é cético quanto à flexibilização do tempo de trabalho, isto é, "regras que tornam a redução da jornada de trabalho dependente dos interesses das empresas, rejeitando também a possibilidade de regulação do trabalho por meio do trabalho em tempo parcial – uma das modalidades de redução do tempo de trabalho mais empregadas". A autora avalia que o trabalho em tempo parcial oferece poucas oportunidades de qualificação e promoção, representando uma estratégia para a intensificação do trabalho e a redução dos direitos e benefícios sociais. Alerta ainda para o fato de que os trabalhadores em tempo parcial se sujeitam com mais facilidade à intensificação do trabalho, aos baixos salários e à instabilidade no emprego. Eles também se mostram menos interessados em se organizarem coletivamente e lutarem de forma solidária por melhores condições de trabalho, enfraquecendo a luta conjunta dos trabalhadores. A flexibilização individualizada da jornada de trabalho (horário móvel, em tempo parcial, trabalho compartilhado) não é um instrumento contra o desemprego, não possibilita a "soberania do tempo livre" e até mesmo acarreta consequências negativas para a força de trabalho.

Para a autora, a flexibilização – tempo parcial – enfraquece a organização sindical, acarreta diferentes relações e orientações, dificulta a unificação de objetivos e reivindicações do conjunto da classe, inibe o comprometimento da ação solidária, enfraquece o espaço das negociações e regulações coletivas e desarma os sindicatos no que diz respeito à política de emprego e mais tempo livre para os trabalhadores. Na visão da autora, mesmo diante do cenário adverso, o processo desenvolvido em relação à luta pela redução da jornada de trabalho, além de consistir em uma das alternativas mais viáveis para a ampliação do emprego – malgrado seu caráter restritivo, defensivo e insuficiente –, é hoje, se não o único, um instrumento capaz de reunificar os trabalhadores, no âmbito intra e extrassindical e, consequentemente, fortalecer seus organismos de representação para a busca de alternativa para além do capitalismo, uma vez que o sindicato se encontra em dificuldade para representar e defender os interesses dos trabalhadores em uma perspectiva que avance para a emancipação político-social (cf. Yacoub, 2005).

A saída da crise estrutural do capital encontrada na redução da jornada de trabalho pode ser, em princípio, um egresso desde que não penalize ainda mais a classe trabalhadora ao exaurir seus direitos trabalhistas. Para lutar pela redução da jornada de trabalho mantendo os direitos e as adequadas condições de salário e vida para o trabalhador, os sindicatos e os movimentos sociais devem unir-se para fortalecer as bandeiras, pois o que tem acontecido são destruições dos direitos sociais com a flexibilização do trabalho. A redução da jornada de trabalho deve ser discutida não a partir dos interesses dos empresários, mas a partir dos interesses dos trabalhadores. Para isso, os movimentos unificados dos trabalhadores devem estar em condições políticas para tencionar essa luta que cobrará negociações intensas e conflitos inadiáveis.

Reduzir a jornada de trabalho utilizando os avanços da tecnologia e oferecendo boas condições e relações de trabalho pode ser uma saída, desde que os princípios da emancipação social estejam colocados com clareza nesse processo. Só assim o tempo livre terá sentido fora do trabalho e será possível falar em tempo livre para o desenvolvimento do indivíduo e do gênero humano, mas não como assistimos na atualidade de desemprego e miséria social. Nesse processo, os instrumentos e as inovações da produção seriam revertidos como poupadoras do esforço do trabalhador, ou seja, o trabalhador iria se utilizar da revolução tecnológica para seu interesse e desenvolvimento humano. Para que isso aconteça concretamente, os primeiros questionamentos em pauta são: a propriedade privada e a socialização da riqueza.

Jean Lojkine (1999, p.67), em seu artigo, analisa as estratégias políticas e sindicais diante da *mundialização do capital* e da reestruturação produtiva.

Para o autor, é necessário o surgimento de outros tipos de coalização política, são necessárias redes de ação em diferentes níveis e, para isso, é necessária a ruptura com as redes de solidariedade de conivências "identitárias" que tradicionalmente unem executivos e direção das instituições sociais, encerrando as ações voltadas a cada grupo social em seu espaço restrito. "É preciso, mais ainda, que as 'regras do jogo' comuns aos diferentes protagonistas (direção, quadros, operadores, sindicalistas) sejam questionados, perdendo a sua unidade e sua mono-racionalidade."

No atual contexto de mudanças no âmbito da produção e da organização política, não podemos aceitar a permanência das concepções tradicionais e conservadoras das instituições sociais que negociam os direitos dos trabalhadores.

A instituição, no caso o sindicato, deve tomar o cuidado para não se restringir a uma função assistencial que assegura míseros benefícios sociais aos sindicalizados e que sobrevive graças à ação insistente de militantes. Para Lojkine (1999, p.73) seria importante

> uma instituição sindical de forma mais dinâmica, com a colocação em cena (representando de maneira sempre enviesada interesses que podem ser contraditórios) e a colocação em obra de certo número de recursos (materiais, culturais, financeiros, jurídicos) para "traduzir" certa demanda social.

Essa dialetização da instituição sindical permite ultrapassar as concepções funcionalistas de instituição como sistema de reprodução eterna de uma norma. Portanto, toda instituição, mesmo aquela mais solidamente ancorada no corpo social, é movida a contradição e sua solidez se assenta essencialmente na capacidade de admitir a existência de forças ou valores conflitantes ou mesmo contraditórios.

Lojkine (ibidem, p.73-4) afirma que, levando em consideração suas pesquisas realizadas nas instituições francesas e as políticas urbanas, é possível extrair todo o determinismo mecanicista, demonstrando um tríplice distanciamento entre as "condições materiais" e as "instâncias" ideológicas ou políticas, entre o "instituído e o instituinte". Esse distanciamento manifesta-se na formulação "das questões (ou, se prefere, no horizonte teórico ou prático, estratégico ou tático, no qual se situam atores e instituições), na sua periodização histórica" e, por fim, em sua representação do futuro, seja a curto ou longo prazo. O autor, cheio de questionamentos diante das lutas sindicais, deixa uma indagação crucial para os movimentos sociais de classes: "Todo problema hoje é saber detectar de onde virá a nova fonte de criatividade institucional".

O último artigo desse eixo temático é de Israild Giacometti (1998, p.218), que tem a preocupação de entender como a "globalização" atinge os trabalhadores nas formas de trabalho e resistência de classe. Para a autora, a "globalização" não é algo novo na sociedade. Trata-se do aprofundamento de tendências historicamente incorporadas ao capitalismo que, por sua vez, racionalizam e potencializam o aumento do ritmo das mudanças que a ação humana sempre desenvolveu no aproveitamento do meio natural e do social, as quais são direcionadas para satisfação das classes sociais que controlam esse aproveitamento. A questão que emerge a partir dessa afirmação diz respeito à forma de apropriação dos recursos da natureza pela humanidade. A burguesia apropria-se individualmente do conjunto dos benefícios que os homens produzem em sua coletividade, ou seja, a burguesia apropria-se privadamente de conquistas que são de todos os homens, para consolidar sua dominação de classe.

Na "globalização", que preferimos nomear de *mundialização do capital*, o impacto da ofensiva burguesa é observado por meio da precarização das relações de trabalho, cujo resultado mais significativo para seus interesses está na fragmentação política da classe trabalhadora, bem como na demolição da proteção social com a ofensiva neoliberal nas políticas sociais. A investida no âmbito da produção – reestruturação produtiva com novas técnicas e gestão do capital – e no domínio político – neoliberalismo e desmonte dos direitos sociais – pode criar um potencial de conflito talvez até maior do que em momentos anteriores da sociedade burguesa.

A autora acredita que conforme generaliza a precarização das condições e relações de trabalho, o confronto de classes pode recrudescer, sob novas formas, como se observa no Brasil com o Movimento dos Trabalhadores Rurais Sem-Terra (MST), o que coloca para o capital outra prioridade essencial na reestruturação das relações de resistência com os trabalhadores ainda indefinidos. Para encaminhar a luta em defesa dos interesses dos trabalhadores, é preciso entender como se dá a relação entre os aspectos relacionados à "globalização capitalista" (Giacometti, 1998, p.222).

Após as colocações e as análises dos autores do eixo temático *trabalho, sindicalismo e lutas sociais*, e observando as dificuldades de organização dos trabalhadores, acreditamos ser imperativa a redefinição histórica do movimento sindical, pois, se os sindicatos não mudarem, aprofundará o corporativismo e restringirá a sua ação a poucos trabalhadores que, de certa forma, podem considerar-se privilegiados, uma vez que ainda mantêm seus empregos na "economia formal".

Os sindicatos estão vivendo um momento em que não é mais possível priorizar apenas os trabalhadores de emprego integral e estável, cada vez em menor número. A realidade social contemporânea da representação coletiva dos trabalhadores aponta para uma ação mais compreensiva, que alargue seu âmbito de preocupações e atinja também os desempregados, os que estão na informalidade e aqueles que estão subcontratados nas empresas e nos domicílios. Aderimos a Martins e Ramalho (1994, p.180) quando eles afirmam: "O sindicato deve promover nos trabalhadores a consciência de que pertencem a uma coletividade mais ampla do que a sua categoria profissional e dos que estão no mercado formal de trabalho. Assim, a ação sindical não pode restringir-se à defesa dos interesses dos assalariados".

O sindicato, neste momento arredio ao trabalho, necessita de articulação de novas estratégias de negociação junto à introdução da tecnologia na produção, das estratégias empresariais, da desregulamentação dos contratos de trabalho, para não perpetuar o que vemos hoje: inovações tecnológicas seguidas de reorganizações empresariais perversas aos trabalhadores. Isso tem por consequência o número crescente de desempregados e subempregados, causando infinidades de pobreza de "direitos", de "deveres", de subsistência, de vida e de perspectiva de transformação pela lógica do trabalho. De acordo com Bernardo (1997, p.135).

> Nas circunstâncias atuais a questão da subcontratação e da precarização do trabalho tem representado outro malogro muito considerável dos sindicatos. Os seus dirigentes limitam-se, na melhor das hipóteses, a negociar com os patrões a porcentagem de pessoal que será afastada do emprego estável no setor oficial, em vez de procurarem organizar os terceirizados e os desempregados. Na medida em que a sindicalização acompanha freqüentemente a estabilidade de emprego, os próprios membros dos sindicatos mostram-se muitas vezes relutantes em defender aqueles que estão condenados a uma atividade incerta e

permanecem sem filiação sindical. Nestes casos, os sindicatos funcionam como um fator de privilégios e de divisão entre os trabalhadores.

Apesar de as lutas sociais travadas historicamente no seio do sindicalismo estarem em declínio, ainda acreditamos firmemente que o momento de crise vivenciado pelo mundo do trabalho pode ser encarado como um processo histórico de redefinições e novas práticas políticas, por mais que os resultados da reestruturação produtiva sejam caracterizados pelo aumento intensivo da miséria e degradação das relações e condições de trabalho. Neste momento, estamos do lado do trabalho e firmamos a lúcida posição de que a instituição sindical não está "fora de moda", como alguns insistem. "Embora precise se reformular para atender às exigências trazidas pela reestruturação, o sindicato ainda permanece como um mecanismo essencial de defesa de direitos coletivos dos trabalhadores e de seus salários" (Ramalho, 1996, p.13).

Pensar do ponto de vista coletivo é um desafio necessário para a instituição (sindicato), que vem sendo solapada pelo apelo ao desempenho individual nas relações de trabalho. Tal crise do sindicalismo pode ser a incentivadora de uma união mais abrangente de relações e reivindicações dos mais diversos movimentos sociais que lutam contra a hegemonia do capital.

Processo de trabalho e Serviço Social

As discussões sobre processo de trabalho e Serviço Social ganharam fôlego no Serviço Social, especialmente em relação às polêmicas teóricas sobre o entendimento do Serviço Social como trabalho.[8] Os cinco artigos do eixo temático representam 6,32% da produção teórica analisada e as abordagens são introdutórias. O Quadro 14 apresenta cinco artigos escritos por assistentes sociais, sendo três ensaios teóricos e dois resultados de pesquisa.

A temática processo de trabalho e Serviço Social começou a ser discutida pelos assistentes sociais a partir do momento em que a profissão estabeleceu a interlocução com a tradição marxista,[9] o que propiciou as condições teóricas e históricas para o debate.

---

8 Consultar *Revista Temporalis*, n.2, e as recentes publicações de: Marilda Iamamoto (2007); Sergio Lessa (2007).

9 O trabalho significativo desse momento é de Marilda Iamamoto e Raul Carvalho (1998), *Relações sociais e Serviço Social no Brasil*.

Quadro 14 – Eixo temático – Processo de trabalho e Serviço Social

Autor	Área de graduação do autor	Título do artigo	Caráter do artigo	Revista
Ney Luiz Teixeira de Almeida	Serviço Social	Considerações para o exame do processo de trabalho do Serviço Social	Resultado de pesquisa	Serviço Social e Sociedade, n.52, 1996
Rosangela N. de C. Barbosa	Serviço Social	A categoria "processo de trabalho" e o trabalho do assistente social	Resultado de pesquisa	Serviço Social e Sociedade, n.58, 1998
Franci Gomes Cardoso	Serviço Social			
Ney Luiz Teixeira de Almeida	Serviço Social			
Yolanda Guerra	Serviço Social	Instrumentalidade do processo de trabalho e Serviço Social	Ensaio teórico	Serviço Social e Sociedade, n.62, 2000
Maria Dalva Horácio da Costa	Serviço Social	O trabalho nos serviços de saúde e a inserção dos(as) assistentes sociais	Resultado de pesquisa	Serviço Social e Sociedade, n.62, 2000
Maria Norma de Alcântara Brandão de Holanda	Serviço Social	O trabalho em sentido ontológico para Marx e Lukács: algumas considerações sobre o trabalho e Serviço Social	Ensaio teórico	Serviço Social e Sociedade, n.69, 2002

A análise do processo de trabalho e Serviço Social nos remete à dinâmica do setor de serviços e, particularmente, no campo das políticas sociais na fase monopolista de expansão do capital.

Ney Almeida (1996) faz uma discussão introdutória sobre o processo de trabalho e Serviço Social situando o significado sócio-histórico da profissão a partir da análise das relações sociais e da divisão sociotécnica do trabalho na sociedade capitalista em sua fase monopolista.

Para Almeida (ibidem, p.32), o processo de trabalho é, sobretudo, uma combinação da forma e do espaço de realização da produção sob certas condições. Condições são determinadas pelas relações sociais vigentes em uma dada formação social e traduzidas em normas, relações organizadas e conteúdos (tecnologia e mesmo valores, haja vista que o processo de trabalho possui larga dimensão educativa). O "processo de trabalho do Serviço Social" deve ser pensado em sua articulação histórica com as mudanças do desenvolvimento capitalista, com destaque às relações técnicas e organizacionais que lhe são intrínsecas. O Serviço Social enquanto profissão inserida na divisão sociotécnica do trabalho sofre os impactos das alterações sofridas no interior do modo de produção capitalista. As mudanças no mundo da produção incidem diretamente sobre todas as esferas – política, econômica e social – da sociedade e determinam as modificações no setor de serviços e com isso no próprio "processo de trabalho do Serviço Social".

De acordo com a compreensão do autor, não podemos deixar de problematizar os elementos constitutivos do "processo de trabalho do Serviço Social", à luz da submissão que o capital inflige ao trabalho, da lógica que movimenta a produção de mercadorias e que se verifica na própria prestação de serviços e na forma como ele se insere no movimento de acumulação e produção da mais-valia, traços característicos do modo de produção da vida material capitalista.

Tais afirmações nos impõem a discussão sobre o processo de trabalho no setor de serviços e nos remete a analisar o que é trabalho produtivo e improdutivo. Almeida (1996), ao analisar trabalho produtivo e improdutivo, parte de Marx e busca elementos em Braverman, em seu livro *Trabalho e capital monopolista*. As mudanças tanto na esfera da produção como na circulação e distribuição do excedente geraram dupla dimensão do trabalho improdutivo, que conservou, na fase monopolista, sua distinção em relação ao trabalho produtivo, ou seja, o fato de não produzir mais-valia, mas que acabou estruturando-se, na sociedade moderna, da mesma forma que o trabalho produtivo. Essa colocação é o ponto nodal que afirma o Serviço Social como trabalho e, por conseguinte, o autor assegura que existe o "processo de trabalho do Serviço Social".

Para Almeida (ibidem, p.31), Braverman não altera a concepção marxiana, mas elabora sob novos enfoques e condições materiais, a partir das mudanças ocorridas no próprio percurso histórico da expansão do modo de produção capitalista. A reflexão de Braverman incorporou três importantes elementos à discussão sobre o processo de trabalho na direção de seu entendimento no âmbito do setor de serviços: primeiro, a compreensão de que o processo de ampliação, em larga escala, das chamadas funções e atividades improdutivas decorre de fatores intrínsecos ao próprio processo de expansão do capital em sua fase monopolista; segundo, que esse mesmo processo determinou a diminuição dessas atividades e funções fora do alcance do capital, aumentando-as, em contrapartida, em seu interior, sob sua própria lógica e necessidade; e, terceiro, que as mudanças operadas na própria divisão do trabalho aproximaram o trabalho improdutivo do trabalho produtivo em termos de estruturação.

No capitalismo monopolista, ocorreram o aumento e a ampliação da quantidade de atividades denominadas improdutivas, que servem para a distribuição do excedente, o que faz diminuir os trabalhadores improdutivos que existem fora do círculo do capital.

Com as mudanças no mundo do trabalho, especialmente os avanços da tecnologia a partir dos anos 1970 e as novas formas de produção, circulação e consumo do capitalismo mundializado, a discussão sobre o processo de trabalho, no setor de serviços, ganhou novos elementos à medida que houve a combinação de velhas e novas formas de controle do trabalho, como a de novas e velhas bases de organização social da produção, que, nas atuais circunstâncias, passam a compor um cenário econômico e político que, aparentemente, conserva ou reatualiza os padrões de organização da produção.

No capitalismo contemporâneo, há uma dinâmica de acumulação que cria novos processos e postos de trabalho com a incorporação crescente de tecnologia de última geração e, ao mesmo tempo, incrementa processos de trabalho pautados pela larga utilização precária da força de trabalho, como a terceirização. O setor de serviços, no conjunto das contradições da produção social capitalista, incorpora o "velho" e o "novo" entrando no processo de valorização do capital ao cooptar a grande maioria das formas de trabalho improdutivo pelo círculo do capital. O setor de serviços que, em outras épocas, ocupava uma posição marginal no capitalismo se expande e passa a ter uma contribuição considerável no capital social agregado.

O assistente social, como profissional inserido na divisão sociotécnica do trabalho, situa-se no setor de serviços, mais especificamente no conjunto significativo de formas de distribuição do excedente econômico, em que estão situados os chamados serviços sociais. "Sua materialização, contudo, deu-se no interior do aparato estatal e privado de operacionalização desses serviços, a partir de uma especialização crescente da divisão do trabalho que não se restringiu à esfera produtiva" (Almeida, 1996, p.39). No entanto, para o autor, o trabalho do assistente social situa-se entre duas questões centrais e inteiramente ligadas. São elas: a competência política e teórico-metodológica e a realidade socioinstitucional na qual se efetiva o trabalho do profissional. A competência política e teórico-metodológica auxilia a demarcar os limites e os alcances do exercício profissional alicerçados em um conjunto de habilidades que vão desde o reconhecimento do terreno da atuação do Serviço Social e suas implicações político-ocupacionais até o domínio dos recursos técnico-instrumentais mobilizadores para analisar e intervir sobre o aspecto da realidade, como para sistematizar e refletir sobre sua própria prática.

O caráter de instrumentalização do exercício profissional deve ultrapassar o sentido operacional que vem sendo requisitado e reforçado nos locais de trabalho do assistente social. Os pressupostos teórico-metodológicos e políticos são necessários tanto na compreensão das expressões da "questão social" como na orientação da intervenção profissional. Compreender as determinações sociais, políticas e econômicas da demanda do Serviço Social é uma forma de fugir do imediatismo pragmático. Traduzir as demandas imediatas, que se expressam de forma fragmentada e individualizada, é um desafio constante do "processo de trabalho do Serviço Social".

A competência política e teórico-metodológica determina a amplitude do trabalho profissional do assistente social. Para Almeida (ibidem, p.42), o campo socioinstitucional em que se gesta o "processo de trabalho do Serviço Social", por mais permeável que seja aos problemas conjunturais, é demarcado por elementos estruturais que merecem ser tratados com o maior rigor a partir de procedimentos investigativos que tomem como objeto a prática do assistente social. Nessa perspectiva, podemos discutir os processos de gerência e de organização do "processo de trabalho do Serviço Social", com maior ou menor autonomia frente aos objetivos e às características institucionais dos estabelecimentos nos quais o assistente social trabalha. Podemos também realizar as mediações necessárias que nos aproximam das questões referentes ao processo de inscrição, no setor de serviços, das formas de gerência originárias da esfera produtiva, as quais, na contemporaneidade, colocam novas exigências ao Serviço Social.

Segundo o autor, ao situar o Serviço Social e os processos de trabalho em que os profissionais se inserem em uma perspectiva de constante investigação e sistematização de sua atuação aliada à autonomia, à maturidade política e intelectual e aos elementos conjunturais da realidade socioinstitucional, teremos referências seguras para o aprofundamento dos estudos sobre os processos de trabalho e o Serviço Social.

No segundo artigo, continuando a discussão sobre o "processo de trabalho e Serviço Social", os autores trabalham com a hipótese de que é possível recuperar o conceito processo de trabalho e tomá-lo como referência para a compreensão do trabalho do assistente social. Tal afirmação justifica-se pelo espaço socioinstitucional de atuação do assistente social, espaço que se configura a partir da demanda por uma especialização sociotécnica voltada para lidar com as expressões da "questão social", por meio das políticas sociais.

Barbosa et al. (1998), partindo da compreensão da *centralidade do trabalho*, preocupam-se em entender o Serviço Social como profissão inserida nos processos de trabalho e, para isso, ampliam a discussão sobre o "conceito" processo de trabalho. Superado o entendimento do processo de trabalho operado na relação de transformação entre sujeito, objeto e instrumentos, tendo como resultado um produto, destaca-se que, no capitalismo, o trabalho e seu processo respondem às exigências características do sistema de dominação baseado na apropriação do trabalho por parte do capitalismo, no controle sobre o modo de trabalhar e na consequente propriedade sobre o produto que deixa de responder somente a necessidades sociais de produção (valor de uso) para adquirir valor de troca por meio da transformação da força de trabalho e do produto em mercadorias. Para Marx, o processo de trabalho e o processo de formação de valor constituem uma unidade do processo de produção capitalista e, portanto, o processo de trabalho não pode ser apreendido em suas particularidades somente por elementos simples – objeto, meios e finalidades. Na medida em que são apreciadas as relações sociais que atravessam o processo de trabalho nos diferentes contextos históricos, ou seja, as relações entre os trabalhadores e os burgueses, as condições técnicas, sociais e políticas em que o processo de trabalho se desenvolve, o modo como é garantida a valorização ao capitalista, é que podemos compreender a inserção das ocupações sociotécnicas.

Nas análises dos autores, o trabalho do assistente social ganha relevância como processo laborativo inserido na divisão social do trabalho capitalista e em seu processo de dominação, posto que se "entende que a demanda em torno da prática do assistente social não se dirige diretamente à produção de conhecimentos e mesmo sendo uma prática científica é fundamentalmente um trabalho". O assistente social, embora se aproprie de concepções científicas sobre as carências sociais – materiais e imateriais – de socialização urbano-industrial, dirige seu trabalho no âmbito da divisão social do trabalho para a obtenção de efeitos específicos sobre as práticas sociais. Disso decorre a interpretação "suficientemente difundida" de que o trabalho do assistente social é requerido como especialidade da divisão sociotécnica e na forma de assalariado para responder às estratégias de dominação burguesa no enfrentamento da "questão social" que emerge do conflito de classe (cf. Barbosa et al., 1998, p.113).

O trabalho do assistente social, como todas as atividades laborativas inseridas na divisão social do trabalho, é submetido ao processo de valorização, o que justifica o setor de serviços como constituinte da valorização do capital, não como trabalho individual de uma categoria laborativa ou unidade produtiva, mas como trabalho coletivo, produto de agregação de diferentes atividades parcelares que crescem à sombra da compartimentalização dos processos de trabalho e produção. A pressão estrutural sobre o processo de trabalho do assistente social não decorre somente do interesse burguês por uma camada técnica especializada no trabalho com a sobrevivência dos subalternizados, mas da própria organização estrutural do trabalho no capitalismo, que converte todas as formas de trabalho em trabalho assalariado – mercadoria –, fragmentada e parcelada em diferentes atividades laborativas (ibidem).

Os autores, em relação à discussão sobre o setor de serviços, retomam Marx, Braverman, Offe, Mandel e Lojkine. O setor de serviços sempre se manteve associado ao papel de acumulação capitalista e aos modos de vida social nos diferentes contextos históricos. Marx interpretou o papel do setor de serviços circunscrito ao processo de valorização das mercadorias como relação complementar necessária à finalização do giro capitalista. Braverman, autor constantemente citado pelos autores, destacou uma função mais acentuada dos serviços, sobretudo, no século XX, por intermédio da gerência científica, dos trabalhos de escritório e da rede de serviços do Estado que, na fase do capital monopolista, passaram a exercer uma ação mais direta sobre o desempenho do trabalho e indireta sobre a produção de excedente. Nesse caso, há uma transformação da estrutura ocupacional com expressivo crescimento dos trabalhos nos setor de serviços, além da dissolução de formas comunitárias de reprodução social e, consequentemente, maior inserção do Estado e dos serviços privados nessa área.

No contexto das inovações e transformações produtivas ocorridas na segunda metade do século XX, ocorreu uma maior dependência do conjunto do processo produtivo em relação às atividades do setor de serviços e, com isso, deu-se uma maior inserção dos diferentes segmentos no processo de valorização do capital. A partir dessa compreensão e apoiados nas discussões dos autores, observamos que a demanda pelo trabalho do assistente social surge no contexto de um trabalho coletivo específico, de uma unidade de serviços com objeto e objetivos institucionais particulares ao âmbito daqueles necessários à reprodução social. No entanto, é como trabalho parcelado que a ação laborativa do assistente social é requerida, tendo em vista cumprir objetivos superiores mediante a agregação dos diferentes segmentos do trabalho coletivo do estabelecimento e organização. Isso não só condiciona o processo de trabalho em termos da apreensão do objeto de intervenção e uso dos meios, como a própria possibilidade de o produto ser antevisto pelo sujeito profissional, processo que se opera tencionado pelo objeto institucional abrangente da unidade produtiva do serviço, com repercussão sobre o padrão de relações de trabalho que se realizam entre os segmentos laborativos, desses com os usuários dos serviços e também com os gerentes imediatos e superiores (ibidem, p.127).

Os processos de trabalho e a inserção do assistente social como trabalhadores coletivos assalariados nos remetem a pensar os serviços sociais e as políticas sociais como campo de tensão que configura a particularidade do Serviço Social diante da conjuntura de crises que marcam o mundo do trabalho na contemporaneidade.

Yolanda Guerra (2000), dando continuidade ao debate sobre os processos de trabalho e o Serviço Social, analisa a categoria instrumentalidade – constitutiva do exercício profissional – e busca, no processo de reprodução social da ordem burguesa, os fundamentos sócio-históricos do Serviço Social. A autora aborda a categoria instrumentalidade retomando a discussão sobre o trabalho como processo de trabalho e como processo de reprodução social, sempre se esforçando em buscar as mediações sociais que particularizam o Serviço Social.

Para entender o trabalho e o processo de trabalho inseridos nos processos de reprodução social, a autora faz uma interessante abordagem retomando Marx e Lukács. Para Guerra (2000), apreender as mediações que se entretecem na instrumentalidade do Serviço Social passa pela compreensão do processo de trabalho, em seu sentido amplo, e do sentido mais amplo que a instrumentalidade adquire no exercício profissional. É somente a partir da compreensão da instrumentalidade do processo de trabalho como uma propriedade sócio-histórica que podemos buscar uma interpretação da profissão, do exercício profissional e de sua instrumentalidade.

Partindo de tais afirmações, a autora observa que é no processo de trabalho, na passagem do momento da pré-ideação (projeto) para a ação propriamente dita, que se requer a instrumentalidade, ou seja, a conversão das coisas em meios para o alcance dos resultados. Essa capacidade só pode se dar no processo de trabalho, o qual o homem mobiliza todos os recursos convertendo-os em instrumentos para alcançar seus resultados. É essa capacidade que, com instância de passagem, possibilita passar das abstrações da vontade para a concreção das finalidades (cf. ibidem, p.9).

A instrumentalidade é considerada como propriedades sociais das coisas, atribuídas pelos homens no processo de trabalho ao convertê-las em meios/ instrumentos para a satisfação de necessidades e alcance de seus objetivos. Essa capacidade é atribuída pelos homens em seu processo de produção da vida material, por meio de seu pôr teleológico. Somente os homens que atribuem – pelo pôr teleológico – essa capacidade às coisas. No processo de reprodução da sua existência material, ao dominarem as forças naturais, tornando sociais os objetos, os homens exercitam a natureza emancipatória desse processo. *Toda postura teleológica encerra instrumentalidade,* o que possibilita ao homem atribuir às coisas as propriedades verdadeiramente humanas, no intuito de que elas venham a converter-se nos instrumentos, nos meios para o alcance de suas finalidades (cf. ibidem, p.11).

Na sociedade burguesa, a instrumentalidade do processo de trabalho é convertida em tecnologia que nega as potencialidades e capacidades de autonomia dos homens. Disso emergem as limitações para a emancipação do homem, decorrentes dos entraves colocados pela produção capitalista. Guerra (2000, p.16-7) diz que a razão instrumental é uma racionalidade subordinada ao alcance dos fins particulares, dos resultados imediatos e funcionais às estruturas. A razão instrumental constitui um conjunto de atividades e funções as quais não importam com a correção dos meios, nem com a legitimidade dos fins, sendo funcional ao capital e subsume os atributos das coisas a seus aspectos quantitativos e limita-se a garantir eficácia e eficiência. Em contrapartida, a razão substantiva é emancipatória e voltada para os fins universalistas, para valores sociocêntricos. Há preocupação com as implicações nas escolhas dos meios e no estabelecimento de finalidades. Há que considerar que, se os valores adquirem significados de acordo com as necessidades objetivas de reprodução social, na ordem burguesa os valores vigentes são instrumentais. Isso porque, na sociedade vigente, nada se reproduz sem que todas as coisas se constituam valores instrumentais, voltados para atender às necessidades capitalistas.

Partindo da discussão sobre a instrumentalidade do processo de trabalho, a autora aproxima-se das particularidades do Serviço Social e apresenta densas críticas ao metodologismo e ao instrumentalismo que insistem em empobrecer a profissão. Guerra (ibidem, p.18) afirma a instrumentalidade do Serviço Social como mediação, pois a mediação exprime uma particularidade histórica do Serviço Social. "Primeiro, a instrumentalidade do Serviço Social à ordem burguesa, dada pela sua inserção na divisão sociotécnica do trabalho e, segundo, a instrumentalidade das respostas profissionais, como meios para alcançar os objetivos da ordem capitalista."

Para a autora, é no movimento da história que a instrumentalidade do Serviço Social pode ser vista como mediação pela qual se pode recuperar a ruptura entre a correção dos meios e a coerência e legitimidade dos fins. Isso é possível ultrapassando as ações instrumentais e a razão instrumental – meio de controle e manipulação da sociedade –, rompendo com as concepções da profissão que tomam como técnica, tecnologia social ou engenharia social, e rompendo com as que interpretam a profissão como uma ciência, um ramo do saber ou mesmo uma forma de ação social. A instrumentalidade do Serviço Social como mediação é o espaço para se pensar nos valores subjacentes às ações, no nível e na direção das respostas dadas nos últimos anos e pelas quais a profissão é reconhecida ou questionada socialmente. É pela instrumentalidade que passam as decisões e as alternativas concretas, de indivíduos concretos, em situações concretas. "No campo da mediação residem as possibilidades da passagem do ser em si dos homens para a sua genericidade, para os valores e as finalidades humano-genéricas" (Guerra, 2000, p.30).

Cremos que, diante da razão instrumental da contemporaneidade, seja necessário combater o imediatismo, o pragmatismo presente na profissão por meio de um projeto ético-político que se paute pela defesa, em primeira instância, do processo de emancipação político-social e que as fontes teórico-metodológicas e políticas sejam buscadas na perspectiva crítica, tendo por direção a emancipação humana. Os profissionais reconhecerão que, nesse campo de mediações, seu papel na divisão sociotécnica do trabalho vai muito além de um agente técnico especializado, pois podem atuar protagonizando conhecimento e intervenção com papéis profissionais e políticos bem definidos no confronto e na luta pelos direitos sociais e humanos com princípios libertários.

Depois da discussão sobre os processos de trabalho, a instrumentalidade e o Serviço Social, passamos ao artigo de Maria Costa (2000), que aborda a participação e inserção dos assistentes sociais nos processos de trabalho desenvolvido no Sistema Único de Saúde (SUS) de Natal (RN).

Nos serviços de saúde, a inserção dos assistentes sociais no conjunto dos processos de trabalho é mediatizado pelo reconhecimento social da profissão e por um conjunto de necessidades que se definem e redefinem a partir das condições históricas sob as quais a saúde pública se desenvolveu no Brasil.

Costa (ibidem, p. 44), ao examinar o processo de organização do SUS em Natal, constatou uma ampliação do mercado de trabalho dos assistentes sociais e trabalhou a hipótese de que esse crescimento resulta de três ordens de fatores: "1) da ampliação técnico-horizontal das subunidades e serviços; 2) da redefinição das competências ocupacionais, fruto de novas necessidades técnicas e ocupacionais; 3) e da necessidade de administrar as contradições principais e secundárias do sistema de saúde no Brasil".

Na pesquisa realizada pela autora, percebe-se que, no trabalho na área da saúde, por mais simples que possa parecer a atividade e os meios utilizados, o assistente social necessita conhecer não apenas o funcionamento da instituição e a unidade em que trabalha, mas a lógica e as contradições do sistema de saúde, a dinâmica e a capacidade de atendimento das instituições públicas e privadas que se apresentam como meio de viabilizar o atendimento das necessidades da população e que extrapolam a capacidade de atendimento exclusivo das instituições de saúde. Segundo Costa (ibidem, p.62),

> pode-se afirmar que o assistente social se insere, no interior do processo de trabalho em saúde, como agente de interação ou como *um elo orgânico* entre os diversos níveis do SUS e entre este e as demais políticas sociais setoriais, o que nos leva a concluir que o seu principal produto parece ser assegurar – pelos caminhos os mais tortuosos – a integralidade das ações.

A *objetivação* do trabalho do assistente social na área da saúde, prestação de serviços, é composta por uma diversidade e volume de tarefas que cobram constantemente a capacidade do profissional para confrontar com as demandas mais heterogêneas possíveis. As contradições e as tensões do trabalho do assistente social cobram uma ampliação e redimensionamento das atividades, acentuando o aprimoramento das qualificações técnicas e políticas.

Para Costa (2000, p.67), o exame das atividades dos assistentes sociais permitiu identificar que a imprevisibilidade dos resultados e a fluidez de sua intervenção não decorrem da natureza "indefinida" do Serviço Social, mas têm origem nas próprias características do trabalho em saúde, cujos objetos das práticas são sempre "as ações concretas" em suas múltiplas expressões. Nessas situações, estão incluídos fatores que vão desde a imprevisibilidade da cura de algumas doenças até o não cumprimento de ações terapêuticas, passando pela impossibilidade material de aquisição de medicamentos, ou mesmo impedimentos de ordem psicológica, emocional, social entre outras.

Em suas considerações sobre o trabalho do assistente social no contexto dos serviços públicos de saúde em Natal (RN), a autora discorda do discurso profissional sobre a desqualificação da profissão na área da saúde e entende que a efetiva subordinação da profissão se dá em razão dos objetos prioritários de sua intervenção, decorrentes da precariedade do sistema para atender às necessidades dos usuários. Costa (ibidem, p.71) enfatiza que "a luta pela superação do modelo médico hegemônico é condição essencial para a reconstrução dos processos de trabalho em Saúde, em meio aos quais se incluem os assistentes sociais".

O último artigo desse eixo temático é de Maria Holanda (2002) e retoma o polêmico debate sobre trabalho e Serviço Social. A autora, a partir de estudos referendados em Marx e Lukács, problematiza certos elementos acerca da temática "processo de trabalho e Serviço Social". Por isso, deixamos o artigo para ser apresentado por último, pois ele contribui para levantar o debate sobre a identificação entre trabalho e Serviço Social e, por conseguinte, entra em discordância teórica com os demais autores do eixo temático.

A autora desenvolve uma interessante discussão sobre as conexões entre teleologia e causalidade esforçando-se em apresentar a captura da essencialidade do trabalho como protoforma da práxis social. Marx e Lukács, ao analisar a sociabilidade em suas determinações e concretude, conferem ao trabalho um lugar central cuja função primordial é mediar o intercâmbio do homem com a natureza. Para Holanda (2002, p.7), a diferenciação ontológica entre o homem e os outros animais é "o *pôr teleológico* como momento exclusivo do trabalho, aquele em que o homem, na sua relação com a natureza, constrói idealmente na consciência determinado projeto antes de concretizá-lo na prática". Esse movimento resulta em um produto final que já existia idealmente na cabeça do trabalhador, impossível de acontecer no mundo animal pelo simples fato de que a consciência aqui é portadora de determinações que vão além daquelas puramente biológicas.

A autora procura demonstrar o papel da teleologia e seus nexos causais postos em movimento na *objetivação*, no processo de trabalho. No interior do processo de trabalho, há uma relação orgânica entre teleologia e causalidade, pois uma finalidade pensada só consegue se realizar materialmente no confronto com a natureza. Isso implica que, para atingir uma finalidade, a busca dos meios é essencial para conhecer o sistema causal, e, especialmente, interagir com ele. "Nesse sentido, um projeto ideal se realiza materialmente, uma finalidade pensada transforma a realidade material, insere na realidade algo de material que, no confronto com a natureza, apresenta algo de qualitativamente e radicalmente novo" (Lukács apud Holanda, ibidem, p.9-10). Segundo Holanda (ibidem, p.10), é nisso que consiste, para Marx e Lukács, a essência do trabalho. Nenhuma outra categoria pertencente aos seres – orgânico e inorgânico – seria capaz de originar o novo, já que a realidade natural opera independente daquilo que o homem possa pensar ou aspirar. Somente o pensamento humano, por meio do trabalho, é capaz de reorganizar as propriedades inerentes ao ser da natureza, em condições totalmente novas, de modo a conferir-lhe uma objetividade distinta daquela até então existente, sem que esse processo seja determinado de forma biológica.

Depois de pontuado o lugar da teleologia primária no processo de trabalho, a autora esforça-se para afirmar que a práxis social não pode ser reduzida ao trabalho, por mais que toda práxis social tenha sua forma originária no trabalho. Surge, portanto, a necessidade de discutir a teleologia secundária.

Sabemos que a teleologia primária é a mais originária em que o homem põe em movimento no confronto com a natureza ao transformá-la, enquanto a teleologia secundária põe em movimento as séries casuais que tencionam as relações sociais, ou seja, realiza-se no processo de reprodução social. Observe nas palavras de Holanda (2002, p.13):

> paralelamente à relação homem-natureza, desenvolvem-se outras relações entre seres sociais que, apesar de fundadas em posições teleológicas e nas séries causais que estas põem em movimento, seu objeto não recai sobre a natureza, mas sobre a consciência de outros homens. De modo que, quando o conteúdo essencial do fim teleológico é a realização de outras posições teleológicas, e não mais uma atuação sobre a natureza, estamos diante das posições teleológicas secundárias, que, por sua vez, guardam certa distância daquelas posições a que Lukács chama de primárias (dirigidas à produção de valores de uso), uma vez que se realizam não no âmbito da produção material, mas na reprodução social.

As duas posições são teleológicas, a primária tem como objeto um elemento da natureza e a secundária age sobre as condutas humanas, com objetivos de tencionar a consciência humana e impulsionar ações. Isso explica por que toda práxis social é derivada do trabalho, mas não podemos confundir e reduzir toda práxis social a trabalho. As diferenças entre teleologia primária e secundária têm papel central no artigo de Holanda (ibidem), pois ela discute a relação entre processo de trabalho e Serviço Social e toma por base o fato de que, no processo de produção e reprodução das relações sociais, há uma íntima relação, embora não exista identidade entre Serviço Social e trabalho. Com essa afirmação, podemos perceber a discordância entre os artigos dos demais autores deste eixo temático.

Holanda (ibidem, p.20) argumenta que, diferentemente das demais práxis humanas originadas das posições teleológicas secundárias, o trabalho, por ser originário da teleologia primária, é a categoria *fundante*, por ser a única práxis social que se dirige aos nexos causais próprios do desenvolvimento do ser natural. Portanto, não há nenhuma identidade possível entre trabalho e outras práxis sociais; "a função de transformar a natureza nos bens materiais necessários à reprodução humana é exclusividade do trabalho. Este é portador de caráter universal independente do estágio de desenvolvimento das forças produtivas e das relações de produção em que se encontre determinada sociedade".

Os "problemas", em relação à identificação entre Serviço Social e trabalho, se elevam nas afirmações da autora. Descreveremos a seguir as principais colocações de Holanda (ibidem, p.20-1) sobre a questão:

sendo o trabalho a única categoria no mundo dos homens que tem a peculiaridade de fundar os demais complexos sociais que compõem a totalidade social, qualquer outro complexo constitutivo dessa esfera do ser será sempre – mesmo com todas as transformações ocorridas no mundo do trabalho – um complexo fundado, jamais fundante. Essa afirmativa vale tanto para o Serviço Social quanto para qualquer outro complexo da sociabilidade humana.

Ora, ao se identificar a ação do assistente social a trabalho (posição que parece dominante no interior da profissão), elimina-se a diferenciação ontológica entre esta categoria e das demais práxis sociais e, com ela, o estatuto de centralidade do trabalho postulado por Marx e Lukács. [...] a inserção do Serviço Social no contexto da divisão social do trabalho como uma das especializações requisitadas pelo desenvolvimento do capital não parece ser argumento suficiente para afirmar ser o Serviço Social trabalho. Parece haver aqui certa imprecisão teórica, pois, se tomarmos isto como verdadeiro anularemos a concepção marxiana de ser o trabalho a categoria fundante do mundo dos homens, onde os demais complexos da sociabilidade se põem, de maneira crescentemente mediada, como fundantes por esta forma originária. [...] consideramos extremamente complicado afirmar que a ação profissional é trabalho. Pois uma coisa é entender o Serviço Social no contexto da reprodução da vida social como uma profissão inserida na divisão social do trabalho; outra bem distinta é concebê-la como "processo de trabalho" ou como "trabalho". O que não faz qualquer diferença, já que o caráter processual é imanente a todo complexo existente no mundo dos homens.

Destacamos tais passagens do texto de Holanda (2002), por considerar serem os pontos nodais que fazem o embate direto com as colocações dos autores anteriormente citados sobre as concepções do "processo de trabalho e Serviço Social", apresentados no eixo temático.

Holanda (ibidem) esforça-se para afirmar ao longo do artigo a não existência de qualquer relação entre Serviço Social e trabalho, pois ao trabalho cabe a função social de categoria *fundante* dos demais complexos sociais; portanto, as funções exercidas pelo assistente social em sua ação profissional não elimina a condição de complexo social mediadamente *fundado* pelo trabalho. Para a autora, considerar trabalho (em sentido ontológico) e Serviço Social como categorias idênticas compromete a *centralidade do trabalho*, especialmente quando o trabalho é igualado às demais práxis humanas.

Cremos que a argumentação da autora torna-se pertinente quando é retomado o trabalho na acepção marxiana: o trabalho "é indispensável à existência do homem – quaisquer que sejam as formas de sociedade –, é necessidade natural e eterna de efetivar o intercâmbio material entre o homem e a natureza e, portanto, de manter a vida humana" (Marx, 2002a, p.64). Observando a afirmação de Marx, compreendemos que o trabalho é a categoria fundante de todas as organizações sociais, sejam elas capitalistas, feudais, socialistas, e as mudanças nos processos de produção como as ocorridas na "reestruturação produtiva" não nos dão condições de alargar a concepção de trabalho como fundamento ontológico da vida social, mas também não devemos esquecer que as mudanças nas organizações e nos processos de produção tencionaram mutações significativas ficando difícil assegurar que o trabalho no setor de serviços pouco significa na valorização do capital, especialmente pelas relações da "produção socialmente combinada" e a dificuldade de conceber o trabalho improdutivo que não seja solapado pela valorização do capital.

Os artigos do eixo temático *processo de trabalho e Serviço Social*, por conterem uma das principais polêmicas sobre a temática trabalho no debate do Serviço Social, deixam em aberto várias questões que, pela limitação[10] do material analisado e os objetivos do livro, fogem ao nosso alcance no momento. Mesmo assim, devemos alertar sobre a importância do debate sobre processo de trabalho e Serviço Social nos últimos anos no meio profissional, especialmente com as controvérsias em torno das colocações de Iamamoto e Lessa.

O debate principal sobre Lessa e Iamamoto recai sobre a polêmica de o Serviço Social ser trabalho ou não. De forma sintética e sem pretensão de levar à linha de força tal discussão, compreendemos que os embates teóricos se situam na afirmação de Iamamoto sobre o Serviço Social ser trabalho em razão de estar na esfera de valorização do capital e, portanto, é analisado como trabalho na reestruturação produtiva, sendo situado no setor de serviços. Os assistentes sociais, em muitos casos, estão inseridos no trabalho

---

10 A limitação diz respeito aos poucos trabalhos sobre a temática nas revistas pesquisadas e os principais autores – Iamamoto e Lessa – que articulam tal debate não foram analisados, por motivo de não terem artigos publicados nas revistas pesquisadas.

coletivo, por exemplo, nas organizações empresariais. Para Lessa, o Serviço Social não é trabalho se for tomada a concepção marxiana de trabalho como estatuto ontológico em que o trabalho se afirma como categoria fundante da existência humana e do metabolismo entre homem e natureza. [11]

Centralidade do trabalho

Neste eixo temático, podemos incluir vários ou quase todos os artigos analisados neste estudo, mas pela diversidade dos temas de estudo, preferimos distribuir as temáticas por assuntos específicos. Os cinco artigos que classificamos neste eixo temático têm como principal objeto de estudo a *centralidade do trabalho*. O Quadro 15 apresenta as particularidades dos textos, que representam 6,32% da produção teórica analisada.

Quadro 15 – Eixo temático – Centralidade do trabalho

Autor	Área de graduação do autor	Título do artigo	Caráter do artigo	Revista
Ricardo Antunes	Administração Pública	Dimensões da crise e as metamorfoses do mundo do trabalho.	Ensaio teórico	*Serviço Social e Sociedade*, n.50, 1996.
Sergio Lessa	Filosofia / Serviço Social	A centralidade ontológica do trabalho em Lukács	Ensaio teórico	*Serviço Social e Sociedade*, n.52, 1996
Josef Nicolas Kaufmann	Filosofia / Psicologia	Turbulências no mundo do trabalho. Quais são as perspectivas?	Ensaio teórico	*Serviço Social e Sociedade*, n.69, 2002.
Ricardo Antunes	Administração Pública	O desenho multifacetado hoje e sua nova morfologia	Ensaio teórico	*Serviço Social e Sociedade*, n.69, 2002.
Giuseppe Cocco	Ciências Políticas	Neoliberalismo, sociedade civil e a nova centralidade do trabalho	Ensaio teórico	*Praia Vermelha*, n.2, 1999

---

11 Essa discussão é, a nosso ver, uma das principais controvérsias sobre trabalho e Serviço Social, especialmente após o lançamento dos recentes livros dos autores. Em relação ao debate Serviço Social e trabalho, consultar Lessa (2007, p.86-104) e Iamamoto (2007, p.335-430). Abdicamos de fazer tal debate neste livro por compreender que foge aos objetivos iniciais da pesquisa definidos em 2005.

O debate sobre a *centralidade do trabalho* teve as mais heterogêneas abordagens no âmbito das ciências sociais e humanas nos últimos tempos. A crise na produção material iniciada nos anos 1960/1970 deixou muitos estudiosos dúbios quanto aos enunciados de Marx sobre o trabalho como categoria *fundante* da sociabilidade. Os artigos deste eixo temático, cada um a sua maneira, apresentam interessantes contribuições que asseguram a *centralidade do trabalho*.

Os artigos do pesquisador Ricardo Antunes[12] (1996; 2002) abordam a *centralidade do trabalho* no conjunto das transformações do mundo do trabalho. No primeiro ensaio teórico, são destacadas as crises nos anos 1980 nos países de capitalismo avançado. O autor afirma que a década de 1980 caracterizou o momento mais crítico na história do mundo do trabalho, com uma dupla crise: uma que atingiu a materialidade, a *objetividade da classe trabalhadora*, acarretando metamorfoses agudas no processo de trabalho, e a outra como resultante e simultânea da primeira que alcançou o plano da *subjetividade do trabalho*.

Para o autor, a primeira crise que atingiu a *materialidade do trabalho* ocorreu especialmente com o avanço tecnológico, a revolução técnica da segunda metade do século XX, como a automação, a robótica, a microeletrônica e as novas formas de organização da produção como a terceirização, o que provocou mudanças substantivas na esfera produtiva. A segunda crise como resultante da primeira atingiu a *subjetividade da classe trabalhadora*, sua consciência de classe, *consciência de constituir-se como ser que vive do trabalho*. As mudanças na base material repercutem na espiritualidade da classe trabalhadora que, no final do século XX e início do XXI, apresenta-se *complexificada, heterogeneizada e fragmentada* e é cobrado, portanto, maior esforço das lutas sociais do trabalho no confronto com o capital.

A intensificação da precarização do trabalho e os abalos nas estruturas clássicas de organização políticas dos trabalhadores desafiam a possibilidade da *revolução do trabalho*. Diante desse contexto que se instala como crise do

---

12 Ricardo Antunes exerceu forte influência teórica no Serviço Social, inúmeras pesquisas de assistentes sociais recorrem frequentemente a suas interpretações e contribuições no debate sobre o mundo do trabalho. De ampla bibliografia do autor, os livros de maior repercussão no Serviço Social são: *Adeus ao trabalho? Ensaio sobre as metamorfoses e a centralidade do mundo do trabalho* (1995); *Os sentidos do trabalho – Ensaio sobre a afirmação e a negação do trabalho* (1999).

trabalho abstrato e sob um olhar atento à realidade social, não há ofensiva para a *centralidade do trabalho*. O autor destaca que o *estranhamento* está presente em todas as manifestações da vida social e isso coloca "novamente que a alternativa para a luta contra esse estranhamento encontra o sujeito capaz de efetivá-la na classe trabalhadora, ainda que mais fragmentada, heterogeneizada e complexificada" (Antunes, 1996, p.86). Sinteticamente, podemos dizer que há uma crise do *trabalho abstrato*, produtor de *valor-de--troca* e jamais uma superação do *trabalho concreto*, produtor de *valor-de-uso*, meio necessário e indispensável para sobrevivência do homem.

No segundo artigo – "O desenho multifacetado do trabalho hoje e sua nova morfologia" – o autor indica de modo sintético a nova morfologia que emerge a partir do universo multifacetado do trabalho e suas múltiplas potencialidades. Essa nova morfologia deve ser entendida a partir do (novo) caráter multifacetado do trabalho, que traz em seu bojo as manifestações de movimentos sociais nessa virada de século, exemplos das "novas formas de confrontação social em curso contra a lógica destrutiva que preside a (des)sociabilidade contemporânea" (Antunes, 2002, p.108).

Para Antunes (ibidem), a classe trabalhadora hodierna é composta pela totalidade dos assalariados, homens e mulheres que vivem de venda da sua força de trabalho e que são despossuídos dos meios de produção, não tendo alternativas de sobrevivência senão submeter-se ao regime do salariato. A classe trabalhadora denominada pelo autor por *classe-que-vive-do-trabalho* encontra seu núcleo central no conjunto dos trabalhadores produtivos.

> Esse núcleo central, dado pela totalidade dos trabalhadores produtivos, compreende aqueles que produzem diretamente mais-valia e que participam também diretamente do processo de valorização do capital, através da interação entre trabalho morto e trabalho vivo, entre trabalho e maquinário científico--tecnológico. Ele se constitui no pólo central da classe trabalhadora. (ibidem, p.6)

A contribuição significativa de Ricardo Antunes para o Serviço Social, que extrapola os artigos analisados neste estudo, é ter elucidado – mediante diálogos críticos com autores como Offe, Habermas, Gorz – questões centrais para o entendimento do mundo do trabalho contemporâneo, como a compreensão de que a classe trabalhadora hoje incorpora também o conjunto dos *trabalhadores improdutivos*, cujas formas de trabalho são executadas por meio da realização de *serviços*, seja para *uso* público ou para *uso* privado, não se constituindo, necessariamente, como elemento direto no processo de valorização do capital e de criação de mais-valia. Emerge, portanto, uma concepção contemporânea da classe trabalhadora que incorpora a totalidade dos trabalhadores assalariados.

O segundo artigo de Antunes (2002), em especial, trata da nova concepção da classe trabalhadora. O autor retoma a discussão sobre a *centralidade do trabalho* para justificar sua potência revolucionária e os movimentos sociais da contemporaneidade que podem emergir como forças políticas mundializadas caracterizando a *nova morfologia* a partir das mudanças na esfera produtiva.

Para Antunes (1996; 2002), a classe trabalhadora contemporânea está mais *fragmentada, heterogeneizada e complexificada* o que configura uma (nova) morfologia da classe. Em contrapartida, está distante do "fim do trabalho" e é nesse *novo mundo multifacetado do trabalho*, com sua nova morfologia, que poderemos encontrar os agentes centrais dos novos embates sociais e das lutas sociais da contemporaneidade. O autor enfatiza que se trata de um:

> empreendimento societal – a revolução *do, no* e *pelo* trabalho – mais difícil na atualidade, mas não impossível, sendo que para atingir esse objetivo é imprescindível resgatar o sentido de pertencimento de classe que a *(des)socialização do capital* com suas formas de dominação procuram a todo instante obscurecer. (Antunes, 2002, p.109)

Josef Nicolas Kaufmann (2002), em seu ensaio teórico, objetivou "conceituar o trabalho", questionar a ética do trabalho, a crise contemporânea do trabalho e ousou direcionar perspectivas para o atual cenário de crises.

Após mostrar a trajetória da concepção de trabalho em Hegel, Malinowski, Aristóteles, Locke, Weber e Marx, o autor considera o trabalho, em sua forma dominante na contemporaneidade, como trabalho assalariado resultante da construção social e conjuntura histórica herdeira de uma ética do trabalho, na qual se cruzam a doutrina do direito de John Locke, a teoria econômica clássica do valor-trabalho e a ética protestante. O trabalho é identificado como fator estruturante da existência do homem, determina sua forma de sobrevivência, o estatuto social e a autoestima do trabalhador.

De acordo com dados apresentados por Kaufmann (ibidem, p.41), o mundo do trabalho contemporâneo comporta 25% da força de trabalho assalariada no núcleo central, que são os trabalhadores privilegiados que ocupam postos altamente qualificados; em seguida, 25% que são trabalhadores periféricos, subcontratados facilmente substituíveis que dispõem de salários inferiores e as condições de trabalho são precárias. Restam os 50% da população ativa assalariada que é constituída de trabalhadores periféricos e temporários em condições depreciativas. Essa conjuntura do trabalho, segundo o autor, é resultado da "tecnologização e da globalização" que aceleraram a valorização do capital e a redução do valor da duração do trabalho. No início do século XX, tal redução foi de 80 a 60 horas semanais. "Em pouco tempo passará de 1600 a 1000 horas anuais, quer dizer, a 25 horas semanais, uma redução de 40% prevista para um futuro próximo". Nos anos 1990, a produtividade em âmbito mundial dobrou, mas não por causa da contribuição do trabalho vivo.

Kaufmann (2002, p.42-6) analisa as propostas de reorganização do mundo do trabalho elaboradas por vários estudiosos — Méda, Schor, Juliet — e faz críticas em relação às possibilidades reais das suposições. Segundo Kaufmann (ibidem, p.46), os autores requerem quatro tipos de atividades para manutenção e reprodução da sociedade. As atividades que os indivíduos deveriam realizar são: a) as atividades produtivas; b) as atividades familiares; c) as atividades políticas; d) as atividades culturais. Nega-se a ideia de que a vida seja somente trabalho e que os indivíduos devem viver somente para trabalhar. Trata-se de revalorizar outras atividades para uma vida harmoniosa.

Essas atividades em seu conjunto são concebidas sob a óptica de uma revalorização das atividades não produtivas e não mercantilizadas, o que mostra uma concepção bem distante das condições sociais e reais da *mundialização do capital*, do desemprego e da *precarização estrutural do trabalho*.

Revalorizar a vida por outras atividades seria ótimo, se o trabalho não fosse transformado em força de trabalho assalariada e na principal mercadoria do sistema capitalista, ou seja, aquela mercadoria que gera o sobrevalor, o valor excedente, a mais-valia e que, no movimento da *acumulação flexível*, a força de trabalho sofreu, sobremaneira, com as inovações tecnológicas e organizacionais.

Kaufmann (ibidem, p.51) afirma que as saídas dos autores citados não apresentam perspectivas satisfatórias para a crise do mundo do trabalho.

Para ele, de forma sintética, três são as direções das reivindicações do trabalho: a) subtrair o trabalho da flexibilização, de forma a manter uma estabilidade; b) admitir que o modelo tecnológico de produção não oferece as condições para o reconhecimento da autoestima do trabalhador, que deve ser submetido a reformas profundas quanto à organização do trabalho, a começar pela instauração da democracia na empresa; c) reduzir o tempo de trabalho, que não deve ser acompanhado pela perda do salário, mas deve permitir liberar os indivíduos para outras atividades que favoreçam a autoestima e o reconhecimento mútuo.

Giuseppe Cocco (1999, p.9-11), em seu texto, analisa as transformações dos processos de trabalho, na crise do *fordismo*. Para o autor, no final dos anos 1960, os conflitos sobre a distribuição dos ganhos de produtividade se tornaram mais agudos e geraram a crise do *fordismo*, nos anos 1970. Tal crise é decorrente do esgotamento da capacidade de "reconduzir o conflito entre operários e capital, no seio do processo de crescimento do capitalismo". Paradoxalmente, essa crise deflagrou dois momentos: o primeiro, de máximo desenvolvimento dos compromissos socioinstitucionais entre partidos e sindicatos operários; o segundo, de compromissos dos partidos interclassistas que representam os interesses da grande burguesia industrial.

Na argumentação de Cocco (ibidem), percebemos que, diante da crise da relação salarial fordista desencadeada pela reestruturação produtiva, há dois níveis diferentes de flexibilização da rigidez taylorista-fordista, ou seja, a flexibilização da relação salarial e a flexibilização do próprio sistema industrial. A automação tenta substituir os trabalhadores nos processos de trabalho. Nos locais em que a tecnologia não pode substituir os trabalhadores, ocorre a terceirização (descentralização) com o surgimento das pequenas empresas.

Diante da crise do fordismo e das formas de regulação salarial, emergem as discussões a respeito dos "paradigmas" do pós-fordismo, que tendem a identificar a crise do emprego com a "crise do trabalho". Na perspectiva de Cocco (ibidem, p.16), essas concepções sobre o mundo do trabalho surgem como efeitos de "uma miopia analítica" que impede de enxergar na crise da relação salarial formal, a ampliação e a difusão social da relação de trabalho. "As múltiplas formas – fragmentação, flexibilização, terceirização – do processo de *désalarisation* não podem esconder a amplificação social sem precedente da relação de trabalho". Para o autor, a chamada "crise do trabalho" só aparece como a mistificação da nova *centralidade do trabalho* vivo. "Atrás do aparente desaparecimento da relação de trabalho, estão os próprios dualismos emprego-desemprego, tempo de trabalho tempo de lazer, que tem que ser questionados." Em relação à *mundialização do capital* ("globalização"), o autor afirma que não se reduz a um mero processo linear de "indeferenciação" espacial. As dinâmicas de produção e circulação, produção e reprodução, estão cada vez mais integradas e rearticulam as dimensões espaciais em processos de "desterritorialização" e, ao mesmo tempo, de "reterritorialização".

Ao longo do artigo, o autor apresenta as abordagens – "neo-industriais" e "pós-modernas" – sobre a "crise do trabalho", e estas apontam as transformações fundamentais, em particular do novo papel da esfera pública no modo de produção "pós-fordista", mas recusam as correlações entre o "político" e o "econômico", não conseguindo, portanto, entender os processos de reorganização do trabalho, nem a centralidade desse na reconstituição da possível sociedade civil. As "novas concepções recusam formalmente o liberalismo e acabam presas nas teorizações 'pós-modernas' sobre o 'fim do trabalho' e do conflito. Desta maneira, há uma legitimação de uma nova autonomia da esfera do político, um novo tipo (diferença do neoliberal, mas efetivo) de oposição entre liberdade e igualdade" (Cocco, 1999, p.27).

Para Cocco (ibidem, p.29-30), as abordagens "neo-industriais" e as "pós-modernas" dos "pós-fordismo" não enxergam que, mesmo com as transformações ocorridas, o trabalho se encontra no "coração dos processos de valorização e contradição capital-trabalho" e ainda é fundamental na definição dos conflitos sociais. "Longe de se reduzir (ou de desaparecer) até o ponto de poder ser 'abandonada' a uma esfera econômica limitada, o trabalho não pára de se expandir para a sociedade inteira, para a própria esfera da vida." A produção engloba o "mundo da vida" e a razão instrumental encontra-se, cada vez mais, sobredeterminada pelas redes de "cooperação social produtiva". O trabalho isolado do operário taylorista é substituído por um "trabalho comunicado", com qualificação, competência e integra as atividades intelectuais e culturais das forças de trabalho. Ao mesmo tempo, a fábrica não funciona mais como elo de reestruturação social e territorial. "Ao contrário, as relações sociais (logo, o espaço público) e suas dimensões espaciais se tornam as condições de operação da fábrica. A centralidade do espaço público e da construção da cidadania é, antes de mais nada, uma centralidade produtiva" (ibidem). Os emergentes movimentos sociais fazem da dimensão produtiva a esfera do político o elemento fundamental da luta.

O artigo de Cocco (ibidem) oferece um emaranhado de afirmações que, pela limitação do caráter do texto, fica difícil de visualizar todas as questões levantadas, mas o autor acredita, no conjunto do debate sobre a "nova centralidade do trabalho", que um novo espaço está indicado com as "retorritorializações" das grandes manifestações de massa, bem como nas ressocializações dos espaços metropolitanos. Espaço que não aceita nenhuma autonomia, seja do espaço político ou da esfera econômico, mas sua integralização nos processos de trabalho e da sociedade civil.

O artigo de Sérgio Lessa (1996, p.9) fecha o eixo temático com uma discussão introdutória sobre a *centralidade do trabalho* no pensamento de Lukács. Segundo o autor, "o único pressuposto da ontologia lukacsiana é retirada diretamente de Marx: os homens apenas podem viver se efetivarem uma contínua transformação da natureza".

O autor realiza importante estudo sobre a obra *Ontologia do ser social* de Lukács e rastreia as categoriais essenciais para a explicação do trabalho como categoria *fundante* da sociabilidade. Destacamos, para exemplo, a importante afirmação:

> a transformação da natureza por meio da atividade mediadora entre homem e natureza, Lukács denomina trabalho e, diferentemente do que ocorre na esfera biológica, essa transformação da natureza é teologicamente posta; seu resultado final é previamente construído na subjetividade sob a forma de uma finalidade que orientará todas as ações que virão a seguir. Essa transformação teleologicamente posta da natureza, após Marx, Lukács denomina de trabalho. (Lessa, ibidem, p.10)

Observando a afirmação do autor, podemos compreender que todas as atividades humanas têm sua base originária no trabalho e toda ação humana é um ato pré-idealizado.

De acordo com o autor, na leitura marxiana-lukacsiana, o ser social é instituído por um complexo constituído por três categorias primordiais: a sociedade, a linguagem e o trabalho. Dessas três categorias, o trabalho é o momento predominante no desenvolvimento do mundo dos homens, pois, *no e pelo* trabalho é produzido o novo que impulsiona a humanidade a patamares sempre superiores de sociabilidade. Na compreensão do trabalho como categoria primordial, ainda há três momentos decisivos em seu interior: a *objetivação*, a *exteriorização* e a *alienação*.

Segundo Lessa (ibidem, p.10-2), a *objetivação* é o complexo de atos que transforma a prévia ideação, finalidade previamente construída na consciência, em um produto objetivo. Pela *objetivação*, o que era apenas uma ideia se consubstancia em um novo objeto, anteriormente inexistente, o qual possui uma história própria. Melhor dizendo, a *objetivação* é a mediação que articula a teleologia que se funda na causalidade e constitui o complexo unitário do trabalho, ou seja, consciência e ato, dois momentos unitários de uma mesma ação. Pela *objetivação*, o homem transforma a natureza e a si mesmo. Com isso, a produção do objeto não é apenas o processo de *objetivação*, não é apenas uma transformação da realidade, mas é também a *exteriorização* de um sujeito. Cada uma das transformações do real se dá a partir do nível de desenvolvimento já alcançado pela individualidade em questão – desenvolvimento da individualidade que é sempre historicamente determinada. Por isso, a *exteriorização* por meio da individualidade é também a *exteriorização* de um patamar específico de desenvolvimento social. O ser social, ao se *exteriorizar* por meio da *objetivação*, adquire novos conhecimentos – tanto da realidade exterior como de sua própria individualidade –, novas habilidades são descobertas e desenvolvidas, ou seja, "ao transformar o real, o sujeito também se transforma". Portanto, o "complexo objetivação-exteriorização é o solo genético do ser social enquanto uma esfera ontológica distinta da natureza".

O artigo de Lessa (1996) aborda de forma introdutória as nuances do processo de *objetivação* e *exteriorização*. Para o autor, o trabalho é o solo genético do "novo", que é incessantemente produzido na reprodução social. O enunciado "novo" é o fundamento ontológico último da tendência histórica de desenvolvimento do gênero humano a patamares sucessivamente superiores de sociabilidade. Ressalta, nesse momento, o processo de sociabilização que conduz a formas crescentemente complexas de sociabilidade e de individualidade, já que a reprodução material da vida social é, cada vez mais, mediada socialmente. O caráter de complexo de complexos do ser social se explicita à medida que novas demandas dão origem a novos complexos sociais, os quais mantêm uma complexa relação de determinação reflexiva com a totalidade da formação social à qual pertencem. "Correspondendo a todo esse processo, refletindo e favorecendo o seu desenvolvimento, dá-se o desenvolvimento da linguagem." Mas, no interior do complexo de complexos que é a totalidade social, cabe ao trabalho o momento predominante, pois é no trabalho que se dá o solo genético do "novo" que impulsiona a humanidade a patamares crescentes de sociabilidade (cf. ibidem, p.18-9).

O desenvolvimento sociogenérico, como destacamos nas afirmações anteriores, pode levar a humanidade a patamares superiores de sociabilidade, mas não devemos nos esquecer de que algumas mediações e complexos sociais podem travar e dificultar o desenvolvimento humano. "A religião e o capital [...] demonstram bem o que Lukács denomina por alienação: obstáculos socialmente postos ao desenvolvimento humano-genérico." Portanto, "conceber as alienações como produtos da história humana, como resultados da reprodução social, é decisivo para compreender a *Ontologia* de Lukács" (Lessa, 1996, p.21).

Na leitura do texto de Lessa (ibidem), percebemos a profundidade de resistência à ordem burguesa do pensamento do Lukács, o quanto tal intelecção de mundo é necessária na particularidade social em que vivemos, especialmente no momento presente da humanidade, momento esse que seus principais ideólogos imaginam que a sociedade burguesa, que se nutre da exploração do homem pelo homem, é o máximo de desenvolvimento humano-genérico já alcançado. Como bem expressa o autor, é contra esse conjunto de concepções burguesas – "fim da história", "fim do trabalho" – tão difundidos em nossos dias que se levanta a *Ontologia* de Lukács: ela é uma defesa teórica dos ideais emancipatórios de Marx. Ela é a "demonstração filosófica de que os homens não são essencialmente burgueses – pela simples razão de que não há uma essência humana a-histórica que não possa ser subvertida pelos atos humanos" (ibidem, p.22).

A discussão sobre a *centralidade do trabalho* tem, portanto, um "porto seguro" quando toma como ponto de partida intelecções de mundo com pensadores como Marx e Lukács, pois os modismos acadêmicos contemporâneos insistem em negar a atualidade desses autores que, a nosso ver, oferecem elementos primordiais para entendermos a controvertida "crise do trabalho", "fim da história", "crise de paradigmas", fazendo oposição fundamentada e radical contra as teorias "pós-modernas" que persistem em defender a sociedade burguesa com suas análises efêmeras e factuais do *mundo social*.

Os artigos analisados deste eixo temático trouxeram, cada um a sua maneira, contribuições para o debate sobre a *centralidade do trabalho*. Os textos abordaram as transformações ocorridas na esfera produtiva e apresentaram, de forma introdutória, uma crítica às concepções "pós-modernas" que afirmam o "fim do trabalho". Ganham destaque os textos de Antunes e Lessa que, com suas particularidades, assinalam significativas contribuições sobre o entendimento do trabalho como categoria *fundante* da sociabilidade e, a partir da compreensão desse fundamento, abrem-se horizontes para desmistificar o legado do *capital permanente universal* e, consequentemente, nos oferecem elementos para desenvolver a crítica sobre a afirmação fantasiosa da sociedade burguesa como estágio mais evoluído e eterno da humanidade.

Trabalho e qualidade de vida

Trabalho e qualidade de vida é a temática que responde por quatro artigos e representa 5,05% da produção teórica estudada. As discussões sobre qualidade de vida e trabalho centram-se nas disciplinas responsáveis pela gestão e estratégias "sociais" do capital, ou seja, são mecanismos que objetivam oferecer uma forma humanizada de exploração da força de trabalho, se é que podemos falar que existe humanidade na gestão do trabalho submetido ao capital. O Quadro 16 apresenta as particularidades dos artigos.

Quadro 16 – Eixo temático – Trabalho e qualidade de vida

Autor	Área de graduação do autor	Título do artigo	Caráter do artigo	Revista
Cleonice Silveira da Rocha	Serviço Social	Qualidade de vida no trabalho e ergonomia: conceitos e práticas complementares	Ensaio teórico	*Serviço Social e Sociedade*, n.69, 2002
Rosângela Fritsch	Serviço Social			
Marta Alves Santos	Serviço Social	A reestruturação produtiva e seus impactos na saúde do trabalhador	Ensaio teórico	*Serviço Social e Sociedade*, n.82, 2005
Iris Fenner Bertani	Serviço Social	O trabalho assalariado e os processos de qualidade total	Ensaio teórico	*Serviço Social e Realidade*, n.10 (2), 2001
Marielys Siqueira Bueno	Pedagogia	Lazer e trabalho	Ensaio teórico	*Serviço Social e Realidade*, n.5 (1), 1996

Falar em qualidade de vida no trabalho na sociedade burguesa é uma tarefa, no mínimo, muito difícil para manter a coerência das análises, pois, no modo de produção capitalista, o instrumento de trabalho utiliza-se do trabalhador e não o trabalhador usufrui do instrumento de trabalho.[13]

Rocha e Fritsch (2002) afirmam que a preocupação com a qualidade de vida e o ambiente saudável no trabalho configura-se como condição de sobrevivência e garantia da competência organizacional. A qualidade de vida e a ergonomia são campos teóricos complementares que devem ser conhecidos e apropriados pelo Serviço Social. As autoras objetivam levantar algumas reflexões gerais sobre a temática.

Os primeiros estudos sobre qualidade de vida no trabalho teve início com a teoria das relações humanas em 1932, a partir das pesquisas de Elton Mayo e, posteriormente, com a teoria comportamental em 1957, com os trabalhos de Maslow, Herzberg e McGregor. A compreensão do comportamento organizacional fundamenta-se no comportamento individual das pessoas, tornando-se necessário o estudo da motivação humana. A partir desses pressupostos, iniciam-se os estudos e olhares sobre um modelo que agrupasse indivíduo/trabalho/organização, chamado de Qualidade de Vida no Trabalho (QVT). A expectativa era de que as organizações pudessem aumentar sua produtividade sem esquecer a motivação e a satisfação das pessoas (cf. ibidem, p.55-6).

As autoras apresentam vários conceitos sobre qualidade de vida no trabalho, mas de forma geral podemos dizer que a QVT baseia-se na premissa de oportunizar a melhoria na qualidade de vida das pessoas, abrangendo todos os aspectos desse viver: o pessoal, o trabalho, a família, o grupo social e o ambiente. A QVT não pode ser isolada e relacionada apenas ao trabalho, pois os dois contextos – dentro e fora do trabalho – influenciam-se mutuamente. Entre os fatores que influenciam a QVT, destacam-se: os ambientais – poluição, temperatura, ruído, iluminação –; os sociopolíticos, econômicos e culturais – violência, custo de vida, vida social –; os situacionais – tecnologia, ambiente de trabalho, relações interpessoais,

---

13 A sociedade capitalista oculta as relações sociais de produção e as "fórmulas que pertencem, claramente, a uma formação em que o processo de produção domina o homem, e não o homem o processo de produção, são consideradas pela consciência burguesa uma necessidade tão natural quanto o próprio trabalho produtivo" (Marx, 2002a, p.102).

gestão de pessoas –; os psicossociais – necessidades, expectativas, valores, vida pessoal –; os comportamentais – necessidades das pessoas, motivação e satisfação.

Na abordagem sobre QVT, Rocha e Fritsch (ibidem, p.60-6) destaca a ergonomia como ciência que estuda o homem e seu ambiente de trabalho e busca compreender a "aplicação da tecnologia da interface humano-sistema ao projeto ou intervenções com o objetivo de aumentar a segurança, o conforto e a eficiência do sistema e da qualidade de vida das pessoas". Para as autoras, a ergonomia torna-se um ícone muito importante ao analisar e sistematizar os conhecimentos sobre o trabalho e seus efeitos sobre o trabalhador. É em razão disso que a ergonomia vem se destacando por sua metodologia e instrumentos de análise, teórica e prática, estudando a adequação dos produtos e ambiente de trabalho pelas pessoas. O conjunto desses conhecimentos é que possibilita a relação saudável e eficaz com o trabalho.

Os programas de qualidade de vida no trabalho, incluindo a ergonomia, atingem números reduzidos de trabalhadores, os quais trabalham em empresas de médio e grande porte. Dificilmente, a nosso ver, os programas têm objetivos *sociais*. Prevalecem, sobretudo, ações que oferecem preocupações pontuais com a vida do trabalhador, pois ele deve estar tranquilo para dar o melhor de si e com isso aumentar a produtividade. As empresas não querem se preocupar com licenças e aposentadorias prematuras provocadas pelo estresse no trabalho e outros reflexos do *trabalho estranhado*. Por essa questão, desenvolvem tais programas que, em sua maioria, funcionam como mais uma das formas de captura da subjetividade do trabalhador.

Iris Bertani (2001, p.47) faz uma importante problematização da qualidade de vida e dos processos de qualidade total e destaca que a apropriação pelo capital das novas formas de relações de trabalho "sob a capa da felicidade sem distributividade" mantém a realidade desigual e concentradora de renda. A autora enfatiza que cabe ao trabalhador buscar as formas de garantir sua empregabilidade para enfrentar a competitividade diante das novas configurações do mundo do trabalho em que "as noções de qualidade são traduzidas para os trabalhadores não como a arte de bem viver, mas em mais produtividade e rapidez".

A autora apresenta um interessante texto com vários questionamentos sobre a qualidade de vida no trabalho. Segundo Bertani (ibidem, p.49):

Da apropriação, qualquer que seja, do conceito qualidade de vida, surgiu a extensão/separação de sua compreensão, referindo-se à qualidade de vida no trabalho, dividindo o indivisível, imaginando que seria possível usufruir de qualidade de vida em casa mas não no trabalho ou vice-versa. Como pode uma pessoa humilhada no trabalho, virar-se feliz para o lar? E fazer de seus familiares pessoas confiantes e seguras? Com certeza não se trata de um exercício dos mais fáceis. As teorias que se referem à saúde mental chamariam este de um comportamento esquizofrenizante, com todas as conseqüências que este traço de personalidade pode ocasionar.

Na verdade, com a *mundialização do capital* e o acirramento da competitividade entre as empresas, surge a obrigação, por motivos de sobrevivência no mercado, da instauração de critérios reconhecidos internacionalmente, voltados a um diferencial de mercado mediante a qualidade de processos, o que não se traduz necessariamente em melhoria da qualidade de vida do trabalhador; ao contrário, objetiva maior produtividade. A "questão da qualidade passa a restringir a noção de quantidades, ficando de fora valores, significados humanos e aspectos importantes da nossa cultura". A autora vai ainda mais longe para desmistificação da QVT e afirma que a gestão empresarial voltada para a qualidade de vida no trabalho busca contemplar um conjunto de padrões e indicadores necessários à organização e operacionalização de um sistema de certificação internacionalmente aceito e valorizado, como condição de visibilidade da empresa no mercado. Essas novas formas de gestão empresarial são complexas e implicam continuamente a reestruturação de habilidades da força de trabalho, buscando cada vez mais melhorar as condições de competitividade e lucratividade mediante a qualidade dos produtos e serviços (Bertani, 2001, p.52-6).

Os programas de qualidade de vida desenvolvidos pelas empresas normalmente incluem avaliações clínicas, recomendações de exercícios físicos, lazer e mudança de hábitos no trabalho. "Em todos os prismas da questão, um indicador ocupa o papel central: capacidade de desenvolver pessoas com uma arma competitiva essencial para a sobrevivência da organização e da reprodução do capital" (ibidem, p.57).

Na mesma perspectiva crítica, Marielys Bueno (1996) alarga o debate e discute a contradição entre trabalho e lazer na sociedade capitalista, o que, de certa forma, mostra o caráter limitado do discurso da qualidade de vida no trabalho, principalmente em relação a sua vida social fora das organizações da produção.

Para Bueno (ibidem, p.31), a realidade do lazer na sociedade capitalista revelou-se complexa e ambígua, pois além das relações sutis e profundas com todos os grandes problemas do trabalho *estranhado*, é preciso levar em consideração que, cada vez mais, o lazer está inserido na esfera do mercado. O lazer pressupõe uma atividade de gastar o "tempo livre", mas as condições e liberdades para isso se resumem à capacidade de consumo das pessoas. O lazer sob as suas diferentes formas tornou-se um empreendimento próspero. "Por todos os lados as imagens, os apelos nos solicitam constantemente – sobre os muros, nos jornais, nas publicidades – e nos incitam a todo tipo de 'paraíso'. Para muitos o lazer se reduz a um produto de consumo, sem nenhuma participação pessoal".

Infelizmente, o mercado sabotou o "tempo livre" do trabalhador para o consumo, e esse, não tendo condições de consumo, não usufrui nem mesmo do "lazer comprado" oferecido pelo capitalismo.[14] No entanto, na vida de muitos trabalhadores o lazer não existe. "Muitos se mantêm alheios aos valores do lazer tendo suas vidas voltadas unicamente para o trabalho e para as obrigações familiares – para essas pessoas o lazer não é senão um meio para descansar e para se distrair de vez em quando" (Bueno, p.31).

O artigo de Marta Santos (2005), último deste eixo temático, aborda os rebatimentos da reestruturação produtiva na saúde do trabalhador e, por conseguinte, em sua qualidade de trabalho e vida.

As mudanças do mundo do trabalho têm seus impactos na vida dos trabalhadores, pois alteraram as condições e as relações de trabalho e intensificaram as doenças no trabalho, destacando-se a Lesão por Esforço Repetitivo (LER), os distúrbios mentais provocados pelo estresse, as lombalgias, as perdas auditivas, os problemas oculares e outras doenças ocupacionais.

---

14 Interessante discussão sobre "tempo livre", lazer, consumo e capitalismo é oferecido por Valquíria Padilha (2000; 2006) em seus livros: *Tempo livro e capitalismo: um par imperfeito, Shopping Center: a catedral das mercadorias*. Padilha analisa a sociedade capitalista e as desigualdades sociais em relação às ofertas e ao consumo de mercadorias com a oferta e o consumo de lazer. A autora investiga como a ocupação do "tempo livre" nos *shopping centers* prova a submissão do lazer ao mercado, e afirma que não é possível existir "tempo livre" sob a lógica do capital.

Para a autora, a LER é uma das principais doenças do trabalho no processo de reestruturação produtiva. As mudanças na esfera produtiva ativaram a exploração da força de trabalho e o desgaste da saúde do trabalhador. Poucos esforços foram feitos no sentido de minimizar as condições de sofrimento no trabalho e na vida dos trabalhadores, em contrapartida muito se pensou no avanço da produtividade do capital:

> A utilização de máquinas e a robotização aliviaram a carga física do trabalho, pois o processo de automação passou a exigir maior destreza das mãos. O esforço físico demandado é de outra natureza. É um esforço leve e, por isso, capaz de ser repetido em alta velocidade pelas mãos e pelos dedos por várias vezes, ao mesmo tempo que cobra uma postura estática e sobrecarga dos segmentos do corpo. (Santos, M. A., 2005, p.82)

A autora comenta que a competitividade entre as empresas exige maior produtividade, qualificação e polivalência dos trabalhadores forçados ao aprendizado de novas tecnologias, o que gera angústia e ansiedade agravando as tensões psicológicas acarretando os distúrbios e lesões. Por exemplo, no setor de serviços, ganham destaque as doenças do trabalho que exigem alta capacidade cognitiva. O trabalho resume-se em números, cálculos, sinais luminosos, mostradores, teclados e monitores em que o erro do trabalhador implica repercussões com responsabilidades excessivas. Somam-se a esses fatores o trabalho sentado, repetitivo, monótono e uma vida sedentária fora do trabalho (ibidem, p.83).

As novas tendências do mundo do trabalho comprovam a velha afirmação em que *o instrumental de trabalho se utiliza do trabalhador e não o trabalhador do instrumental*. Diante disso, a qualidade de vida no trabalho sempre terá que ser questionada, pois camufla a divisão social do trabalho sob o signo do sistema do capital que dificilmente pode oferecer qualidade de vida ao trabalhador, pois o trabalho torna-se força de trabalho e limita-se a uma atividade *estranhada*, permutada por sobrevivência.

As condições de vida material e espiritual dos homens no capitalismo são condicionadas à vivência reificada, nutrida de complexos sociais fetichizantes que impõem valores, costumes e *formas de ser e existir*. O *trabalho estranhado* é a negação da condição humana como vivência emancipada. As estratégias utilizadas pela gerência científica do trabalho, com o objetivo de indicar à existência de sentidos do trabalho,[15] sob a lógica do capital, não se nutre na cotidianidade dos trabalhadores, pois a exploração da força de trabalho é o principal meio de permanência do sistema do capital. Só terá sentido falar em qualidade de vida no trabalho quando a produção da vida material não tiver mais como fundamento o *trabalho estranhado*; portanto, tal discussão, na atualidade, é pertinente para os homens tencionarem *mudanças sociais* que neguem radicalmente as condições vigentes de vida dentro e fora do trabalho.[16]

Trabalho feminino

O eixo temático *trabalho feminino* é composto por apenas três artigos e representam 3,79% da produção teórica estudada neste estudo. Os textos abordam a inserção da mulher no mercado do trabalho e demonstram o caráter precário dessa "inclusão". O Quadro 17 apresenta as particularidades dos artigos.

A participação ativa das mulheres no mercado de trabalho não é mais novidade. As duplas jornadas de trabalho, como trabalhadora assalariada

---

15 Ricardo Antunes (2001), em seu livro *Sentidos do trabalho*: ensaio sobre a afirmação e a negação do trabalho, nos oferece uma importante discussão sobre "tempo de trabalho e tempo livre" e alerta para a questão de que o entendimento das mudanças ocorridas no mundo do trabalho nos obriga a ir além das aparências imediatas, para não cairmos nos engodos das estratégias de gestão do trabalho. O autor recorda que o sentido dado ao trabalho pelo capital é completamente diverso do sentido que ele significa à humanidade.

16 Observe a argumentação de Antunes (ibidem, p.177): "Uma vida cheia de sentido em todas as esferas do ser social, dada pela *omnilateralidade humana*, somente poderá efetivar-se por meio da demolição das barreiras existentes entre *tempo de trabalho* e *tempo de não-trabalho*, de modo que, a partir de uma *atividade vital* cheia de sentido, autodeterminada, para *além da divisão hierárquica que subordina o trabalho ao capital hoje vigente* e, portanto, sob bases inteiramente novas, possa se desenvolver uma nova sociabilidade. Uma sociabilidade tecida por *indivíduos* (homens e mulheres) sociais *livremente associados*, na qual ética, arte, filosofia, tempo verdadeiramente livre e ócio, em conformidade com as aspirações mais autênticas, suscitadas no interior da vida cotidiana, possibilitem as condições para a efetivação da identidade entre indivíduo e gênero humano, na multilateralidade de suas dimensões. *Em formas inteiramente novas de sociabilidade, em que liberdade e necessidade se realizam mutuamente*. Se o trabalho torna-se dotado de sentido, será também (e decisivamente) por meio da arte, da poesia, da pintura, da literatura, da música, do tempo livre, do ócio, que o ser social poderá humanizar-se e emancipar-se em seu sentido mais profundo".

Quadro 17 – Eixo temático – Trabalho feminino

Autor	Área de graduação do autor	Título do artigo	Caráter do artigo	Revista
Safira Bezerra Ammann	Serviço Social	Mulher: trabalha mais, ganha menos, tem fatias irrisórias de poder	Ensaio teórico	*Serviço Social e Sociedade*, n.55, 1997
Virgínia Paes Coelho	Serviço Social	O trabalho da mulher, relações familiares e qualidade de vida	Resultado de pesquisa	*Serviço Social e Sociedade*, n.71, 2002
Hildete Pereira de Melo	Ciências Econômicas	O trabalho feminino na indústria: o que mudou?	Resultado de pesquisa	*Praia Vermelha*, n.11, 2004

fora do lar e, ao mesmo tempo, desenvolvendo "atividades do lar", são vivências cotidianas de milhares de mulheres.

Virgínia Coelho (2002) analisa os fatores que repercutem na qualidade de vida das mulheres inseridas no mercado de trabalho e destaca os reflexos nas relações familiares.

Para Coelho (2002, p.67), a colocação feminina no mercado de trabalho tem suas particularidades. A participação masculina se dá de acordo com as oportunidades oferecidas e, na maioria dos casos, sua inserção vai estar relacionada às qualificações pessoais, com pouca ou nenhuma interferência dos fatores familiares e domésticos. No caso das mulheres, a situação é absolutamente diferente, pois além dos fatores que envolvem sua qualificação e a oferta de trabalho, existe a continuidade de um modelo de família no qual são tidas como as principais responsáveis tanto no que se refere à socialização dos filhos como em relação às tarefas domésticas.

Para a autora, segundo dados de sua pesquisa,[17] os filhos são o fator que mais interfere em relação à participação feminina no mundo do trabalho.

> Maiores responsáveis pela guarda, pelos cuidados e pela educação dos filhos e vivendo a situação de insuficiência de equipamentos coletivos, como as creches, as mulheres enfrentam limitações para o trabalho, principalmente

---

17 O artigo é síntese de sua tese de doutorado: *Visitando a história a partir de memórias femininas*: mudanças e permanências na socialização da mulher – 1960-1990.

se os ganhos financeiros não conseguem cobrir os custos com os cuidados das crianças. (ibidem, p.70)

Em uma visão romântica e dotada de moralismo burguês, a inserção da mulher no mercado de trabalho é sinônimo de prestígio e de valorização pessoal, mas nem sempre as condições de trabalho e as responsabilidades com a família são divididas entre seus companheiros, o que acentua o estresse e as precárias condições de vida da maioria das mulheres trabalhadoras. Tais questões são confirmadas por meio das conclusões da pesquisa de Coelho (ibidem, p.75) ao afirmarem que as mulheres trabalhadoras apresentam experiências de vidas marcadas por inúmeras tarefas cotidianas e tendo de arcar com "responsabilidades diversificadas na vida pública e no espaço doméstico", uma parcela das mulheres vem conseguindo apresentar bom desempenho, mas pagando o preço de um enorme desgaste físico e emocional. "De modo geral, trabalham mais, vivem em piores condições e têm mais encargos que a geração de suas mães."

Hildete Melo (2004), dando continuidade ao debate sobre o trabalho feminino, investiga as mudanças na estrutura ocupacional feminina, na indústria manufatureira, em relação aos avanços tecnológicos nos anos 1980/1990. A pesquisa utilizou as variáveis: sexo, faixa etária, escolaridade, rendimento, posição na família e ocupação. As bases de dados utilizadas foram as tabulações especiais da Pesquisa Nacional por Amostra de Domicílios (PNAD/IBGE).

Nas últimas décadas, as mulheres foram inseridas de forma significativa no mercado de trabalho, mas essa inserção não foi acompanhada por diminuição das desigualdades profissionais entre os sexos. O trabalho feminino, de acordo com a autora, continua concentrado em alguns setores de atividades e agrupado em um pequeno número de profissões. Essa segmentação é ainda a base das desigualdades entre homens e mulheres no mundo do trabalho industrial.

O resultado parcial de pesquisa apresentado por Melo (2004) oferece inúmeros dados que podem ser material de estudo para várias análises sobre a condição da mulher no mercado de trabalho. Apresentamos, portanto, de forma sintética os principais resultados da pesquisa.

Para Melo (ibidem, p.129), a novidade foi que a participação feminina, nos anos 1990, no setor industrial, manteve seu patamar histórico de meados da década de 1980 e até numa proporção um pouco superior. A reestruturação produtiva da indústria de transformação brasileira não expulsou as mulheres: "em 1985 a taxa de participação na indústria de transformação era de 26,35% e em 1997 atingiu 28,13%".

Nos anos 1990, com a reestruturação produtiva nacional, não houve redução das trabalhadoras industriais, ocorreu incremento na participação no mercado de trabalho. Para Melo (ibidem, p.219), a situação na indústria manufatureira é heterogênea: alguns ramos industriais eram e são setores em que tradicionalmente havia uma significativa participação feminina – têxtil, vestuário, calçados – e outros que se caracterizam por baixa participação – metalurgia, química, mecânica. Para o primeiro grupo de indústria, o problema para as mulheres não era de acesso ao emprego, mas de mantê-lo na conjuntura em crise dos anos 1990. Os outros, incluindo o segundo grupo, são ramos industriais que, historicamente, absorvem baixa força de trabalho feminina. Para esses, o problema é de oportunidade de acesso ao emprego, como o caso das indústrias metal-mecânico, editorial/gráfica e de bebidas. Destaca-se também a crescente absorção de operárias na indústria alimentícia. Essa indústria é formada por um elevado número de empresas heterogêneas, grandes grupos multinacionais e um pequeno número de pequenas e médias empresas, mais atrasadas em relação às inovações tecnológicas.

As formas de emprego da força de trabalho feminino continuam, entretanto, concentradas em alguns setores de algumas atividades, e agrupadas em reduzido número de profissões. Essa segmentação é a base das desigualdades entre homens e mulheres no mercado de trabalho. Essa realidade, segundo a autora, pode esconder um aspecto importante com relação à ocupação feminina: "como as mulheres não chegam a ter uma profissão tão definida como os homens, mas aceitam participar do mercado de trabalho em ocupações pouco definidas e menos especializadas, talvez esse aspecto explique em parte a manutenção de seu patamar de participação na indústria de transformação" (Melo, 2004, p.97).

O ensaio teórico de Safira Ammann (1997, p.86) tematiza a desigualdade de gênero nas relações sociais com ênfase na educação, no trabalho e na participação política da mulher na sociedade. O artigo examina em que medida ocorre o acesso da mulher latino-americana ao sistema formal de educação e até que ponto a educação funciona como elemento potencializador ou, pelo menos, amenizador do "alijamento das instâncias decisórias da produção e da política".

A autora traz importantes informações correlacionadas à mulher. O primeiro destaque é a respeito da educação. Segundo Ammann (ibidem), o problema do analfabetismo vem sendo controlado e, em várias regiões, as taxas de alfabetização das novas gerações das mulheres passaram a superar a dos homens. A presença feminina no sistema formal de educação praticamente equivale à masculina, chegando mesmo a superá-la no ensino médio e superior. A mulher ocupa espaços intelectuais de destaque, especialmente em áreas de ciências exatas e naturais que, tradicionalmente, eram dominadas pelo sexo masculino.

Em relação ao mundo do trabalho, a subalternização da mulher ainda é permanente nos países da América Latina. Resumidamente, destacamos as seguintes questões levantadas pela autora: a) critérios de seleção e de alocação desiguais para a força de trabalho feminina em relação à masculina; b) tarefas monótonas, repetitivas, de ciclo curto, que requerem destreza e habilidade manual, em detrimento do uso da inteligência; c) salários femininos inferiores, agravados nas faixas etárias mais elevadas; d) concentração das mulheres em funções subalternas. Para Ammann (ibidem, p.101), esse quadro discriminatório provoca desdobramentos em nível societal, como é o caso da feminização da pobreza que se alarga pelos países do continente.

A autora também destaca a participação política das mulheres na vida social. Os movimentos sociais femininos tiveram considerável crescimento nas últimas décadas, mas a presença da mulher na política institucional dos países latino-americanos ainda é pequena.

Analisando as conclusões da autora, podemos dizer que os ganhos das mulheres no âmbito educacional não provocaram ainda resultados satisfatórios nas "instâncias da produção e da política".

Entender o mundo do trabalho e, simultaneamente, a condição feminina passa a ser uma tarefa essencial para não cairmos nos engodos burgueses protoformados pela concepção liberal do trabalho como esforço individual e busca incessante pelo reconhecimento social, hoje tão escasso para aqueles que vendem sua força de trabalho.

Nos artigos deste eixo temático, notamos, de forma breve, as particularidades do trabalho feminino e como a *feminização do mundo do trabalho* nas últimas décadas forcejam o caminho para uma nova divisão sexual do trabalho. Se isso não acontece, a exploração da mulher na sociedade tende a intensificar-se.

Novos desafios são colocados para compreendermos o papel da mulher trabalhadora. Recorremos a Cláudia Nogueira (2006, p.16), que faz pertinente indagação:[18]

> se a mulher contemporânea é uma trabalhadora assalariada como os homens, inclusive inserindo-se em novos postos de trabalho (até mesmo aqueles que anteriormente eram reservados para os trabalhadores), repartindo a responsabilidade do sustento familiar ou mesmo sendo a provedora principal da família, as suas atividades domésticas não deveriam também sofrer uma substancial transformação da divisão sexual do trabalho?

A autora ainda enfatiza que, uma nova divisão do trabalho, tanto no espaço produtivo como no espaço da reprodução social, torna-se necessária diante das condições atuais da sociabilidade, mas, em contrapartida, não é de "interesse do capital uma metamorfose na divisão sexual do trabalho em direção a uma igualdade substantiva e, tampouco, uma alteração hierárquica da família capaz de alcançar a igualdade de gênero e conseqüentemente eliminar a opressão patriarcal presente no núcleo familiar" (ibidem, p.230).

Trabalho e subjetividade

O eixo temático *trabalho e subjetividade* apresenta dois artigos que respondem por 2,51% da produção teórica analisada. Os textos fazem uma incursão pela subjetividade humana em relação ao mundo do trabalho, as preocupações dos autores são de compreender a forma de apropriação subjetiva da esfera do trabalho na construção de identidades, dos símbolos. Destaca-se também como a gestão da força de trabalho manipula a subjetividade do trabalhador. O Quadro 18 apresenta as particularidades dos artigos.

---

18 Indagação trabalhada em seu livro: *O trabalho duplicado – a divisão sexual no trabalho e na reprodução*: um estudo das trabalhadoras do telemarketing (Nogueira, 2006).

Quadro 18 – Eixo temático – Trabalho e subjetividade

Autor	Área de graduação do autor	Título do artigo	Caráter do artigo	Revista
Erimaldo Matias Nicacio	Psicologia	Da exclusão a manipulação da subjetividade no mundo do trabalho	Ensaio teórico	Praia Vermelha, n.5, 2001
Consuelo Quiroga	Serviço Social	O (não-)trabalho: identidade juvenil construída pelo avesso	Resultado de pesquisa	Praia Vermelha, n.7, 2002

Consuelo Quiroga[19] (2002, p.24) parte do pressuposto central de que a "referência do trabalho", seja o "existente e/ou o vivido, seja o inexistente e idealizado" e suas modificações, repercute, significativamente, na "formação identitária da juventude pobre". O objetivo da autora é compreender como rebatem nos jovens as vivências e as não vivências concretas do trabalho, ao longo de suas trajetórias de vida, as formas como sentem e entendem essas experiências e constroem seus modelos simbólicos.

O mundo do trabalho assume configurações que trazem e representam modificações em todas as esferas da vida social, repercutindo na constituição do "mundo dos valores". Para a autora, esses "valores" são afetados pelas "transformações e desmontagens" por meio das quais os indivíduos constroem sua relação com a sociedade, pela via do trabalho, real e idealizado, trazendo mudanças nos valores ligados às aspirações e perspectivas de vida. Assim, podemos dizer que, se há "crise do trabalho", há também uma crise de vários alicerces fundados do sistema ideológico que nutre a "sociedade moderna".

Com tais preocupações, a autora enfatiza que, dentre os segmentos sociais mais atingidos pela "crise do trabalho" – desemprego, trabalho precário, informalidade – os jovens destacam-se, com dificuldades de acesso ao primeiro emprego ainda sofrem com a formação e a exigência de experiência profissional cobradas pelo mercado.

Conforme Quiroga (2002, p.35-6), para os jovens, a presença/ausência do trabalho na formação de sua identidade guarda relação com suas próprias condições objetivas de existência e com o modo como a sociedade os vê e os

---

19 O artigo é síntese de sua tese de doutorado – *Trabalho e formação da identidade juvenil: reconhecimento de trajetórias de jovens pobres* –, que teve como universo de pesquisa as favelas e bairros da periferia de Belo Horizonte e do Rio de Janeiro.

avalia. Esse "olhar" da sociedade a partir da inserção (ou não) no mercado de trabalho e, a partir daí, classificando os jovens em categorias de maior ou menor reconhecimento social – de "malandro" a trabalhador honesto –, somado às condições objetivas de sua vida, faz que o trabalho continue sendo percebido e incorporado por eles como uma referência de primeira ordem. "Referência que está vinculada não somente, pois, à sobrevivência material, mas às possibilidades de reconhecimento social e de alguma realização pessoal". Os "jovens pobres" visualizam no trabalho uma de suas possibilidades de legitimação social, de reconhecimento e garantia de existência material e espiritual. O trabalho passa a ser visto como meio de proporcionar uma identidade "digna e positiva".

Do outro lado da questão, está a objetividade social do mercado de trabalho em que muitos jovens, sem as ilusões de realização no trabalho – entendido como emprego que não foge às determinações do *trabalho estranhado* –, especialmente com as condições postas, observam o trabalho simplesmente como um meio de vida, uma necessidade de sobrevivência não tendo, portanto, grandes esperanças em relação ao reconhecimento social que o trabalho pode proporcionar. Essa situação passa a ser acentuada para a maioria dos jovens oriundos das classes subalternas. A condição de trabalho na precariedade é um reflexo contínuo de suas vidas.

Mesmo para os jovens que conseguem se inserir nos espaços de formação para o trabalho, está presente a internalização de um:

> forte medo advindo de não conseguirem inserir-se no mercado laboral futuro, o que significa a possibilidade de alijamento dos bens, serviços e processos vividos na sociedade; a privação de identificações e integrações que o trabalho propicia; a negação de sentimentos de dignidade, honestidade, enfim, de reconhecimentos garantidos pela integração ao seu cotidiano. (Quiroga, 2002, p.47)

Os resultados da pesquisa de Quiroga (ibidem, p.53) trazem preocupações em relação à dificuldade de inserção dos jovens no mundo do trabalho, pois a autora constatou que o fato de ser internalizado, esse obstáculo social – desemprego, trabalho precário – faz que muitos jovens incorporem o reconhecimento da distância que separa suas vivências concretas e o ideário da sociedade que os avalia, em um processo permanente de indicação de sua inferioridade social. A dificuldade de obter reconhecimento social pelo trabalho tem levado a juventude pobre a:

internalizar conteúdos existenciais que apontam para a constituição de identidades coletivas, construídas, predominantemente, pelo seu avesso, pelo seu negativo. Não pode, pois, causar estranhamento que, tendo sua existência emoldurada por essas vivências, se evidenciem, cada vez mais entre e sobre os jovens, expressões violentas de "insuportabilidade" diante do seu cotidiano e da falta reiterada de perspectiva de futuro.

Diante da "insuportabilidade" violenta que recruta muitos jovens, existe um contraponto buscado pela juventude: a legitimidade, o reconhecimento e a proteção na vida social. Essa busca é expressa, de modo mais intenso e sistemático, ao amigo; à convivência entre iguais, seus pares; às relações cotidianas informais no universo conhecido de sua vizinhança, marcada também pela compulsória disponibilidade de tempo livre; aos grupos de juventude institucionalizados, predominantemente naqueles formados pelas Igrejas; à família, como retaguarda, com configurações bem diversas; à cultura, em particular à música em suas diferentes dimensões – composição, interpretação, dança e toda a sociabilidade e expressão corporal e simbólica. Dentro as alternativas, ganha relevância a produção que manifesta as inquietações juvenis plasmada neste universo, por meio da qual os jovens pobres explicitam seu cotidiano, sua resistência e os sonhos de transformação de sua vida em sociedade (ibidem, p.53).

Erimaldo Nicacio (2001), em uma leitura mais generalizante sobre trabalho e subjetividade, discute em seu artigo as diferentes estratégias de gestão da força de trabalho e o modo como estas investem na manipulação e captura da subjetividade do trabalhador.

O autor destaca dois grandes modelos de gestão da força de trabalho, a administração clássica conhecida como taylorismo e o "movimento das relações humanas no trabalho".

A *Administração científica do trabalho* ou *Organização científica do trabalho*, criada pelo engenheiro Frederick Taylor nos primeiros anos do século XX, surgiu para responder às necessidades estratégicas da gestão da força de trabalho. O objetivo de Taylor era conferir legitimidade científica à lógica disciplinar que regia o controle e a gestão da força de trabalho na fábrica.

A organização científica do trabalho situa o trabalhador como corpo-máquina. O trabalhador é um indivíduo que se define por sua capacidade física e tem seus movimentos estudados minuciosamente a fim de eliminar o gesto parasita e estabelecer o modo operatório que será exigido como padrão a ser seguido uniformemente por todos os operários. Destituído de todo saber sobre o processo de trabalho e, mais do que isso, de toda palavra, o trabalhador é concebido como um ser meramente orientado para a satisfação de suas necessidades elementares, o que supostamente seria garantido pelo salário.

Para Nicácio (2001, p.218), o taylorismo radicalizou o estranhamento no trabalho. O trabalhador é visto na condição de corpo-máquina, mero apêndice da produção. "Isso produz um empobrecimento simbólico da atividade que resulta ineslutavelmente no tédio, no medo, na insatisfação." A administração científica do trabalho exclui a dimensão da subjetividade por sua ênfase demasiada na biomecânica do movimento e na estruturação da tarefa.

Na concepção clássica da organização científica do trabalho, a dimensão subjetiva da relação do homem com o trabalho é posta de lado, mas a partir da década de 1920 inicia-se a era das "relações humanas no trabalho", que introduz a ideia de que o trabalhador não é apenas definido por suas aptidões físicas, ele não é apenas um ser que executa atividades motivado somente por suas necessidades biológicas. O trabalhador passa a ser visto como um ser que possui outras pretensões além das necessidades fisiológicas e o modo como se relaciona com sua atividade depende da influência de suas relações com o meio social.

De acordo com Nicacio (ibidem, p.219), a "psicossociologia das relações de trabalho" teve início com as pesquisas de Elton Mayo na década de 1920 e se desenvolveu no pós-guerra com as contribuições de Jacob Moreno, criador do psicodrama e da sociometria e de Kurt Lewin, que introduziu o conceito de dinâmica de grupo e da proposta da *action-research* (pesquisa-ação). Esse movimento introduziu procedimentos para intervir nas relações interpessoais a fim de maximizar o rendimento do trabalho. Esse novo enfoque sobre a organização do trabalho criou a possibilidade de:

> analisar o que está além do organograma e das relações hierárquicas formais para se levar em consideração a dinâmica grupal e organizacional efetiva e recuperar a imagem do trabalhador autônomo. Mas, ao mesmo tempo, abriu o caminho para a invenção de estratégias de manipulação da subjetividade.

Nicácio (2001, p.230-1) defende a hipótese de que com a "psicossociologia das relações humanas" o que se operou foi um deslocamento do modelo taylorista baseado na exclusão da subjetividade para o discurso vinculado a práticas de manipulação da subjetividade. Para o autor, há uma difusão de um discurso voltado para uma organização do trabalho centrada na pessoa, na motivação e na participação. O discurso da participação expressa a valorização da iniciativa do trabalhador que agora é visto também como um "cliente". O trabalhador passou a ser "valorizado", sua opinião é levada em consideração, é importante para a empresa que ele seja criativo, que tenha ideias e opine sobre a qualidade dos produtos. "Não há dúvida de que a proposta de participação não se vincula a nenhuma posição ética ou democrática, pois ela está a serviço, fundamentalmente, da produtividade e, portanto, da empresa" (ibidem, p.231).

A partir da leitura do artigo de Nicácio (ibidem), notamos que o investimento falacioso nas pessoas tem como único objetivo a melhor exploração do sobretrabalho. O trabalhador é visto como um "colaborador" e suas ideias para a melhoria da produtividade são bem-vindas quando não são exigências. O "colaborador" não tem voz no plano central da gerência científica, nas tomadas de decisões; a contribuição do trabalhador é bem-vinda somente com opiniões para melhoria da produtividade. Participação e envolvimento são discursos manipulatórios de captura da subjetividade do trabalho, pois diante de um mercado competitivo e de crises constantes, o trabalhador, para permanecer empregado, é obrigado a ser um "colaborador" em potencial. Para a empresa, não interessa mais somente a execução das tarefas, mas, principalmente, as propostas criativas.

Na atual fase de acumulação do capital, percebemos com facilidade o discurso falacioso da participação democrática e do maior engajamento, o que faz intensificar o trabalho, acarretando sofrimento, não só físico, mas, sobretudo, psíquico do trabalhador.

Trabalho e ética

O eixo temático trabalho e ética apresenta dois artigos que respondem por 2,51% da produção teórica analisada. A situação vivenciada pela humanidade em tempo de *mundialização do capital*, inovações tecnológicas, desemprego estrutural, precarização do trabalho, violência, medo, pobreza absoluta, faz renascer o interesse pela discussão sobre ética. O Quadro 19 apresenta as particularidades dos artigos.

Quadro 19 – Eixo temático – Trabalho e ética

Autor	Área de graduação do autor	Título do artigo	Caráter do artigo	Revista
Nobuco Kameyama	Serviço Social	Ética empresarial	Ensaio teórico	*Praia Vermelha*, n.11, 2004
Francisco José Soares Teixeira	Ciências Econômicas	Ética e trabalho	Ensaio teórico	*Praia Vermelha*, n.11, 2004

Para Teixeira (2004) a ética deve ser tomada como uma reflexão sobre "o sentido da vida", sobre a razão de ser das ações e dos comportamentos dos homens. O autor implode inquietantes indagações sobre a realidade social contemporânea, cujo objetivo é desvelar os resultados desastrosos da humanidade que tem seus valores humanos tragados pela racionalidade do capital, que tanto empobrece e brutaliza a vida social.

Para chegar a essas considerações, Teixeira (ibidem) retoma os fundamentos econômicos e políticos que sustentam a sociabilidade burguesa travando interessante diálogo com John Locke – direito de propriedade –, Adam Smith – liberdade do mercado –, David Ricardo – fim da ética na economia – e Karl Marx – o mundo imoral do capital e o imperativo para uma crítica.

A interlocução com os clássicos da economia política evidencia uma compreensão de que o sistema do capital criou uma falsa consciência de que o dinheiro é a própria capacidade e virtude do homem, pois acaba sendo o criador das relações entre as pessoas. O dinheiro como sinônimo de virtude é produto de uma forma específica de sociabilidade fundada na produção generalizada de mercadorias, em que a própria força de trabalho é uma mercadoria.

> Uma forma de organização social, na qual os homens não têm domínio sobre suas atividades. Uma forma social de integração mediada pelas coisas que, por assim ser, transforma os homens em objetos e as coisas, que são objetos, em sujeitos das relações sociais. É uma forma de sociedade onde tudo parece estar invertido, pois o dinheiro adquire a qualidade social de ser o verdadeiro mediador das relações sociais. (Teixeira, 2004, p.125)

O interessante é que o dinheiro por si só não cria o poder das coisas sobre os homens. O dinheiro não pode ser usado para assalariar trabalhadores, sem que a força de trabalho seja convertida em mercadoria. O dinheiro só pode exercer tal função em um mundo em que os produtos dos diferentes trabalhos privados autônomos e independentes entre si se relacionam como mercadorias, o que pressupõe a existência de uma sociedade em que a troca se torna a relação social dominante e, somente nessas condições, o dinheiro se transforma em capital (ibidem, p.127).

O sistema do capital necessita do movimento incessante pela valorização, que só ocorre a partir do instante em que o capital se transforma em uma força societal que coage capitalistas e trabalhadores a se submeterem sua lógica. O trabalhador, diante dessa situação/imposição, não tem muitas saídas, pois não tem outra maneira de reproduzir sua vida, senão mercadejando sua força de trabalho em troca de sobrevivência. Enquanto o capitalista multiplica seu dinheiro comprando força de trabalho e submetendo-a ao processo de produção. De acordo com Teixeira (ibidem, p.129):

> a vontade do capitalista e do trabalhador transfigura-se para o dinheiro que, na sua função de compra e venda da força de trabalho, realiza para ambos seus desejos e necessidades, nessas condições, opera-se uma inversão fundamental que marca e singulariza a sociedade capitalista como sendo aquela sociabilidade em que o homem torna-se objeto e as coisas, sujeito. Eis aí a razão porque o capitalismo é marcado por um modo de vida estruturalmente amoral e a-ético. Nele prevalecem a exploração, a opressão, a concorrência, o individualismo possessivo, entre outras características que singularizam sua existência. Tais características não podem ser eliminadas sem que a sociedade mesma seja radicalmente modificada. Por isso, Marx não pôde se conformar com uma condenação moral do sistema. No lugar do esclarecimento ético, o autor de *O Capital* se vale da crítica. Não de uma crítica meramente intelectual, que teria como função desvelar as falsas representações do mundo, mas, sim, de uma crítica vinculada as forças revolucionárias que, através de sua ação, põe em questão o mundo do capital.

Compreendemos que a crítica do sistema do capital inaugurado por Marx não é simplesmente uma forma de compreensão das relações sociais, seus valores e regras, antes disso, é uma intelecção de mundo que objetiva desmistificar a vida social *estranhada* (alienada) da sociedade burguesa, que se sustenta em uma socialidade em que os homens são negados como sujeitos históricos. É um saber que objetiva apreender ética como solo tencionador de mudanças substantivas do mundo social e o sujeito é o ponto de partida e de chegada para essa tarefa.

O segundo texto do eixo temático é de Kameyama (2004) que também resgata a discussão sobre ética[20] com a preocupação de entender o comportamento moral dos homens na sociedade, especialmente de seus problemas reais e coloca a "ética empresarial" no centro de suas preocupações. A autora fornece importante contribuição para a reflexão sobre o significado das práticas empresarias – "responsabilidade social", "gestão social", "cidadania empresarial", "solidariedade" –, que se multiplicaram no Brasil a partir dos anos 1980.

Conforme Kameyama (ibidem, p.152), o ponto de partida para compreensão da ética contemporânea é o mundo atual, marcado pelo "ajuste internacional e regional", uma vez que a "internacionalização dos processos produtivos, o mercado financeiro e comercial, transcende as fronteiras nacionais, em virtude da migração dos fatores de produção e da intensificação dos fluxos mundiais do comércio e dos ativos monetários". O processo tende a ocupar todo o espaço planetário, formando um mercado universal, o que se diferencia claramente de uma simples internacionalização, sobretudo porque ganham em importância o fornecimento global e os produtos mundiais. Esse processo surge como ofensiva do capital na produção, com profundos impactos na sociedade e, particularmente na classe trabalhadora, com as seguintes ressonâncias: aumento do desemprego; precarização do trabalho (trabalho temporário, em domicílio, terceirizado); aumento da pobreza, desigualdade, injustiça; degradação dos recursos naturais. Para a autora, "estes problemas têm implicações éticas, econômicas e políticas

---

20 Segundo Kameyama (2004, p.151): "A ética como afirma Vasquez (1993), é a teoria ou ciência do comportamento moral dos homens na sociedade. A ética é a ciência da moral, isto é, de uma esfera do comportamento humano, tendo como objeto o mundo moral. As proposições da ética devem ter o mesmo rigor, a mesma coerência fundamental das proposições científicas, enquanto que os princípios, as normas ou juízos de uma determinada moral não apresentam este caráter. A ética tem como objeto de estudos os atos humanos conscientes, voluntários dos indivíduos, que afetam outros indivíduos, determinados grupos sociais, ou assentado no seu conjunto. O comportamento moral é próprio do homem como ser histórico, social e prático, isto é, como um ser que transforma conscientemente o mundo que o rodeia, e que desta maneira transforma a sua própria natureza. De fato, o comportamento humano prático-moral, ainda que sujeito à variação de uma época para outra e de uma sociedade para outra, remonta até as origens do homem como ser social".

de primeira ordem porque atentam contra os direitos humanos mantendo vetores amplos da população em situação de insegurança" (ibidem).

Diante do cenário exposto, ou seja, da ofensiva do capital na produção e, por conseguinte, no conjunto da vida social, ocorre a necessidade de "respostas" por porte dos gestores do capital. Aos empresários são colocados os desafios de se manterem no mercado em alta competitividade e, somada a essa principal provocação, adiciona-se também: a exigência dos consumidores; a pressão dos movimentos sociais em defesa das leis e regras comerciais que cobram a proteção da natureza; os produtos mais seguros e menos nocivos; o cumprimento de normas éticas e trabalhistas nas relações de trabalho.

As "respostas" empresariais que ganharam relevância no Brasil a partir dos anos 1980 foram as propostas de desenvolvimento sustentável em correlação aos objetivos de aumentar a lucratividade dos negócios. Algumas concepções foram elaboradas pela administração científica, dentre elas destacam-se: "gestão social", "cidadania empresarial", "solidariedade", "responsabilidade social". Em âmbito internacional, ganham relevo as instituições do capital internacional como: Banco Mundial, Banco Interamericano de Desenvolvimento, a Fundação W.K. Kellog; e as iniciativas não governamentais nacionais como: Ibase, Ethos, Gife, Ceats-USP. Essas "concepções" e "instituições" permitem ampliar o respeito e as obrigações com o desenvolvimento sustentável das empresas (Kameyama, 2004, p.153).

Concordamos com a autora quando afirma que as "novas concepções empresariais" com seus propósitos têm traços da moral estreitamente relacionados com seu caráter de classe dominante, ou seja, de forma clara se trata de uma moral individualista e egoísta que corresponde às relações sociais burguesas, fazendo evidenciar a divisão da sociedade em duas classes antagônicas e também em uma divisão da moral. Dessa forma, as empresas são de certo modo impulsionadas a adotar novas posturas ligadas à ética e, em muitos casos, impondo mudanças nas dinâmicas e no padrão de concorrência e competitividade. No entanto, longe de ser fruto de algum altruísmo empresarial, a "responsabilidade social" das empresas capitalistas resulta de um processo de pressão do mercado e a investida no "social" é visualizada como *marketing*, um meio para tentar o êxito de seus produtos. A "responsabilidade social" das empresas não é uma questão moral, mas de interesse econômico, na medida em que a economia é regida, antes de tudo, pela lei do máximo lucro, e essa lei gera uma moral própria. Destacamos as seguintes asseverações de Kameyama (2004, p.162):

> A ética da responsabilidade social, na sua abordagem utilitarista, se fundamenta na moral liberal, que tem em Locke um dos maiores pensadores. Ela é individualista e nada tem a ver com egoísmo áspero e cego. Parte do pressuposto de que cada indivíduo é naturalmente um ser social, pois não existe indivíduo independente, mas somente indivíduos associados em sociedades. Considera que o bem público corresponde ao bem de cada um dos membros particulares de uma sociedade, enquanto que o egoísmo ético acredita que o interesse próprio constitui o móvel dominante dos agentes sociais. Propõe a operação da "mão invisível" de Adam Smith e, em conseqüência, dispensa qualquer interferência do Estado na economia. Pretende "resgatar a naturalidade" das leis do mercado, com plena vivência dos preços, e abre mão da rede de segurança social aos desvalidos. Por fim, advoga a sobrevivência dos mais aptos, apoiado na lógica da exclusão. A sociedade capitalista é fundada no egoísmo, e não na benevolência, na medida em que os empresários privilegiam o interesse próprio individual. Hobbes afirma que esse interesse só pode ser identificado em sociedades de classes, cujas economias são monetárias e que visam à acumulação capitalista através do aprimoramento das forças produtivas, que possibilitam a criação de riqueza que é um produto humano. O indivíduo neste caso é considerado apenas como *homem econômico*, portanto destituído de sua humanidade. Hobbes afirma ainda que o egoísmo não é algo destrutivo, mas necessário pois quanto mais o indivíduo aprimora o seu produto, mais ele troca. Nesse sentido na sociedade capitalista o bom tem que ser egoísta.

Após resgatar tais princípios, os quais orientam o meio empresarial contemporâneo, Kameyama (ibidem, p.162-4) considera que a ética empresarial ou lógica da "responsabilidade social" se fundamenta na moral liberal que se expressa no utilitarismo e no egoísmo ético, no qual cada indivíduo deve agir de acordo com seu interesse pessoal e promovendo aquilo que é bom ou proveitoso para si.

O discurso da "responsabilidade social" é incompatível com as condições materiais da sociedade burguesa. Portanto a concepção de ética nas empresas é totalmente contraditória, ambivalente e ambígua, pois embora se construam novos valores, o individualismo que está subjacente à lógica capitalista não pode dar sustentação a uma sociedade livre da exploração, da dominação e da alienação.

Trabalho e pessoa com deficiência

O eixo temático *trabalho e pessoa com deficiência* é composto por somente um artigo que responde por 1,26% da produção teórica analisada. O enfrentamento do mundo do trabalho é uma tarefa árdua para todos os trabalhadores nas atuais circunstâncias históricas. Essa situação é ainda mais acentuada para aqueles segmentos que tradicionalmente, de forma preconceituosa, são considerados inaptos para o trabalho.

Quadro 20 – Eixo temático – Trabalho e pessoa com deficiência

Autor	Área de graduação do autor	Título do artigo	Caráter do artigo	Revista
Noemia Pereira Neves	Serviço Social	Enfrentando o mundo do trabalho: relatos orais de pessoas com deficiências	Resultado de pesquisa	*Serviço Social e Realidade*, n.14 (2), 2005
Valéria Carrijo Tasso Souza	Serviço Social / Pedagogia			

Sabemos que o mercado de trabalho é recheado de desafios e dificuldades para todos os trabalhadores que sobrevivem da venda de sua força de trabalho. Ora a oferta de emprego é reduzida, ora a exigência por "qualificação" é demasiada, sem falar na lei *geral da acumulação capitalista* e na necessidade do *exército industrial de reserva*.

As pesquisadoras Souza e Neves (2005) estudam algumas características relacionadas à participação de pessoas com deficiências físicas e mentais no mercado de trabalho. Para as autoras, o ingresso no mercado de trabalho das pessoas com deficiência deve ser analisado considerando as singularidades de cada pessoa, pois os trabalhadores apresentam diferentes graus de dificuldade, portanto devem ter atenções particulares para cada caso.

Souza e Neves (2005, p.45) constataram um fator importante em sua pesquisa, pois é fundamental que a sociedade saiba a diferença entre doente mental e deficiente mental e/ou físico. O primeiro possui uma doença e, portanto, necessita de atenção médica, enquanto o segundo tem uma deficiência ou uma limitação, o que carece de estimulação, educação, habilitação, reabilitação, profissionalização com vistas a sua "inclusão na sociedade". Outro fator diz respeito ao envolvimento dos diferentes setores sociais – empresariado, trabalhadores, sociedade civil – no debate sobre a questão, pois são desconhecidas as capacidades e as possibilidades desses sujeitos no espaço laborativo. As ofertas de vagas para as pessoas com deficiência devem estar vinculadas à análise das várias leis e políticas sociais voltadas para esse segmento.

Na pesquisa, as autoras constataram certa insegurança e dúvida, por parte das pessoas com deficiência, ao definirem e entenderem o trabalho e sua importância, pois o preconceito historicamente construído do "deficiente" inapto para o trabalho e, por conseguinte, para a vida social está presente na "identidade" desses trabalhadores.

> A sociedade tem acentuado ainda mais essa dificuldade, quando as oportunidades de capacitação profissional, acesso e inclusão são inadequadas e insuficientes, uma vez que vêem essas pessoas como "incapacitadas" e não como possibilitadas e eficientes para trabalhar satisfatoriamente. (Neves; Souza, 2005, p.47)

No depoimento dos sujeitos da pesquisa, foi constatado que, ao enfrentarem o mundo do trabalho, o "problema" não é a "deficiência", mas a sociedade que não está preparada para recebê-los como trabalhadores. As superações dos obstáculos sociais devem ser recíprocas, ou seja, da pessoa com deficiência e, especialmente, da sociedade em que ele está inserido.

As conclusões das autoras sobre o assunto apontam que a sociedade, de uma maneira geral, deveria se "reabilitar" para conhecer, aceitar e permitir conscientemente o acesso da pessoa com deficiência no mercado de trabalho, auxiliando e facilitando sua "inclusão social".

Diante da pesquisa analisada, não podemos ser românticos a tal ponto de imaginar que o acesso das pessoas com deficiência no mercado de trabalho seja o grande avanço para esse segmento social tão marginalizado. Em princípio pode ser um acesso à "cidadania" limitada da vida limitada do capital, que reconhece os homens pelo papel que exercem na produção social da riqueza, ou seja, como força de trabalho. Como observamos várias vezes neste estudo, o mundo do trabalho sob a égide do capital não favorece liberdade e realização pessoal. O máximo que proporciona é a construção de condutas que se realizam dentro dos limites do trabalho *estranhado* do mundo do capital.

Quando, portanto, as autoras referem-se à "reabilitação" da sociedade para "inclusão" desse segmento social tão marginalizado, propomos a reabilitação da sociedade para além das limitações do capital, pois os trabalhadores deficientes ou não são absorvidos pelo capital como força de trabalho e submetidos ao processo de exploração de suas capacidades físicas e mentais, em prol da produção da riqueza usufruída privadamente por uma minoria detentora dos meios de produção, enquanto a maioria é obrigada a sobreviver em condições materiais limitadas.

Quadro sinóptico da produção teórica do Serviço Social sobre o mundo do trabalho

Os artigos selecionados das revistas, que respondem pelos estudos sobre o mundo do trabalho, ofereceram resultados de pesquisas e ensaios teóricos que compõem um material bibliográfico de vasta heterogeneidade e abrangência analítica.

Na apresentação dos eixos temáticos, trabalhamos a partir das principais considerações dos autores sobre as questões abordadas e, na medida do possível, realizamos comentários expondo nossa visão sobre os assuntos. O Quadro 21 apresenta a síntese dos eixos temáticos elaborados para classificação dos artigos.

Quadro 21 – Eixos temáticos

	Eixo temático	Número de artigos	Porcentagem %
1	Trabalho e política social	14	17,72%
2	Transformações no mundo do trabalho e reestruturação produtiva	11	13,92%
3	Precarização do trabalho, informalidade e desemprego	11	13,92%
4	Serviço Social de empresa	09	11,39%
5	Trabalho infantil	06	7,59%
6	Trabalho, sindicalismo e lutas sociais	06	7,59%
7	Processo de trabalho e Serviço Social	05	6,32%
8	Centralidade do trabalho	05	6,32%
9	Trabalho e qualidade de vida	04	5,05%
10	Trabalho feminino	03	3,79%
11	Trabalho e subjetividade	02	2,51%
12	Trabalho e ética	02	2,51%
13	Trabalho e pessoa com deficiência	01	1,26%
	Total	79	100%

O quadro oferece, em números, uma visão geral sobre a produção teórica do Serviço Social sobre o mundo do trabalho. Elaboramos 13 eixos temáticos compostos por 79 artigos, os quais foram pesquisados em quatro revistas de divulgação da produção teórica do Serviço Social e áreas afins. O Quadro 22 apresenta as revistas e os respectivos números de artigos.

Quadro 22 – Artigos por revistas

Revista *Debates Sociais*	Revista *Serviço Social e Sociedade*	Revista *Serviço Social e Realidade*	Revista *Praia Vermelha*
08	40	19	12
Total de artigos			
79			

Os artigos pesquisados das revistas são de 1996 a 2006. Na revista *Debates Sociais*, consultamos oito artigos, e todos constituíram o eixo temático Serviço Social de empresa. A revista *Praia Vermelha* ofereceu 12 artigos que se dividiram nos eixos temáticos: transformações no mundo do trabalho e reestruturação produtiva (3); precarização do trabalho, informalidade e desemprego (1); serviço social de empresa (1); trabalho, sindicalismo e lutas sociais (1); trabalho feminino (1); centralidade do trabalho (1); trabalho e subjetividade (2); trabalho e ética (2). A revista *Serviço Social e Realidade* proporcionou 19 artigos que foram distribuídos nos eixos temáticos: trabalho e política social (4); transformações do mundo do trabalho e reestruturação produtiva (3); precarização do trabalho, informalidade e desemprego (4); trabalho infantil (3); trabalho, sindicalismo e lutas sociais (2); trabalho e qualidade de vida (2); trabalho e pessoas com deficiência (1). A revista que mais forneceu artigos para o estudo foi a *Serviço Social e Sociedade* com 40, que foram distribuídos nos eixos temáticos: trabalho e política social (10); transformações do mundo do trabalho e reestruturação produtiva (5); precarização do trabalho, informalidade e desemprego (6); trabalho infantil (3); trabalho, sindicalismo e lutas sociais (4); processo de trabalho e serviço social (5); trabalho e qualidade de vida (2); trabalho feminino (2); centralidade do trabalho (4). Observe o Quadro 23.

O Serviço Social, nos dez anos de material bibliográfico analisado, responde por vasta produção de conhecimento que, a nosso ver, contribui para

Quadro 23 – Eixos temáticos e número de artigos por revistas

Eixos temáticos		Revista *Debates Sociais*	Revista *Serviço Social e Sociedade*	Revista *Serviço Social e Realidade*	Revista *Praia Vermelha*	Total
1	Trabalho e política social	–	10	04	–	14
2	Transformações no mundo do trabalho e reestruturação produtiva	–	05	03	03	11
3	Precarização do trabalho, informalidade e desemprego	–	06	04	01	11
4	Serviço Social de empresa	08	–	–	01	09
5	Trabalho infantil	–	03	03	–	06
6	Trabalho, sindicalismo e lutas sociais	–	03	02	01	06
7	Processo de trabalho e Serviço Social	–	05	–	–	05
8	Centralidade do trabalho	–	04	–	01	05
9	Trabalho e qualidade de vida	–	02	02	–	04
10	Trabalho feminino	–	02	–	01	03
11	Trabalho e subjetividade	–	–	–	02	02
12	Trabalho e ética	–	–	–	02	02
13	Trabalho e pessoa com deficiência	–	–	01	–	01
Total		08	40	19	12	79

a compreensão do mundo do trabalho de forma bastante particular, especialmente aqueles autores que não separam o estudo do mundo do trabalho da crítica ao capitalismo.

É importante destacar a interlocução de pesquisadores de outras áreas do conhecimento que publicam suas pesquisas e ensaios teóricos nas revistas do Serviço Social, como também a realização de seus estudos pós-graduados em programas do Serviço Social.

Em relação aos eixos temáticos, os artigos apresentam pesquisas empíricas e análises teóricas, o que, a nosso ver, enriquece o material bibliográfico estudado, pois ambas, desde que estejam aderentes à realidade concreta, oferecem contribuições para compreensão do mundo do trabalho em suas diferentes manifestações. A pesquisa empírica é fundamental para a investigação de determinada realidade social e, quando a apreensão teórica é articulada, com categorias que vão além do imediato, torna-se essencial para desvendar o oculto. A pesquisa deve ir além de uma visão fenomênica do "fato social" e apreender a realidade em sua constituição sócio-histórica.

Apresentamos a seguir uma síntese dos principais assuntos abordados nos eixos temáticos.

O eixo temático *trabalho e política social* apresenta estudos acerca das seguintes questões: o paradoxo do trabalho e da assistência social na França; a "globalização" e a precarização da seguridade social; a renda mínima e o caráter corretivo e "inclusivo" que o trabalho recebe ao ser conciliado aos programas sociais; os programas de preparação para aposentadoria em empresas privadas; as políticas sociais de integração do "preso" à sociedade; as frentes de trabalho como alternativa ao desemprego; as políticas públicas na perspectiva da economia solidária; a reforma trabalhista e da Previdência social e os impactos sobre o mercado de trabalho; as políticas sociais na visão dos trabalhadores de Franca (SP); o Estado e os avanços do neoliberalismo.

O eixo temático *transformações no mundo do trabalho e reestruturação produtiva* apresenta discussões que se concentram em torno de questões macroeconômicas. Os principais temas são: reestruturação produtiva na visão dos empresários brasileiros; inovações na gestão da força de trabalho; terceirização na contrarreforma do Estado; cidade e reestruturação produtiva; nuanças do atual estágio de acumulação produtiva; desafio do Serviço Social diante das novas demandas da reestruturação produtiva; crise da modernidade burguesa e "globalização"; reorganizações industriais e novas tecnologias.

O eixo temático *precarização do trabalho, informalidade e desemprego* traz discussões sobre os seguintes assuntos: o trabalho dos "catadores" de material reciclável; a ameaça do desemprego para os assistentes sociais; a informalidade como categoria de análise das condições de trabalho; as condições de trabalho dos guardas municipais de Santos (SP); as estratégias de sobrevivência dos trabalhadores ante o desemprego; o trabalho na cadeia pública de Franca (SP); a trajetória de vida dos desempregados do setor calçadista de Franca (SP); as relações e as condições do trabalho precário nas empresas subcontratadas da indústria de calçados de Franca (SP); a trajetória dos trabalhadores da cultura da cana-de-açúcar do município de Campos (RJ); a relação conflituosa e excludente entre desemprego e progresso técnico no capitalismo.

O eixo temático *Serviço Social de empresa* apresenta abordagem envolvendo as seguintes questões: a sobrevivência do Serviço Social diante da reestruturação produtiva; a crise paradigmática da empresa em ser competitiva e humanizada; as novas propostas do Serviço Social de empresa; o "reposicionamento" do Serviço Social como estratégia de permanência ocupacional nas empresas; a intervenção do assistente social no cotidiano institucional ante as novas estratégias da produção; a motivação do trabalhador para aumentar a produtividade; a atuação do assistente social na área da política cultural da empresa; as estratégias e controle de gestão da força de trabalho.

O eixo temático *trabalho infantil* traz o debate sobre: o trabalho precoce e suas relações com a educação, a cultura, o lazer e o conjunto da vida social; o cotidiano das crianças trabalhadoras no mercado Ver-o-peso em Belém do Pará; o trabalho infantil na cultura de arroz no estado do Sergipe; a terceirização e exploração do trabalho infantil no setor calçadista de Franca (SP); as ações sociais de combate ao trabalho infantil.

O eixo temático *trabalho, sindicalismo e luta social* aborda os embates políticos da classe trabalhadora. Os principais assuntos são: a relevância do sindicato no contexto da "crise do trabalho"; a resistência de classe no confronto com a *mundialização do capital*; a redução da jornada de trabalho.

O eixo temático *processo de trabalho e Serviço Social*, de fundamental importância no debate da categoria, apresenta as discussões sobre os processos de trabalho e o trabalho do assistente social; o trabalho do assistente social na área da saúde; a crítica e considerações sobre trabalho e Serviço Social.

O eixo temático *centralidade do trabalho* apresenta análises sobre as metamorfoses do mundo do trabalho e sua nova morfologia; as perspectivas para o trabalho na contemporaneidade; o pensamento social de Lukács a propósito do trabalho como categoria fundante da sociabilidade; o lugar do trabalho diante das transformações dos processos produtivos.

O eixo temático *trabalho e qualidade de vida* discute a qualidade de vida e os conceitos e práticas da ergonomia; o trabalho assalariado e a crítica aos processos de qualidade total; o espaço do lazer na sociedade do capital; os impactos da reestruturação produtiva na qualidade de vida e saúde do trabalhador.

O eixo temático *trabalho feminino* analisa a mulher e sua inserção no mercado de trabalho e nas relações de poder na sociedade; a qualidade de vida da mulher trabalhadora; as mudanças sofridas pelo trabalho feminino na indústria.

O eixo temático *trabalho e subjetividade* aborda as diferentes estratégias de gestão da força de trabalho e o modo como investem na manipulação e captura da subjetividade do trabalhador; as vivências e não vivências no trabalho e suas repercussões na construção dos modelos simbólicos entre os jovens trabalhadores.

O eixo temático *trabalho e ética* traz discussões sobre a ética e os valores do homem sucumbidos à racionalidade do capital; a ética empresarial, principalmente em relação às práticas empresariais: "responsabilidade social", "gestão social", "solidariedade", que emergiram no Brasil, a partir dos anos 1980.

O eixo temático *trabalho e pessoa com deficiência* aborda a inserção dos "trabalhadores com deficiência" no competitivo mundo do trabalho, destacando os principais questionamentos e vivências dos sujeitos.

Em geral, os eixos temáticos elaborados a partir dos artigos condensam significativas contribuições para o entendimento da temática *trabalho* em suas diferentes expressões, com as mais variadas repercussões na vida social, as quais devem ser entendidas em seu conjunto para a compreensão das multifaces do mundo do trabalho. Em todo o material consultado, ganham relevo, a nosso ver, as investigações que vão além das denúncias e apontam possíveis saídas da crise estrutural do capital, e seus autores acreditam na *potência revolucionária do trabalho*.

3
A OBJETIVIDADE DA PRODUÇÃO DE CONHECIMENTO NO SERVIÇO SOCIAL

> *Não interessa mais saber se este ou aquele teorema era verdadeiro ou não; mas importava saber o que, para o capital, era útil ou prejudicial, conveniente ou inconveniente [...] Os pesquisadores desinteressados foram substituídos por espadachins mercenários...*
>
> (Marx, 2002a, p.24)

Depois de ter traçado a aproximação da pesquisa e da produção do conhecimento com o Serviço Social e de ter analisado a produção teórica do Serviço Social sobre o mundo do trabalho, cabe uma discussão sobre as condições da pesquisa e a condução teórica na "Universidade Produtivista".

Empregamos o termo "Universidade Produtivista" entre aspas, por entender que, na atualidade, tal instituição e muitos de seus representantes ditos "intelectuais" ou "acadêmicos" não estão respondendo com a radicalidade, a seriedade e a importância que ela representa como espaço de resistência cultural e crítica. São poucas as Instituições de ensino superior que apresentam projetos acadêmicos de resistência e força política contra a lógica mercadológica imposta ao ensino superior.

Diante disso, devemos considerar que ainda sobrevivem algumas Universidades e pesquisadores comprometidos com as carências da humanidade e com as lutas sociais. Mas, infelizmente, no ensino superior privado, a pesquisa e as preocupações com o movimento da sociedade, dificilmente são ansiedades de seus dirigentes.

Marilena Chauí (2001, p.190-3), ao analisar a Universidade brasileira, diz o seguinte:

> Regida por contratos de gestão, avaliada por índices de produtividade, calculada para ser flexível, a Universidade Operacional está estruturada por estratégias e programas de eficácia organizacional e, portanto, pela particularidade e instabilidade dos meios e dos objetivos [...] se por pesquisa entendermos a investigação de algo que nos lança na interrogação, que nos pede reflexão, crítica, enfrentamento com o instituído, descoberta, invenção e criação; se por pesquisa entendermos o trabalho do pensamento e da linguagem para pensar e dizer o que ainda não foi pensado nem dito; se por pesquisa entendermos uma visão compreensiva de totalidades e sínteses abertas que suscitam a interrogação e busca; se por pesquisa entendermos uma ação civilizatória contra a barbárie social e política, então é evidente que não há pesquisa na Universidade Operacional. Essa Universidade não forma e não cria pensamento, despoja a linguagem de sentido, densidade e mistério, destrói a curiosidade e a admiração que levem à descoberta do novo, anula toda pretensão de transformação histórica como ação consciente dos seres humanos em condições materialmente determinadas.

O contexto universitário brasileiro, nos anos 1990 a 2000, orientado pela lógica do mercado, vem passando por alterações que objetivam novos rumos da política educacional e adequação aos ajustes estruturais do capital. A Universidade foi invadida por perspectiva privatizante, redução do financiamento da educação, cursos sequenciais, ensino a distância, mestrados profissionalizantes. Claro que não podemos levar ao extremo, mas a situação em que o ensino superior se encontra é alarmante. Na instituição pública de ensino superior, as "fundações de apoio" representam uma forma de privatização. Sem falar nos setores terceirizados que pouco objetivam reduzir os custos do Estado, mas acabam por lotar os cofres das empresas que oferecem força de trabalho subcontratada. Yazbek (2005a, p.153) comenta que, nos últimos anos, mudanças substantivas ocorreram com o redesenho do "mapa institucional do ensino superior", caracterizado pelo crescimento de instituições privadas, que não parecem, com raras exceções, priorizar o ensino, a pesquisa ou a extensão, fora dos interesses do mercado. A proposta de cursos sequenciais, mestrados profissionalizantes e a pressão para a redução do tempo para conclusão de mestrados e doutorados são exemplos dessa lógica. A autora ainda destaca que, no Brasil, a exemplo dos demais países da América Latina, as principais medidas governamentais para a realização de reformas educacionais são resultantes de interferências do Banco Mundial, do Banco Interamericano de Desenvolvimento nos rumos de nosso desenvolvimento e, particularmente, na formulação das políticas educacionais em curso. Essas interferências caracterizam-se pela prevalência da lógica financeira sobre a lógica social e educacional; pela falácia de políticas que declaram o objetivo de elevação da qualidade de ensino, enquanto implementam a redução dos gastos públicos para a educação e se mantêm indiferentes à carreira e ao salário do magistério (Yazbek, 2005b; Chauí, 2001).

Para José Chasin (1996, p.12-3):

> A universidade atualmente, em todo lugar, é uma instituição de duas faces: vive em crise assumida, mas produzindo em escala sem precedentes. E a grandeza da produção, símile da crescente produção mundial em geral, tende a ser a sua única medida. A crise se manifesta porque seu patrimônio consolidado, por vezes, em acumulação multissecular, não é bastante para constituir a plataforma apropriada em face dos desafios do "capitalismo de conhecimento". Tendo em vista o conhecimento como poder ilimitado de apropriação da natureza, tendo por outra face da mesma moeda o conhecimento humanista como poder de criação do genuinamente humano – o primeiro como base material do segundo e este como seu resultado supremo, ou seja, a auto-produção do homem –, e sendo a produção do conhecimento um empreendimento de caráter supra-individual, é uma simples e grosseira falácia falar e propor uma universidade competitiva. A competitividade é para a universidade um critério não só exógeno como irremediavelmente arcaico. A figura de um acadêmico competitivo é hoje o que há de mais comum e de mais desatualizado.

Diante desse impasse que se manifesta na Universidade, não podemos nos esquecer de que ela, com seus núcleos, centros e grupos de pesquisa tem sido o local privilegiado do trabalho intelectual, da elaboração teórica e da formação profissional. Infelizmente, há uma formação demasiada de força de trabalho para suprir as carências emergenciais do mercado. São exemplos disso os cursos superiores criados para responder, de forma imediata, a uma determinada "demanda comercial" e viram "moda" entre os estudantes. Em muitos casos, a escolha do curso universitário, pelo estudante, é resultado do "modismo acadêmico", ou seja, a opção para o estudo de certa área é determinada pelas circunstâncias do mercado.

Iamamoto (2007, p.451-2), ao analisar a Universidade contemporânea, ressalta que as alterações nos padrões tecnológicos e gerenciais na produção e comercialização de bens e serviços, em escala mundial, com a requisição de novas especializações do trabalho, estimulam o estreitamento de vínculos entre o ensino superior e o mercado de trabalho. Além de centro de criação de ciência e tecnologia de ponta para a produção (no sentido lato) de interesse dos grandes oligopólios, a Universidade vem sendo impelida pelos governos a tornar-se um grande centro de qualificação de quadros técnico-profissionais capaz de responder, em curto prazo, ao novo panorama ocupacional. Nessa direção, a Universidade corre o risco de se transformar em "um centro de formação de mão-de-obra para as necessidades imediatas do mercado, mais sofisticado, mais eficiente e barato que qualquer departamento de treinamento das grandes corporações empresariais (nas esferas financeiras, industrial, comercial ou de serviços), hoje denominadas de 'universidades corporativas'". A mesma autora ainda enfatiza que essa é a tendência dominante no meio universitário, tendo como resposta, além da reformulação do ensino técnico de nível médio, os cursos superiores de curta duração, os cursos de formação tecnológica integral nos institutos politécnicos (ou Centros Federais de Formação Tecnológica), assim como os mestrados profissionalizantes e os cursos sequenciais. Dessa forma, estão ocorrendo as concretizações recomendadas pelos organismos internacionais (Banco Mundial, FMI) no sentido de uma maior diferenciação do ensino superior. Isso estimula os estabelecimentos privados a atender à crescente demanda de educação pós-secundária, ampliando o número de matrículas, pois quanto maior a diferenciação das instituições de ensino superior, "envolvendo instituições não-universitárias, (politécnicas, instituições profissionais e técnicos de ciclo curto, *community colleges*, programas de ensino à distância), consideradas mais baratas, mais atraentes são aos estudantes e aos provedores privados" (Iamamoto, ibidem, p.452).

Esse cenário universitário tão adverso não pode ser negado, mas ainda podemos forcejar resistência, a nosso ver, por meio da pesquisa e da produção do conhecimento crítico. No caso do Serviço Social, sabemos que a pesquisa e a produção do conhecimento tornaram-se pré-requisitos essenciais ao assistente social. Por meio da investigação científica que, na verdade, é a sistematização de uma determinada realidade social, o profissional consegue apreender as intrincadas conexões do real e, assim, pode construir um caminho mais seguro para aproximar-se de respostas concretas, tão almejadas em suas intervenções profissionais.

Entendemos que a sistematização relacionada à pesquisa se refere a um processo de intenso relacionamento entre sujeito e realidade social, em que o conhecimento é apreendido e produzido a partir dessa relação, pois o conhecimento não é autônomo. Negamos, portanto, a sistematização oferecida pela metodologia científica de cunho positivista, que constrói *a priori* os métodos e técnicas de pesquisa antes de aproximar-se do *modo de ser e existir* dos "objetos de estudos". Nessa ocasião, torna-se relevante tecer alguns comentários sobre o projeto de pesquisa, que é o primeiro passo na investigação científica. O projeto é o momento de priorizar alguns caminhos, pois, como pesquisadores, não conseguimos explicar e investigar "tudo" o que está em nosso campo de apreensão. O projeto de pesquisa é parte constante da pesquisa, é a própria pesquisa. Ao desconsiderar tal situação, corre-se o risco de elaborar projetos monumentais que, ao serem realizados, fogem aos objetivos iniciais da pesquisa. O projeto de pesquisa deve ser compreendido como o momento decisivo para que os objetivos iniciais não se tornem obstáculos, mas possibilidades concretas a serem atingidas pelo conhecimento científico.

Outra questão de suma importância, não só no Serviço Social, mas em todas as áreas do conhecimento, é a seguinte: não devemos fazer da pesquisa e do conhecimento científico uma situação alheia às necessidades práticas e históricas do homem. Quando nos referimos à prática, não queremos dizer uma prática pragmática, bem ao modo burguês, mas uma prática que tenha relação direta com *práxis social* entendida como campo de possibilidades da *transformação social*.

O conhecimento científico, mesmo que seja aprimorado, rigoroso, concreto e abarrotado de determinações sociais, é no máximo uma aproximação da realidade investigada. Como pesquisadores, temos o compromisso de ser fiel à realidade pesquisada. O conhecimento produzido é uma aproximação, pois nunca conseguimos atingir os "objetos de estudo" em todas as suas manifestações de existência. Se afirmarmos que conseguimos apreender, pelo conhecimento científico, todas as particularidades dos "objetos de pesquisa", negamos a dialética do mundo real, que é permeado por contradições e constantes mudanças. Nosso saber sobre determinada realidade é *temporal*, por isso o conhecimento científico, por mais elaborado que seja, é limitado às condições históricas do período de estudo. Tais afirmações não excluem a originalidade e a autenticidade de descobertas científicas de tempos remotos que até hoje são substanciais à ciência. O que queremos dizer é que o saber é produzido em correlação às condições materiais de existência de uma dada concretude histórica.

O pesquisador também é limitado a suas posições políticas em relação à realidade social pesquisada. Cremos que, ao debruçarmos sobre nosso "objeto de estudo", carregamos nossas posições políticas, ideológicas, o que torna impossível a neutralidade científica. A pesquisa entendida como uma forma possível de compreender a *práxis social* é um campo florido de posicionamento político. A posição política deve ser entendida como compromisso com determinada classe social,[1] que precisa ser estudada, para que seus direitos sejam concretizados e que a arena da *emancipação político-social* seja inaugurada. Entendemos o papel do pesquisador como produto e produtor de seu estudo, a desvinculação do sujeito pesquisador de sua produção é inadmissível. A pesquisa é fruto direto de sua visão de mundo e o próprio "objeto" é construído a partir dela. Na pesquisa, por se tratar de prática concreta, a relação entre pesquisador e "objeto de estudo" é muito íntima, pois com a estimulação recíproca, ambos se transformam, provocando influências que ficarão imbricadas definitivamente no conhecimento. Assim, a produção do conhecimento é permeada pelas experiências intelectuais, especialmente particulares, de seus autores, o que tira dela qualquer conotação de neutralidade científica (Setúbal, 2005, p.43). O rigor teórico que cobramos na pesquisa está bem distante do rigor metodológico da pesquisa positivista, que reivindica da investigação um procedimento rígido em que se oculta o posicionamento político do pesquisador.

---

1 O estudo das classes sociais deve ser entendido nas mesmas proporções. Estudar as relações sociais da classe burguesa é tão necessário como estudar as da classe trabalhadora, especialmente quando o objetivo é o processo de emancipação social.

Na pesquisa em ciências sociais e humanas, especialmente na Universidade,[2] podemos dizer que temos grupos de pesquisadores que compõem as nuanças conflitantes dessa relação política. Em termos gerais, existem dois grupos que compõem esse espaço: *os adaptados e os inquietos*. Os *inquietos* situam-se em uma apreciação crítica das condições sociais e têm como principal objetivo questionar e mostrar as contradições inconciliáveis do modo de produção capitalista, colocando a condição humana sempre em primeiro lugar em suas investigações. Do lado dos *adaptados*, esses lutam incessantemente para justificar tais contradições e buscam respostas que negam qualquer possibilidade de mudança e ruptura. Há aqueles que chegam, em muitos casos, a desenvolver conhecimento que prejudicam em potencial a vida humana, ocultando suas visões de mundo e com o discurso da "neutralidade científica".

Encontramos ainda, na Universidade, a pior "espécie" de pesquisador. Aquele que almeja somente os "títulos" para ter melhor remuneração ou *status*. Pelo "título" qualquer aliança ideopolítica é possível e as convicções políticas são consideradas ideologias sem importância. Depois de titulado, sente-se dono de um saber *fetichizado*, sem falar em sua produção teórica que fica aquém de um saber com alguma probidade teórica.

Como resultado dessa relação entre Universidade, pesquisa e produção do conhecimento, encontramos, na "Universidade Produtivista", avolumados materiais de pesquisas, que, em sua maioria, são exigências para a obtenção da titulação de determinado estágio da formação profissional. Em alguns casos, deixam a desejar com suas construções teóricas. A pesquisa, para muitos "acadêmicos", é o caminho mais viável para obtenção de "títulos" de

---

2 Acreditamos ser importante retomar, mais uma vez, as palavras de Chasin (1996, p.13) sobre as relações do trabalho intelectual e a Universidade: "Há que atentar para o contraste entre trabalho intelectual como atividade vital da sociabilidade e como ofício; entre atividade movida por interesses particulares e imediatos [realizada como meio de subsistência], e atividade movida por interesse humano-societário de caráter universal. Em outros termos: a atividade intelectual enquanto parte da alienação e enquanto momento ideal da atividade 'crítico-prático'. Contraste que não subentende excludência entre as duas formas de atividade, mas sua articulação hierárquica, criticamente reconhecida. A segunda, a legítima atividade intelectual deve reger e ser o critério de verdade e ofício. Os critérios técnicos e administrativos da esfera acadêmica devem e só podem cuidar do ofício, é o seu limite geral, dentro do qual podem conduzir ao traçado de uma universidade qualitativamente respeitável. A atividade intelectual corresponde a necessidades humano-societárias vitais demanda outros crivos, para além das experiências e produtividades de ofício, que só podem ser auto-impostos e levados a efeito prático só sob mandato social".

mestres, doutores³ etc. Ao negarmos a pesquisa que visa somente aos "títulos", perguntamos: qual é o verdadeiro sentido da pesquisa na Universidade? Em princípio, ela deveria advir da realidade social com a qual os pesquisadores deparam no cotidiano e, em um momento de perquirição, começam a observá-la como movimento cognoscível.

Consideramos que a pesquisa e a produção de conhecimento, cada vez mais, estão voltadas para as demandas do mercado, mas os pesquisadores olvidam questões essenciais para um desenvolvimento social verdadeiramente humano. Nas áreas de Exatas e Biológicas, são poucos os pesquisadores que conseguem visualizar "objetos de estudos" que não potencializem o capital. Nas áreas das Ciências Humanas e Sociais, encontramos números reduzidos de estudos que põem em discussão a *emancipação humana*.

A investigação sobre a realidade social não é simplesmente um incômodo subjetivo, que apenas satisfaz a curiosidade do pesquisador; ao contrário, o ser que indaga procura inquirir sobre algo que advém da objetividade social, a qual carece do conhecimento para ser desvendada. Nas pesquisas, devemos saber fazer a pergunta, pois a resposta se transforma em artigo, dissertação, tese e livro. Se a pergunta for malformulada, o trabalho de pesquisa consequentemente perderá resplandecência. De acordo com Setúbal (1995, p.34), não é raro encontrar pesquisas, sobretudo no meio acadêmico, que tratam de problemas remotos e são destituídas de interpretação mais ampla e acurada. Muitas são as que se voltam para a elaboração do conhecimento apenas como conhecimento, isto é, um conhecimento que vagueia pela realidade sem, contudo, dar conta dela no concretismo de sua história. Com as mesmas preocupações em relação à objetividade do saber, Chasin (1996, p.15) comenta que:

> no trabalho teórico, as exigências "técnicas", de excelência do trabalho, são imprescindíveis, mas não bastam para garantir a realização de um trabalho intelectual perfeitamente válido e justificável, pois não garantem a escolha cer-

---

3 "Na maioria das vezes, *papers*, teses, dissertações e produtos congêneres, enquanto enunciações teóricas, têm a vida efêmera de um debate, de uma palestra ou, no máximo, de uma fastidiosa defesa pública de tese, quase sempre assistida não mais do que por uma dezena de ouvintes cativos ou de cortesia. Mas, de outra parte, têm o efeito duradouro da titulação, que credencia para a carreira ou faz avançar na mesma. Especialistas, mestres e doutores são sagrados para a pertença a um cenáculo, tendendo a valer mais o lugar e a composição dos juízos do que a matéria defendida" (Chasin, 1996, p.15).

teira do objeto e a dedicação a ele, que dependem da percepção de urgências humano-societárias.

A *humanidade social* carece de respostas aos "problemas" econômicos, políticos, sociais que a assolam. São inúmeros, alguns de séculos, como pobreza, miséria social, e outros são contemporâneos, como sexualidade e ética, além de tantas outras expressões da "questão social",[4] que o Serviço Social, auxiliado pelas ciências sociais e humanas, objetiva investigar. Na investigação, os pesquisadores estudam as questões por eles enfocadas e, a partir dos recortes de estudo, criam teorias para explicar determinadas realidades sociais. Em alguns casos, há um demasiado devaneio nas teorias, nas leis, nos modelos, que se descolam do objetivo inicial da investigação e fazem da pesquisa uma abstração sem retorno ao real e, consequentemente, desemboca em um *estranhamento* ou *misticismo* do real por parte do pesquisador. Quando ocorre o total *estranhamento* entre pesquisador e "objeto de estudo" é que encontramos a falta de rigor na pesquisa, pois muitos que se propõem a investigar talvez não estejam preparados o suficiente, ou não consigam visualizar a *objetividade da pesquisa*, que, em seu caminho mais seguro, especialmente no Serviço Social, é desnudar o cotidiano contrastante das relações sociais da sociedade burguesa, bem como seu modo de produção e reprodução social, desencadeador das mais diversas expressões da "questão social", que a cada nova manifestação dilacera milhares de vidas.[5] De acordo com Iamamoto (2007, p.452):

> A investigação, quando compromissada em libertar a verdade de seu confinamento ideológico, é certamente um espaço de resistência e luta. Trata-se de

---

4 Segundo Iamamoto e Carvalho (1998, p.77): "A questão social não é senão as expressões do processo de formação e desenvolvimento da classe operária e de seu ingresso no cenário político da sociedade, exigindo seu reconhecimento como classe por parte do empresariado e do Estado. É a manifestação, no cotidiano da vida social, da contradição entre o proletariado e a burguesia, a qual passa a exigir outros tipos de intervenção, mais além da caridade e repressão".

5 "Dependendo da identificação [do pesquisador] com setores da sociedade, e essa não é uma situação específica do Serviço Social, o conhecimento ou pode ser favorável e reafirmar o poder instituído, ou pode ser desvendador das situações conflituosas existentes nas relações sociais, muitas vezes camufladas pelas políticas de governo concretizadas pelos programas assistenciais" (Setúbal, 2005, p.46).

uma atividade fundamental para subsidiar a construção de alternativas críticas ao enfrentamento da questão social que fujam à mistificação neoliberal; para subsidiar a formulação de políticas sociais alternativas aos dogmas oficiais, a atuação dos movimentos das classes sociais subalternas, assim como a consolidação de propostas profissionais que fortaleçam com ruptura o conservadorismo e afirmem o compromisso com o trabalho, os direitos e a democracia.

Sugerimos aos assistentes sociais que, ao indagarem sobre o real, indaguem com o objetivo de tratar a "questão social" – entendida como manifestação da existência de classes sociais antagônicas, que sustentam a produção e reprodução da vida social, na sociabilidade capitalista – em sua integridade, ou seja, estudem as expressões da "questão social" e, posteriormente, façam o esforço de perquirir a *potência revolucionária do trabalho* e retornar o conhecimento produzido aos sujeitos envolvidos. Acreditamos, pois, que a função da ciência é desvendar o não aparente, ou melhor, nas palavras de Marx: "Toda ciência seria supérflua se a essência das coisas e sua forma fenomênica coincidissem diretamente" (apud Lukács, 1979a, p.26). Retornar o conhecimento produzido aos sujeitos das pesquisas é, antes de tudo, nas condições sociais atuais, pôr as discussões teóricas adjacentes aos movimentos sociais, aos representantes de classe e abordar as políticas sociais e sua eficiência ou ineficiência no enfrentamento da "questão social". Oportunizar o protagonismo dos movimentos sociais e segmentos da classe trabalhadora na luta por seus direitos sociais é uma forma de potencializar o saber em favor dos "usuários" do Serviço Social.[6] Devemos ter claro que só o debate e a oportunização dos direitos sociais não é, ainda, a linha de chegada, pois a política social, os direitos sociais, a aclamada "cidadania"

---

6 Observe as contundentes palavras de Bourguignon (2007, p.51): "A pesquisa para o Serviço Social deve gerar um conhecimento que reconheça os usuários dos serviços públicos como sujeitos políticos que são, capazes, também, de conhecer e intervir em sua própria realidade com autonomia, desvencilhando-se das estratégias de assistencialismo, clientelismo e subalternidade, tão presentes nas ações governamentais e políticas públicas. As pesquisas têm como possibilidades latentes a valorização do povo, da riqueza de suas histórias, de suas experiências coletivas, mobilizadoras de novas formas de sociabilidade. Apreender estes elementos contribuirá para o desenvolvimento de uma prática capaz de possibilitar aos usuários e destinatários das políticas públicas e dos serviços sociais a experiência de 'assumir-se como ser social e histórico [...]', ou seja, assumir-se '[...] como ser pensante, comunicante, transformador, criador...'".

são mecanismos pacíficos e limitados do Estado⁷ burguês para amenizar as contradições sociais, o que está muito longe do processo de *superação social* que objetivamos. A política social não é um fim, é, no máximo, um meio na processualidade social de *supressão* das "desigualdades sociais", campo de intervenção do assistente social.

O sujeito da pesquisa deve ser a preocupação central nas pesquisas do Serviço Social, pois o projeto ético-político da profissão orienta com clareza a direção social almejada, que se nutre na caminhada impenitente para a *emancipação humana*. Concordamos com Bourguignon (2007, p.51) que o grande desafio para o assistente social pesquisador, que se preocupa com a centralidade do sujeito como "condição ontológica e não estratégia metodológica de pesquisa", é possibilitar, por meio da pesquisa, maior visibilidade

---

7 Observe as clássicas colocações de Marx (1983, p.24): "Nas minhas pesquisas cheguei à conclusão de que as relações jurídicas – assim como as formas do Estado – não podem ser compreendidas por si mesmas, nem pela dita evolução geral do espírito humano, inserindo-se pelo contrário nas condições materiais de existência de que Hegel, à semelhança dos ingleses e franceses do século XVIII, compreende o conjunto da sociedade civil; por seu lado, a anatomia da sociedade civil deve ser procurada na economia política [...] A conclusão geral a que cheguei e que, uma vez adquirida, serviu de fio condutor dos meus estudos, pode formular-se resumidamente assim: na produção social da sua existência, os homens estabelecem relações determinadas, necessárias, independentes da sua vontade, relações de produção que correspondem a um determinado grau de desenvolvimento das forças produtivas materiais. O conjunto destas relações de produção constitui a estrutura econômica da sociedade, a base concreta sobre a qual se eleva uma superestrutura jurídica e política e a qual correspondem determinadas formas de consciência social. O modo de produção de vida material condiciona o desenvolvimento da vida social, política e intelectual em geral. Não é a consciência dos homens que determina o seu ser, é o seu ser social que, inversamente, determina a sua consciência". A partir dessas notas, podemos observar que os poderes políticos por meio do Estado são as relações jurídicas. O Estado é a expressão política institucional jurídica e o poder deste vem da sociedade civil, da base econômica. O Estado se enraíza na sociedade civil, mas a anatomia está na economia política, ou melhor, na esfera da produção e reprodução da vida material. Quando Marx descreve a *anatomia da sociedade civil*, ele encontra, na economia política, a radicalidade de sua intelecção de mundo. Na sociedade civil, encontram-se as classes sociais, que são compostas pelos possuidores dos meios de produção (burguesia) e os possuidores da força de trabalho (proletários) e, o poder econômico de uma determinada classe – a burguesia – na sociedade faz que o poder político fique subsumido a seus interesses, ou melhor, ao interesse da classe que detém os meios de produção. Ao controlar a produção material, a classe dominante tem condições de controlar também as relações jurídicas e o Estado, portanto, as relações sociais. A compreensão de Estado a partir das colocações de Marx nos esclarece que a política social no capitalismo é um dos principais espaços de conflitos e, quando não disputados pelos interesses dos trabalhadores, pode legitimar, mais do que nunca, os interesses da burguesia.

ao sujeito, a sua experiência e a seu conhecimento, cuja natureza, se desvendada, poderá permitir desenvolver praticas cada vez mais comprometidas ética e politicamente com a realidade social, buscando, no coletivo e na troca de saberes, alternativas de superação das condições sociais adversas.

Cremos que uma das saídas mais próximas seja produzir um saber calcado na *interpretação histórico-social (ontologia materialista, histórica e dialética) revolucionária* e, assim, a partir de corretos "diagnósticos" da produção capitalista, dos movimentos sociais, da contrarrevolução burguesa, possamos propor ações que possam ser acolhidas pela objetividade social, ou seja, pelas condições históricas de luta. O conhecimento que coloca em xeque a propriedade privada dos meios fundamentais de produção, o trabalho estranhado e não retrocede nesse debate é o *départ* para uma sociedade pautada pela liberdade social, que tem conotação de indivíduos produzindo associados para o desenvolvimento do homem em suas capacidades e potencialidades materiais e espirituais. Enquanto a humanidade tiver em suas entranhas os destituídos das condições mínimas de vida e a lógica reinante for do capital, todas as propostas sem intenção de ruptura radical não terão relevância objetiva para o homem.

O contexto de extremas contradições sociais que vivenciamos no início do século XXI deve ser analisado impenitentemente, pois se observarmos as relações sociais do mundo do trabalho, percebemos que os modos de produção e reprodução da vida social são inaceitáveis à humanidade, e as preocupações – desemprego, trabalho precário, pobreza, "exclusão social" – serão eternizadas enquanto a luta não for travada contra o principal adversário que é o capital e suas formas de existência que são: a produção coletiva e a apropriação privada, o consumo em massa, a luxúria, a extravagância, o individualismo e as demais formas da vida burguesa. Se não for dado um basta para tudo isso, o homem ficará envolto pelo que insiste em pairar sobre a humanidade, ou seja, as condições de existência reificadas que sustentam o modo de produção e reprodução da vida capitalista. De acordo com Mészáros (2002, p.1.076):

> Se, então, "reestruturar a economia" significa igualmente "reestruturar a sociedade" como um todo – "de cima a baixo" como Marx uma vez sugeriu não pode haver nenhum desacordo com esse propósito. Mas é sempre bom acentuar que as resistências e os obstáculos a serem superados, no curso da realização de tal objetivo, estão limitados a permanecerem primariamente político-social por

todo o período histórico de transição, cujo objetivo é ir para além do capital a fim de criar as estruturas socioeconômicas da "nova forma histórica".

Para alcançarmos tais objetivos, faz-se necessário produzir um conhecimento crítico que apreenda as determinações da produção e reprodução do capital e sua posterior superação. O momento é de retomada, ou melhor, é de uma ação genuinamente crítica com *princípios e potenciais libertadores*. O conhecimento aliado à ação radical torna-se o caminho para edificação de *uma nova forma histórica*, pautada pela *emancipação do homem*, bem distante das condições atuais apresentadas por milhões de vidas atormentadas e restringidas no mínimo necessário para seu sobreviver natural, biológico. Sem falarmos em crescente desemprego, trabalho precarizado, ou seja, a constante permanência da lógica desumana do capital.

Nesse momento, tornam-se imediatos uma tomada de decisão política e um esforço para vislumbrarmos o mundo do trabalho que queremos. Toda forma de conhecimento necessariamente deverá ser voltada e constituída em consonância com os setores populares, além de priorizar a construção de um movimento social unificado de todos aqueles que almejam outra realidade social. Para Mészáros (2002, p.1.078), "uma reestruturação da economia socialista só pode processar-se na mais estreita congregação com uma reestruturação política, orientada pela massa, como sua necessária pré-condição". No atual estágio social, que foram apresentados com algumas particularidades por meio dos estudos sobre o mundo do trabalho no segundo capítulo, torna-se imprescindível o levante de todos os movimentos sociais para a negação das formas dominantes de produção e apropriação da riqueza social. As alianças entre os setores progressistas devem objetivar lutas para além de legislações e direitos sociais circunscritos pelo Estado burguês. A luta deve pautar-se pelo *nunca mais* ao trabalho assalariado, produção desenfreada, lucro, mercado, acumulação privada do capital, questões tão presentes nos estudos sobre o trabalho. Se não atinarmos para as consequências da atual configuração histórico da humanidade, estamos sujeitos a nos tornar excreções em abundância do sistema. Portanto, é hora de uma ofensiva social pautada pelo rigor exigido, para não vivenciarmos uma caótica destruição do homem. "A verdade desagradável hoje é que se não houver futuro para um movimento radical de massa [...] também não haverá futuro para a própria humanidade" (Mészáros, 2003, p.108).

Não encontramos outra opção para a produção do conhecimento sobre o mundo do trabalho senão uma aproximação e construção teórico-prática aliada à *perspectiva revolucionária*. Nossa preocupação não é só com o saber, mas *com o saber para transformar*. Para levar a cabo essa proposta faz-se necessária a *prática radical* que, no entender de Chasin (1996, p.42) não pode ser uma simples política de oposição – esse é o simples jogo institucional democrático levado à perfeição (situação *versus* oposição), que subentende alternância de poder sobre o mesmo sistema material de existência. "Isso é o limite não desprezível da democracia, a liberdade limitada da vida limitada do capital, mas não a prática radical, que visa e identifica pela república social do trabalho." Só o potencial emancipatório da lógica humano-societária do trabalho – mais importante hoje do que em qualquer momento do passado – pode estabelecer tais diretrizes. Só o trabalho oferece a estrutura estratégica para todos os movimentos particulares na defesa, com sucesso, de seus alvos específicos. Assim, a retomada ou tomada efetivamente de ações que objetivam a *emancipação humana* pode levar a humanidade a lutar por necessidades que ultrapassem as necessidades imediatas à vida biológica, pois no momento os homens matam e lutam para sobreviver e essa sobrevivência é a imediata, como comer, beber, vestir etc. Quando a luta for além das necessidades *elementares ou vitais* será dado, de acordo com Marx, *o primeiro ato histórico* para a *prática radical à emancipação humana*. A *revolução não pode ser culto da miséria do homem destituído*, mas tem de partir das dimensões afirmativas – apropriação da natureza. "Adquirindo novas forças produtivas, os homens transformam seu modo de produção [...] transformam todas as relações sociais" (Marx apud Chasin, 1996, p.55).

O assistente social pesquisador que objetiva o rigor teórico exigido pela ciência autêntica e que privilegia a pesquisa e a produção do conhecimento como espaço de posicionamento político em favor da lógica do trabalho e, por conseguinte, da vida humana, deve, entretanto, perquirir *as intrincadas conexões* destrutivas do modo de produção capitalista e denunciar a produção e reprodução material e espiritual alienante. Nesse caso, a ética que cobramos do pesquisador é aquela que tem por finalidade contribuir com a *humanidade social* com suas inquietações e construções teóricas na direção da superação da lógica do capital, e não apenas saciar a fome voraz de "títulos" exigidos pela "Universidade Produtivista". De acordo com Barroco (2005, p.107-8, grifos do autor):

A ética objetiva-se com *reflexão teórica e ação prática*. Como *reflexão teórica*, nos chama a indagar filosoficamente sobre o valor das ações, sobre o que é justo e legítimo fazer, reflete criticamente sobre o significado histórico do agir humano e sobre os seus fundamentos objetivos dos valores e princípios que orientam a prática social dos homens. Trata-se de um saber interessado, portanto, de um conhecimento que nega a neutralidade da ciência, exigindo um posicionamento ético do pesquisador, pois conhecemos objetivamente um produto que seja valoroso para o determinado projeto ideal que desejamos que se realize com nossa ação. Como *ação prática*, a ética é a objetivação concreta dos valores, princípios, escolhas, deliberações e posicionamentos produzidos pela ação consciente dos homens diante de situações de afirmação/negação da vida, dos direitos e valores. Conceber a ética como uma ação crítica de um sujeito histórico que *reflete teoricamente*, faz escolhas conscientes, se responsabiliza, se compromete socialmente por elas e age praticamente para objetivá-las é conceber a ética como parte da *práxis*.

Outro fator importante nessa *perspectiva de conceber a pesquisa e a produção do conhecimento* diz respeito aos "milhões de teorias" sobre um determinado assunto. Quando isso acontece, surge a necessidade do confronto de ideias que, no caso, se torna inadiável, pois pensamentos que analisam a mesma questão e têm conclusões totalmente diferentes devem ser submetidos ao diálogo para percorrerem a verdadeira explicação do assunto investigado. Não estamos aqui defendendo o pensamento único, que tanto limita, mas cobramos o debate que enriquece o conhecimento científico. O confronto de concepções diferentes enriquece a ciência e, o que é plausível, faz cair por terra explicações equivocadas da realidade social, ou seja, falsas interpretações do *mundo dos homens*. A crítica,[8] portanto, surge como uma arma certeira para desmascarar o cientificismo vulgar que paira atualmente sobre a "Universidade Produtivista". O conhecimento crítico é a única arma que os estudiosos possuem para exigir o rigor teórico e, assim, negar definitivamente a pseudociência. O caminho é encarar a pesquisa e a produção do conhecimento sobre o mundo do trabalho como condição de consciência crítica e como componente necessário de toda proposta eman-

---

8 "Sem dúvida, a arma da crítica não pode substituir a crítica das armas; a força material só será derrubada pela força material; mas a teoria em si torna-se também uma força material quando se apodera das massas. A teoria é capaz de se apossar das massas ao demonstrar-se *ad hominem*, e demonstra-se *ad hominem* logo que se torna radical. Ser radical é agarrar as coisas pela raiz. Mas, para o homem, a raiz é o próprio homem" (Marx, 2005, p.86).

cipatória. Para não ser mero objeto de pressões alheias, é *mister* encarar a realidade com espírito crítico, tornando-a palco de possível construção social alternativa. "Aí, já não se trata de copiar a realidade, mas de reconstruí-la conforme os nossos interesses e esperanças. É preciso *construir a* necessidade de construir novos caminhos, não receitas que tendem a destruir o desafio da construção" (Demo, 1997a, p.10).

Sabemos que desde os programas de pós-graduação, passando pelas agências de fomento à pesquisa, os horizontes estão cravados de acordo com os ditames da produção quantitativa do conhecimento, que é a radicalização da ciência burguesa produtivista. As agências de fomento à pesquisa devem se adaptar aos programas de pós-graduação, levando em consideração as particularidades de cada área; e não ao contrário, como é na atualidade; ou seja, os programas de pós-graduação são adaptados às exigências dos órgãos de fomento à pesquisa. Muitos programas de pós-graduação funcionam, com sua "gestão empresarial", como uma verdadeira fábrica de conhecimento e diplomas. Quando o aluno ingressa na pós-graduação, é avaliado pela quantidade de artigos que publica e, na maioria das vezes, não é levada em consideração a qualidade científica do que se produz teoricamente, sem falar na pressão que sofre do próprio corpo docente para concluir o mestrado ou doutorado no prazo determinado pelas agências de fomento.

Entendemos que o modo como a "Universidade Produtivista" se relaciona com a pesquisa e a produção do conhecimento, de modo geral, é comprometedor, pois, ambas, como já destacamos, passam a ser, para alguns "acadêmicos", meros mecanismos para conseguirem os denominados "títulos", que se tornam *fetiches*[9] universitários. Cremos que, dessa maneira, o conhecimento

---

9 Mesmo cometido de boa-fé a compreensão da realidade social pode ser falsa, imagine quando objetivada com propósitos meramente de titulação acadêmica. Em relação aos "intelectuais" *estranhados* e aos *fetiches* universitários retomamos Lukács (1981, p.28): "Na sociedade capitalista, o fetichismo é inerente a todas as manifestações ideológicas. Isto quer dizer, sumariamente, que as relações humanas, que se mantêm na maior parte dos casos, por intermédio de objetos, aparecem, para esses observadores enganados pela miragem superficial da realidade social, como coisas; as relações entre os seres humanos aparecem, portanto sob os aspectos de uma coisa, de um fetiche. É o elemento fundamental da produção capitalista, a mercadoria, que fornece o exemplo mais claro dessa alienação. Tanto quanto por sua produção como por sua circulação, a mercadoria é, com efeito, o agente mediador de relações humanas concretas (capitalista-operário, vendedor-comprador etc.), e é necessário o funcionamento de condições sociais e econômicas – isto é, de relações humanas – muito concretas muito precisas para que o produto do trabalho do homem se torne mercadoria. Ora, a sociedade capitalista mascara essas relações humanas e as torna indecifráveis: dissimula cada vez mais o fato de

tende a tornar-se mais uma "mercadoria" possuidora de "valor-de-troca".[10] Citamos, como exemplo, a grande parte dos artigos produzidos nos programas de pós-graduação, que são permutados por créditos. Os pós-graduandos que o produzem devem tomar o cuidado para não se tornarem "intelectuais" *estranhados* com o que fazem, nem legitimar, como nunca, a concepção burguesa de ciência. Devemos nos alertar para não fazer da Universidade uma "feira de opiniões", onde são mercadejados os "achismos".

No caso específico do Serviço Social, as diretrizes curriculares do curso situam a profissão inserida no conjunto das relações de produção e reprodução da vida social, sendo de caráter interventivo e que atua no âmbito da "questão social". Essa aproximação da profissão com a realidade social não é simplesmente um epifenômeno. Por tal razão, acreditamos que os "objetos de estudos" do Serviço Social, necessariamente, partem de uma realidade concreta determinada socialmente, ou seja, estabelecem suas mediações em uma sociedade que se produz e reproduz por meio de suas *contradições inconciliáveis*. Portanto, ao nos aproximarmos de uma *concepção de pesquisa* que reconhece a realidade social como o ponto de partida das análises científicas e, consequentemente, da *produção do conhecimento* que desencadeia *rupturas*, entendemos que estamos próximos de respostas concretas para os dilemas da *mundaneidade social*.

Alusões às ciências sociais[11]

A pesquisa científica e suas "metodologias" estão submetidas à concepção burguesa de ciência, a qual potencializa o desenvolvimento do conhecimento segundo a óptica do capital. O conhecimento, ou melhor, a siste-

---

    que o caráter de mercadoria do produto do trabalho humano é apenas a expressão de certas relações entre os homens".

10 Advertência àqueles que fazem apreensões epistemologistas das categorias marxianas, as categorias da crítica da economia política foram citadas apenas como metáforas, não pretendemos analisar a produção de conhecimentos com as categorias de análise da produção de mercadorias.

11 As considerações desenvolvidas neste item têm como objetivo criticar o surgimento das ciências sociais como disciplinas isoladas. Temos clareza que com o desenvolvimento da economia, da história e da sociologia surgiram importantes intelectuais que negam e superam a origem fragmentada dessas "ciências", dentre eles podemos destacar Florestan Fernandes, Eric Hobsbawm, Ernest Mandel e inúmeros estudiosos da vida social.

matização da realidade social está voltada para interesses "produtivos", o que torna limitada a relação do saber com o *mundo dos homens*. Em favor dessa concepção, adota-se, frequentemente, *o argumento de que a extensão da ciência moderna é sinônimo de especializações em todas as áreas do saber* (Lukács, 1981). O conhecimento está fragmentado e é acentuado pela falta de diálogo entre as áreas, o que, consequentemente, colabora para a compreensão do homem e da sociedade como partes isoladas da dinâmica social e da tessitura histórica.

Nosso intuito, neste momento, é abrir o debate sobre a fragmentação a que as ciências sociais foram submetidas, diante da concepção burguesa de ciência. Segundo Lukács (ibidem, p.122, destaque do autor), o fato de que as "ciências sociais burguesas não consigam superar uma mesquinha especialização é uma verdade, mas as razões não são as apontadas". Tal questão não reside "na vastidão da amplitude do saber humano, mas no modo e na direção de desenvolvimentos das ciências sociais modernas". A decadência[12]

---

12 A decadência ideológica denunciada por Lukács é o período claramente marcado pela tentativa dos ideólogos burgueses em produzir um conhecimento que tem por premissa uma fuga da realidade, com explícita intencionalidade de manutenção da ordem social burguesa. Segundo Sousa (2005, p.59-60): "Para Lukács, a evolução do pensamento filosófico burguês pode ser pensada a partir de três estágios: 1) Vai até 1848, onde se desenvolve a filosofia burguesa clássica, na qual o pensamento filosófico da época era uma forma aberta para a elaboração de um saber verdadeiramente científico, de tal modo que os seus pensadores sustentavam a plena cognoscibilidade do mundo e mantinham uma grande independência face às exigências ideológicas de sua própria classe; 2) A partir de 1848, com a entrada autônoma do proletariado – em plano histórico-universal – na arena política até à emergência do imperialismo instaura-se o período da decadência ideológica. Este claramente marcado por uma fuga da realidade com explícita intencionalidade de manutenção da ordem burguesa está expresso na agência agnosticismo (manifesto no positivismo e no neokantismo) que derrui a crença no poder da razão de conhecer a essência verdadeira do mundo e da realidade, levando a reflexão a abandonar as grandes temáticas sócio-históricas; 3) Diz respeito à entrada do capitalismo na sua era imperialista, ou seja, naquela que é o momento estrutural que agudiza suas contradições. Neste estágio do capitalismo, ao mesmo tempo em que se intensificam as suas contradições, insurgem elementos indispensáveis que possibilitam tanto uma diminuição da percepção da brutalidade da chamada crise geral do sistema, como também, por outro lado, congregam esforços na tentativa de reação à teoria social que responde a práxis do proletariado. Desta maneira, sobre os limites do agnosticismo anterior, floresce uma estruturação filosófica em torno do irracionalismo que, neste momento, – à impossibilidade social e teórica de uma defesa do sistema, mas sem questionar a intocabilidade do modo de produção capitalista – propõe a falsa solução da 'terceira via': nem capitalismo, nem socialismo. Deste modo, inaugura-se no patamar epistemológico a pseudo-objetividade dos mitos e a intuição como instrumento do conhecimento verdadeiro".

da ideologia burguesa operou nas ciências sociais "uma intensa modificação, que não se pode mais relacionar entre si, e o estudo de uma não serve mais para promover a compreensão de outra. A especialização mesquinha tornou-se o método das ciências sociais".

As ciências sociais têm dificuldades de afirmarem-se diante da ciência moderna, por sua ineficiência em apresentar respostas "práticas". Seu modo específico de produzir conhecimento é questionado pelo pragmatismo dos filisteus capitalistas, os quais só objetivam as ciências que buscam os resultados para o avanço das forças produtivas. Isso justifica o ceticismo da ciência burguesa em relação às ciências sociais, pois a ciência positivista do capital se contentou, em sua maioria, em conhecer o universo singular de um determinado fenômeno empírico, sem preocupações de questionar as contradições históricas que o engendram.

Lukács (1981), ao afirmar que a "especialização mesquinha tornou-se o método das ciências sociais", na verdade está preocupado com os caminhos das ciências sociais, mais especificamente com a influência do pensamento conservador que pretende separar e criar inúmeras áreas do saber, tais como a sociologia, a economia, a história. Essas áreas correm o risco de não conseguirem se comunicar, tornando-se estranhas entre si, apesar de terem o mesmo ponto de partida em suas construções teóricas, ou seja, *a produção e a reprodução da vida social*. Observe as considerações de Lukács (ibidem, p.23):

> Iniciemos pela nova ciência da época da decadência: a sociologia. Ela surge como ciência autônoma porque os ideólogos burgueses pretendem estudar as leis e a história do desenvolvimento social separando-as da economia. A tendência objetivamente apologética desta orientação não deixa lugar a dúvidas. Após o surgimento da economia marxista, seria impossível ignorar a luta de classes como fato fundamental do desenvolvimento social, sempre que as relações sociais fossem estudadas a partir da economia. Para fugir desta necessidade, surgiu a sociologia como ciência autônoma; quanto mais ela elaborou seu método, tão mais formalista se tornou, tanto mais substituiu, à investigação das reais conexões causais na vida social, análises formalistas e vazios raciocínios analógicos [...] Paralelamente a este processo, ocorre na economia uma fuga da análise geral de produção e reprodução e uma fixação na análise dos fenômenos superficiais da circulação, tomados isoladamente. [...] Assim como a sociologia

deveria constituir uma "ciência normativa", sem conteúdo histórico e econômico, do mesmo modo a história deveria limitar-se à exposição da "unicidade" do decurso histórico, sem levar em consideração as leis da vida social.

As ciências particulares foram criadas para justificar a ciência moderna decadente ideologicamente.[13] A fragmentação da ciência é resultado da divisão social do trabalho.[14] Na sociedade burguesa, as atividades especializadas dos homens apresentam-se ocultas e autônomas diante do processo e do conjunto social. A perspectiva de totalidade, em que as partes são compostas por determinações que se engendram e se explicam em suas relações com o todo, é esquecida. Não há comunicação entre as atividades profissionais e, muito menos, entre os círculos do saber. Dentro do mundo acadêmico, há um vazio de comunicação entre as áreas do conhecimento. Isso é resultado direto dos absurdos criados pela "Universidade Produtivista", onde ouvimos em matéria de ciências sociais e humanas que certo autor faz uma abordagem histórica, outro, uma sociológica e o terceiro, uma econômica. Todos esquecem que, seja qual for a abordagem, o ponto de partida é a vida social que não se apresenta desconectada e é impossível de ser explicada pela unilateral perspectiva sociológica, histórica, econômica ou outra setorialização criada pelas ciências particulares.

---

13 Coutinho (1972, p. 22) argumenta: "[...] as contradições capitalistas tornaram-se explosivas, encarnação e produto dessas contradições, o proletariado surge na história como força social autônoma, capaz de resolver em sentido progressista os limites e antinomias do sistema capitalista. Indicar a realidade como algo essencialmente contraditório significa, doravante, fornecer armas teóricas ao movimento anticapitalista da classe operária. De crítica da realidade em nome do progresso, do futuro, das possibilidades reprimidas, o pensamento burguês transforma-se numa justificação teórica do existente. Em proporções cada vez maiores, a história e a economia perdem sua anterior importância filosófico-ontológica, deixando de desenhar um papel significativo na elaboração da concepção de mundo. E, com isso, perde-se a possibilidade de apreender a essência da realidade humana: a filosofia da decadência torna-se, cada vez mais, um pensamento imediatista, centrado nas aparências fetichizadas da realidade". A apreensão imediatista e escolástica é o mote das ciências sociais da decadência, pois a objetividade social é ignorada. As relações de produção e reprodução da vida social, o desenvolvimento social e econômico, não são considerados na elaboração das categorias teóricas. A atividade humana, a práxis social em todas as suas determinações, é progressivamente afastada do domínio da racionalidade. (Coutinho, 1972).

14 "Em consequência da divisão social do trabalho, a ciência está de fato alienada (e privada) da determinação social dos objetivos de sua própria atividade, que ela recebe 'pronta', sob a forma de ditames materiais e objetivos de produção, do órgão reificado de controle do metabolismo social como um todo, ou seja, do capital" (Mészáros, 2004, p. 270).

A fragmentação foi criada e permaneceu no círculo acadêmico ao longo do século XX, contribuindo para o desenvolvimento da Universidade que tem como um de seus principais objetivos formar especialistas, que sabem cada vez mais de menos. Portanto, o grande mal da ciência moderna são as ciências particulares. Destacamos o caso especial da sociologia, que quer acabar com o conflito de classes. Isso é um esforço que os sociólogos burgueses fazem, tendo como objetivo negar as contradições da realidade social. Lukács (1881) situa a sociologia como ciência típica da etapa de decadência da burguesia iniciada em 1848 e faz uma crítica voltada para a sociologia como ciência autônoma, que tem como objetivo de sua emergência dar respostas burguesas para as contradições oriundas do capitalismo.

A sociologia, como disciplina independente, nasce na Inglaterra e na França após a dissolução da economia política clássica e do socialismo utópico. Uma e outro, cada qual a seu modo, eram doutrinas gerais sobre a vida social e, em conseqüência, haviam tratado de todos os problemas essenciais da sociedade em relação com as questões econômicas que condicionam tais problemas. O nascimento da sociologia como disciplina independente faz com que o tratamento do problema da sociedade deixe de lado a sua base econômica; a suposta independência entre as questões sociais e as questões econômicas constitui o ponto de partida metodológico da sociologia. (Lukács, 1981, p.132)

A emergência da sociologia como disciplina autônoma explica as adjacências criadas pelos ideólogos do capitalismo para abonar as contradições sociais. A sociologia, a história, a economia[15] e as outras "ciências" que se preo-

---

15 "Paralelamente a este processo, ocorre na economia uma fuga da análise do processo geral de produção e reprodução e uma fixação na análise dos fenômenos superficiais da circulação, tomadas isoladamente. A 'teoria da utilidade marginal', elaborada no período imperialista, assinala o apogeu deste esvaziamento da economia na abstração e no formalismo. Enquanto na época clássica havia um esforço no sentido de compreender a conexão dos problemas sociais com os econômicos, a decadência coloca entre eles uma muralha divisória artificial, pseudocientífica e pseudometodológica, criando compartimentos estanques que não existem senão na imaginação. Análoga é a evolução da ciência histórica. Assim como, antes da decadência, economia e sociologia, na investigação concreta, só eram distinguíveis metodologicamente, a posteriori, também a História era profunda e estritamente ligada ao desenvolvimento da produção, ao íntimo progresso das formações sociais. Na época da decadência, também aqui a ligação é artificialmente desfeita, com finalidades objetivamente apologéticas. Assim como a sociologia deveria constituir uma 'ciência normativa', sem conteúdo histórico e econômico, do mesmo modo a História deveria limitar-se á exposição da 'unicidade' do decurso histórico, sem levar em consideração as leis da vida social" (Lukács, 1981, p.123).

cupam com o "social", o "histórico", o "econômico", o "cultural", o "político" foram criadas pelo modo burguês de compreender a sociedade. O século XX desenvolveu com extremismo, especialmente no espaço Universitário, – instituição que tem a função de sistematizar o saber e formar os "especialistas" – o papel de formular "metodologias" específicas para cada disciplina autônoma, o que fortaleceu o entendimento do homem e da sociedade como partes isoladas e sem vínculo com a produção e reprodução da vida social. Isso explica alguns estudos sobre o mundo do trabalho que se resumem a descrever a exploração do homem e não se preocupam com a potência revolucionária do trabalho. Observe a seguinte colocação de Lukács (1981, p.115): "A economia se limita, cada vez mais, a uma mera reprodução dos fenômenos superficiais. O processo espontâneo da decadência científica opera em estreito contato com a apologia consciente e venal da economia capitalista".

Conforme já adiantamos, as especializações em todas as áreas são resultantes da divisão social do trabalho. O maior problema que cerca essa questão é o grau de alienação posta sobre aqueles que frequentam e representam o espaço universitário, pois os reconhecidos por "acadêmicos", "cientistas", "intelectuais" contentam-se em ser especialistas em economia, em sociologia, em história, em antropologia, em filosofia, e desenvolvem um saber que pouca relevância tem para a *humanidade social*. A ciência em determinada época histórica pode ser a alavanca esclarecedora da humanidade, mas em outras, com influências "equivocadas" de concepção de mundo, pode ser um grande obstáculo. Consideramos "equivocados" os pontos de vista que priorizam o capital em detrimento do trabalho e produzem conhecimentos com recortes efêmeros da realidade social. Por essa questão que, em condições históricas favoráveis, a ciência pode realizar uma grande obra de esclarecimento, como ocorre nas épocas do Renascimento e do Iluminismo. Em contrapartida, verificam-se momentos históricos em que a processualidade social se desenvolve em direção inversa: "a ciência pode obscurecer, pode dar um sentido incorreto a impulsos ou talvez apenas a pressentimentos justos oriundos da vida cotidiana" (ibidem, p.100).

A confusão criada pela constituição fragmentada das ciências sociais traz procedimentos dificultosos para aqueles que se propõem a investigar a vida social. Há uma grande dificuldade em desvendar relevantes "fatos sociais" para serem os verdadeiros pontos de partida para os estudos. A realidade social se apresenta heterogeneizada e com diversificadas expressões da vida social, o que, em princípio, torna difícil a escolha do "fato social" relevante para a sistematização do conhecimento. Evidentemente, todo conhecimento da realidade parte de fatos. Trata-se, apenas, de saber quais dados da vida merecem (e em qual contexto metodológico) ser considerados como fatos importantes para o conhecimento (ibidem). É nesse momento que cabe o "preparo metodológico" do investigador diante da realidade social. Considerar a realidade e *suas formas de ser e existir* é remeter ao cotidiano de uma sociedade em que as relações sociais emergem e são submetidas diretamente à relação entre capital *versus* trabalho. Torna-se impossível, na investigação sobre a vida social, desconsiderar esse conflito. O que temos são abordagens das ciências sociais e humanas recheadas de cientificidade, mas esquecem de levar em consideração em suas pesquisas tal *protoforma* que constitui as relações sociais.

Nesse caso, podemos citar Durkheim e Weber, que apresentam importantes contribuições para as ciências sociais, mas se limitam a construir um conhecimento que explica e justifica as contradições da sociedade, sem propostas de rupturas nem superações. Durkheim, em sua proposta metodológica para a sociologia, sugere tratar os "fatos sociais" como coisas que não se nivelam à natureza, mas que devem ser analisadas a partir de procedimentos científicos semelhantes aos das ciências naturais. Os "fatos sociais" são exteriores ao indivíduo e pertencem à sociedade. Na análise desses fatos, o pesquisador deve despir-se das pré-noções que exercem influências, para observá-los em estado de pureza. O papel da pesquisa social é estudar a gênese e o funcionamento das instituições sociais e analisar a realidade objetiva por meio da observação, da descrição, da comparação, negando as maneiras de investigar que vão das ideias para as coisas. Para Durkheim (1999, p.28): "É preciso considerar os fenômenos sociais em si mesmos, separados dos sujeitos conscientes que os recebem; é preciso estudá-los de fora, como coisas exteriores, pois é nessa qualidade que eles se apresentam a nós". Aqui se encaixam os principais aforismos da perspectiva positivista, segundo a qual a sociedade é regida por leis naturais, por isso ela pode ser estudada pelos mesmos métodos e processos das ciências da natureza e a abordagem científica deve ser objetiva e neutra.

Weber, de certa forma, contribuiu significativamente para as ciências sociais ao considerar a aproximação dos processos sociais a partir da compreensão das intencionalidades e ações dos sujeitos, que se sobrepõem às condições objetivas que os cercam. Na investigação, o cientista é inspirado por seus próprios valores e ideais em que acredita e pelos quais luta. Por isso ele deve estar capacitado para distinguir entre reconhecer e julgar, e para cumprir o dever científico de ver a verdade dos fatos, como o dever prático de defender os próprios ideais. Para Weber, os valores devem ser incorporados conscientemente à pesquisa e controlados por meio de procedimentos rigorosos de análise, caracterizados como "esquemas de explicação condicional". Os valores vão se tornar um guia necessário que conduz à escolha de certo objeto pelo pesquisador, ou seja, sua ação é seletiva. A partir daí, ele definirá certa direção para sua explicação e os limites da cadeia causal, ambas orientadas por valores. "As relações de causalidade, por ele construídas na forma de hipóteses, constituirão um esquema lógico-explicativo, cuja objetividade é garantida pelo rigor e obediência aos cânones do pensamento científico." O ponto essencial a ser salientado é que o próprio cientista é quem atribui uma ordem aos aspectos do real e da história que estuda. "Através dessa ordem, procura estabelecer uma relação causal entre certos fenômenos e produz o que chamamos de tipo ideal" (Quintaneiro, 1995, p.137).

Segundo Weber (1991, p.106):

> Obtém-se um tipo ideal mediante a *acentuação* unilateral de *um ou vários* pontos de vista, e mediante o encadeamento de grande quantidade de fenômenos *isoladamente* dados, difusos e discretos, que se podem dar em maior ou menor número ou mesmo faltar por completo, e que se ordenam segundo os pontos de vista unilateralmente acentuados, a fim de se formar um quadro homogêneo de *pensamento*. Torna-se impossível encontrar empiricamente na realidade esse quadro, na sua pureza conceitual, pois trata-se de uma *utopia*.

Löwy (1978, p.14) comenta que Weber, em certos escritos metodológicos sobre as ciências sociais, reconhece que os valores do pesquisador desempenham papel de destaque na seleção do "objeto de pesquisa" e na determinação da problemática das questões a serem postas. "Mas ele assinala que as respostas fornecidas, a pesquisa mesma, o trabalho empírico do cientista, devem estar livres de qualquer valoração, e seus resultados aceitos por todos. Como se a escolha das questões não determinasse, em larga medida, as respostas mesmas!" A contradição de Weber é que ele se situa a meio caminho entre o desconhecimento do determinismo social[16] do pensamento sociológico nos positivistas e sua aceitação integral pelos marxistas (Goldmann apud Löwy, 1978).

Ao tratar os "fatos isolados" ou elaborar os "tipos ideais", instituem-se teorias específicas que os justificam. Os teóricos evitam o confronto com a realidade social, as concepções de mundo ditas científicas afastam-se da vida cotidiana e de suas contradições que devem ser o ponto de partida para suas reflexões. "Os causídicos do capital afastam-se de tal forma da realidade que acabam por falsificar a própria realidade" (Lukács, 1981, p.65). Esquecem que os conhecimentos produzidos partem da realidade concreta e que, para sua sistematização, devem enfrentar as contradições que a compõem. Não queremos engessar as manifestações da vida social. O que almejamos é destacar a centralidade da relação conflituosa entre o capital e o trabalho e as consequentes vivências políticas e ideológicas que daí emanam. O teórico, o pesquisador que objetiva sistematizar a realidade social, deve partir de fatos concretos da realidade social, pois, se desconsiderar a determinação material, corre o risco de criar a realidade de acordo com sua subjetividade. Lukács (1981, p.66) nos esclarece que:

> o caráter fetichista das formas econômicas, a reificação de todas as relações humanas, a extensão crescente de uma divisão do trabalho que atomiza abstrata e racionalmente o processo de produção sem levar em conta as possibilidades e as capacidades humanas dos produtos imediatos – tudo isto transforma os fenômenos sociais e sua apreensão. Daí o surgimento de fatos "isolados", de conjunto isolados de fatos, de setores particulares com legalidade própria (teoria econômica, direito, etc.) que se afiguram, na sua aparência imediata, como largamente elaboradas pelo estudo científico...

---

16 De acordo com Löwy (1994, p.41): "Os julgamentos de valores, os pontos de vista de classe, as ideologias, utopias e visões de mundo dos grupos sociais influenciam de forma decisiva – direta ou indireta, consciente ou não – *o conjunto da atividade científica e cognitiva* no domínio das ciências sociais. Isto é, tanto a *problemática* como a *pesquisa empírica* dos fatos e de sua causalidade, assim como sua *interpretação* social e histórica de conjunto".

A invenção da realidade é um triunfo que a ciência decadente,[17] especialmente as ciências sociais e humanas, campeia para fugir da necessária crítica às determinações maléficas do capital. A partir do momento em que a produção do conhecimento foi captada pelo modo de ser da ciência burguesa, pouco se produziu em uma direção na qual a teoria é o pressuposto para a orientação de atos de *superação social*. Emergem os *justificadores* das condições sociais vigentes, em que seus principais papéis são de apenas diagnosticar as relações e as condições de produção e reprodução da vida social, em busca de saídas sem rupturas com o atual sistema. O conhecimento produzido, que tem como principal objetivo não só o diagnóstico, mas a supressão da sociedade dada, é negado e considerado "influência ideológica" com pouca cientificidade. As ciências sociais que justificam o capital negam as críticas dirigidas ao desenvolvimento social e impõem a perspectiva da neutralidade ideológica. Com isso, seu papel resume-se a um aparato ideológico apologético do modo de existir do mundo do capital.

Mészáros (2004, p.152) destaca que o "pensamento veleitário" prevaleceu, anunciando a si mesmo como a manifestação evidentemente superior da sabedoria científica pragmática, orientada para a eficiência e a tecnologia, "não-utópica, modestamente realista, não-prometéica, gradualista, voltada para a engenharia social, racional e apologética". Emergem, portanto, o mito da neutralidade ideológica e a imposição do desenvolvimento da ciência[18] em prol da tecnologia da produção capitalista.

---

17 Pinassi (2009, p.16) comenta que: "Os condicionamentos históricos bem como as conexões ontológicas entre o mundo das idéias e o mundo da materialidade constituem a essência do realismo para Marx, aspecto substantivo ao conceito da *decadência ideológica* desenvolvido por Lukács, que, em sua vasta obra, comprovou ser este um dos mais férteis instrumentos da ciência marxiana da história. Para Marx e também Lukács, o *momento predominante* ao conceito de *decadência ideológica* coincide com a conclusão dos esforços revolucionários da burguesia e o inicio da sua hegemonia, da *sua localização no comando da estrutura do capital*. Nessa medida, o sentido da *decadência ideológica* é a contraface – absolutamente necessária – do brutal desenvolvimento material e tecnológico deflagrado a partir daí; e o seu comprometimento passa a se estabelecer tão somente com a reprodução incessante da estrutura sociometabólica do capital, mitigando as resistências e amaciando o curso do controle".

18 "O caráter histórico dos 'fatos' que a ciência acredita tomar [...] produtos de uma época histórica determinada – a época do capitalismo [...] esta 'ciência', que reconhece como fundamento do valor científico o modo pelo qual os fatos são imediatamente dados e como ponto de partida da conceptualização científica a sua forma de objetividade, está ciência se coloca, simples e dogmaticamente, sobre o terreno da sociedade capitalista, aceitando sem crítica a sua essência, a sua estrutura de objetividade, as suas leis como fundamento imutável da 'ciência'..." (Lukács, 1981, p.67).

A ciência burguesa decadente[19] não se preocupa em construir um conhecimento que leva em consideração a condição humana e a probidade teórica. Os cientistas apologéticos não conseguem superar, em sua maneira de fazer ciência, os próprios limites de sua vida social. Ao reivindicar a neutralidade ideológica, situação impossível nas ciências sociais, faz dela um mecanismo irracional que nega o desenvolvimento sócio-histórico e evita produzir conhecimentos que têm como pressuposto o *mundo da atividade concreta do homem*. "O impasse ao qual conduz o mito positivista de uma ciência da sociedade livre de julgamento de valor e ideologicamente neutra mostra a necessidade de procurar *outra noção* para a construção de um modelo de objetividade científico-social" (Löwy, 1994, p.204).

A neutralidade ideológica entra no campo da incoerência, pois seu objetivo é desenvolver um saber que sustenta o desenvolvimento harmônico do capital e, consequentemente, negar e classificar como não científico e de caráter ideológico um conhecimento que põe em dúvida a sociedade burguesa. Ao posicionar-se dessa forma, a ciência que prega a neutralidade é a mais parcial das ciências no *mundo dos homens*.

Os interesses alienados, em defesa de uma ciência "neutra" para a classe trabalhadora, mas parcial para o capital, estão cada vez mais presentes na produção científica do capital. Observe o seminal comentário de Marx (2002a, p.24):

> Não interessa mais saber se este ou aquele teorema era verdadeiro ou não; mas importava saber o que, para o capital, era útil ou prejudicial, conveniente ou inconveniente, o que contrariava ou não a ordenação policial. Os pesquisadores desinteressados foram substituídos por espadachins mercenários, a investigação científica imparcial cedeu seu lugar à consciência deformada e às intenções perversas da apologética.

Em relação à produção do conhecimento sob o jugo das ciências burguesas, no âmbito da organização e da divisão capitalista do trabalho, Mészáros (2004, p.291) destaca três aspectos relevantes: 1) a parcialidade e a fragmen-

---

19 Para Lukács (1968, p.3): "[...] a decadência foge covardemente da expressão da realidade e mascara a fuga mediante o recurso ao 'espírito objetivo' ou a ornamentos românticos. Em ambos os casos, é essencialmente acrítica, não vai além da superfície dos fenômenos, permanece na imediaticidade e cata ao mesmo tempo migalhas contraditórias de pensamento, unidas pelo laço do ecletismo."

tação da produção intelectual; 2) as diferenças de talento e motivação, assim como uma tendência à competição a elas associadas; 3) um antagonismo social historicamente específico, articulando em uma rede de complexos sociais hierárquicos que integram, em seu quadro, as tendências – em si e por si ainda indefinidos – dos dois primeiros, dando-lhes um sentido de acordo com suas determinações e imperativos estruturais.

O conhecimento está fragmentado pelas condições de existência das instituições de pesquisa, com destaque à Universidade, responsável, na maioria dos casos, dentro da divisão social do trabalho, pela sistematização do saber. O conhecimento moderno, fragmentado, resume-se numa dimensão de amparo às justificativas ideológicas conservadoras. Isso é explicado pelo crescimento das ciências naturais que, necessariamente, são voltadas para interesses pragmáticos, ou seja, suas pesquisas potencializam o desenvolvimento industrial, tecnológico e as ramificações do desenvolvimento do capital e, por conseguinte, negam radicalmente a condição do trabalho. Nesse processo, as ciências sociais e humanas têm dificuldades de objetivar pragmaticamente seus estudos e são deixadas, em muitos casos, em segundo plano no âmbito científico.

As ciências naturais, ao desvencilharem-se da filosofia[20] e do conjunto social, criaram uma maneira específica de fazer ciência. Elas se consideram alheias aos processos sociais que as cercam. Suas preocupações resumem-se na ampliação dos valores de troca. A ciência fetichizada preocupou-se em desenvolver conhecimento que facilite a dinâmica da acumulação do capital. Ao longo de todo o seu desenvolvimento, a ciência moderna foi obrigada a servir, com todos os meios a sua disposição, à expansão do valor de troca, dentro do quadro de um sistema de produção orientado para o mercado que, em si, estava sujeito aos ditames da concentração e da centralização do capital, assim como à absoluta necessidade de lucro sob as condições da composição orgânica do capital (cf. Mészáros, 2004).

As ciências sociais, contudo, desenvolveram avantajadas tradições apologéticas e, em consequência, um discurso ideológico que busca, a qualquer

---

20 "a filosofia não favorece, mas obstaculiza, o desenvolvimento das ciências naturais e, particularmente, a clarificação de seus métodos e de seus conceitos fundamentais. Basta recordar [o] período de Nicolau de Cusa e Hegel, de Galileu aos grandes cientistas da primeira metade do século XIX, filosofia e ciências naturais fecundavam-se mutuamente; no qual os cientistas propunham generalizações filosóficas extremamente importantes, enquanto os grandes filósofos, em prosseguimento direto de suas análises metodológicas, encorajavam o desenvolvimento da matemática e das ciências naturais" (Lukács, 1981, p.131).

custo, justificar as contradições sociais e negar uma "concepção da História que veja na luta de classes a força motriz do desenvolvimento e no capitalismo uma forma social transitória" (Lukács, 1981, p.130). A principal questão em jogo é a seguinte: na realização de pesquisas e na produção de conhecimentos, não se devem deixar fora da pauta as bases objetivas da sociedade que, infelizmente, têm propósitos voltados somente para a produção e reprodução da riqueza. Isso está ligado diretamente com o sistema orgânico do capital, que é dotado de lógica própria e de um conjunto objetivo de imperativos, que subordina a si – para o melhor e para o pior, conforme as alterações das circunstâncias históricas – todas as áreas da atividade humana, desde os processos econômicos mais básicos até os domínios intelectuais e culturais mais mediados e sofisticados (cf. Mészáros, op. cit.).

O objetivo de nossa modesta alusão às ciências sociais, no entanto, é edificar uma proposta que tem suas premissas no *pensamento crítico*, o qual põe em xeque o metabolismo social. Dessa forma, o modo de sistematizar a realidade social tem de passar, necessariamente, pelo crivo da crítica, tendo por base um "diagnóstico" da sociedade burguesa, a qual, felizmente, não se sustenta, especialmente por suas bases objetivas de produção e distribuição da riqueza.

Pressupostos de uma perspectiva ontológica materialista-histórica[21]

Inúmeras interrogações surgem sobre a questão do método[22] e da metodologia nas ciências sociais. Em todas as pesquisas acadêmicas, há exigência pela metodologia que, na ciência moderna, se manifesta como o

---

21 "[A] tarefa de uma ontologia materialista tornada histórica é descobrir a gênese, o crescimento, as contradições no interior do desenvolvimento unitário; é mostrar que o homem, como simultaneamente produtor e produto da sociedade, realiza em seu ser homem algo mais elevado que ser simplesmente exemplar de um gênero abstrato, que o gênero – nesse nível ontológico, no nível do ser social desenvolvido – não é mais uma mera generalização à qual os vários exemplares se liguem 'mudamente'; é mostrar que esses, ao contrário, elevam-se até o ponto de adquirirem uma voz cada vez mais claramente articulada, até alcançarem a síntese ontológico-social de sua singularidade, convertida em individualidade, com o gênero humano, convertido neles, por sua vez, em algo consciente de si (Lukács, 1979, p. 15).

22 "A busca de uma explicação 'verdadeira' para as relações que ocorrem entre os fatos, quer naturais, quer sociais, passa, dentro da chamada teoria do conhecimento, pela discussão do método" (Pádua, 2004, p.16).

caminho seguro e sistemático no desenvolvimento do estudo. Em nossa compreensão, o método é um modo de apreensão do real, que tem por base uma concepção de mundo e pressupostos teóricos, nos quais o pesquisador se apoia para investigar determinada realidade social ou abordar determinado assunto.

Assim posto, propomo-nos, neste momento, uma breve aproximação a uma das visões[23] de mundo que embasam as pesquisas em Serviço Social. Objetivamos assinalar, em traços gerais, a denominada concepção dialética e como esse modo de apreender a realidade social esteve presente em alguns pensadores da humanidade. Em seguida, teceremos apontamentos do que designamos *perspectiva ontológica materialista-histórica*.

Partindo do berço do pensamento ocidental, da Grécia Antiga, temos indícios de que a dialética era concebida como a arte do diálogo. Na concepção moderna, ela é entendida como o modo de pensar as contradições da realidade social e de compreendê-las como essencialmente contraditórias e em permanente transformação. Da arte do diálogo ao modo de pensar as contradições da realidade, a dialética foi interpretada por diversos pensadores na história da humanidade.

Aristóteles considerava Zênon de Eleia (*c.* 490-430 a.C.) o fundador da dialética, mas foi Heráclito de Éfeso (*c.* 535-470 a.C.) o pensador dialético mais radical. Nos fragmentos deixados por Heráclito, pode-se ler que tudo existe em constante mudança, que *o conflito é o pai e o rei de todas as coisas*. Na Antiguidade, Heráclito não foi compreendido, pois consideraram seu modo de pensar confuso. O pensamento predominante na Antiguidade era o metafísico, tendo Parmênides de Eleia (*c.* 540-470 a.C.) anunciado que "a essência profunda do ser era imutável e a mudança era um fenômeno superficial", o que predominou em sua época, conforme citado por Konder (1981, p.10).

Aristóteles (370-322 a.C.), descrito por Marx como o maior pensador da Antiguidade, "um pensador portentoso", reintroduziu princípios dialéticos em explicações dominadas pelo modo de pensar metafísico. Aristóteles (apud Marx, 1983, p.63) indagou-se sobre as relações de troca das mercadorias em sua sociedade da seguinte maneira:

---

23 "Horizonte, perspectiva, ponto de vista, campo de visibilidade: estas metáforas óticas não devem evidentemente ser compreendidas em um sentido literal; simplesmente elas permitem colocar em evidência que o conhecimento, o saber ('a visão') estão estreitamente ligados à posição social ('altura') do observador científico" (Löwy, 1994, p.109).

Porque todo o bem pode servir para dois usos [...] Um é próprio à coisa em si, mas não o outro; assim, uma sandália pode servir como calçado, mas também como objeto de troca. Trata-se, nos dois casos, de valores de uso da sandália, porque aquele que troca a sandália por aquilo de que necessita, alimentos, por exemplo, serve-se também da sandália. Contudo, não é este o seu uso natural. Pois que a sandália não foi feita para troca. O mesmo se passa com os outros bens.

Ou seja, como podemos permutar coisas diferentes pelo mesmo valor, mas que não coincidem em sua essência? Marx retoma Aristóteles quando discute o *valor de uso e o valor de troca* das mercadorias. No momento, resgatamos tal passagem, para demonstrar que Aristóteles, com essa indagação, remetia à realidade social das relações de troca da sociedade grega. Contudo, como a estrutura social era composta por homens livres e por escravos, o que não proporcionava a divisão do trabalho, Aristóteles não caminhou para a solução dessa indagação.[24] Assim, podemos dizer que a metafísica prevaleceu sobre a dialética nas explicações sobre as relações sociais, mas a dialética sempre esteve presente na *prática social*.

Na Idade Média, a dialética é expulsa da filosofia com o imperialismo da teologia. Nessa época, os homens reproduzem-se, em sua maioria, nos campos e a explicação dos fenômenos da humanidade era contemplada pela concepção teológica.

Na decadência do feudalismo e, consequentemente, com o surgimento do comércio e das cidades, ocorreram significativas mudanças na organização material da sociedade. Novos parâmetros racionais são cobrados para explicar tais mudanças. No *Renascimento*, o *teocentrismo* cede lugar ao *antro-*

---

24 Marx (2002a, p.81-2) escreve no primeiro capítulo de *O capital*: "Aristóteles, porém, não podia descobrir, partindo da forma valor, que todos os trabalhos são expressos, na forma dos valores das mercadorias, como um só e mesmo trabalho humano, como trabalho de igual qualidade. É que a sociedade grega repousava sobre a escravatura, tendo por fundamento a desigualdade dos homens e de suas forças de trabalho. Ao adquirir a idéia da igualdade humana a consciência de uma convicção popular é que se pode decifrar o segredo da expressão do valor, a igualdade e a equivalência de todos os trabalhos, por que são e enquanto são trabalho humano geral. E mais, essa descoberta só é possível numa sociedade em que a forma mercadoria é a forma geral do produto, e, em conseqüência, a relação dos homens entre si como possuidores de mercadorias é a relação social dominante. O gênio de Aristóteles resplandece justamente na sua descoberta da relação de igualdade existente na expressão do valor das mercadorias. Somente as limitações históricas da sociedade em que viveu impediram-no de descobrir em que consistia, 'verdadeiramente', essa relação de igualdade".

pocentrismo, a dialética sai dos subterrâneos, havendo um ressurgimento da arte e da literatura, seguido do desenvolvimento das ciências naturais.

Nesse contexto, diversos pensadores indagam-se sobre as condições objetivas da humanidade. Giordano Bruno (1548-1606) exaltou o *homo faber*, o homem capaz de dominar as forças naturais e de modificar criadoramente o mundo. Para Montaigne (1533-1592), "Todas as coisas estão sujeitas a passar de uma mudança a outra, a razão, buscando nelas uma substância real, só pode frustrar-se, pois nada pode apreender de permanente, já que tudo ou está começando a ser – e absolutamente ainda não é – ou então já está começando a morrer antes de ter sido". Galileu Galilei (1564-1642) e René Descartes (1596-1642) descobrem que a condição natural dos corpos era o movimento e não o estado de repouso. Pascal (1623-1654) reconheceu o caráter instável, dinâmico e contraditório da condição humana. Para Giambattista Vico (1680-1744), o homem não podia conhecer a natureza, que é feita por Deus, mas sustentava que o homem podia conhecer sua própria história, pois é criada por ele. A principal diferença entre a natureza e a história é que fazemos a segunda e não a primeira (Konder, 1981; Löwy, 1994).

No *Iluminismo*, movimento de ideias precedentes à Revolução Francesa, os pensadores perceberam que os resquícios do feudalismo deveriam desaparecer, para dar lugar a um mundo novo, mais racional. A Revolução Francesa permitiu aos filósofos uma compreensão mais concreta da dinâmica das *transformações sociais*. Dentre os pensadores dessa época, destacamos Denis Diderot (1713-1784), que compreendeu o indivíduo como um ser condicionado por um movimento mais amplo, pelas mudanças da sociedade em que vivia. Jean-Jacques Rousseau (1712-1778), para quem os homens nasciam livres, mas a organização da sociedade lhes tolhia o exercício da liberdade natural. A observação da estrutura social de seu tempo e suas contradições permitiu a Rousseau perceber os exageros dos conflitos de interesses entre os indivíduos, a má distribuição da propriedade, o poder concentrado em poucas mãos, e as pessoas escravizadas a seu próprio egoísmo (cf. Konder, 1981).

Alguns aspectos podem ser elevados como características gerais do pensamento francês do século XVIII. Dentre eles, destacam-se a *confiança na razão como instrumento de obtenção do conhecimento e de modificação da realidade*, a ênfase aos dados obtidos mediante a observação e a experimentação, o antidogmatismo e, consequentemente, a crítica à religião e a adesão à noção de progresso. Nesse momento, a razão passa a ter um papel primordial na vida do homem, sendo considerado um atributo natural do ser e o meio possível de obtenção do saber.

O século XVIII, em relação à produção do conhecimento científico, toma rumos diferentes daqueles empreendidos pelo século anterior. O século XVII caracterizou-se pela construção de sistemas filosóficos baseados na ideia de que só se chegaria ao saber se se chegasse a certezas das quais novos conhecimentos pudessem ser dedutivamente derivados. Já no século XVIII, renuncia-se a esse procedimento, com base em Isaac Newton (1643-1727) que propunha a análise em vez da dedução como procedimento para obtenção do conhecimento. Assim a experiência, a observação e o pensamento deveriam buscar a ordem das coisas nos próprios fatos e não mais nos conceitos. A análise possibilitaria a identificação daquilo que é comum e permanente entre os particulares, conduzindo a princípios gerais. Cabe à razão, partindo dos fatos – recolhidos pela observação –, relacioná-los e identificar suas dependências. Ainda nesse século não podemos deixar de destacar a exclusão de Deus do destino do homem. As ações dos homens deixam de ser explicadas em função de uma finalidade divina. O homem passa a ser dono de seu destino e, como tal, criador da própria sociedade. Deus, quando admitido, é apenas iniciador e mantenedor do funcionamento da máquina newtoniana do mundo, sem nela interferir. De acordo com Andery (1988, p.340):

> O "Deus todo poderoso" passa a ser substituído pelo "homem todo-poderoso": a crença no poder do homem é intensa e isto se dá em função da crença no poder da razão, seja como instrumento de produção de conhecimento, seja como guia das ações humanas. Inter-relacionada à crença no poder da razão está a idéia de progresso, uma vez que se concebe a própria razão como agente do progresso humano: o progresso ocorre na medida em que existe a aplicação crescente da razão no controle do ambiente físico e cultural.

A passagem do século XVIII ao XIX marca transformações de radical impacto na base material da sociabilidade e, com isso, despontam reivindicações de uma ainda maior racionalidade à explicação dos fenômenos naturais e, especialmente, dos sociais. Nesse período, surgem astutos pensadores, que vão subsidiar o pensamento social moderno.

Dentre os principais pensadores, destacamos Immanuel Kant (1724-1804), que percebeu que a consciência humana não se limita a registrar passivamente as impressões provenientes do mundo exterior, mas interfere ativamente na realidade. Kant confrontou suas ideias com o racionalismo e o empirismo predominante em seu tempo, sua discussão concentra-se em torno da *possibilidade do conhecimento*. Ele se inquieta com o mundo como objeto da ciência e com o homem, como ser capaz de fazer a ciência no mundo. Ao associar homem e mundo na explicação científica, preocupa-se com os estudos sobre a capacidade do conhecimento humano.[25]

Para Kant, na produção do conhecimento, é necessária a existência do objeto que desencadeia a ação do pensamento e ao qual todo conhecimento deve se referir. É de fundamental importância a participação do sujeito ativo que pensa, conecta o que é captado pelas impressões sensíveis fornecendo, para isso, algo de sua própria capacidade de conhecer. Ao partir de tal preposição, ele discute a vinculação entre a razão e a experiência e o alcance que cada uma, isoladamente, possibilita, ao descrever a origem do processo do conhecimento. Nesta ocasião, torna-se necessário recorrermos a uma longa citação de Kant (1999, p.53), que consideramos de alta envergadura para melhor explicitação de sua contribuição:

> Que todo o conhecimento começa com a experiência, não há dúvida alguma, pois, do contrário, por meio do que a faculdade de conhecimento deveria ser despertada para o exercício senão através de objetos que tocam nossos sentidos e em parte produzem por si próprios representações, em parte põem em movimento a atividade do nosso entendimento para compará-las, conectá-las ou separá-las e, desse modo, assimilar a matéria bruta das impressões sensíveis a um conhecimento dos objetos que se chama experiência? *Segundo o tempo*, portanto, nenhum conhecimento em nós precede a experiência, e todo ele começa

---

[25] Segundo Manfredo Araújo de Oliveira (apud Tonet, 2005, p.17): "O mundo moderno é marcado por um grande acontecimento epistemológico: o aparecimento da ciência moderna da natureza, que implica um novo modelo de autocompreensão do homem, cuja explicação filosófica coincide com o longo processo de desenvolvimento dos sistemas filosóficos da época e que vão culminar na filosofia de Kant [...] A filosofia de Kant tematiza com toda clareza aquilo que era a tendência oculta da filosofia moderna: a função construtiva da subjetividade no conhecimento. E nisto consiste, precisamente, a reviravolta copernicana da filosofia, ou seja, que o mundo só é articulável como mundo, ou seja, que o mundo só chega a si mesmo através da mediação da subjetividade".

com ela. Mas embora todo conhecimento comece *com* a experiência, nem por isso todo ele se origina justamente *da* experiência. Pois poderia bem acontecer que mesmo o nosso conhecimento de experiência seja um composto daquilo que recebemos por impressões e daquilo a nossa própria faculdade de conhecimento (apenas provocada por impressões sensíveis) fornece de si mesmo, cujo aditamento não distinguimos daquela matéria-prima antes que um longo exercício nos tenha tornado atento a ele e nos tenha tornado aptos à sua abstração. Portanto, é pelo menos uma questão que requer uma investigação mais pormenorizada e que não pode ser logo despachada devido aos ares que ostenta, a saber se há um tal conhecimento independente da experiência e mesmo de todas as impressões dos sentidos. Tais *conhecimentos* denominam-se *a priori* e distinguem-se dos empíricos, que possuem suas fontes *a posteriori*, ou seja, na experiência. Todavia, aquela expressão não é ainda suficientemente determinada para designar de todo o sentido adequadamente à questão proposta. Com efeito, de muito conhecimento derivados de fontes da experiência costuma-se dizer que somos capazes ou participantes dele *a priori* porque o derivamos não imediatamente da experiência, mas de uma regra geral que, não obstante, tomamos emprestada da experiência [...] conhecimentos *a priori* entenderemos não os que ocorrem de modo independente desta ou daquela experiência, mas *absolutamente* independentes de toda a experiência. A eles são contrapostos ou aqueles que são possíveis apenas *a posteriori*, isso é por experiência. Dos conhecimentos *a priori* denominam-se *puros* aqueles aos quais nada de empírico está mesclado. Assim, por exemplo, a proposição: cada mudança tem sua causa, é uma proposição *a priori*, só que não pura, pois mudança é um conceito que só pode ser tirado da experiência.

Na fundamentação do padrão científico moderno, Kant faz uma afirmação da maior importância. Diz ele que nós não podemos conhecer a "coisa em si". O que significa que não podemos ter acesso à essência das coisas, que só podemos saber o que as coisas são para nós, uma vez que o único meio que temos de acesso a elas são os dados que os sentidos trazem.

Ora, o que as coisas são para nós? O resultado do que nós, munidos das formas da sensibilidade (espaço e tempo) e das categorias *a priori* (quantidade, qualidade, relação e modalidade) fazemos delas. Daí porque, conclui ele, que nós não podemos conhecer o número (essência), mas apenas o fenômeno (aparência). (Tonet, 2005, p.18)

Nas investigações sobre o universo espiritual do homem à procura de seus fundamentos últimos, necessários e universais, Kant[26] objetivou reunir explicações do homem e do mundo e construiu um "paradigma filosófico" para os pensadores que o procederam.

Passamos agora para Friedrich Hegel (1770-1831). Ele afirmava que a contradição era um princípio básico que não podia ser suprimido nem da consciência do sujeito, nem da realidade objetiva. Para Hegel, a questão central da filosofia era a questão do *ser em si mesmo*, e não do conhecimento. Hegel percebe com lucidez que o *trabalho* é a mola que impulsiona o desenvolvimento do homem; *é no trabalho que o homem produz a si mesmo*; o trabalho é o núcleo a partir do qual podem ser compreendidas as formas complicadas da atividade criadora do ser social. Hegel subordinava os movimentos da realidade material à lógica de um princípio a que ele chamava de *Ideia Absoluta*.

Cabe, neste momento, um espaço para apresentar a importância de Hegel. Devemos entender seu pensamento do ponto de vista de um movimento filosófico que permite a libertação do homem como sujeito autônomo, capaz de dirigir seu próprio desenvolvimento, sob o escudo dos ideais revolucionários de 1878.[27] Para Hegel, o homem é limitado à ordem existente das coisas.

---

26 De acordo com José Paulo Netto (apud Tonet, 2005, p.18-9): "Mesmo correndo o risco de uma excessiva esquematização, creio que, no âmbito do racionalismo contemporâneo, há duas posições fundamentais em face do processo do conhecimento do social. A primeira – que possui inequívocas raízes na tradição kantiana – concebe a análise dos fenômenos a partir de sua expressão empírica, com um andamento intelectivo, que conduz à formulação lógico-abstrato (universal) de um modelo ou paradigma compreensivo dos processos que eles sinalizam, das suas tendências e regularidades. Nesta ótica, o trabalho teórico tem na sistematização operada sobre o material empírico (seleção, organização, classificação, tipificação, categorização) um patamar prévio: é sobre ela que a teoria se estrutura, produzindo um símile ideal que procura contemplar a organização interna da empiria abordada através de um rigoroso tratamento analítico. A resultante da elaboração teórica, o produto teórico por excelência, é um modelo que a razão elabora e cria a partir do objeto empiricamente dado".

27 Segundo Coutinho (1972, p. 14 -15), o mérito essencial de Hegel, como representante do pensamento social burguês, reside na "sua capacidade de sintetizar e elevar a um nível superior todos os momentos progressistas do pensamento burguês revolucionário. Podemos resumi-los, esquematicamente, em três núcleos: o *humanismo*, a teoria de que o homem é um produto de sua própria atividade, de sua história coletiva; o *historicismo concreto*, ou seja, a afirmação do caráter ontologicamente histórico da realidade, com a conseqüente defesa do progresso e do melhoramento da espécie humana; e, finalmente a *Razão dialética*, em seu duplo aspecto, isto é, o de uma racionalidade objetiva imanente ao desenvolvimento da realidade (que se apresenta sob a forma da unidade dos contrários), e aquele das categorias capazes de apreender subjetivamente essa racionalidade objetiva, categorias que englobam, superando, as provenientes do 'saber imediato' (intuição) e do 'entendimento' (intelecto analítico)".

A ênfase na razão coloca o homem como livre e capaz de se desenvolver, se estiver dominado por uma vontade racional, possibilitando assim a transformação da realidade de acordo com critérios racionais. Esse filósofo reivindica a necessidade de o homem conhecer a *coisa em si*, o que prioriza a razão, mantendo vulneráveis as críticas empiristas. Segundo Hegel (2005, p.58):

> o conhecimento científico requer o abandono à vida do objeto; ou, o que é o mesmo, exige que se tenha presente e se exprima a necessidade interior do objeto. Desse modo, indo a fundo em seu objeto, esquece aquela vista geral que é apenas a reflexão do saber sobre si mesmo a partir do conteúdo. Contudo, submerso na matéria e avançado no movimento dela, o conhecimento científico retorna a si mesmo; mas não antes que a implementação ou o conteúdo, retirando-se em si mesmo e simplificando-se na determinidade, se tenha reduzido a um dos aspectos de um ser-aí, e passado à sua mais alta verdade. Através desse processo, o todo simples, que não enxergava a si mesmo, emerge da riqueza em que sua reflexão parecia perdida.

Parafraseando Marcuse (1978, p.35), enquanto "as *coisas-em-si* estiverem fora do alcance da razão, esta continuará a ser mero princípio subjetivo privado de poder sobre a estrutura objetiva da realidade". Se o homem não conseguisse reunir as partes separadas de seu mundo, e trazer a natureza e a sociedade para dentro do campo de sua razão, estaria para sempre condenado à frustração. O papel da filosofia, nesse período de desintegração geral, era o de evidenciar o princípio que restauraria a perdida unidade e totalidade.

Para Andery (1988, p.373), "o hegelianismo, enquanto sistema filosófico, não pode se separar de seu caráter dialético, na medida em que a dialética que expressa o movimento constante e complexo a que está submetida toda a realidade". Para apreender o movimento do mundo, o pensamento deve submeter-se aos procedimentos que orientam o desenvolvimento das coisas, sendo o próprio pensamento também dialético. A dialética está nas coisas e no pensamento, já que o mundo real e o pensamento constituem uma unidade indissolúvel, submetido à lei universal da contradição. A compreensão da dialética hegeliana envolve a ideia de que toda realidade é essencialmente *negativa*. A negatividade é a matriz do processo de transformação contínua de toda realidade.

Em Hegel, a ideia constitui a própria realidade, na mediada em que o mundo real nada mais é que a *exteriorização* deliberada da *Ideia*. Decorre daí que o pensamento não depende das coisas, mas essas é que dependem dele. Observe as próprias palavras de Hegel: "Ainda não se havia percebido, desde que o Sol se fixava no firmamento, os planetas girando à sua volta, que a existência do homem tinha como centro a sua cabeça, isto é, o pensamento, sob cuja inspiração se constitui o mundo da realidade" (apud Marcuse, 1978, p.19).

Lukács (1970, p.40) comenta que Hegel é o primeiro pensador a colocar no centro de sua lógica a questão das relações entre *singularidade, particularidade e universalidade*; e não como um "problema singular mais ou menos importante ou mais ou menos acentuado, mas como a questão central, como momento determinante de todas as formas lógicas, do juízo, do conceito e do silogismo". Chasin (1995, p.444) acrescenta dizendo que Hegel só deu esse passo importante porque fez múltiplas tentativas de compreender filosoficamente as experiências da revolução burguesa de sua época, de encontrar "nela a base para a existência de uma dialética histórica", para iniciar daí a construção de uma nova lógica. Segundo Lukács (1979b, p.23), o grande mérito de Hegel é:

> o fato de que ele concebe as relações de universalidade, particularidade e singularidade, não como um problema exclusivamente lógico, mas como uma parte importante da dialética viva da realidade, cuja mais alta generalização deve produzir uma forma mais concreta da lógica, tem por conseqüência que a concepção lógica seja sempre dependente da justiça ou do erro da concepção da realidade. Os limites da lógica de Hegel são aqui determinados, igualmente, pelos limites da sua posição em face da sociedade e da natureza, bem como os seus momentos geniais são determinados pela progressividade de sua atitude em face dos grandes problemas históricos de sua época.

No século XIX, Karl Marx (1818-1883) reconhece a perceptibilidade do pensamento de Hegel, mas afirmou que a dialética hegeliana estava de cabeça para baixo. Decidiu, então, colocá-la sobre seus pés. Segundo Marx (2004, p.124), o ponto de partida de Hegel é o da economia política. Ele reconhece o papel e o significado da economia política na estrutura e na reprodução da sociedade burguesa e concebe o trabalho como a essência confirmativa do homem, mas considera apenas o lado positivo do trabalho, não seu aspecto negativo. "O trabalho é o *vir-a-ser para si (Fürsichwerden) do homem* no interior da *exteriorização* ou como homem *exteriorizado*. O trabalho que Hegel unicamente conhece e reconhece é o *abstratamente espiritual*". Assim, o que acima de tudo constitui a essência da filosofia, a *exteriorização* do homem que se conhece a si mesmo ou a ciência *exteriorizada* que a si mesma se pensa, considera-o Hegel como sua essência. Por conseguinte, consegue combinar os elementos individuais da filosofia anterior e apresentar sua filosofia como a filosofia. "O que os outros filósofos fizeram — que eles concebem momentos isolados da natureza e da vida humana como momentos da consciência-de-si e, na verdade, da consciência-de-si abstrata — isto Hegel *sabe* como o *fazer* da filosofia. Eis porque sua ciência é absoluta".[28]

Para Marx, a grande importância de Hegel é que ele tomou a história como produto do dever coletivo dos homens, mediante *objetivações*, ou seja, por meio do trabalho.[29] Mas sua concepção abstrata do trabalho o leva a fixar a atenção exclusivamente na criatividade, ignorando as deformações a que o trabalho é submetido em sua realização material e social na sociabi-

---

28 Para Hegel o *Espírito Absoluto* é, portanto, o conhecimento do *Espírito* pelo *Espírito*. É igualmente o conhecimento do *Absoluto* pelo *Absoluto*. "Na transição do Espírito objetivo para o absoluto houve uma conquista de maior liberdade. A característica da mente humana é a liberdade. Esta liberdade se tornou maior quando, passando da subjetividade às instituições humanas objetivas, a mente se tornou idêntica ao Estado e às suas Leis. Mas, ainda neste momento, qualquer instituição do Espírito objetivo se coloca diante do Homem como algo distinto dele, como objeto, e portanto como oposto. Mas o Espírito que se conhece em toda a realidade, idêntico a toda realidade, superou os limites do sujeito-objeto e se tornou pura liberdade, autodeterminação, infinitude. É o Espírito absoluto. Resta dizer ainda que o Espírito absoluto e Deus são idênticos, esta é também a esfera da Religião que outra coisa não é senão o conhecimento de Deus, a apreensão do divino e do eterno. Esta apreensão tem três momentos que são subdivisões em momentos outros do Espírito absoluto: a arte, a religião e a filosofia. Estes três momentos são sucessivamente aproximações do Espírito, em busca da plena liberdade e da infinitude. Talvez finitudes ainda passa haver na esfera da arte e da religião. Somente na filosofia o Espírito absoluto é absolutamente livre e infinito" (Nóbrega, 2005, pp. 72-3).
29 Segundo Lukács (s.d. (c), p.72): "Ao analisar o ato do trabalho, Hegel destaca o fato de que o instrumento é um momento que exerce um papel durável no desenvolvimento social, que representa uma categoria decisiva de mediação através da qual o ato de trabalho singular ultrapassa sua própria singularidade e é elevado a momento da continuidade social. Deste modo, Hegel dá uma primeira indicação a respeito do modo como o ato de trabalho pode tornar-se momento da reprodução social. Marx, ao contrário, considera o processo econômico na sua totalidade dinâmica desdobrada, de modo que o homem não pode deixar de aparecer como o começo e o fim, como o iniciador e o resultado final do conjunto do processo, no meio do qual ele, muitas vezes – e sempre na sua singularidade – parece desaparecer entre as suas ondas e, no entanto, apesar de toda aparência, mesmo fundamental, ele constitui a essência real deste processo".

lidade capitalista. A consideração do trabalho – *material* – por Marx, e não do espírito, como produtor da história é que *marca a ruptura entre as duas teorias*. Essa ruptura inicia, por sua vez, um elenco de ramificações dessa contraposição primeira, que, no decorrer das elaborações marxianas, vão ganhar corpo e transformar-se em categorias que comporão o que se pode chamar de uma *ciência social da história original, tanto do ponto de vista do método*, como do ponto de vista do diagnóstico das crises provenientes do controle e da manipulação por parte do capital (cf. Ranieri, 2001).

Em oposição a Hegel, Marx (2002a, p.28-9) escreve o seguinte:

> Meu método dialético, por seu fundamento, difere do método hegeliano, sendo a ele inteiramente oposto. Para Hegel, o processo do pensamento – que ele transforma em sujeito autônomo sob o nome de idéia – é o criador do real, e o real é apenas sua manifestação externa. Para mim, ao contrário, o ideal não é mais do que o material transposto para a cabeça do ser humano e por ele interpretado. [...] A mistificação por que a dialética passa nas mãos de Hegel não o impediu de ser o primeiro a apresentar suas formas gerais de movimento, de maneira ampla e consciente. Em Hegel, a dialética está de cabeça para baixo. É necessário pô-la de cabeça para cima, a fim de descobrir a substância racional dentro do invólucro místico.

Para Hegel, a ideia põe o mundo, ocorre a reprodução intelectual do mundo – ser imaterial indeterminado determinando o ser natural. Hegel descobriu apenas a expressão abstrata, lógica, especulativa do processo histórico, que não é ainda a história real do homem como sujeito pressuposto, mas só a história do ato de criação da gênese do homem (Marx, 2004).

Na crítica à Hegel, Marx não ignora a contribuição[30] de Ludwig Feuerbach (1804-1872), apesar de apontar seus limites. Para Feuerbach, o

---

30 Apesar das críticas, Marx (2004, p.116-7) diz que Feuerbach demoliu o embrião da velha dialética e da velha filosofia: "*Feuerbach* é o único que tem para com a dialética hegeliana um comportamento *sério, crítico*, e [o único] que fez verdadeiras descobertas nesse domínio, [ele é] em geral o verdadeiro triunfador (*Überwinder*) da velha filosofia. A grandeza da contribuição e a discreta simplicidade com que F[euerbach] a outorga ao mundo estão em flagrante à atitude contrária. O grande feito (*Tat*) de Feuerbach é: 1) a prova de que a filosofia não é outra coisa senão a religião trazida para o pensamento e conduzida pensada[mente]; portanto, deve ser igualmente condenada; outra forma e [outro] modo de existência (*Daseinsweise*) do estranhamento (*Entfremdung*) da essência humana; 2) A fundação do *verdadeiro materialismo*

ser já está dado na natureza e não percebe o social. Para o autor, o homem é apenas natural, ele não vê a dimensão social. Aqui está a principal crítica a Feuerbach. Na compreensão do ser meramente natural, torna-se impossível capturar as determinações sociais que compõem o mundo, ou seja, os *pressupostos ontológicos*.

A *concepção ontológica materialista-histórica* não aparece em Feuerbach. Surge uma dimensão de indivíduo natural dado ao seu caráter antropológico – naturalista. Para Feuerbach (1976, p.82-3):

> *La esencia del ser encuante ser es la esencia de la naturaleza [...] La naturaleza es la esencia que no se diferencia de la existencia, el hombre es la esencia se diferencia de la existencia. La esencia que no distingue es el fundamento de la esencia que distingue; la naturaleza es, entonces, el fundamento del hombre.*

Nas afirmações do autor, notamos o caráter antropológico – naturalista de seu pensamento, ou seja, a não percepção e o trato *ontológico materialista-histórico*. Ele não apreende o homem em suas formas *de existência, condições de existência determinadas* que o homem transforma seu meio por sua *atividade humana sensível*. Em sua obra *Principios de la filosofia del provenir* (1843), Feuerbach deixa clara sua concepção: "*La filosofia moderna transforma al hombre, incluyendo a la naturaleza como base del hombre, en objeto único, universal y supremo de la filosofia y, en consecuencia convierte a la antropología, incluyendo a la filosofia, en ciencia universal*".

Em Marx, o intercâmbio homem e natureza não é sinônimo nem de reflexo na consciência humana da referida relação, nem de condicionamento da atividade humana pela natureza, mas relação ativa entre ambas; "a sociedade é a unidade essencial completada (*vollendente*) do homem com a natureza, a verdadeira ressurreição da natureza, o naturalismo realizado do homem e o humanismo da natureza levado a efeito" (Marx, 2004, p.107). Precisamente, trata-se da socialização da natureza e, ao mesmo tempo, da naturalização do homem. A partir desse princípio, que é o da consideração do objeto por ele mesmo, independentemente de aparatos gnosiológicos

---

e da *ciência real*, na medida em que Feuerbach toma, do mesmo modo, a relação social, a 'do homem com o homem', como princípio fundamental da teoria; 3) Na medida em que ele confronta à negação da negação, que afirma ser absolutamente positivo, o positivo que descansa sobre si mesmo e positivamente se funda sobre si próprio".

exteriores, é que se pode tratar objetivamente dos aspectos da vida social em sua configuração ontológica, na qual ser e pensamento correspondem a uma unidade cujo ponto de partida é o ser concreto e dinâmico.

Marx, ao estudar e remeter à crítica seus predecessores, constrói um *método*[31] que emerge da realidade social, procurando investigar a conexão íntima do movimento real. A *edificação teórica marxiana* não é um artifício gnosiológico. Sua fundamentação busca luz na própria *atividade sensível do homem*,[32] *nas formas de ser e existir do ser social*. O sujeito e o objeto não são distinguidos como simples exterioridades, eles são indeterminados sujeitos e objetos na construção do conhecimento. Os sujeitos são os homens ativos diante dos objetos; os objetos são as atividades sensíveis dos sujeitos. Nesse caso, a subjetividade e a objetividade são produtos da autoconstrução

---

31 "Se por método é entendido uma arrumação operativa, *a priori*, da subjetividade, consubstanciada por um conjunto normativo de procedimentos, ditas científicas, com as quais o investigador deve levar a cabo seu trabalho, então, não há método em Marx. Em adjacência, se todo método pressupõe um fundamento gnosiológico, ou seja, uma teoria autônoma das faculdades humanas, preliminarmente estabelecida, que sustenta ao menos parcialmente a possibilidade do conhecimento, ou, então, se envolve e tem por compreendido um *modus operanti* universal da racionalidade, não há, igualmente, um problema do conhecimento na reflexão marxiana" (Chasin, 1995, p.389).

32 De acordo com Lukács (s.d., p.22-3): "Somente no trabalho, quando põe os fins e os meios de sua realização, com um ato dirigido por ela mesma, com a posição teleológica, a consciência ultrapassa a simples adaptação ao ambiente – o que é comum também àquelas atividades dos animais que transformam objetivamente a natureza de modo involuntário – e executa na própria natureza modificações que, para os animais, seriam impossíveis e até mesmo inconcebíveis. O que significa que, na medida em que a realização de uma finalidade torna-se um princípio transformador e reformador da natureza, a consciência que impulsionou e orientou um tal processo não pode ser mais, do ponto de vista ontológico, um epifenômeno. E é essa constatação que distingue o materialismo dialético do materialismo mecanicista. Com efeito, este último reconhece como realidade objetiva tão somente a natureza em sua legalidade. Ora, Marx, nas suas famosas *Teses sobre Feuerbach*, distingue com grande precisão o novo materialismo daquele antigo, ou seja, o materialismo dialético daquele mecanicista: 'O defeito principal de todo materialismo até agora (incluso o de Feuerbach) é que o objeto, a realidade, a sensibilidade são concebidos apenas sob a forma do *objeto* ou da *intuição*; não porém como *atividade humana sensível*, *práxis*; não subjetivamente. Por conseguinte, o lado ativo foi desenvolvido abstratamente, em oposição ao materialismo, pelo idealismo – que naturalmente não conhece a atividade real, sensível, enquanto tal. – Feuerbach quer objetos sensíveis realmente distintos dos objetos do pensamento, mas ele não concebe a própria atividade humana como atividade *objetiva*'. E Marx acrescenta, claramente, mais adiante, que a realidade do pensamento, o caráter não mais epifenômico da consciência só pode ser apreendido e demonstrado na práxis: 'A discussão acerca da realidade ou não-realidade do pensamento – isolado da práxis –, é uma questão puramente *escolástica*'. A nossa afirmação de que o trabalho constitui a forma originária da práxis corresponde inteiramente ao espírito destas afirmações de Marx...".

humana, ou seja, da *prática humana*. "Pensar e ser são, portanto, certamente diferentes, mas [estão] ao mesmo tempo em unidade mútua" (Marx, 2004, p.108). A subjetividade (atividade ideal) surge como a possibilidade de *ser coisa no mundo* e a objetividade (atividade real) como campo de possibilidades. Na compreensão da *perspectiva ontológica materialista-histórica* evita-se fixar a sociedade contrária ao indivíduo, pois esse é a confirmação da vida social e é, ao mesmo tempo, subjetividade e objetividade. Segundo Marx (2004, p.107):

> Acima de tudo é preciso evitar fixar mais uma vez a "sociedade" como abstração frente ao indivíduo. O indivíduo *é o ser social*. Sua manifestação de vida – mesmo que ele também não apareça na forma imediata de uma manifestação *comunitária* de vida, realizada simultaneamente com outros – *é*, por isso, uma externação e confirmação da *vida social*. A vida individual e a vida genérica do homem não são *diversas*, por mais que também – e isto necessariamente – o modo de existência da vida individual seja um modo mais *particular* ou mais *universal* da vida genérica, ou quanto mais a vida genérica seja uma vida individual mais *particular* ou *universal*.

Ao reconhecer a *atividade sensível do homem* e sua dependência inseparável entre sujeito e objeto, o conhecimento passa a ser compreendido como a relação específica entre ambos, e nunca isola o *saber* do *fazer*. Para Chasin (1995, p.395), o mérito marxiano "foi a precisa identificação ontológica da objetividade social – posta e integrada pelo complexo categorial que reúne sujeito e objeto tendo por denominação comum a atividade sensível". O homem, ao confirmar seu ser, sanciona, simultaneamente, seu pensamento, pois "o ser do homem é o ser de sua atividade, assim como o seu saber é o saber de seu ser ativo".

Insurge, portanto, uma *concepção de mundo* em que o pensamento é sempre pensamento sobre alguma forma de objeto. Os procedimentos investigativos são determinados não a partir de pontos de vista gnosiológicos ou metodológicos, e menos ainda lógicos, mas a partir da própria coisa, ou seja, da *essência ontológica* da matéria tratada (Lukács, 1979). Todas as representações são extraídas do mundo real, em que "a reflexão, a tomada da realidade concreta como ponto de partida do conhecimento não implica nenhum empirismo, mas 'caminhos objetivos ontológicos'" (Chasin, 1995 p.433).

Na *perspectiva ontológica materialista-histórica*, só é possível apreender o concreto por meio de construções de categorias, ou seja, de determinadas apropriações do "objeto de estudo". De acordo com Marx (1983, p.224):

> Do mesmo modo que em toda a ciência histórica ou social em geral, é preciso nunca esquecer, a propósito da evolução das categorias econômicas, que o objeto, neste caso a sociedade burguesa moderna, é dado, tanto na realidade como no cérebro; não esquecer que as categorias exprimem portanto formas de existência, condições de existência determinadas, muitas vezes simples aspectos particulares desta sociedade determinada, deste objeto, e que, por conseguinte, esta sociedade de maneira nenhuma começa a existir, inclusive do ponto de vista científico, somente a partir do momento em que ela está em questão.

Ao recorrermos a Marx, percebemos que suas afirmações são enunciados ontológicos, *formas de existência, condições de existência determinadas*. Marx descobre na atividade humana de transformar a natureza em meios necessários a sua sobrevivência – o trabalho aparece como categoria central – o principal atributo do ser social, a forma de produção e manifestação da vida. O trabalho, na *perspectiva ontológica*, é a base elementar do ser social "é, antes de mais nada, em termos genéticos, o ponto de partida da humanização do homem, do refinamento das suas faculdades, o processo do qual não se deve esquecer o domínio sobre si mesmo" (Lukács, 1979a, p.87). Assim, para apreendermos o homem tendo como base elementar de sua existência, o trabalho, devemos compreendê-lo na produção e reprodução de sua vida material. Desse modo, o único caminho para apreendermos o homem em suas relações *mundanas* é compreender a totalidade da existência humana societária, ou seja, extrair da própria realidade social o verdadeiro sentido do viver do homem, ou melhor, entender como o homem produz e reproduz a própria vida.

Na produção dos meios de vida pelo trabalho é que se manifesta a vida. Na produção da vida, os indivíduos aparecem como eles são, portanto, o ser é o *que* e *como* faz. "Tal como os indivíduos manifestam sua vida, assim são eles. O que eles são coincide, portanto, com sua produção, tanto com o *que* produzem, como com o modo *como* produzem. O que os indivíduos são, portanto, depende das condições materiais de sua produção" (Marx; Engels, 1999, p.28).

No processo de produção e reprodução da vida material do século XIX, Marx encontrou, na indústria, o local onde o capital por meio do trabalho humano (exploração da força de trabalho) cria o valor, ou seja, a forma mais avançada de extrair a riqueza da natureza.

Marx e Engels (ibidem) enfatizam que devemos estudar a história da humanidade[33] sempre relacionada ao desenvolvimento material. No século XIX, eles acreditaram corretamente que estudar as relações engendradas pela *grande indústria* é a forma mais segura de interpretação da realidade social. Mas por que a *indústria*? Isso ocorre em razão da superação da *propriedade móvel* em relação à *propriedade imóvel*. Observe Marx (1993, p.197):

> A propriedade móvel, por seu lado, aponta para o milagre da indústria e do desenvolvimento; é o filho legítimo e primogênito, da época moderna; [...] De fato, a vitória civilizada da propriedade móvel é ter descoberto e criado o trabalho como fonte de riqueza, em lugar da coisa morta.

Ao analisar e criticar o pensamento *fisiocrata*, que afirmava que só a agricultura é produtiva e acreditava que: "Toda riqueza se reduz à terra e à agricultura". Marx (1993, p.165) encontra, no capital industrial, o modo de produção verdadeiro: "Toda riqueza se transforma em riqueza industrial, em riqueza do trabalho, e a indústria é trabalho acabado, assim como o sistema fabril é a essência desenvolvida da indústria, isto é, do trabalho, e o capital industrial é a forma objetiva acabada da propriedade privada". Com a indústria moderna, a renda da terra foi abolida de fato, "contra o argumento dos Fisiocratas, de que o proprietário de raiz é o único produtor verdadeiro, a economia política demonstra antes que o proprietário de raiz enquanto tal é o único detentor de rendimentos inteiramente improdutivo"

---

33 Segundo Marx e Engels (1999, p.42): "A produção da vida, tanto da própria, no trabalho, como da alheia, na procriação, aparece agora como dupla relação: de um lado, como relação natural, de outro como relação social – social no sentido de que se entende por isso a cooperação de vários indivíduos, quaisquer que sejam as condições, o modo e a finalidade. Donde se segue que um determinado modo de produção ou uma determinada fase industrial estão constantemente ligados a um determinado modo de cooperação e a uma fase social determinada, e que tal modo de cooperação é, ele próprio, uma 'força produtiva'; segue se igualmente que a soma de forças produtivas acessíveis aos homens condiciona o estado social e que, por conseguinte, a 'história da humanidade' deve sempre ser estudada e elaborada em conexão com a história da indústria e das trocas".

(ibidem, p.219). No entanto, na compreensão marxiana, a indústria é a *economia política ilustrada*, conforme percebemos na seguinte passagem:

> quanto mais praticamente a ciência natural, através da indústria, se introduziu na vida humana, transformou e preparou a emancipação humana, tanto mais teve que completar diretamente a desumanização. A indústria é a relação histórica efetiva da natureza, e por isso da ciência natural, com o homem. (ibidem, p.174)

Marx, portanto, descobre na economia política, a base material da existência humana e, no capital industrial, sua forma mais elaborada, acabada e eficiente. Sobre a segunda afirmação, observe: "a transformação de toda propriedade privada em capital industrial – [foi] o triunfo absoluto da propriedade privada sobre todas as qualidades aparentemente humanas da mesma e a total submissão do proprietário privado à essência da propriedade privada – ao trabalho" (ibidem, p.183). É sob a forma da indústria moderna que o *metabolismo social* mais interessa, pois foi a partir do capital industrial que a "economia política ilustrada descobriu a essência subjetiva da riqueza" social.

Marx encontra nas categorias econômicas a esfera da filosofia. Marx, na economia política, descobre como o homem produz e reproduz a vida, o que torna possível, portanto, uma *descrição ontológica do ser social sobre bases materialistas*. Assim, na investigação da realidade social, devemos partir do ser, do existente, do real, do verdadeiro, da base objetiva. Observe um dos mais claros enunciados *ontológicos*:

> Os pressupostos de que partimos não são arbitrários, nem dogmas. São pressupostos reais de que não se pode fazer abstração a não ser na imaginação. São indivíduos reais, sua ação e suas condições materiais de vida, tanto aquelas por eles já encontradas, como produzidas por sua própria ação. Estes pressupostos são, pois, verificados por via puramente empírica. (Marx; Engels, 1999, p.27)

Essa forma de debruçar-se sobre a realidade social não se confunde com o empirismo pragmático propriamente dito, mas destaca o *real* como edificação constituída historicamente e movido por rupturas que exigem novas superações no confronto com o *mundo dos homens*. Lukács (1979a, p.14-5) faz o seguinte comentário: "pela primeira vez na história da filosofia, as categorias econômicas aparecem como as categorias da produção e da reprodução da vida humana, tornando assim possível uma descrição ontológica do ser social sobre bases materialistas".

Marx, ao revisar a economia política clássica e submetê-la à crítica, elabora a *crítica da economia política*, na qual ele mais avançou e tornou o centro do pensamento marxiano, pois nessa crítica confluem a política e a filosofia. Marx (1993, p.215) diz: "na Alemanha, a autoconsciência, na França, a igualdade, porque se trata de política; na Inglaterra, a necessidade real, material, auto-suficiente, prática". Filosofia, política e economia – saber, ideologia e ciência – com essas três críticas, Marx faz a crítica da totalidade da existência humana societária, extrai da realidade social o nexo verdadeiro para compreensão do mundo social. As três críticas estão presentes em seus escritos. A crítica marxiana percorre a *lógica da coisa*, ou melhor, como o homem produz e reproduz a própria vida.

A *perspectiva ontológica materialista-histórica* inaugurada pela crítica de Marx e assegurada por Lukács, no entanto, captura a *lógica da coisa* e, ao contrário do saber apologético, a história deixa de ser *uma coleção de fatos mortos*. Marx procura apreender o procedimento histórico da humanidade para entender a processualidade social em sua concretude dialética.

> Esta maneira de considerar as coisas não é desprovida de pressupostos. Parte de pressupostos reais e não os abandona um só instante. Estes pressupostos reais são os homens, não em qualquer fixação ou isolamento fantásticos, mas em seu processo de desenvolvimento real, em condições determinadas, empiricamente visíveis. Desde que se apresente esse processo ativo de vida, a história deixa de ser uma coleção de fatos mortos, como para os empiristas ainda abstratos, ou uma ação imaginária de sujeitos imaginários, como para os idealistas. (Marx; Engels, 1999, p.38)

Toda elaboração teórica exposta desmantela as concepções a-históricas. Nas citações que destacamos no decorrer do texto, notamos uma crítica sem restrição às interpretações abstratas, teológicas e mistificadas do *mundo dos homens*. Ao colocar a produção e reprodução da vida social como objeto central da investigação, a *perspectiva ontológica materialista-histórica* reconhece o homem como produtor de si mesmo e de outros homens, a relação com os outros homens como carência e necessidade humanas, a propriedade privada como produto da atividade *estranhada* do homem e apresenta os *homens ao mesmo tempo como atores e autores do seu próprio drama*. Ao apresentar *os homens como atores e autores da sua própria história*, chegamos ao verdadeiro ponto de partida.

Ao analisarmos os considerados *enunciados ontológicos*, percebemos que Marx, com a contribuição de Engels, transformou radicalmente todos os fenômenos da sociedade e do homem em "problemas" históricos, mostrando concretamente o substrato real do desenvolvimento social e tornando-o *metodologicamente fecundo*. No entanto, o que está em questão não é a vontade de conhecer a verdade, mas a *possibilidade* de conhecer a verdade que tal *concepção de mundo* oferece.

Nesse caso, o ponto de partida não é aleatório, muito menos predeterminado, é puramente uma aproximação entre sujeito e realidade sócio-histórica. Para Marx (2002a, p.21):

> A investigação tem de apoderar-se da matéria, em seus pormenores, de analisar suas diferentes formas de desenvolvimento e de perquirir a conexão íntima que há entre elas. Só depois de concluído esse trabalho é que se pode descrever, adequadamente, o movimento real. Se isto se consegue, ficará espelhada, no plano ideal, a vida da realidade pesquisada.

A apreensão da realidade social é uma profunda relação entre subjetividade e objetividade. A realidade objetiva, por ser produto da *práxis* humana, é subjetividade objetivada, ao passo que a subjetividade, pelo mesmo motivo, é a realidade objetiva que adquiriu forma subjetiva.

Lukács (1970, p.35) destaca que "o método dialético tende a conhecer todos os setores do ser e da consciência como um processo histórico movido por contradições...". Na apreensão do real, devemos exercitar a dialeticidade entre as categorias:[34] a universalidade, essência dos fenômenos (con-

---

34 "Para a consciência – e a consciência filosófica considera que o pensamento que concebe constitui o homem real e, por conseguinte, o mundo só é real quando concedido – para a consciência, portanto, o movimento das categorias surge como ato de produção – que recebe um simples impulso do exterior, o que é lamentado – cujo resultado é o mundo; e isto (mas trata-se ainda de uma tautologia) é exato na medida em que a totalidade concreta enquanto

creto-de-pensamento); a particularidade, mediações (determinação histórica) e a singularidade, imediaticidade do real (fenômeno dado). A ciência social materialista autêntica extrai "da própria realidade as condições estruturais e as suas transformações históricas" e, se formula leis, estas abraçam a universalidade do processo, mas de um modo tal que desse conjunto de leis pode-se sempre retornar – ainda que, frequentemente, por muitas mediações – aos fatos singulares da vida. "É precisamente esta a dialética concretamente realizada de universal, particular e singular".

A preocupação em percorrer as múltiplas determinações do movimento real (objeto) é o núcleo norteador da *perspectiva ontológica materialista-histórica*. Uma vez que tudo o que aparece e se move na reflexão – construção do conhecimento – é a substância e a lógica do objeto analisado, que é reproduzido pelo cérebro "em sua gênese e necessidade, historicamente engendradas e desenvolvidas". A identificação da dialeticidade como lógica do real e os movimentos das categorias são apreendidos como formas de existência, que os concretos de pensamentos reproduzem. "Razão pela qual a dialética só é possível de descobrimento, jamais de aplicação" (Chasin, 1996, p.420).

Para atender à *perspectiva ontológica*, entretanto, o pesquisador parte da *imediaticidade* – síntese das determinações sociais – para, na construção de categorias (mediações), aproximar-se de uma compreensão que contemple as múltiplas determinações do objeto, em sua totalidade. Segundo Marx (1982, p.218-9):

> O Concreto é concreto por ser a síntese de múltiplas determinações, logo, unidade da diversidade. É por isso que ele é para o pensamento um processo

---

totalidade-de-pensamento, enquanto concreto-de-pensamento, é de fato um produto do pensamento, da atividade de conceber; ele não é pois de forma alguma o produto do conceito que engendra a si próprio, que passa exterior e superiormente à observação imediata e à representação, mas um produto da elaboração de conceitos a partir da observação imediata e da representação. O todo, na forma em que aparece no espírito como todo-de-pensamento, é de fato um produto do cérebro pensante, que se apropria do mundo do único modo que lhe é possível, de um modo que difere da apropriação desse mundo pela arte, pela religião, pelo espírito prático. Antes como depois, o objeto real conserva a sua independência fora do espírito; e isso durante o tempo em que o espírito tiver uma atividade meramente especulativa, meramente teórica. Por conseqüência, também no emprego do método teórico é necessário que o objeto, a sociedade, esteja constantemente presente no espírito como dado primeiro" (Marx, 1983, p.219).

de síntese, um resultado, e não um ponto de partida, apesar de ser o verdadeiro ponto de partida e, portanto, igualmente o ponto de partida da observação imediata e da representação.

Assim, pensamos o concreto por meio de construções abstratas que apropriam o real pelo pensamento, e buscam apreender o movimento real como processo dinâmico, heterogêneo e contraditório, mas não como um movimento rígido preestabelecido.[35] Esse *método de apreensão da realidade social* não se atém a procedimentos de raciocínio apologéticos ou contemplativos, mas tem como premissa a construção de um saber que põe, em primeiro momento, as condições sociais reais do homem e suas formas de existência como possibilidades cognoscitivas. De acordo com Marx (1983, p.24): "O modo de produção de vida material condiciona o desenvolvimento da vida social, política e intelectual em geral. Não é a consciência dos homens que determina o seu ser, é o seu ser social que, inversamente, determina a sua consciência". Portanto, estamos diante de uma *perspectiva teórico-filosófica* que não só apresenta os caminhos à apreensão do *mundo dos homens* em sua concretude histórica e por suas bases objetivas e dialéticas, mas nos proporciona os passos possíveis para a superação da lógica do capital pela lógica *onímoda do trabalho*, que, necessariamente, passará pela *transformação social* e que, por fim, reivindica uma sociedade genuinamente humana, sem classes sociais.[36] O conhecimento pelo conhecimento

---

35 "A perspectiva teórico-metodológica instaurada pela obra marxiana – com seu cariz ontológico, sua radicalidade histórico-crítica e seus procedimentos categorial-articulados – é aquela que permite, arrancando dos 'fatos' objetivados na empiria da vida social na ordem burguesa, determinar os processos que os engendram e as totalidades concretas que constituem e em que se movem. Esta perspectiva é a que propicia, na dissolução da pseudo-objetividade necessária da superfície da vida capitalista, apreender e desvelar os modos de ser e de reproduzir-se do ser social na ordem burguesa" (Netto, 2001a, p.37).

36 "Uma classe oprimida é a condição vital de toda sociedade fundada no antagonismo de classes. A libertação da classe oprimida implica, pois, necessariamente, a criação de uma sociedade nova. Para que a classe oprimida possa libertar-se, é preciso que os poderes produtivos já adquiridos e as relações sociais existentes não possam mais existir uns ao lado de outras. De todos os instrumentos de produção, o maior poder produtivo é a classe revolucionária mesma. A organização dos elementos revolucionários como classe supõe a existência de todas as forças que poderiam se engendrar no seio da sociedade antiga [...] A classe laboriosa substituirá, no curso do seu desenvolvimento, a antiga sociedade civil por uma associação que excluíra as classes e seu antagonismo, e não haverá mais poder político propriamente dito, já que o poder político é o resumo oficial do antagonismo na sociedade civil" (Marx, 1982, p. 159).

defendido pela concepção burguesa de ciências sociais e humanas torna-se um procedimento escolástico que, portanto, fica aquém da realidade social, é pensamento pensando pensamento e não a realidade social, a qual, no presente, carece de interpretações seguidas de ações efetivas do homem. Agora, mais do que nunca, o seguinte enunciado é necessário: "Os filósofos se limitaram a *interpretar* o mundo de diferentes maneiras; o que importa é *transformá-lo*" (Marx; Engels, 1999, p.14, grifo nosso).

A *perspectiva ontológica materialista-histórica* toma como premissa e empreendimento imprescindível a aniquilação do pensamento especulativo e apologético, tal tarefa *é uma das condições para a instauração de um novo saber*. Em relação a esse empreendimento Chasin (1988, p.44-5) afirma:

> Dar as costas aos *automovimentos da razão* e voltar-se para os *automovimentos do mundo real* [...] Calar o pensamento que só fala de si, mesmo quando deseja ardentemente falar das "pedras", para deixar que as "pedras" falem pela boca da filosofia. Esganar a especulação filosófica que fala do mundo, para que o mundo possa falar de si pela voz, assim tornada concreta, da filosofia. // Descentrado de si mesmo e recentrado sobre o mundo, o pensamento, rompido o hermafroditismo da especulação, pode abraçar a substância que o forma e fortalece. Procedente do mundo, ao mundo retorna. Não para uma tarefa tópica ou para alguma assepsia formal. Volta ao mundo para tomá-lo no complexo de complexos de sua totalidade. Debruça-se sobre ele para capturá-lo pela raiz, colhê-lo pela *"anatomia* da sociedade civil", pela matriz da sociabilidade (*pela dimensão social fundante*, não por um fator social qualquer, escolhido a talante e conveniente do intérprete). Ou seja, operação ontológica que rastreia e determina o processo de entificação do mundo e da lógica da transformação. Donde é implicada a prática transformadora.

Diante do exposto, delineia-se um *novo saber* que se volta para o mundo não com os procedimentos das ciências autônomas e fragmentadas, mas um saber *carente de mundo e mundo carente de transformação* (Chasin, 1988).

Enfim, tais colocações tiveram o objetivo de apresentar as passagens que consideramos fundamentais para a *perspectiva ontológica materialista-histórica (e dialética)*. Sabemos que, na contemporaneidade, as transformações na esfera da vida social são apreendidas e explicadas pela concepção burguesa de ciências sociais e humanas. Observamos um avolumado de escritos e pesquisas que tem como principal preocupação justificar as condições dadas. O problema é que a ciência burguesa decadente se limita a falar apenas das relações pelas relações, ou melhor, fala *destas relações*, mas não explica como engendram historicamente *estas relações*.

Prolegômenos para uma compreensão de trabalho e ciência

Depois de todo o percurso teórico demonstrado neste livro, ousamos afirmar que o trabalho como categoria (*fundante*) de análise da sociedade é a base sobre a qual podemos compreender a processualidade social em suas diferentes construções históricas. Ao analisarmos a sociedade humana tendo como referência a maneira como o homem produz e reproduz sua vida, somos remetidos à atividade mediadora entre homem e natureza que, no caso, é o trabalho.

O homem, por meio do trabalho, desperta as forças da natureza e aprimora seus conhecimentos. Na medida em que o homem se apropria da natureza pelo trabalho, faz que a própria natureza seja transformada segundo seus interesses e necessidades sociais. Nesse sentido, o *mundo natural* é o palco e o momento da *práxis humana* e torna-se, por conseguinte, no *mundo social*.[37] A relação estabelecida entre o homem e a natureza é social, pois reflete as ações humanas. Desse modo, o trabalho torna-se uma categoria histórico-social. O processo de trabalho é uma correlação de forças internas à própria natureza, pois o próprio homem é um momento da natureza. A natureza é a base objetiva para a ação do homem, e o homem é um ser ativo que padece de *objetivação* para sua sobrevivência. De acordo com Marx (2004, p.127):

> O *homem* é imediatamente *ser natural*. Como ser natural, e como ser natural vivo, está, por um lado, munido de *forças naturais*, de *forças vitais*, é um

---

37 "[...] o trabalho se revela como o instrumento da autocriação do homem como homem. Como ser biológico, ele é um produto do desenvolvimento natural. Com a sua auto-realização, que também implica, obviamente, nele mesmo um retrocesso das barreiras naturais, embora jamais um completo desaparecimento delas, ele ingressa num novo ser, autofundado: o ser social" (Lukács, s.d.(c), p.39).

ser natural *ativo*; estas forças existem nele como possibilidades e capacidades (*Anlagen und Fähigkeiten*), como *pulsões*; por outro, enquanto ser natural, corpóreo, sensível, objetivo, ele é um ser que sofre, dependente e limitado, assim como o animal e a planta, isto é, os *objetos* de suas pulsões existem fora dele, como objetos independentes dele. Mas esses objetos são *objetos* de seu *carecimento* (*Bedürfnis*), *objetos* essenciais, indispensáveis para a atuação e confirmação de suas *forças essenciais*.

O homem é um ser objetivo e confirma-se como ser objetivo por necessitar de *exteriorização*, desse modo ele confirma sua dependência em relação ao mundo exterior. O meio possível de exteriorização que o homem encontra é a manifestação de suas capacidades físicas e espirituais. Podemos dizer que toda ação do homem sobre a natureza é um *ato objetivo*. "O homem enquanto ser objetivo é, por conseguinte, um *padecedor*, e, porque é um ser que sente o seu tormento, um ser apaixonado. A paixão (*Leidenschaft, Passion*) é a força humana essencial que caminha genericamente em direção ao seu objeto" (ibidem, p.128).

O homem é um *ser natural humano*, ou seja, um *ser existente para si mesmo*, mas se reconhece por meio das relações que estabelece com o mundo exterior.

Mas o homem não é apenas ser natural, mas ser natural *humano*, isto é, ser existente para si mesmo (*für sich selbst seiendes Wesen*), por isso, *ser genérico*, que, enquanto tal, tem de atuar e confirmar-se tanto em seu ser quanto em seu saber. Consequentemente, nem os objetos *humanos* são os objetos naturais assim como estes se oferecem imediatamente, nem o *sentido humano*, tal como *é* imediata e objetivamente, é sensibilidade *humana*, objetividade humana. A natureza não está, nem objetiva nem subjetivamente, imediatamente disponível ao ser *humano* de modo adequado. (ibidem)

Para compreender o homem em suas intrincadas relações com o mundo, partimos da discussão sobre o trabalho e entendemos a *atividade sensível* do ser como uma das dimensões da vida humana que revela a humanidade, pois é pelo trabalho que o homem transforma o meio natural e satisfaz suas necessidades. O trabalho é a relação constante e eterna de o homem afirmar o *seu ser e o seu saber* e assegurar o *seu ser vivente no mundo*. De acordo com

Marx (1983, p.39): "Atividade sistemática visando a apropriação dos produtos da natureza sob uma ou outra forma, o trabalho é a condição natural do gênero humano, a condição – independente de qualquer forma social – da troca de subsistência entre o homem e a natureza". Tal afirmação enfatiza o trabalho – *atividade sistemática* – como a *mediação* indispensável do homem com a natureza e o meio de apropriar-se dos recursos necessários à produção e reprodução de sua vida. O trabalho é *elementar* para o homem manter sua existência. O homem, ao se relacionar com a natureza, utiliza-se das capacidades vitais do seu corpo e, no processo de *objetivação/exteriorização*, emerge a prática, a ação humana de apropriação dos recursos da natureza, o que na verdade configura o trabalho.

Marx (2002a, p.211) coloca o trabalho como o *processo mediador* entre o homem e a natureza. Observe a argumentação:

> Antes de tudo, o trabalho é um processo que participam o homem e a natureza, processo em que o ser humano, com a sua própria ação, impulsiona, regula e controla seu intercâmbio com a natureza. Defronta-se com a natureza como uma de suas forças. Põe em movimento as forças naturais de seu corpo – pernas e braços, cabeça e mãos –, a fim de apropriar-se dos recursos da natureza, imprimindo-lhes forma útil à vida humana. Atuando assim sobre a natureza eterna e modificando-a, ao mesmo tempo modifica sua própria natureza. Desenvolve as potencialidades nela adormecidas e submete ao seu domínio o jogo das forças naturais.

O trabalho, portanto, é o processo recíproco de interação entre o homem e a natureza. Processo em que é afirmada a *ação humana* sobre o mundo. O homem, ao relacionar-se com a natureza, *objetiva-se* por meio das forças de seu corpo, com o intuito de apropriar-se dos recursos naturais disponíveis. Essa interação possibilita ao homem, ao mesmo tempo, *transformar a natureza e a si mesmo*. A relação entre homem e natureza proporciona o desenvolvimento das *potencialidades humanas* e, consequentemente, submete a natureza a seu domínio. A diferença entre o homem e os outros seres vivos emerge no modo como ele realiza a apropriação dos recursos naturais, ou seja, o homem não se apropria de forma instintiva da natureza. Nesse processo ocorrem transformações recíprocas e aprimoramento da *atividade sistemática*. Por essa questão, "a essência do trabalho humano está no fato de que, em primeiro lugar, ele nasce em meio à luta pela existência e, em segundo lugar, todos os seus estágios são produtos da auto-atividade do homem" (Lukács, s.d. (c), p.3).

O trabalho, no entanto, é a *mediação ineliminável* do homem com a natureza, que *objetiva* suprir as *carências humanas*, sejam elas *materiais* ou *espirituais*. No processo de apropriação da natureza, o ser começa a produzir seus meios de vida e a si mesmo, pois ao objetivar-se pelo trabalho, ele não só supre suas carências imediatas, como também cria *novas carências*, que vão se complexificando ao longo da história da humanidade. Com isso são cobradas novas respostas, cada vez mais elaboradas, ao longo do processo de trabalho e da vida social. Por essa questão, o ato de *externação da vida pelo trabalho* nunca é algo acabado em si mesmo, mas um processo de constantes superações, pois o próprio processo de trabalho cobra avanços. O homem que o executa ao dar respostas para determinada situação cria necessariamente novas perguntas, que nunca serão respondidas definitivamente. Se acreditarmos que as respostas dadas pelo homem, por meio do processo de trabalho, fossem acabadas em si mesmas, estaríamos negando a capacidade *teleológica* do homem de negar a condição dada, e pré-idealizar uma nova forma de produção e reprodução social.

A constituição do homem como ser que dá respostas a suas perguntas, tendo como finalidade suprir suas carências, é condicionada por suas características corporais e a principal é a *capacidade teleológica*. O *pôr teleológico* é o momento exclusivo do trabalho, em que o homem, em sua relação objetiva com a natureza, já tem construído idealmente o que ele pretende tornar concreto. Esse momento de *pré-ideação*, com um fim direcionado, resulta em um produto final, que o homem já tinha idealizado antes de tornar concreto. Claro que o processo do *pôr teleológico* sofre as influências das condições reais de existência. Ou melhor, toda maneira possível de dar vida à idealização humana depende, em primeira instância, das condições materiais estabelecidas por determinada época histórica. Observe a clássica afirmação de Marx (2002a, p.212):

> No fim do processo de trabalho aparece um resultado que já existia antes idealmente na imaginação do trabalhador. Ele não transforma apenas o material sobre o qual opera; ele imprime ao material o projeto que tinha consciente-

mente em mira, o qual constitui a lei determinante do seu modo de operar e ao qual tem de subordinar sua vontade.

O processo de trabalho, portanto, é constituído por "posições teleológicas que, em cada oportunidade, põem em funcionamento séries causais". De acordo com Lukács (1978, p.6), teleologia "é um modo de pôr – posição sempre realizada por uma consciência – que, embora guiando-as em determinada direção, pode movimentar apenas séries causais". A causalidade "representa a lei espontânea na qual todos os movimentos de todas as formas de ser encontram a sua expressão geral".[38] Segundo Antunes (2001, p.137), "A *teleologia* está presente na própria colocação de finalidades. A *causalidade* é dada pela materialidade fundante, pelo movimento que se desenvolve em suas próprias bases, ainda que tendo como elemento desencadeador um ato teleológico".

Na *perspectiva marxiana e lukacsiana (ontológica materialista-histórica e dialética)*, o trabalho tem sua forma de existir na intrínseca relação entre consciência e ato, que se configura em um momento unitário, coexistência dual, o de pensar e transformar. O trabalho é um complexo unitário formado por dois momentos – ideal e real –, ou seja, consciência e ato, dois momentos diferentes de uma mesma *coisa*. Lukács (op. cit., p.4) oferece pistas precisas da relação intrínseca entre real e ideal, que configura o complexo unitário do trabalho. Para ele, a essência do trabalho consiste precisamente em ir além da fixação dos seres vivos na competição biológica com seu mundo ambiente.[39] O momento essencialmente separatório é constituído não pela fabricação de produtos, "mas pelo papel da cons-

---

38 "Vale dizer que, enquanto a causalidade é um princípio de auto-movimento que repousa sobre si mesmo e que mantém este caráter mesmo quando uma série causal tenha o seu ponto de partida num ato de consciência, a teleologia, ao contrário, por sua própria natureza, é uma categoria posta: todo processo teleológico implica numa finalidade e, portanto, numa consciência que estabelece um fim. Pôr, neste caso, não significa simplesmente assumir conscientemente, como acontece com outras categorias e especialmente com a causalidade; ao contrário, aqui, com o ato de pôr, a consciência dá início a um processo real, exatamente ao processo teleológico" (Lukács, s.d., p.8).

39 Observe a interpretação de Antunes (2001, p.136): "O fato de buscar a produção e reprodução da sua vida societal por meio do trabalho e luta por sua existência, o ser social cria e renova as próprias condições da sua reprodução. O trabalho é, portanto, resultado de um pôr teleológico que (previamente) o ser social tem ideado em sua consciência, fenômeno este que não está essencialmente presente no ser biológico dos animais".

ciência, a qual, precisamente aqui, deixa de ser mero epifenômeno da reprodução biológica: o produto, diz Marx, é um resultado que no início do processo existia 'já na representação do trabalhador', isto é, de modo ideal".

O trabalho, nessa *concepção de mundo*, apresenta-se como uma categoria exclusivamente social, em que a *posição teleológica* se realiza no âmbito do ser social, como nascimento de uma *nova objetividade*. Marx ao conceber o trabalho dessa forma, supera a concepção de outros pensadores como Aristóteles e Hegel que, por exemplo, concebiam a teleologia como uma categoria universal. Para a *perspectiva ontológica materialista-histórica*, a teleologia só existe no ser social e, no interior desse, apenas como momento do processo de trabalho. Marx recusa *in limine* toda teleologia no desenvolvimento ontológico global, como também toda teleologia na história, a teleologia faz-se operante somente no interior do processo de trabalho (Lessa, 2002). Segundo Lukács (s.d.(c), p.7), "Aristóteles e Hegel apreenderam com clareza o caráter teleológico do trabalho, mas o problema é que a posição teleológica não foi entendida, por ambos, como algo limitado ao trabalho (ou mesmo num sentido ampliado, mas ainda legítimo, à práxis humana em geral). Ao invés disso, ela foi elevada a categoria cosmológica universal".[40]

Nunca é demais afirmar que a teleologia e a causalidade se entrelaçam para originar o momento unitário e complexo do trabalho. Devemos alertar que a teleologia jamais pode ser reduzida à pura subjetividade. Ao contrário, a teleologia é uma *categoria ontológica objetiva*, na medida em que o ato de pôr dirige a consciência no sentido de iniciar um processo real – o processo de trabalho. Essa relação orgânica no interior do processo de trabalho – entre teleologia e causalidade – origina a *concreção do pensamento*, ou seja, uma finalidade pensada só consegue se realizar materialmente no confronto com as condições materiais.

---

40 "A conseqüência disto é que toda a história da filosofia é perpassada por uma relação concorrencial, por uma insolúvel antinomia entre causalidade e teleologia. É conhecido o fato de que o finalismo sedutor do mundo orgânico de Aristóteles – cujo pensamento foi sempre e profundamente influenciado pela atenção que ele dedicava à biologia e à medicina – o fascinou de tal modo que o fez atribuir, no seu sistema, um lugar central à teleologia objetiva da realidade. Também é sabido que Hegel, que percebeu o caráter teleológico do trabalho em termos ainda mais concretos e dialéticos que Aristóteles fez, por seu lado, da teleologia o motor da história e, a partir disto, de toda sua concepção do mundo" (Lukács, s.d.(c), p.7).

O homem com sua capacidade teleológica, e no confronto com a natureza, sempre realiza o trabalho objetivando uma finalidade e, na realização do idealizado, é de fundamental importância a busca dos meios necessários para sua efetivação. A consequência imediata do *pôr teleológico* é buscar os meios para sua concretização, que toma impulso quando a subjetividade ao buscar o real (na causalidade) cobra as determinações reais que possibilitam ou negam a *objetivação de seu intento na prática*. O que torna absolutamente necessário, por parte da consciência, um reflexo o mais aproximado possível das condições materiais ao propor a ação e ao transformar o real.

Iamamoto (2001, p.40-1) diz que: "a *dimensão teleológica* é a capacidade do homem de projetar antecipadamente na sua imaginação o resultado a ser alcançado pelo trabalho, de modo que, ao realizá-lo, não apenas provoca uma mudança da forma da matéria natural, mas nela realiza seus próprios fins". O homem projeta em sua mente a ação primeiramente antes de realizá-la, já o animal,[41] realiza sua ação de forma instintiva. Portanto, pode-se dizer que o trabalho realizado pelo homem é uma ação raciocinada. Dessa forma, ao agir sobre determinado objeto, o homem projeta sua ação e, ao projetar essa ação, ele se transforma, ela altera sua condição, agrega em si conhecimento, raciocínio, novas formas de pensar. Destarte, "o homem afirma-se como *ser criador: não só como indivíduo pensante, mas como indivíduo que age consciente e racionalmente, visto que o trabalho é atividade prático-concreta e não só espiritual*".

Ao analisarmos os autores citados, percebemos que o processo de trabalho é constituído por complexos que nos remete a analisar seus nexos causais. A *dimensão teleológica*[42] emerge como principal categoria e podemos com-

---

41 "O animal é imediatamente um com a sua atividade vital. Não se distingue dela. É *ela*. O homem faz da sua atividade vital mesma um objeto da sua vontade e da sua consciência. Ele tem atividade vital consciente. Esta não é uma determinidade (*Bertimmtheit*) com a qual ele coincide diretamente. A atividade vital consciente distingue o homem imediatamente da atividade vital animal. Justamente é por isso, [e] só por isso, ele é um ser genérico. Ou ele somente é um ser consciente, isto é, a sua própria vida lhe é objeto, precisamente porque é um ser genérico" (Marx, 2004, p.84).

42 De acordo com Lukács (s.d.(c), p.11): "o fato de que Marx limite, com exatidão e rigor, a teleologia ao trabalho (à práxis humana), eliminando-a de todos os outros modos do ser, de modo nenhum restringe o seu significado; pelo contrário, a sua importância se torna tanto maior quanto mais se toma consciência de que o mais alto grau do ser que conhecemos, o social, se constitui como grau específico, se eleva a partir do grau em que está baseada a sua existência, o da vida orgânica, e se torna uma nova espécie autônoma de ser, somente

preendê-la como *posição teleológica primária* e *posição teleológica secundária*. De acordo com Lessa (2002, p.196): "Posição teleológica primária é a mais originária, prototípica, que se apresenta no trabalho mais simples, produtor de valor-de-uso. Posição teleológica secundária tem por mediação da objetivação a consciência de outros indivíduos".

O trabalho ganha vida por meio do *pôr teleológico*, constituído por posições primárias e secundárias. Nesse momento, é bom ressaltar que o homem é um ser concreto e histórico, que realiza uma série de relações ativas e conscientes com a natureza e com os outros homens. O trabalho, nessas dimensões – capacidade teleológica primária e secundária –, constitui o processo pelo qual o homem, por sua própria ação, media, regula e controla seu metabolismo social.

O trabalho é resultante do processo de transformação social do ser genérico. Segundo Lukács (1978, p.13), "o homem deixa a condição de ser natural para tornar-se pessoa humana, transforma-se de espécie animal que alcançou um certo grau de desenvolvimento relativamente elevado em gênero humano, em humanidade...". A posição teleológica secundária é um processo elevado, em que os homens desenvolvem "capacidades de trabalho" que têm por finalidade "a consciência de outros indivíduos", ou seja, trabalhar sobre as "condutas e relações humanas". O desenvolvimento da posição teleológica secundária comprova a seguinte afirmação de Lukács (ibidem) "o processo em si não tem uma finalidade. Seu desenvolvimento se dá no sentido de níveis superiores, por isso, contém a ativação de contradições de tipo cada vez mais elevado".

Tomando como referência a interpretação de Nogueira (2006, p.145-6), a segunda forma de posição teleológica,[43] que se encontra em uma relação in-

---

porque há nele este operar real do ato teleológico. Só é lícito falar do ser social quando se compreende que a sua gênese, o seu distinguir-se da sua própria base, o processo de tornar-se algo autônomo, se baseiam no trabalho, isto é, na continuada realização de posições teleológicas".

43 Aqui é pertinente retomar a longa fala de Lukács (s.d.(c), p.41-2): "Mais importante, porém, é deixar claro o que distingue o trabalho neste sentido das formas mais evoluídas da práxis social. Neste sentido originário e mais restrito, o trabalho é um processo entre atividade humana e natureza: seus atos tendem a transformar alguns objetos naturais em valores de uso. Junto a isto, nas formas ulteriores e mais evoluídas da práxis social, se destaca mais acentuadamente a ação sobre outros homens, cujo objetivo é, em última instância – mas somente em última instância – mediar a produção de valores de uso. Também neste caso o fundamento

terativa com outros homens, desenvolve-se no curso do avanço da sociedade humana. Aparece, entretanto, desde os momentos históricos mais rudimentares, de que é exemplo o convencimento da opção pela caça ao invés da pesca com o intuito de sobrevivência. Para a realização do ato da caça, considerando o perigo que alguns animais representam, foram necessárias a interação e a cooperação entre um dado grupo de homens, incluindo nesse ato uma divisão social do trabalho. Será justamente baseando-se nessa divisão social do trabalho que Lukács (s.d.(c), p.42) irá afirmar que "as posições teleológicas que aqui se verificam têm, na realidade, um peso secundário em relação ao trabalho imediato; deve ter havido uma posição teleológica anterior que determinou o caráter, o papel, a função, etc. das posições singulares concretas e reais cujo objetivo é um objeto natural". Assim, a finalidade desse fim secundário não é mais um elemento próprio da natureza, mas "a consciência de um grupo humano". O intento já não tem mais como intenção a transformação direta do objeto natural, mas, ao contrário, a posição teleológica agora tem como objetivo "alguns objetos naturais; da mesma maneira, os meios já não são intervenções imediatas sobre objetos naturais, mas pretendem provocar estas intervenções por parte de outras pessoas".

A posição teleológica secundária está próxima dos estágios mais evoluídos da práxis social, como exemplo, faz emergir "a *práxis social alterna-*

---

ontológico-estrutural é constituído pelas posições teleológicas e pelas séries causais que elas põem em movimento. No entanto, o conteúdo essencial da posição teleológica neste momento – falando em termos inteiramente gerais e abstratos – é a tentativa de induzir uma outra pessoa (ou grupo de pessoas) a realizar algumas posições teleológicas concretas. Este problema aparece logo que o trabalho se torna social, no sentido de que depende da cooperação de mais pessoas, e independente do fato de que já esteja presente o problema do valor de troca ou que a cooperação tenha apenas como objetivo os valores de uso. Por isso, esta segunda forma de posição teleológica, na qual o fim posto é imediatamente finalidade de outras pessoas, já pode existir em estágios muito iniciais // Pensamos na caça no período paleolítico. As dimensões, a força e a periculosidade dos animais a serem caçados tornam necessária a cooperação de um grupo de homens. Ora, para tornar essa cooperação funcional e eficaz, é preciso distribuir os participantes de acordo com as funções (batedores e caçadores). As posições teleológicas que aqui se verificam têm, na realidade, um peso secundário em relação ao trabalho imediato; deve ter havido uma posição teleológica anterior que determinou o caráter, o papel, a função, etc. das posições singulares concretas e reais cujo objetivo é um objeto natural. Deste modo, o objeto dessa finalidade secundária já não é um elemento da natureza, mas a consciência de um grupo humano; a posição do fim já não visa a transformar diretamente um objeto natural, mas, em vez disso, a fazer surgir uma posição teleológica que tenha, porém, como objetivo alguns objetos naturais; da mesma maneira, os meios já não são intervenções imediatas sobre objetos naturais, mas pretendem provocar estas intervenções por parte de outras pessoas".

tiva, cujo objetivo é convencer outros seres sociais a realizar determinado ato teleológico. Isso se dá porque o *fundamento das posições teleológicas intersubjetivas tem como finalidades a ação entre seres sociais"* (Antunes, 2001, p.139). Segundo Lukács (apud Antunes, ibidem):

> Esse problema surge assim que o trabalho se torna suficientemente social, passando a depender da cooperação entre muitas pessoas; isso independentemente do fato de que já tenha emergido o problema do valor de troca ou se a cooperação é ainda orientada apenas para a produção de valores de uso.

As posições teleológicas secundárias, entretanto, constituem momentos de interação entre os seres sociais que visam ao convencimento e à inter-relação entre os homens e expressam-se de forma mais complexa. Nesse sentido, percebemos sua dimensão qualitativa, que se distingue pela habilidade própria e inerente a toda forma de reprodução social mais elaborada e complexa. Na medida em que o homem vai aperfeiçoando suas próprias projeções mentais, sua *práxis social* vai sendo cada vez mais intricada. As formas mais complexificadas da *práxis social*, que Antunes (ibidem) nomeia de *ações interativas*, acabam assumindo uma supremacia ante os níveis inferiores, mas estes ainda continuam permanentemente sendo a base da existência daqueles mais complexos.

Por mais complexificada que seja a *práxis social* na potencialização das capacidades teleológicas secundárias, sua manifestação tem por origem o trabalho como protoforma originária de toda atividade humana. A autonomia das posições teleológicas é relativa quanto a sua estrutura original. As relações entre a ciência, a teoria e o trabalho são exemplos. A ciência e a teoria, mesmo quando atingem um grau máximo de desenvolvimento, de autoatividade e de autonomia em relação ao trabalho, não podem desvincular-se completamente de seu ponto de origem, não podem romper inteiramente a relação de última instância com sua base originária. Por mais complexificadas e avançadas, a ciência e a teoria preservam vínculos com a busca das necessidades do gênero humano que são determinadas pelo sistema de metabolismo societal dominante (Lukács apud Antunes, 2001).

As formas mais elaboradas da *práxis social* têm sua base originária no trabalho. Observe a colocação de Antunes (ibidem, p.141): "As formas mais avançadas da práxis social encontram no ato laborativo sua base originária. Por mais complexas, diferenciadas e distanciadas, elas se constituem em *prolongamento e avanço*, e não em uma esfera *inteiramente* autônoma e desvinculada das posições teleológicas primárias". Portanto, as exposições acerca da capacidade teleológica secundária oferecem um entendimento sobre o ser social que avança em relação à confirmação da *centralidade do trabalho* e aponta os caminhos, não só possíveis, mas necessários, para uma *práxis social alternativa*.

A ciência e seus nexos causais com o trabalho

Em nossas colocações em torno da relação entre ciência e trabalho, apontaremos em traços breves e gerais apenas algumas características, pois não objetivamos realizar uma análise minuciosa de todas as nuanças dessa relação estabelecidas pelos nexos causais que a compõem. As considerações seguintes devem tão somente ser entendidas como elementos que têm como alvo central estabelecer e demonstrar o caráter do trabalho como elemento *fundante* de toda *práxis social*.[44]

---

44 Recorremos, mais uma vez, a Marx e Lukács (s.d.(c), p.6-7), para demonstrar tal afirmação: "A respeito da essência do trabalho que já se tornou adequado, diz Marx: 'Nós pressupomos o trabalho numa forma exclusivamente humana. A aranha realiza operações que se parecem com as do tecelão, a abelha faz corar de vergonha muitos arquitetos ao construir as suas células de cera. Mas o que distingue, essencialmente, o pior arquiteto da melhor abelha é que ele construiu a célula na sua cabeça antes de fazê-la em cera. No fim do processo de trabalho aparece um resultado que já estava presente desde o início na mente do trabalhador que, deste modo, já existia idealmente. Ele não efetua apenas uma mudança de forma no elemento natural; ele imprime no elemento natural, ao mesmo tempo, seu próprio fim, claramente conhecido, o qual constitui a lei determinante do seu modo de agir e ao qual tem de subordinar a sua vontade'. Deste modo é enunciada a categoria ontológica central do trabalho: através dele realiza-se, no âmbito do ser material uma posição teleológica que dá origem a uma nova objetividade. Assim, o trabalho se torna o modelo de toda práxis social, na qual, com efeito – mesmo que através de mediações às vezes muito complexas – sempre são transformadas em realidade posições teleológicas, em termos que, em última análise, são materiais. É claro [...] que não se deve ser esquemático e exagerar este caráter paradigmático do trabalho em relação ao agir humano em sociedade; mas assim mesmo, ressalvadas as diferenças, que são muito importantes, veremos que há uma essencial afinidade ontológica e esta brota do fato de que o trabalho pode servir de modelo para compreender as outras posições sócio-teleológicas exatamente porque, quanto ao ser, ele é a forma originária. O fato simples de que no trabalho se realiza uma posição teleológica é uma experiência elementar da vida cotidiana de todos os homens, tornando-se isto um componente ineliminável de qualquer pensamento; desde os discursos cotidianos até a economia e a filosofia. Nesta altura a questão não é tomar partido

Nas páginas anteriores, enfatizamos a relação do homem com a natureza e colocamos o trabalho – criador de valores de uso – como a mediação ineliminável. Ficou evidente que o homem é um ser natural, ele é um ser que faz parte da natureza e não podemos conceber o conjunto da natureza sem nela inserir a espécie humana. Ao mesmo tempo que se constitui como ser em constante relação com a natureza, o homem é ativo e produz seus meios de vida. Primeiramente, o processo de trabalho/vida é tencionado para a produção das necessidades elementares, ou seja, a sobrevivência. No desenvolvimento histórico da *potencialidade humana* emergem oportunidades que reivindicam sistemas de mediações mais complexas, que se apresentam como resultantes de outros tipos de necessidades humanas, como é o caso do surgimento de *formas ideais* de explicação da realidade social. As *ideias* – capacidade teleológica – são as expressões das relações e atividades reais do homem estabelecidas no processo de produção de sua existência social.[45] Como sabemos, o homem tem necessidades físicas elementares, historicamente determinadas, e precisa produzir seus meios de vida. No entanto, suas ações não ficam estagnadas na mera reprodução biológica, muito pelo contrário, suas carências, suas necessidades de respostas às condições objetivas da vida material tencionam avanços que potencializam o desenvolvimento da *atividade prática* do homem em graus cada vez mais elaborados. Exemplo disso é a *ciência* que confirma a existência das posições teleológicas secundárias em sua ativação com a causalidade dando origem às *ações interativas*.

A ciência é uma atividade humana originária do trabalho,[46] mais precisamente uma *ação interativa* que ganha vida a partir das posições teleo-

---

   pró ou contra o caráter teleológico do trabalho, antes, o verdadeiro problema consiste em submeter a um exame ontológico autenticamente crítico a generalização quase ilimitada – e novamente: desde a cotidianeidade até ao mito, à religião e à filosofia – deste fato elementar".

45 "Os mesmos homens que estabelecem as relações sociais de acordo com a sua produtividade material produzem, também, os princípios, as idéias, as categorias de acordo com as suas relações sociais. Assim, estas categorias são tão pouco eternas quanto as relações que exprimem. *Elas são produtos históricos e transitórios*" (Marx, 1982, p.106).

46 Segundo Lukács (s.d.(c), p.44): "é suficiente para acentuar a situação paradoxal através da qual – tendo se originado no trabalho, para o trabalho e mediante o trabalho – a consciência do homem contém a possibilidade da própria auto-reprodução. Podemos pôr as coisas assim: a autonomia do reflexo do mundo externo e interno é um pressuposto indispensável para que o trabalho surja e se desenvolva. E no entanto a ciência, a teoria como processo auto-operante e independente das posições teleológico-causais originadas no trabalho, mesmo quando chegou ao grau máximo de desenvolvimento, não pode nunca romper inteiramente esta relação de última instância com sua própria origem".

lógicas secundárias. A práxis social mais complexa e avançada, no caso, a ciência, está sujeita às condições objetivas e históricas do momento em que emerge.

Marx e Engels (1999, p.36-7) fazem o seguinte comentário sobre as condições sociais concretas em que o homem se depara ao pôr suas capacidades teleológicas:

> A produção de idéias, de representações, da consciência, está, de início, diretamente entrelaçada com a atividade material e com o intercâmbio material dos homens, como a linguagem da vida real. O representar, o pensar, o intercâmbio espiritual dos homens, aparecem aqui como emanação direta de seu comportamento material. O mesmo ocorre com a produção espiritual, tal como aparece na linguagem da política, da leis, da moral, da religião, da metafísica etc. de um povo. Os homens são produtores de suas representações, de suas idéias etc., mas os homens reais e ativos, tal como se acham condicionados por um determinado desenvolvimento de suas forças produtivas e pelo intercâmbio que a ele corresponde até chegar às suas formações mais amplas. A consciência jamais pode ser outra coisa do que o ser consciente, e o ser dos homens é o seu processo de vida real.

Uma das características essenciais para o desenvolvimento social e o surgimento de práxis elaboradas e complexas é que o homem não se limita à reprodução imediata das situações com que depara, ele ultrapassa limites e não se restringe às necessidades que se revelam no imediato. Com tais afirmações, notamos que a ação humana não é apenas biologicamente determinada, mas se dá especialmente pela incorporação das experiências e conhecimentos produzidos e transmitidos entre as gerações. O processo histórico da humanidade mostra que, em cada uma de suas fases, encontra-se um resultado material, uma soma de forças de produção, uma relação historicamente criada com a natureza e entre os indivíduos, que cada geração transmite à geração seguinte; uma massa de forças produtivas, de capitais e de condições que, embora sendo em parte modificada pela nova geração, prescreve a essa suas próprias condições de vida e nela imprime um determinado desenvolvimento, um caráter especial. "Mostra que, portanto, as circunstâncias fazem os homens assim como os homens fazem as circunstâncias" (Marx; Engels, 1999, p.56).

A transmissão dessas experiências e conhecimentos – mediante a produção material e, por conseguinte, a educação, a cultura e a linguagem – permite que, no homem, as gerações posteriores sejam, de certa forma, favorecidas ou prejudicadas pelas relações sociais produzidas pelas anteriores.[47] Esse processo constante de humanização da natureza vai adquirindo a marca da ação humana. Tal relação é recíproca e causa modificações nas formas de existência do próprio homem. De acordo com Marx e Engels (ibidem, p.67), o mundo não é algo dado imediatamente por toda a eternidade, uma coisa sempre igual a si mesma, mas o produto do estágio social, ou seja, a sociedade é "um produto histórico, o resultado da atividade de toda uma série de gerações, cada uma das quais se alcança aos ombros da precedente, desenvolvendo sua indústria e seu comércio, modificando a ordem social de acordo com as necessidades alteradas". A interação homem-natureza-socialidade é um processo permanente de mútua transformação, o que torna o processo de produção da existência humana em constante mudança e nunca finalizado, mas na permanente busca dos meios para satisfazer a necessidade humano-social.[48]

---

47 De acordo com Marx (1982, p.206-7): "os homens não são livres para escolher as suas forças produtivas – base de toda a história –, pois toda força produtiva é uma força adquirida, produto de uma atividade anterior. Portanto, as forças produtivas são o resultado da energia prática dos homens, mas esta mesma energia é circunscrita pelas condições em que os homens se acham colocados, pelas forças produtivas já adquiridas, pela forma social anterior, que não foi criada por eles e é produto da geração precedente. O simples fato de cada geração posterior deparar-se com forças produtivas adquiridas pelas gerações precedentes, que lhes servem de matéria-prima para novas produções, cria na história dos homens uma conexão, cria uma história da humanidade, que é tanto mais a história da humanidade quanto mais as forças produtivas dos homens, e, por conseguinte, as suas relações sociais, adquiriram maior desenvolvimento. Conseqüência necessária: a história social dos homens é sempre a história do seu desenvolvimento individual, tenham ou não consciência deste fato. As suas relações materiais formam a base de todas as suas relações. Estas relações materiais nada mais são que as formas necessárias nas quais se realiza a sua atividade material e individual".

48 Para Lukács (s.d.(c), p.16) "a simples subordinação dos meios ao fim não é tão simples como parece à primeira vista. Nunca que deve perder de vista o fato simples de que a finalidade torna-se realidade ou não dependendo de que, na busca dos meios, se tenha conseguido transformar a causalidade natural em uma causalidade (ontologicamente) posta. A finalidade nasce de uma necessidade humano-social; mas, para que ela se torne uma verdadeira posição de um fim, é necessário que a busca dos meios, isto é, o conhecimento da natureza, tenha chegado a um certo nível adequado; quando tal nível ainda não foi alcançado, a finalidade permanece um mero projeto utópico, uma espécie de sonho, como, por exemplo, o vôo foi um sonho desde Ícaro até Leonardo e até um bom tempo depois. Em suma, o ponto no qual o trabalho se liga ao pensamento científico e ao seu desenvolvimento é, do ponto de vista da ontologia do ser social, exatamente aquele campo por nós designado como busca dos meios".

Para entendermos esse processo de inter-relações entre o homem-natureza-socialidade, recorremos à interpretação de Mészáros (2006, p.79-80) que diz que o ponto de partida ontológico é o "fato auto-evidente de que o homem, parte específica da natureza (isto é, um ser com necessidades *físicas* historicamente anteriores a todas as outras) precisa *produzir* a fim de se manter, a fim de satisfazer essas necessidades". O homem só pode satisfazer essas necessidades primitivas criando *necessariamente*, no curso de sua satisfação por meio de sua atividade produtiva, uma complexa hierarquia de necessidades *não físicas*, que se tornam assim condições igualmente necessárias à satisfação de suas necessidades físicas originais. As atividades e necessidades humanas de tipo "espiritual" têm, assim, sua base ontológica última na esfera da produção material como expressões específicas de intercâmbio entre o homem e a natureza, mediado de formas e maneiras complexas. Como diz Marx: *"toda a assim denominada história mundial* nada mais é do que o engendramento do homem mediante o trabalho humano, enquanto o vir a ser [Werden] da natureza para o homem". A atividade produtiva é, portanto, o *mediador* na "relação sujeito-objeto" entre homem e natureza. Um mediador que permite ao homem conduzir um modo *humano* de existência, assegurando que ele não recaia de volta na natureza, que não se dissolva no "objeto". "O homem *vive* da natureza", escreve Marx, "significa: a natureza é o seu *corpo*, com o qual ele tem de ficar num processo contínuo para não morrer. Que a vida física e *mental* do homem está interconectada com a natureza não tem outro sentido senão que a natureza está interconectada consigo mesma, pois o homem é uma parte da natureza" (Mészáros, 2006, p.80, grifos do autor).

No processo de produção e reprodução da existência humana, o homem cria condições para dar respostas a suas necessidades, mas, ao superá-las, ele é enriquecido por novas necessidades que se tornam tão essenciais quanto as anteriores. Por exemplo, ao ter a necessidade de locomoção, o homem em princípio a fazia com as forças de seu próprio corpo, mas precisamente com suas pernas ao caminhar, posteriormente utilizou-se da tração animal e, com as novas necessidades oriundas das condições objetivas da natureza humanizada, produziu o automóvel e, consequentemente, radicalizou com a aviação. Quem pensa que os meios de transportes estão estagnados nos seus processos de evolução pode estar cometendo um equívoco.

A apropriação e a superação das condições materiais não se limitam às transformações das velhas necessidades, mas a incorporação das novas necessidades que passam a ser tão fundamentais quanto as primeiras necessidades humanas. Em alguns casos, passam até mesmo a equivaler às básicas para sua sobrevivência. Marx e Engels (1999, p.70) esclarecem-nos sobre o processo histórico da seguinte forma: "A história nada mais é do que a sucessão de diferentes gerações, cada uma das quais explora os materiais, os capitais e as forças de produção a ela transmitidas pelas gerações anteriores"; ou seja, de um lado, prossegue em condições completamente diferentes a atividade precedente, enquanto, de outro lado, "modificando as circunstâncias anteriores através de uma atividade totalmente diversa". Essa concepção de história[49] compreende o homem, tendo como ponto de partida a *práxis social*, que se origina do trabalho e que sempre é manifesto mediando uma resposta às suas carências. Para Lukács (1978, p.5):

> é inegável que toda atividade laborativa surge como solução de resposta ao carecimento que a provoca. Todavia, o núcleo da questão se perderia caso se tomasse aqui como pressuposto uma relação imediata. Ao contrário, o homem torna-se um ser que dá respostas precisamente na medida em que – paralelamente ao desenvolvimento social e em proporção crescente – ele generaliza, transformando em perguntas seus próprios carecimentos e suas possibilidades de satisfazê-los; e quando, em sua resposta ao carecimento que a provoca, funda e enriquece a própria atividade com tais mediações, frequentemente bastante articuladas.

No processo de dar respostas a suas carências, o homem não produz apenas meios de trabalho, como também desenvolve *conhecimento, crença, valor, ciência*.[50] O conhecimento alcançado em determinado momento his-

---

49 "E como tudo o que é natural tem de *começar*, assim também o *homem* tem como seu ato de gênese a *história*, que é, porém, para ele, uma [história] sabida e, por isso, enquanto ato de gênese com consciência, é ato de gênese que se supra-sume (*sich aufhebender Entstehungsakt*). A história é a verdadeira história natural do homem" (Marx, 2004, p.128).

50 Lukács (s.d.(c), p.19-20) aprofunda a análise sobre a busca dos meios e o surgimento das ciências: "Embora tenha havido, durante muito tempo, apenas consciência prática, uma utilização que teve êxito em um novo campo significa que de fato foi realizada uma abstração correta que, na sua estrutura interna, já possui algumas importantes características do pensamento científico. A própria história atual da ciência, embora aborde muito raramente este problema com plena consciência, faz referência a numerosos casos nos quais leis

tórico é apropriado pela humanidade e, por esse motivo, é um valor universal passado de gerações para gerações. Tomamos como exemplo a história do pensamento ocidental: se hoje os "filósofos" desfrutam de esclarecimentos sobre a realidade social, que pode ser explicada e compreendida pelas mais diversas "correntes de pensamento", isso acontece porque estamos sobre os ombros mirantes de grandes pensadores como: Aristóteles, Kant, Hegel, Marx.

O conhecimento é uma riqueza transferível da humanidade, ou melhor, a cada nova geração o produzimos e reproduzimos e, em muitos casos, ele é aprimorado. O conhecimento é a grande riqueza do homem. Quando transferimos conhecimento a alguma pessoa, não nos alienamos definitivamente de tal saber, apenas reproduzimos e contribuímos para sua eternização.

O processo de produção da existência humana é um processo social; o homem não vive isolado, ao contrário, depende de outros, da comunidade. Os seres sociais são interdependentes em todas as formas da atividade

gerais, extremamente abstratas, se originaram da busca referente a necessidades práticas e ao melhor modo de satisfazê-las, ou seja, da tentativa de encontrar os meios mais adequados para trabalhar. Mas mesmo sem levar isto em conta, a história mostra exemplos nos quais as aquisições do trabalho, elevadas a um nível maior de abstração podem desenvolver-se e tornar-se fundamento de uma abordagem puramente científica da natureza [...]; será suficiente citar um caso interessante relativo à astronomia da China antiga, a que Bernal se refere baseado em estudos efetuados por Needham. Somente depois da invenção da roda, diz Bernal, foi possível imitar com exatidão os movimentos rotatórios do céu ao redor dos pólos. Parece que a astronomia chinesa se originou desta idéia de rotação. Até aquele momento o mundo celeste tinha sido tratado como o nosso. É, portanto, a partir da tendência intrínseca de autonomização da busca dos meios, durante a preparação e execução do processo de trabalho, que se desenvolve o pensamento orientado para a ciência e que mais tarde se originam as ciências naturais. Naturalmente, não se trata do fato de que de um determinado campo de atividade nasça, de uma vez para sempre, um novo campo de atividade. Na realidade, esta gênese continuou a repetir-se, ainda que de formas muito diversas, através de toda a história da ciência até hoje. Os modelos ideais que estão por trás das hipóteses cósmicas, físicas, etc. são – em geral inconscientemente – determinados também pelas idéias ontológicas que vigoram na respectiva cotidianeidade, que, por sua vez, se ligam estreitamente às experiências, aos métodos, aos resultados do trabalho naquele momento. Algumas grandes mudanças científicas tiveram suas raízes em imagens do mundo que pertenciam à vida cotidiana (ao trabalho), as quais, tendo surgido pouco a pouco, num determinado momento apareceram como radicalmente, qualitativamente novas. A disposição hoje dominante, onde o trabalho preparatório para a indústria é fornecido por ciências já diferenciadas e amplamente organizadas, pode esconder para muitos esta situação, mas do ponto de vista ontológico nada mudou essencialmente...".

humana, sejam quais forem suas necessidades – produção de bens à sobrevivência, elaboração de conhecimento. A relação de carência e reciprocidade entre os homens é criada, atendida e transformada de acordo com a organização social de determinada *particularidade histórica*.

No processo de produção e reprodução da existência humana, o trabalho é o nexo causal de todas as relações humanas. Ele determina e condiciona a vida, organizando a produção dos meios e bens necessários. Essa organização implica maneiras específicas de dividir o trabalho em determinada sociedade, o que dá origem às relações inerentes aos meios de trabalho e à apropriação do produto do trabalho. A forma de organizar a divisão do trabalho, que é composta, especialmente, pelos meios de trabalho e a força de trabalho, constitui as relações de produção que compõem a estrutura econômica de uma dada sociedade. Conforme observou Marx (1983, p.24):

> O conjunto das relações de produção constitui a estrutura econômica da sociedade, a base concreta sobre a qual se eleva uma superestrutura jurídica e política e a qual correspondem determinadas formas de consciência social. O modo de produção de vida material condiciona o desenvolvimento da vida social, política e intelectual em geral. Não é a consciência dos homens que determina o seu ser, é o seu ser social que, inversamente, determina a sua consciência.

A base econômica,[51] compreendida na dialeticidade entre o material e o espiritual, determina as formas políticas, jurídicas e, consequentemente, o conjunto de *ideias* que existem em cada sociedade. A transformação dessa base econômica ocasiona necessariamente as mudanças em toda a sociedade, o que implica um novo modo de produção tanto na base material quanto na base espiritual. Por exemplo, nas sociedades tribais (comunais), o grupo social organizava-se por sexo e idade para produzir sua existência. As mulheres e as crianças permutavam determinadas tarefas e os homens,

---

51 De acordo com Lukács (1979, p. 56), a tendência básica da obra de Marx compreende que: "As análises econômicas mantidas num plano científico rigoroso e exato, abrem continuamente perspectivas fundadas, de tipo ontológica, sobre a totalidade do ser social. Nessa unidade, manifesta-se a tendência básica de Marx: desenvolver as generalizações filosóficas a partir dos fatos verificados pela investigação e pelo método científico, ou seja, a constante fundação ontológica das formulações tanto científicas quanto filosóficas ".

outras. Essa primeira divisão do trabalho, além de garantir a sobrevivência do grupo, gerou um conjunto de instrumentos, técnicas, valores, costumes, crenças, conhecimentos. A propriedade dos instrumentos de trabalho e a propriedade do produto do trabalho (a caça, o peixe etc.) eram de toda a comunidade. Nessa forma de organização social, a transmissão das técnicas, valores e conhecimentos era feita, em sua maioria, por meio da comunicação oral e do contato pessoal. Em outra particularidade histórica, como na Grécia antiga, as relações eram diferentes. O comércio já estava um pouco desenvolvido e era fundado na exportação e importação agrícola e artesanal, estruturando, portanto, a base econômica. É importante destacar que já havia um nível técnico de desenvolvimento da produção, simultaneamente, com a organização política na forma de cidades-Estado. Nessa sociedade, além da divisão do trabalho cidade-campo, ocorre uma divisão entre os produtores de bens e os donos da produção. Os produtores não detinham a propriedade da terra, os instrumentos de trabalho e o produto de seu trabalho. Eles eram, em sua maioria, propriedade de outros homens. Na Grécia, as relações estabelecidas entre os homens eram desiguais, alguns viviam do produto do trabalho de outros e a *produção do conhecimento* era desenvolvida por aqueles que não executam o trabalho manual (Andery, 1988).

Na Idade Média, a produção material concentrou-se no campo, nos denominados feudos. Os encargos da produção ficavam sobre os servos, os quais eram submetidos aos senhores feudais que detinham a propriedade da terra. As técnicas de produção, especialmente nos campos, apresentavam-se desenvolvidas, e havia certa divisão do trabalho. O sistema feudal, como essa organização social da existência humana ficou conhecida, estruturava-se em uma camada social (servos) que, em troca de proteção, eram explorados pela camada parasitária (senhores feudais) que concedia a terra para o cultivo. Nas cidades, o crescimento das atividades dos artesões era freado pelos senhores feudais que tinham restrições ao desenvolvimento das cidades. A *Igreja* foi a maior proprietária de terras nesse período, como também, era a principal responsável pela *produção do conhecimento*.

Ao retomarmos tais exemplos da produção e reprodução da vida social da história da humanidade, levando em consideração as formas de produção e apropriação do saber, relembramos as seguintes palavras de Marx e Engels (1999, p.72):

As idéias (*Gedanken*) da classe dominante são, em cada época histórica, as idéias dominantes; isto é, a classe que é a força *material* dominante da sociedade é, ao mesmo tempo, sua força *espiritual* dominante. A classe que tem à sua disposição os meios de produção material dispõe, ao mesmo tempo, dos meios de produção espiritual, o que faz com que a ela sejam submetidas, ao mesmo tempo e em média, as idéias daqueles aos quais faltam os meios de produção espiritual. As idéias dominantes nada mais são do que a expressão ideal das relações materiais dominantes, as relações materiais dominantes concebidas como idéias; portanto, a expressão das relações que tornam uma classe a classe dominante, portanto, as idéias de sua dominação. Os indivíduos que constituem a classe dominante possuem, entre outras coisas, também consciência e, por isso, pensam; na medida em que dominam como classe e determinam todo o âmbito de uma época histórica, é evidente que o façam em toda sua extensão e, conseqüentemente, entre outras coisas, dominem também como pensadores, como produtores de idéias; que regulam a produção e a distribuição das idéias de seu tempo e que suas idéias sejam, por isso mesmo, as idéias dominantes da época.

Percebemos que a *produção do conhecimento*, ao longo da história da humanidade, ficou restrita àqueles que detinham o poder sobre a riqueza material. No capitalismo, isso não é diferente, ocorre uma radical divisão do trabalho, há a superação da propriedade imóvel pela móvel. Com a ascensão da indústria, os conflitos emergem entre aqueles que detêm os meios de produção – os burgueses – e aqueles que detêm a força de trabalho – os proletários. A luta de classe é permanente no modo de produção capitalista e necessariamente as *ideias*, que são reflexos da existência material, surgem e são representadas antagonicamente.

A base econômica da sociedade, não tomada de forma isolada, é o determinante fundamental da produção e reprodução social. Tais relações sociais baseadas na propriedade privada dos meios fundamentais de produção, a qual sustenta a sociedade burguesa, resultam em classes sociais que têm interesses conflitantes. Nas sociedades em que existem relações envolvendo interesses antagônicos, *as ideias refletem essas diferenças.*

Embora predominem aquelas que representam os interesses do grupo dominante, a possibilidade de *produzir ideias* que representam a realidade social do ponto de vista de outro grupo *reflete a possibilidade de transformação* presente na própria sociedade. Portanto, espera-se que, em um dado momento, os pensamentos diferentes que protagonizam a negação encontrem o campo de possibilidades para sua concreção.

Os conflitos travados na base material da sociedade têm suas expressões na *produção espiritual*, pois as *ideias revolucionárias* surgem do antagonismo entre as classes sociais. Segundo Marx e Engels (1999, p.73): "A existência de idéias revolucionárias numa determinada época já pressupõe a existência de uma classe revolucionária...". A oposição não se faz somente na base econômica da sociedade, na qual a minoria detém a riqueza socialmente produzida e a maioria tem acesso somente à miséria crescente, mas nas *formas de organização e tomada de consciência da classe revolucionária que começa a produzir conhecimento que objetiva superar o estado de coisas vigente*. A emersão de outras formas de interpretação da realidade cobra uma ação prática e transformadora das condições da existência social. Isso é possível quando as condições objetivas são favoráveis.

As ideias produzidas pelo homem representam grande parte de seu conhecimento em relação ao mundo. O conhecimento expressa-se em suas diferentes formas, podendo ser senso comum, científico, teológico, filosófico, estético, conservador, reacionário, revolucionário. Mesmo sendo incorreto ou parcial, ou expressando posições conflitantes, exprime as condições de existência social de um determinado período histórico.

A ciência, portanto, é uma das formas do conhecimento produzido pelo homem no decorrer de sua história. A ciência é determinada pelas necessidades materiais do homem em cada momento histórico, ao mesmo tempo que interfere nelas. Não apenas o homem contemporâneo produz ciência, como também sociedades ancestrais a produziram. A ciência caracteriza-se por ser a tentativa de o homem entender e explicar racionalmente a *natureza humanizada* e o *homem naturalizado*, buscando formular leis que, em última instância, permitem a atuação plenamente humana.

O conhecimento racional do mundo é um esforço de superar o desconhecido, as ilusões, o imediato, pois objetiva compreender de forma fundamentada os fenômenos da humanidade, sejam eles físicos, biológicos, econômicos, sociais, políticos. Interessante destacar que *as tentativas de explicações racionais também passam a ser objeto de questionamento do* homem. Melhor dizendo, *o homem questiona as suas próprias explicações*. Ao questionar os modelos racionais, criam-se as batalhas teóricas[52] representadas pelas diferentes concepções de mundo nas "áreas do conhecimento".

A ciência, como sistematização de um determinado fenômeno ou realidade social, caracteriza-se por ser uma atividade metódica. É uma atividade que, ao propor-se conhecer a realidade, busca atingi-la por meio de ações passíveis de ser reproduzidas. No *fazer científico,* é cobrado o *método* que, na visão moderna, emerge como um conjunto de concepções sobre o homem, a natureza e o próprio conhecimento. Um método que sustenta um conjunto de regras de ação, de procedimentos, prescritos para produzir conhecimento.

O dogmatismo, em relação ao *método*, corre risco de restringir o processo de conhecimento da realidade especialmente quando ficamos presos aos procedimentos que, em muitos casos, são preestabelecidos. Alves (2001, p.109-10) comenta que:

> não há método para se ter idéias boas. Se houvesse método para se ter idéias boas, bastaria aplicar o método, que seríamos inteligentes. Freqüentemente

---

[52] Por exemplo, o que seria das ciências sociais se os seus representantes não fossem questionados. Observe nas seguintes passagens as interpretações conflitantes de Durkheim e Marx. Émile Durkheim (1999, p.xiii) comenta, bem a moda conservadora, o seguinte: "Nosso método não tem nada de revolucionário. Num certo sentido, é até essencialmente conservador, pois considera os fatos sociais como coisas cuja natureza, ainda que dócil e maleável, não é modificável à vontade. Bem mais perigosa é a doutrina que vê neles apenas o produto de combinações mentais, que um simples artifício dialético pode, num instante, subverter de cima a baixo!" No outro lado do debate teórico, temos a perspectiva revolucionária originária de Marx e Engels (1999, p.12-4), que diz: "A questão de saber se cabe ao pensamento humano uma verdade objetiva não é uma questão teórica, mas prática. É na práxis que o homem deve demonstrar a verdade, isto é, a realidade e o poder, o caráter terreno do seu pensamento. A disputa sobre a realidade ou não realidade do pensamento isolado da práxis – é uma questão puramente *escolástica.*//Os filósofos se limitaram a *interpretar* o mundo de diferentes maneiras; o que importa é transformá-lo". Esses dois autores são responsáveis por um dos grandes "paradigmas" das ciências sociais. As *crises de paradigmas* não se limitam somente a esta ciência, mas ao conjunto do que chamamos de ciência, seja ela "modernamente" classificada na área das "humanidades", "biológicas" ou "exatas". O homem, como já destacamos, vive e necessita de constantes superações ao objetivar-se na natureza e nas suas relações sociais, bem como nas supostas explicações dos fenômenos, sejam eles naturais ou sociais. Se uma explicação da realidade social não é questionada, os motivos podem ser vários, mas uma coisa é certa, o consenso e a verdade absoluta nunca trouxeram avanços à humanidade.

o resultado do uso do método é o oposto da inteligência. A obsessão com o método entope o caminho das boas idéias. Há sempre o perigo de que a ciência – coisa tão boa – se torne uma *convicção* religiosa, um *dogma* sobre a única via metodológica para conhecer a realidade.

Concordamos, parcialmente, com o autor citado no que diz respeito à crítica do *método*, mas destacamos que a ciência, ao longo da história da humanidade, teve conquistas que contribuíram para o avanço do conhecimento e, na posterioridade, são alocadas como *pressupostos científicos* para o entendimento e interpretação da realidade social. Por exemplo, as descobertas e os avanços proporcionados por grandes pensadores como Aristóteles, Newton, Hegel, Einstein, Marx não devem ser incorporados de forma dogmática, mas, com certeza, podem ser tomados como pontos de partidas para futuras descobertas ou mesmo para compreensão segura do *mundo dos homens*.

Entendemos que o *método* não é único nem permanece exatamente o mesmo. Ele reflete as condições históricas[53] em que o conhecimento foi produzido, ou seja, é a manifestação espiritual de determinado particularidade histórico-social e de suas necessidades sociais, de seu nível de desenvolvimento técnico, do resultado das ideias e conhecimentos elaborados. O método científico é historicamente determinado e transforma-se no decorrer da história, pois ele é o reflexo das necessidades e possibilidades materiais, ao mesmo tempo em que interfere nelas.

Os *métodos científicos* estão fundados nos conhecimentos de uma determinada sociedade. O método emerge de determinada realidade social e sua

---

53 "A divergência com relação a que procedimentos levam a produção do conhecimento está sustentada pelas concepções que os geram; ao se alterar a concepção que o homem tem sobre si, sobre o mundo, sobre o conhecimento (o papel que se atribui à ciência, o objeto a ser investigado etc.) todo o empreendimento científico se altera. O pensamento medieval que concebe o mundo como hierarquicamente ordenado segundo qualidades determinadas por naturezas dadas e estáticas e que concebe o homem como sujeito aos desígnios de Deus – base de sua vida e de suas possibilidades –, gera uma concepção de conhecimento que, em relação indissolúvel e recíproca com as primeiras (homem e mundo), atribui à ciência um papel contemplativo dirigido para fundamentar e afirmar as verdades da fé. Essas concepções impedem que a comparação com o fenômeno observado leve à produção de um conhecimento que gere dúvidas sobre as proposições da Igreja, que apresenta suas idéias como inquestionáveis, já reveladas por Deus" (Andery, 1988, p.16).

relação com o conhecimento é recíproca, portanto, as mudanças de concepções implicam necessariamente novas formas de ver a realidade, novo modo de obtenção do conhecimento, novas maneiras de fazer ciência.[54] Por isso, na contemporaneidade, "a história da ciência não pode ser separada da história em geral, da história da luta de classes em particular" (Löwy, 1994, p.105).

Por uma ciência genuinamente humana

A ciência materializa-se como uma *autoatividade prática do homem*[55] e está submetida a determinadas condições históricas. Em toda a sua existência, ela é criação do homem e, por conseguinte, deveria estar comprometida em suprir as carências da humanidade. Entendemos que, em princípio, a principal função da ciência seria desenvolver conhecimentos que *facilitem* e *humanizem* o desenvolvimento social, mas tal objetivo está muito distante da ciência burguesa decadente que tem sua reprodução submetida aos interesses do capital.

Após o surgimento da grande indústria e o amadurecimento do capitalismo, a ciência desenvolveu-se com objetivos voltados para a potencialização da produção. A ciência foi aprimorada para dar respostas eficientes à produção de mercadorias. As denominadas ciências naturais[56] é parceira insubstituível da indústria e a *técnica pela técnica* substituiu qualquer

---

54 Mas sempre devemos levar em consideração que: "A ciência se desenvolve a partir da vida; e, na vida, quer saibamos e queiramos ou não, somos obrigados a nos comportar de modo ontológico" (Lukács, 1979a, p.24).
55 Para Marx (2004, p.157), "a ciência do homem é um produto da auto-atividade (*selbstbetätigung*) prática do homem...".
56 De acordo com Marx (1980a, p.163). "O emprego dos agentes naturais – em certa medida, sua incorporação ao capital – coincide com o desenvolvimento da ciência como fator autônomo do processo produtivo. Se o processo produtivo se converte na esfera de aplicação da ciência; a ciência, pelo contrário, se converte em fator, em função, por assim dizer, do processo produtivo. Cada descoberta se converte na base de novas invenções ou de um novo aperfeiçoamento dos modos de produção. O modo capitalista de produção é o primeiro a colocar as ciências naturais a serviço direto do processo de produção, quando o desenvolvimento da produção proporciona, diferentemente, os instrumentos para a conquista teórica da natureza. A ciência logra o reconhecimento de ser um meio para produzir riqueza, um meio de enriquecimento. Deste modo, os processos produtivos se apresentam pela primeira vez como problemas práticos, que só se podem resolver cientificamente. A experiência e a observação (e as necessidades do processo produtivo) alcançam assim pela primeira vez um nível que permite e torna indispensável o emprego da ciência".

forma de fazer ciência e colocar o homem no centro de suas atenções. A *técnica pela técnica* refere-se ao grande desenvolvimento que as ciências naturais tiveram nos últimos séculos, com seus objetivos voltados, em sua maioria, para a acumulação capitalista. Poucas são as produções científicas, resultantes da *era do capital*, que colocam em primeiro plano a *carência humana*. A grande parcela da ciência contentou-se em produzir conhecimentos que auxiliam o crescimento econômico. De acordo com Marx (1980a, p.161-4):

> o desenvolvimento das ciências naturais (que formam, aliás, a base de qualquer conhecimento), como de qualquer noção (que se refira ao processo produtivo) ocorre novamente sobre a base da produção capitalista que pela primeira vez lhes proporciona em grande medida – às ciências – os meios materiais de investigação, observação, experimentação. Já que as ciências são utilizadas pelo capital como meio de enriquecimento e se convertem, portanto, em meios de enriquecimento para os homens que se ocupam do desenvolvimento das ciências, os homens de ciência competem entre si no intento de encontrar uma aplicação prática da ciência. De outro lado, a invenção se converte em uma espécie de artesanato. Por isso junto com a produção capitalista se desenvolve, pela primeira vez de maneira consciente, o fator científico em certo nível, se emprega e se constitui em dimensões que não se poderiam conceber em épocas anteriores [...] Somente a produção capitalista transforma o processo produtivo material em aplicação da ciência à produção – em ciência, posta em prática, mas somente submetendo o trabalho ao capital e reprimindo o próprio desenvolvimento intelectual e profissional...

A ciência teve avanços memoráveis, mas, quanto mais desenvolve suas capacidades técnicas voltadas para a produção capitalista, mais distante fica do conhecimento em prol do homem. Isso teve resultados imediatos com a separação e a fragmentação do conhecimento, ou seja, a ciência foi dividida em ciências. Em uma esfera macro, temos as ciências sociais e as ciências naturais e, o principal, devemos não nos esquecer de que todas são humanas. No caso específico das ciências naturais, que é mais propícia para dar respostas às condições materiais da existência humana, a técnica apoderou-se de sua reprodução e, infelizmente, ocorreu o distanciamento das ciências sociais. A ciência[57] como *técnica* tudo sabe sobre a melhor maneira de produzir uma mercadoria e de reproduzir a *socialidade coisificada*, mas pouco conhece da sensibilidade humana e das carências do homem que, felizmente, não são suprimidas somente com a realização dos *sentidos do ter*.

Por exemplo, a *fratura* entre a ciência e a filosofia é um desejo rastejante dos ideólogos do capitalismo que querem saber e fazer tudo para o enriquecimento do *mundo das coisas*. Nessa caminhada, a separação entre filosofia e ciência é essencial, pois a *técnica* oferecida pela ciência do capital é suficiente para a ampliação da riqueza insana de uma *sociedade estranhada*, enquanto a filosofia, desde que não seja a especulativa e contemplativa, ao cumprir a sua função social, vai desenvolver-se *ad hominem* e voltar para a condição humana e, por conseguinte, vai remeter o desenvolvimento científico à crítica.

A *filosofia*[58] tem uma tarefa histórica com a *prática humana*, ou seja, seu papel "é estabelecer a *verdade deste mundo*. A tarefa imediata da filosofia,

---

57 Devemos esclarecer algumas questões em relação à ciência e a produção material. Em nossa concepção, a ciência, o conhecimento, a educação não é força produtiva e nem apresentam as condições ontológicas para isso, mas queremos demonstrar que, no capitalismo, as ciências, principalmente as naturais desenvolveram conhecimentos com interesses predispostos pela lógica do capital. Em vários autores, temos a afirmação de que a ciência se tornou uma força produtiva. Por exemplo, para Chauí (2001, p.20): "a ciência e a tecnologia tornaram-se forças produtivas, deixando de ser mero suporte do capital para se converter em agentes de sua acumulação. Conseqüentemente, mudou o modo de inserção dos cientistas e técnicos na sociedade porque se tornaram econômicos diretos, e a força e o poder capitalistas encontram-se no monopólio dos conhecimentos e da informação". Antunes (2001, p.122) em contrapartida afirma o seguinte: "Liberada pelo capital para expandir-se, mas sendo em última instância prisioneira da necessidade de subordinar-se aos imperativos do processo de criação de valores de troca, a ciência não pode converter-se em 'principal força produtiva'", em ciência e tecnologia independente, pois isso *explodiria, faria saltar pelos ares a base material* do sistema de produção do capital [...]". Antunes (2002, p. 119–66) apresenta interessante debate com Habermas sobre ciência enquanto "principal força produtiva".

58 Chasin (1988, p.45) escreve o seguinte sobre a tarefa da filosofia: "Ao inverso do pauperismo intelectual que cava abismos entre ciência e filosofia, presencia-se na elaboração marxiana a reemergência da forma rica do saber: unitário, sintético e direcionado à totalização. Contata-se, em verdade, o reencontro do espírito originário do termo filosofia, na medida em que *sofia* é conhecimento teórico e prático e *amor* se desvela como carência, necessidade vital de algo não possuído. Filosofia, pois, como carência de saber do mundo e mundo carente de transformação.// Filosofia que se põe como representação e prática, não em paralelas, mas em momentos distintos de uma processualidade integrada. Uma filosofia que se constituiu como representação radical – conhecer o mundo *até o fim, até a raiz* – ontologia; e que se *realiza* no mundo também por uma prática de raiz, por uma ação transformadora que *vai até o fim – revolução*".

que está a serviço da história, é desmascarar a auto-alienação humana..." (Marx, 2005, p.146). Na contemporaneidade, a filosofia e a ciência estão em campos estranhos, elas não estabelecem relações entre si para o *entendimento* do *mundo social*. A filosofia, pela "cabeça" dos representantes da sociedade burguesa, restringiu-se à especulação e não tem como objetivo questionar as condições da existência humana; enquanto a ciência está submetida e comprometida com o desenvolvimento da técnica e do capital.

A filosofia e a ciência deveriam estar voltadas para os interesses da humanidade. Grande parte da "produção filosófica" da "Universidade Produtivista" nada tem de aproximação com o esclarecimento prático da realidade social e está distante de ser a *cabeça da emancipação humana*. O mesmo acontece com a ciência,[59] pois suas preocupações são privadas e representam os interesses da *atividade produtiva alienada*. Observe os comentários de Marx[60] (2004, p.111-2) sobre as ciências naturais, sua relação *estranhada* com a filosofia e seu desenvolvimento harmônico com a indústria.

> As *ciências naturais* desenvolveram uma enorme atividade e se apropriaram de um material sempre crescente. Entretanto, a filosofia permaneceu para elas tão estranha justamente quando elas permaneceram estranhas para a filosofia. A fusão momentânea foi apenas uma *ilusão fantástica*. Havia a vontade, mas faltava a capacidade. A própria historiografia só de passagem leva em consideração a ciência natural como momento do esclarecimento (*Aufklärung*), da utilidade, de grandes descobertas singulares. Mas quanto mais a ciência natural interveio de modo *prático* na vida humana mediante a história, reconfigurou-a e preparou a emancipação humana, tanto mais teve de completar, de maneira

---

59 Para Mészáros (2004, p.267): "O grande dilema da ciência moderna é que seu desenvolvimento esteve sempre ligado ao dinamismo contraditório do próprio capital. Além disso, a impossibilidade de separar a ciência e a tecnologia modernas deste perverso dinamismo está a permanecer conosco enquanto não for realizada uma tentativa consciente e socialmente viável para produzir e manter a necessária separação. Desse modo, por mais popular que seja a ficção do 'desenvolvimento científico imanente', a ciência moderna não pode deixar de se orientar para a implementação mais eficaz possível dos *imperativos objetivos* que definem a natureza e os limites inerentes do capital, assim como seu modo necessário de funcionamento nas mais variadas circunstâncias".

60 Segundo Mészáros (2006, p.97): "O problema imediato de Marx é: por que existe um abismo tão grande entre a filosofia e a ciências naturais? Por que a filosofia continua tão alheia e hostil a elas, assim como elas em relação à filosofia?".

imediata, a desumanização. A *indústria* é a relação histórica *efetiva* da natureza e, portanto, da ciência natural com o homem; por isso, se ela é apreendida como revelação *exotérica* das *forças essenciais* humanas, então também a essência *humana* da natureza ou a essência *natural* do homem é compreendida dessa forma, e por isso a ciência natural perde a sua orientação abstratamente material, ou antes idealista, tornando-se a base da ciência *humana*, como agora já se tornou – ainda que em figura estranhada – a base da vida efetivamente humana; uma *outra* base para a vida, uma outra para a *ciência* é de antemão uma mentira.

Para Mészáros (2006, p.98), Marx não é guiado por um ideal malconcebido de remodelar a filosofia com a ciência natural. De fato, ele critica agudamente tanto a filosofia como as ciências naturais. A primeira por ser "especulativa", e a segunda por ser "abstratamente material" e "idealista". Na concepção marxiana, tanto a filosofia como as ciências naturais são manifestações do mesmo *estranhamento*. As expressões "abstratamente material" e "idealista" indicam que a ciência natural é, "numa forma alienada", a base da *vida humana real*, pelo fato de estar necessariamente interligado com uma forma alienada de indústria, correspondente a um modo alienado de produção, a uma forma alienada/estranhada de atividade produtiva.

A reivindicação de Marx por uma *ciência humana* nada mais é do que solicitar uma *ciência de síntese concreta integrada com a vida real*. Segundo Mészáros (ibidem), o ponto de vista da *ciência humana* proposta por Marx é o ideal do homem não alienado, "cujas necessidades reais humanas – em oposição tanto às necessidades inventadas especulativamente como às necessidades abstratamente material, praticamente desumanizadas – determinam a linha de pesquisa em cada campo particular". As realizações dos campos particulares – guiadas desde o início pela estrutura referencial comum de uma *ciência humana* não fragmentada – são, então, reunidas em uma síntese superior que, por sua vez, determina as linhas subsequentes de investigações nos vários campos.

A fragmentação da ciência é o resultado direto de uma sociedade que se sustenta em uma vida social alienada e, por conseguinte, determina uma série de necessidades alienadas, que são guiadas para a realização dos sentidos do ter, ou seja, pela produção do capital e, simultaneamente, da substituição das carências humanas em carências mercadológicas. No processo produtivo, o homem torna-se objeto de suas próprias criações, os instrumentos de trabalho submetem o trabalhador às condições ditadas pela produção e, não ao contrário, o homem submete os instrumentos de trabalho a suas carências.

No âmbito da produção científica, a reprodução é basicamente a mesma, pois elas se fundem sobre uma mesma base material. A estrutura científica e a atividade produtiva apresentam as seguintes características: falta de controle do processo produtivo; modo de atividade "inconsciente" e fragmentado, determinado pela inércia da estrutura institucionalizada do modo capitalista de produção; funcionamento da ciência "abstratamente material" como simples meio para fins predeterminados, externos, alienados. "Essa ciência natural alienada se encontra entre a cruz e a espada, entre a sua 'autonomia' (isto é, a idealização de seu caráter 'inconsciente', fragmentário) e a sua subordinação como simples meio para fins externos, alheios (por exemplo, programas militares e quase militares gigantescos, como os vôos à Lua)". A sujeição da ciência natural como simples meio para fins alheios não é de modo algum acidental, mas está necessariamente ligada ao seu caráter fragmentado, "autônomo" e, evidentemente, à estrutura da atividade produtiva alienada em geral. "Como a ciência se desenvolve de uma maneira fragmentada, compartimentalizada, não pode ter finalidades gerais que, portanto, têm de lhe ser impostas de fora" (Mészáros, 2006, p.98-9).

Em relação à filosofia especulativa como resultado da socialidade autoalienada, temos uma dupla alienação na esfera do pensamento especulativo: "(1) em relação a toda prática – inclusive a prática, por mais que alienada, da ciência natural – e (2) em relação a outros campos teóricos, como a economia política, por exemplo" (ibidem, p.99). Em sua "universalidade" especulativa, a filosofia se torna um "fim em si mesmo" e "para si mesmo", um saber pelo saber, não tendo nada a ver com o saber para fazer, mudar, *transformar*. A filosofia torna-se "um reflexo abstrato da alienação institucionalizada" dos meios em relação aos fins. Como separação radical de todos os outros modos de atividade, a filosofia parece ser, aos seus representantes, no caso específico os apologistas do capital, a única forma de atividade intelectual, sendo totalmente descompromissada com as mudanças das condições existentes, ficando satisfeita com a contemplação. Assim, em vez de ser uma dimensão universal de toda atividade, integrada na prática e em seus vários reflexos, ela funciona como uma "universalidade alienada" independente (*verselbsändigt*), mostrando o absurdo de todo esse sistema misterioso de todas as especialidades esotéricas, rigorosamente reservadas aos "sumos sacerdotes" alienados (os *Eingeweihten*) desse comércio, que se tornou o saber. Aqui incluem-se a filosofia e a ciência natural (Mészáros, 2006, p.97-9):

> Se o caráter "abstratamente material" das ciências naturais particulares está ligado a uma atividade produtiva fragmentada e desprovida de perspectivas, o caráter "abstratamente contemplativo" da filosofia expressa o divórcio radical entre a teoria e a prática, em sua universalidade alienada. Eles representam as duas faces da mesma moeda: a auto-alienação do trabalho manifestada num modo de produção caracterizado por Engels e Marx como "a condição inconsciente da humanidade". (ibidem, p.99)

A filosofia e a ciência, pela cabeça dos "intelectuais" da burguesia, não conseguem vislumbrar seu compromisso histórico com a humanidade. O mesmo processo de alienação/estranhamento a que o trabalhador da indústria é submetido também ocorre com os "cientistas" e "filósofos" burgueses, mas com uma diferença crucial: o trabalhador é forçado a reproduzir a alienação para manter sua própria sobrevivência, enquanto os "intelectuais burocratizados" fazem isso para defender interesses mesquinhos, privados e também à sobrevivência da classe burguesa que elegem como a "classe educada e única".

Quando cobramos o compromisso da ciência e da filosofia perante a humanidade, queremos reivindicar uma questão crucial que é a *transformação da sociedade*, pois teoria e prática são campos das mesmas condições de existência do homem. Se a produção e reprodução das relações sociais são alienadas, ou seja, os valores que deveriam ser atribuídos ao homem são atribuídos às coisas, é porque os homens, que são criadores e criaturas de tais relações sociais, não atingiram a maturidade e o momento histórico em que a filosofia e a ciência terão como principal objetivo a superação da autoalienação humana. A questão não é remodelar a ciência ou a filosofia, mas, de acordo com Marx, é instaurar uma *ciência humana*, ou seja, o que está em pauta é uma situação prática. Observe as argumentações de Marx (2004, p.112) em defesa de uma *ciência humana*:

> A *sensibilidade* (vide Feuerbach) tem de ser a base de toda a ciência. Apenas quando esta parte daquela na dupla figura tanto da consciência *sensível* quanto

da carência *sensível* – portanto apenas quando a ciência parte da natureza – ela é ciência *efetiva*. A fim de que o *"homem"* se torne objeto da consciência *sensível* e a carência do "homem enquanto homem" se torne necessidade (*Bedürfnis*), para isso a história inteira é a história da preparação / a história do desenvolvimento. A história mesma é uma parte *efetiva* da *história natural*, do devir da natureza até ao homem. Tanto a ciência natural subsumirá mais tarde precisamente a ciência do homem quanto a ciência do homem subsumirá sob si a ciência natural: será *uma* ciência. | | X | O *homem* é o objeto imediato da ciência natural; pois a *natureza sensível* imediata para o homem é imediatamente a sensibilidade humana (uma expressão idêntica), imediatamente como o homem *outro* existindo sensivelmente para ele; pois sua própria sensibilidade primeiramente existe por intermédio do *outro* homem enquanto sensibilidade humana para ele mesmo. Mas a *natureza* é o objeto imediato da *ciência do homem*. O primeiro objeto do homem – o homem – é natureza, sensibilidade, e as forças essenciais humanas sensíveis particulares; tal como encontram apenas em objetos *naturais* sua efetivação objetiva, [essas forças essenciais humanas] podem encontrar apenas na ciência do ser natural em geral seu conhecimento de si. O elemento do próprio pensar, o elemento da externação da vida do pensamento, a *linguagem*, é de natureza sensível. A efetividade social na natureza e a ciência natural *humana* ou a *ciência natural do homem* são expressões idênticas.

Em qualquer modelo que temos em mente de filosofia e ciência, sua "aplicabilidade" dependerá da totalidade da prática social, pois é ela que produz, em toda situação sócio-histórica, as necessidades materiais e intelectuais. Mészáros (2006, p.108) nos esclarece que a realização do ideal de Marx de uma *ciência humana* pressupõe a existência autossustentada (*"positiva"*) de tais necessidades no corpo social. A própria formulação do ideal de Marx, em contraste, corresponde à necessidade de negar – em seus aspectos teóricos – a totalidade das relações sociais de produção existentes. A reivindicada *ciência humana* torna-se uma realidade na medida em que a alienação é suprimida *praticamente* e assim a totalidade da prática social perde seu caráter fragmentado. "Nesta fragmentação, a teoria é contraposta à prática e os campos particulares 'da atividade essencial estranhada' – tanto teórica quanto prática – opõem-se mutuamente". Para a realização da *ciência humana*, todas as ciências fragmentadas, ou seja, a filosofia, a economia política, as ciências naturais etc. devem ser *integradas reciprocamente*.

O mesmo deve ocorrer em relação à totalidade de uma prática social, a qual não mais será caracterizada pela alienação e reificação das relações sociais de produção. Pois a *ciência humana* é precisamente essa *integração dual* – "como transcendência da alienação dual vista anteriormente – dos campos teóricos particulares: 1) entre si mesmos; 2) com a totalidade de uma prática não alienada" (Mészáros, 2006, p.108).

Os obstáculos postos no caminho para a realização da *ciência humana* não são mais do que a supressão da alienação na prática social.[61] A ciência "abstratamente material" e a filosofia "especulativo-contemplativa" são produto da prática social alienada, portanto a superação da alienação na prática social é inconcebível sem superar, ao mesmo tempo, as alienações nos campos teóricos. O processo efetivo de superação (*Aufhebung*) ocorrerá no movimento dialético entre o teórico e o prático na busca pela *reintegração recíproca*.

De acordo com a elaboração marxiana, a superação da ciência e filosofia, que pouco respondem às necessidades/carências do gênero humano, só ocorrerá quando o terreno da vida social prática e, consequentemente, do pensamento aceitar e estiver pronto para as *transformações*. Os "problemas" em relação à filosofia e a ciência alienada não serão superados no pensamento, mas somente na *prática social*, pois as insuficiências ou "problemas" do saber sistematizado do homem são reflexos e expressões *da realidade social*. O conhecimento fragmentado do mundo apresentado pelos campos do "saber moderno" é *um reflexo necessariamente alienado da alienação prática*. Marx tem um ideal de uma *ciência humana*[62] que seria a *síntese não alienada* de todos os aspectos da vida social. A exigida *ciência*

---

61 Observe a colocação de Lukács (s.d., p.103) sobre as manipulações/obstáculos sofridos pelo saber: "enquanto nos estágios primitivos era a precariedade do trabalho e do saber que impedia uma genuína indagação ontológica a respeito do ser, hoje é exatamente a dilatação infinita do domínio sobre a natureza que cria obstáculos ao aprofundamento e à generalização ontológica do saber, o que significa que este último não tem que lutar contra quimeras, mas contra o próprio fato de ser tomado como fundamento da própria universalidade prática [...] a manipulação encontra suas raízes materiais no desenvolvimento das forças produtivas e suas raízes ideais nas novas formas da necessidade religiosa e que ela não se limita a refutar simplesmente uma ontologia real, mas trabalha, na prática, contra o desenvolvimento científico".

62 Segundo Mészáros (2006, p.21): "Marx esboça nos *Manuscritos de Paris* as principais características de uma nova 'ciência humana' revolucionária – por ele contraposta à universalidade alienada da filosofia abstrata, de um lado, e à fragmentação e à parcialidade reificadas da 'ciência natural', de outro – do ponto de vista de uma grande idéia sintetizadora: 'a alienação do trabalho' como a raiz causal de todo o complexo de alienações".

humana de Marx – que é a síntese superada da filosofia especulativa e da ciência da indústria – seria orientada por um conhecimento não artificial e abrangente, mas para o próprio homem.

Os críticos de Marx fazem referência a suas preocupações "filosóficas" e "econômicas", mas isso não é verdade. As inquietações de Marx em relação à filosofia nunca foram "filosóficas", mas sempre *humanas e práticas*, como também, seu interesse pela economia política[63] nunca foi meramente "científico-econômico", mas *humano e prático* (Mészáros, 2006, p.214). Para Marx, tanto a filosofia como a economia política foram, desde o início, imersas em uma aflição *humana prática*. De acordo com Mészáros (ibidem, p.213), nos *Manuscritos econômico-filosóficos de 1844*, Marx não estava menos interessado em "economia política" do que em seu *Robentwurt* ou em *O capital*. Nas últimas obras, mesmo se preocupando com a *crítica à economia política*, o autor continuava fazendo "filosofia" – o seu tipo de *filosofia*, é claro, tal como nas obras de juventude e nos *Manuscritos de Paris*. Os estudiosos que negam isso tendem a identificar grosseiramente o *humano* com o "econômico", ou aqueles que, em nome de abstrações psicológicas mistificadas, tratam com extremo ceticismo a relevância das medidas socioeconômicas para a solução dos "problemas" da humanidade.

Os "problemas" da humanidade são práticos e reivindicam um *saber para transformar*. A perspectiva apontada por Marx e seus principais estudiosos, a que denominamos *perspectiva ontológica materialista-histórica*, desvenda um horizonte no qual o conhecimento sobre o *mundo dos homens* propõe a superação do saber fragmentado, do saber especulativo, da ciência voltada inteiramente para a técnica em que ela é sinônimo de tecnologia e que potencializa, sobremaneira, a acumulação privada de capital.

A proposta de realizar uma *síntese não alienada* de todos os campos do conhecimento é uma tarefa inacabada que tem como *principal objetivo a*

---

63 Em relação à economia política, Marx (2004, p.141) faz os seguintes comentários: "A economia nacional, esta ciência da *riqueza* é [...] ao mesmo tempo, ciência do renunciar, indigência, da *poupança* e ela chega efetivamente a poupar ao homem a *carência* de *ar* puro ou de *movimento* físico. Esta ciência da indústria maravilhosa é, simultaneamente, a ciência da *ascese* e seu verdadeiro ideal é o avarento *ascético*, mas *usurário*, e o escravo *escético*, mas *producente*. O seu ideal moral é o *trabalhador* que leva uma parte de seu salário à caixa econômica, e ela encontrou mesmo para esta sua idéia predileta uma *arte* servil [...] ela é – apesar de seu aspecto mundano e voluptuoso – uma ciência efetivamente moral, a mais moral de todas as ciências. A auto-renúncia, a renúncia a vida, a todas as carências humanas, é a sua tese principal".

integração recíproca da teoria e da prática. De acordo com Marx e Engels (1999, p.38): "Aonde termina a especulação, na vida real, começa também a ciência real, positiva, a exploração da atividade prática, do processo prático de desenvolvimento dos homens. As frases ocas sobre a consciência cessam, e um saber real deve tomar o seu lugar". Todas as conquistas do conhecimento humano da *ciência real unificada* estarão voltadas para o aperfeiçoamento do homem e não das *coisas*, pois a genuína *ciência humana* nunca chegará a um estágio acabado, mas a cada nova conquista tem por finalidade o aperfeiçoamento do *gênero humano* para o próprio *gênero humano*.

A *tarefa do conhecimento*, no entanto, que se realizará na *ciência humana*, é despertar no homem a sensibilidade para os "problemas" da humanidade e resolvê-los de modo prático. A importância do conhecimento, em construir uma genuína *ciência humana*, está em voltar o olhar para a humanidade, mas não com os óculos funestos do capital, mas sim do trabalho. A visão proporcionada pela lógica do trabalho possibilitará, portanto, a negação e posterior superação do *trabalho estranhado* e da vida alienada exercida pelo homem na ordem burguesa.

Considerações finais

> *O aprofundamento e consolidação da hegemonia teórica do atual projeto ético político profissional depende, entre outros elementos, da capacidade coletiva dos sujeitos comprometidos com esse projeto em produzir conhecimentos críticos sobre a realidade social e conduzir ações e estratégias, também coletivas, e que ultrapassam os limites do campo profissional, que avançam no campo da efetivação da resistência aos processos de desumanização...*
>
> (Kameyama, 2004, p.165)

Serviço Social e mundo do trabalho

O itinerário teórico que realizamos no Capítulo 3 foi necessário para abalizarmos nossa concepção em relação ao trabalho, à ciência, à pesquisa e à produção do conhecimento. O objetivo desse percurso foi aprofundar o debate em torno das questões que circunscrevem os estudos sobre o mundo do trabalho.

Nestas considerações finais, retomaremos as discussões apresentadas no Capítulo 2 e objetivamos articulá-las ao conjunto social das contradições da ordem do capital na contemporaneidade.

A produção de conhecimento no Serviço Social sobre o mundo do trabalho apresentada neste estudo assenta-se no debate oriundo das polêmicas em torno do trabalho que intensificaram nas ciências sociais e humanas no final da década de 1970, especialmente após o lançamento do livro *Adeus ao proletariado*, de André Gorz (1982). Em linhas gerais, podemos dizer que o autor defendeu a ideia central de que estávamos vivendo o fim da sociedade do trabalho; portanto, o proletariado não teria mais a importância política no processo revolucionário em razão do desenvolvimento das novas tecnologias. O "novo sujeito revolucionário" seria produzido pela própria crise do capitalismo e pela dissolução da "antiga" classe trabalhadora, sob o efeito das novas técnicas produtivas e das relações sociais de produção capitalistas.

Nos anos 1980, o debate sobre o trabalho ganhou novo arranque com Clauss Offe. O autor considerava que o trabalho deixou de ser a categoria *fundante* da sociabilidade, como Marx se referiu ao compreender o trabalho como condição inelimínavel da relação entre homem e natureza e, simultaneamente, da produção e reprodução da vida social.

Debates calorosos acirraram-se em torno da categoria trabalho. Surgiram as mais variadas posições sobre o papel político do proletariado; a condição de classes sociais sofreu interpretações diversas em razão das mudanças nos processos produtivos; o "emprego" foi colocado em xeque como definidor das "identidades sociais". Instalaram-se dúvidas e contestações que tencionaram desafios para aqueles que acreditam na *potência revolucionária do trabalho*.

O pensamento "pós-moderno", tomando proveito das equivocadas denúncias do "fim do trabalho", ganhou espaço nas ciências sociais e humanas e muito influenciou o debate acadêmico das disciplinas, originárias da *decadência ideológica*,[1] como História, Economia e Sociologia. O estudo fragmentado da vida social imposta pela "nova" forma do capitalismo – *acumulação flexível* – deu margem a uma ideologia autonomeada "pós-moderna". Para Chauí (2001, p.191), essa nomenclatura pretende marcar a ruptura com as ideias clássicas que fizeram a modernidade. Segundo essa ideologia, a razão, a verdade e a história são mitos totalitários; o espaço e

---

[1] Observe a similar relação do pensamento "pós-moderno" com a *decadência ideológica* descrita por Lukács (1968, p.52): "Essa liquidação de todas as tentativas anteriormente realizadas pelos mais notáveis ideólogos burgueses, no sentido de compreender as verdadeiras forças motrizes da sociedade, sem temor das contradições que pudessem ser esclarecidas; essa fuga numa pseudo-história construída a bel-prazer, interpretada superficialmente, deformada em sentido subjetivista e místico, é a tendência geral da decadência ideológica".

o tempo são sucessões efêmeras e voláteis de imagens velozes. Os lugares são compreendidos na irrealidade virtual, que apaga todo contato com o espaço-tempo como estrutura do mundo; a subjetividade não é a reflexão, mas a intimidade narcísica, e a objetividade não é o conhecimento do que é exterior e diverso do sujeito, e sim um conjunto de estratégias montadas sobre jogos de linguagem, que representam jogos do pensamento. A história do saber aparece como troca periódica de jogos de linguagem e pensamento, isto é, como invenção e abandono de "paradigmas", sem que o conhecimento jamais toque a realidade sócio-histórica.

Na contemporaneidade, a irracionalidade burguesa avança a passos vastos, as concepções científicas de todas as áreas do saber mostram-se capacitadas para responder as necessidades de um modo de vida que sobrevive entre a plena realização da *coisa (fetiche* do capital) e a barbárie social. As possíveis respostas para os fenômenos sociais e naturais que afligem a humanidade estão presentes em todas as ciências, mas os abismos entre a realidade social e suas percepções científicas geram concepções caóticas. Os "paradigmas" científicos explicam o homem tentando buscar sua essência, mas não compreendem que a essência humana deve ser encontrada no *conjunto das relações sociais*, pois "a essência humana não é uma abstração intrínseca ao indivíduo isolado. Em sua realidade, ela é o conjunto das relações sociais". (Marx; Engels, 2007, p. 534).

No âmbito das ciências sociais e humanas, os ares são de ilusões "pós-modernas", há um florescimento da escolástica na academia, com cores niilistas. O pensamento "pós-moderno" com a preocupação de explicar e justificar as mudanças da sociedade contemporânea – sob as determinações do sistema do capital –, prioriza os aspectos singulares das relações sociais, realçando o efêmero, o descontínuo e o fragmentário, o que, em última instância, implica separar o indivíduo da classe social e, por conseguinte, da perspectiva de *emancipação humana*.[2]

No Serviço Social, reservado a sua proporção, diferentemente do que vem acontecendo em várias disciplinas das denominadas ciências sociais e humanas, a *centralidade do trabalho* está presente nas diretrizes curricu-

---

2 Interessantes artigos sobre a "modernidade" e "pós-modernidade" podem ser consultados na Revista da Associação Brasileira de Ensino e Pesquisa em Serviço Social – *Temporalis*, n.10, 2005.

lares dos cursos de graduação, na compreensão do exercício profissional a partir do momento em que a "questão social" é tomada como "objeto de intervenção" e, especialmente, na produção do conhecimento, conforme demonstramos anteriormente nas análises dos artigos.

O Serviço Social, entretanto, em uma forma de encarar a pesquisa e a produção do conhecimento em uma perspectiva contra-hegemônica, posicionou-se criticamente "em relação às modalidades contemporâneas de vida progressivamente contaminadas pelo racionalismo instrumental, ou entregues à doce melodia pós-moderna de uma inevitável fragmentação do social" (Simionatto, 2005, p.25). Os assistentes sociais não sucumbiram às teses do "fim da história", "fim do trabalho", mas buscaram, ensejados pelos seus órgãos representativos: Conselho Federal de Serviço Social (CFESS), Conselho Regional de Serviço Social (Cress), Associação Brasileira de Ensino e Pesquisa em Serviço Social (Abepss), Executiva Nacional dos Estudantes de Serviço Social (Enesso), fortalecer o debate em torno das principais questões que envolvem as determinações sociais fundamentando-se nos marcos da teoria social crítica.[3]

Nesse contexto, o mundo do trabalho, especialmente nos anos 1990, "em relação às demais temáticas teve significativa relevância nas pesquisas realizadas pelos assistentes sociais" (Martinelli; José Filho, 2004); questões concernentes à atual configuração do mundo do trabalho têm frequentemente sido alvo de análises e estudos das dissertações e das teses defendidas nos programas de pós-graduação em Serviço Social, dos núcleos de pesquisas espalhados pelas Universidades brasileiras e, também, marcaram presença nos principais meios de divulgação do conhecimento da área, como por exemplo, nas revistas analisadas.

Entendemos que, nas diretrizes curriculares[4] do Serviço Social, a temática *trabalho* ocupa lugar de destaque na atual proposta acadêmica de formação profissional dos assistentes sociais. O posicionamento hegemônico

---

3 Claro que não podemos negar que sofremos influências e adesão, por alguns profissionais, do pensamento "pós-moderno", mas o que queremos reforçar é que, ainda de forma hegemônica e não homogênea, a perspectiva crítica fundamentada na tradição marxista é o principal embasamento teórico buscado pelos profissionais.

4 "Entre 1994 e 1996 o trabalho tornou-se o eixo das discussões da 'Proposta de diretrizes gerais para o Curso de Serviço Social' elaborada pelo conjunto das unidades de ensino, em face do processo de revisão curricular coordenado pela Abess/Cedepss com a participação do CFESS e da Enesso" (Holanda, 2002, p.19).

da profissão, expresso em seu Código de Ética,[5] também põe o trabalho como eixo central na interpretação das relações sociais da ordem burguesa.

A temática *trabalho* surge como o principal mote para intelecção de mundo do Serviço Social nas décadas de 1990 a 2000. Os assistentes sociais[6] procuram aprofundar seus estudos em autores clássicos como Marx, Engels, Lukács e, a partir de tal aproximação, os profissionais esforçam-se, a nosso ver, com sucesso na compreensão da *ontologia do ser social*, ou seja, dos *modos de ser e condições de existência do homem*. As categorias da realidade social passam a ser apreendidas *como formas de ser e existir do ser social* e, portanto, nas manifestações da vida social, o trabalho é entendido como a categoria *fundante* da sociabilidade.

Como destacamos anteriormente, após 1970, a *centralidade do trabalho* se expressou de forma cética no interior das ciências sociais e humanas e, consequentemente, teve seus rebatimentos no Serviço Social.[7] Inflamados debates acirraram-se entre os estudiosos do mundo do trabalho. Os autores de maior repercussão no Serviço Social são: Gorz, Kurz, Offe, Habermas, Antunes, De Masi, Mészáros, Harvey, Mandel, Castel. Dentre os citados, temos um amplo leque de discussões[8] e posições que divergem sobre a temática. A sociologia do trabalho e áreas afins, com pesquisas empíricas, desenvolveram inúmeros estudos sobre o mundo do trabalho.

---

5 Observe três dos onze princípios fundamentais que orientam o Código de Ética dos assistentes sociais: "Reconhecimento da *liberdade* como valor ético central e das políticas a ela inerentes – autonomia, emancipação e plena expansão dos indivíduos sociais; opção por um projeto profissional vinculado ao processo de construção de uma nova ordem societária, sem dominação-exploração de classe, etnia e gênero; articulação com os movimentos sociais de outras categorias profissionais e com a luta geral dos trabalhadores" (CFESS, 1993).

6 Exemplo disso são as obras de José Paulo Netto, Marilda Iamamoto, Lúcia Barroco, Carlos Montaño. Citamos os autores de maior notoriedade da área, mas basta uma rápida pesquisa na produção do conhecimento da pós-graduação em Serviço social para observar o crescente material de pesquisa que tem como principais interlocutores Marx e Lukács.

7 Observe as colocações de Holanda (2002, p.19): "Tal discussão [centralidade do trabalho] generaliza-se nos final dos anos 1990 e ganha no Serviço Social uma entonação diferente daquela encontrada em certos setores da sociologia e da antropologia. A tese do fim do trabalho encontrou bastante resistência no interior da profissão, tanto por parte dos assistentes sociais que estão produzindo neste campo, como por suas entidades representativas. Entretanto, esse dado, embora extremamente significativo, é suficiente para analisarmos o tratamento teórico conferido à temática do trabalho tão evidente no debate contemporâneo".

8 Quando se discute a crise da sociedade do trabalho deve-se levar em consideração a crise do *trabalho abstrato*, entendido como a redução do *trabalho vivo* e a ampliação do *trabalho morto*, nessa acepção concentra-se um lado do debate. Do outro lado da discussão coloca-se a crise do *trabalho concreto*, elemento *fundante* da relação entre homem e natureza e, por conseguinte, o ponto de partida da teoria social de Marx. Conferir Antunes (2000; 2001).

No Serviço Social, mais recentemente, temos várias investigações que tiveram como preocupação compreender o mundo do trabalho. Dentre elas, destacamos os seguintes autores: Freire (2003); Iamamoto (2001; 2007); Mota (2000); Lessa (2007); Canôas (2004; 2003); Nogueira (2004; 2006); Silva e Silva (1997); Serra (2001); Tavares (2004) e outros importantes estudos sobre as relações de trabalho na contemporaneidade. Seria desnecessário indicar todas as pesquisas realizadas, se o fizéssemos correríamos o risco de cometer injustiças nos esquecendo de significativas contribuições.

Diante da extensa bibliografia sobre o assunto, compreendemos que o mundo do trabalho está inserido em uma lógica contraditória, a qual apresenta, em determinado período histórico, suas diferentes fases com, respectivamente, suas mais extravagantes incoerências. A partir de 1970, mais especificamente, a relação capital *versus* trabalho sofreu profundas *mudanças* que acentuaram e restringiram as condições de milhares de vidas, as quais possuem, como meio de sobrevivência, a *força de trabalho* como mercadoria, para oferecerem ao mercado em troca de salário.

Como bem afirmou Marx (2002a, p.214): "O que distingue as diferentes épocas econômicas não é o que se faz, mas *como*, com *que* meios de trabalho se faz".[9] Hoje, os meios de trabalho estão avançados, as inovações tecnológicas emergem triunfalmente e possibilitam ao *mundo moderno* alta capacidade de produção. Em contrapartida, questões até então, aparentemente, acomodadas começam a ressurgir de maneira a criar espaços de debates e preocupações à lógica do capital. O desemprego, por exemplo, que foi acalentado no período pós Segunda Guerra Mundial volta a crescer e origina o fenômeno do desemprego estrutural.

Nesse contexto, percebemos que o *Estado keynesiano* não cumpriu a estabilização anunciada, mostrando-se incapaz de eternizar o *pleno emprego*, caindo por terra o sonho da *social-democracia*, o qual apostava no *Estado interventor* como o regulador da relação capital *versus* trabalho. A partir de então, a *ideologia neoliberal* ganha campo e, apoiada pela lógica do mercado,

---

9 "O que distingue as diferentes épocas econômicas não é o que se faz, mas como, com que meios de trabalho se faz. Os meios de trabalho servem para medir o desenvolvimento da força humana de trabalho e, além disso, indicam as condições sociais em que se realizam o trabalho. Os meios mecânicos, que, em seu conjunto, podem ser chamadas de sistema ósseo e muscular da produção, ilustram muito mais as características marcantes de uma época social de produção que os meios que apenas servem de recipientes da matéria objeto de trabalho e que, em seu conjunto, podem ser denominados de sistema vascular da produção..." (Marx, 2002a, p.214).

começa a ser referência para regulação da sociedade do trabalho sob a regência do capital.

Diante de tal realidade, a produção social capitalista intensifica processos de reorganizações da produção e "novas" maneiras de contratação de *força de trabalho*, tendo repercussões diretas no modo de produzir e reproduzir do ser social burguês. Quanto às mudanças nas organizações da produção, denominamos *complexo de reestruturação produtiva*, que se materializa com as inovações tecnológicas, organizacionais, programas de qualidade total, racionalização da produção, *downsizing*, reengenharia, relocalizações industriais, terceirização, subcontratação, trabalho domiciliar, envolvendo a produção social capitalista (Alves, 2000, p.11), ou seja, manifestações da crise da acumulação do capital que aparecem com suas particularidades nos artigos analisados, especialmente nos eixos temáticos *transformações no mundo do trabalho* e *reestruturação produtiva; Serviço Social de empresa; trabalho e qualidade de vida*.

O *complexo de reestruturação produtiva* é o movimento que cruza todas as fronteiras geográficas, políticas, econômicas, culturais, sociais e alcança a classe trabalhadora em suas representações coletivas. Diante dessa situação, os sindicatos enfraquecem suas forças de reivindicações, as empresas defendem a flexibilização do mercado de trabalho, aumentando o trabalho precário sem direito à proteção social. Emergem as diversas manifestações negativas do mundo do trabalho como o trabalho infantil, o trabalho feminino malremunerado, a informalidade, o estresse e o assédio moral no trabalho, o crescimento do desemprego e as diversas manipulações das gestões empresariais, ou seja, instala-se um clima de *barbárie social*[10] oriundo da desequilibrada relação capital e trabalho, conforme diagnosticamos nos eixos temáticos *precarização do trabalho, informalidade e desemprego; trabalho infantil; trabalho feminino; trabalho e subjetividade, trabalho e ética; trabalho e qualidade de vida*.

---

10 David Harvey (2005), em seu livro *O novo imperialismo*, apresenta o conceito de "acumulação por espoliação" que expressa a nova dinâmica de acumulação capitalista em tempos de barbárie social. O autor para analisar o imperialismo sob a ótica da "acumulação por espoliação", retoma as contribuições de Rosa Luxemburg acerca do processo de acumulação capitalista, que considera as "relações entre o capitalismo e os modos de produção não capitalistas" como um outro aspecto da acumulação, cujos métodos utilizados são a pilhagem, a opressão, a fraude, a guerra, entre outros. Ademais, o autor acredita ainda que as características da acumulação primitiva de Marx não se encerraram na "etapa original" do capitalismo; ao contrário, estão presentes nos dias atuais e podem ser notadas sob diferentes perspectivas: na expulsão de populações camponesas e na formação de um proletariado sem terra (México); na privatização de recursos; na supressão de formas alternativas de produção e consumo; na substituição da agropecuária familiar pelo agronegócio, entre outras (Almeida, 2006).

A ascensão do neoliberalismo é demarcada pela crise do *Estado de Bem-Estar* no qual a gestão dos fundos públicos era realizada pelo Estado como parceiro e regulador econômico, o que operava a partir da ideia e da prática de planejamento econômico e da redistribuição da renda por meio de benefícios sociais conquistados em sua grande parte pela classe trabalhadora com as lutas sindicais e populares, mas que sofreu demasiado enfraquecimento político, nas últimas duas décadas, conforme percebemos na análise dos eixos temáticos *trabalho e política social; trabalho, sindicalismo e lutas sociais*.

Diante do atual cenário do mundo do trabalho, cujas particularidades foram expostas nos eixos temáticos, não devemos nos esquecer de que o capitalismo contemporâneo com suas mais agudas incoerências é resultado da própria determinação do capital, ou seja, de sua construção histórico-social que, até então, foi-se adequando às mais diversas formas para desenvolver e realizar suas contradições destrutivas.

Emerge, portanto, neste momento uma *preocupação metodológica* em relação aos estudos sobre o mundo do trabalho, ou seja, ao lançarmos o olhar sobre o mundo do trabalho, devemos ter como pressupostos as crises do capital que, na história do regime capitalista, combina traços gerais – *contradições fundamentais* – de tal modo de produção e reprodução social, como apresenta *traços particulares* que resultam de determinado momento histórico. Devemos ter sempre em mente, nas pesquisas sobre o mundo do trabalho, a natureza contraditória do próprio sistema do capital. A desconsideração dessa questão traz o risco de os estudos acabarem em meras denúncias, lamentações sem pretensões de buscas na concretude histórica *da potência revolucionária do trabalho*. Notamos na análise dos eixos temáticos que, em alguns casos, a identificação da *potência revolucionária do trabalho* fica aquém de ser compreendida por alguns pesquisadores. Não estamos cobrando em todas as pesquisas sobre o mundo do trabalho um "manifesto comunista", mas também não podemos pensar que estamos fazendo ciência crítica simplesmente com pesquisas que descrevem a negação do trabalho no sistema do capital.[11]

---

11 As investigações sobre o mundo do trabalho recorrem frequentemente as categorias marxianas para explicar a realidade social, mas não devemos esquecer que as pretensões teóricas do pensamento de Marx não é simplesmente de compreender o modo de produção capitalista, vai além disso, é uma teoria social que se preocupa com a superação da sociedade burguesa, conforme objetivemos demonstrar na terceira seção, ou seja, é uma pretensão de entendimento de realidade que não se contenta com a "compreensão" da sociedade, mas busca as *possibilidades revolucionárias na concretude histórica* e pauta-se claramente em prol da lógica do trabalho.

Isso ocorre em razão do acentuado nível contrarrevolucionário que vivemos na contemporaneidade, especialmente pelas condições atuais *decadentes* das ciências sociais e humanas. Essa questão é reforçada pela situação como a produção do conhecimento vem sendo encarada pela "Universidade Produtivista". Destacamos tais preocupações no Capítulo 3 deste livro.

Entendemos também que a processualidade social apresenta-se de forma *complexificada* e o momento político-social forceja poucas possibilidades de organização coletiva com fins emancipatórios,[12] mas cremos que não podemos nos contentar em produzir um saber sobre a principal contradição da vida social – capital *versus* trabalho – e nos satisfazer com breves denúncias da degradação do trabalho, sem ter como pressuposto a busca da *potência revolucionária do trabalho*.

Ao estudarmos o mundo do trabalho, devemos compreendê-lo no conjunto das relações sociais, políticas e econômicas do sistema do capital, se não apreendido dessa forma, corremos o perigo de fazer análises fenomênicas que favoreçam somente ao saber erudito, que separa as pesquisas sobre as relações de trabalho da crítica ao capitalismo.

O mundo do trabalho contemporâneo deve ser entendido correlato à crise de *acumulação do capital* dos últimos quarenta anos que atingiu, sobretudo, os principais países industrializados – tanto os *centrais* quanto os *periféricos* –, que foram obrigados a realizar reajustes na produção da vida material, para atenderem às exigências da *mundialização do capital*. Esse movimento surge depois de um período promissor, do pós Segunda Guerra Mundial – no qual o *metabolismo social* orientado pelo *pleno emprego* viveu momentos de entusiasmos.[13] Em fins dos anos 1960, a produção social capitalista começou a ter respostas maléficas no que diz respeito ao emprego da *força de trabalho* na produção industrial. Sobre o *pleno emprego* –

---

12 Claro que não podemos desconsiderar a seguinte questão: o pensar radical e o fazer radical estão intimamente conectados e se potencializam, é necessário uma energia social, uma possibilidade objetiva que dê condições para produção de um conhecimento objetivo que tenciona mudanças.

13 "Esse período caracteriza-se por um regime internacional relativamente estável, tendo como pivôs o sistema de paridades fixas entre as moedas e a difusão do modelo fordista de produção e consumo das massas, a partir dos EUA. Esse período é marcado por flutuações cíclicas fracas, correspondentes ao acerto dos desequilíbrios nascidos da acumulação, bastante benignas: desajustes passageiros entre a capacidade de produção e a demanda, que a terapêutica Keynesiana pode remediar facilmente" (Chesnais, 1996, p.297).

devemos fazer uma ressalva – sabemos que, na verdade, ele nunca existiu no sentido restrito das palavras anunciadas. De acordo com Mandel (1990, p.161): "O que se chama comumente de 'pleno emprego' é uma taxa de desemprego que, de acordo com o país, é inferior a 2,5% ou 4% da mão-de-obra assalariada ou da população ativa".

Entre 1950 e 1970, a economia capitalista teve um crescimento considerável e deixou os entusiasmados *social-democratas* em ótima posição diante dos fatos, mas eles não conseguiram vislumbrar as crises que viriam à tona a partir de 1970.[14] A crise generalizada de *superprodução* nos anos 1970 não foi nenhum acidente de percurso, foi apenas resultado de anos de intensa atividade produtiva alimentada por suas contradições. Segundo Mandel (1990, p.9): "Entre 1974 e 1975, a economia capitalista internacional conheceu a sua primeira recessão generalizada desde a II Guerra Mundial, sendo a única, até então, a golpear simultaneamente todas as grandes potências imperialistas". Na crise de 1974/1975, ocorreu a recessão que marcou o fim dos *Trinta Anos Gloriosos* e deu início ao período das crises prolongadas dos anos de 1980 e 1990 da economia mundial, atingindo as indústrias (automobilística, construção, siderurgia, petroquímica) do mundo todo, especialmente dos *países centrais* como os Estados Unidos e os países europeus industrializados. Dentre os fatores que contribuíram para derrubar a chamada *regulação fordista*, destacamos o surgimento de novos centros de produção e da inserção de seus produtos no mercado mundial; a rigidez das estruturas industrializadas oligopolistas; a crise de todas as determinações da relação salarial; a crise fiscal do Estado e o questionamento da amplitude assumida pelos gastos públicos; a deterioração das relações constitutivas da estabilidade do regime em âmbito internacional (Chesnais, 1996, p.298).

Percebemos, ao analisarmos o movimento recente do mundo do trabalho, que alguns fatores singulares marcaram as crises cíclicas das últimas décadas da economia mundial, mas em sua homogeneidade, podemos destacar que todas as crises do modo de produção capitalista são de *superprodução* apresentando as seguintes características comuns, apontadas por Ernest Mandel (ibidem, p.197):

---

14 "A profunda recessão de 1973, exacerbada pelo choque do petróleo, evidentemente retirou o mundo capitalista do sufocante torpor da 'estagflação' (estagnação da produção de bens e alta inflação de preços) e pôs em movimento um conjunto de processos que solaparam o compromisso fordista. Em conseqüências, as décadas de 1970 e 1980 foram um conturbado período de reestruturação econômica e de reajuste social e político" (Harvey, 2002, p.140).

desequilíbrios e desproporções fundamentais de produção e circulação de mercadorias, ocasionando esforços por parte do capital a fim de superar tais contradições, reestruturando, assim, tanto a produção como os mercados. Os esforços de reestruturação da produção tendem a elevar as taxas de lucros através das seguintes medidas: eliminação, absorção ou redução da atividade das empresas menos rentáveis; substituição das técnicas menos produtivas por técnicas de produção mais avançadas; redução da fabricação de produtos cuja demanda parece estruturalmente em estagnação ou declínio, favorecimento a fabricação de produtos cuja procura se revela estruturalmente em elevação: investimentos de racionalização, com economia de matérias-primas, de energia, de mão-de-obra e de emprego do capital fixo; crescimento da velocidade de circulação de capital; intensificação dos processos de trabalho e, em geral, esforços concentrados para aumentar duravelmente a taxa de mais-valia (a taxa de exploração da força de trabalho). Todos esses fatores são evidentemente marcados por fatores de incerteza inerentes a um sistema baseado na propriedade privada e na concorrência. Os esforços de reestruturação do mercado mundial leva por sua vez à procura de novas possibilidades de escoamento da produção e à redistribuição dos antigos mercados em conformidade com as relações de força modificada entre os trustes e as potências mundiais.

Mandel (1990) assinala as principais características da crise que envolve o *sistema baseado na propriedade privada e na concorrência*. O movimento do capital das últimas quatro décadas – o *processo de reestruturação produtiva e a ideologia neoliberal* – vai reivindicar novos reajustes na produção material e espiritual que intensificou, sobremaneira, a condição de trabalho e vida de homens e mulheres que sobrevivem da venda de suas forças de trabalho, conforme ficou ilustrado com as relações subumanas de trabalho, especialmente no eixo temático *informalidade, precarização do trabalho e desemprego; trabalho infantil*.

O mundo do trabalho contemporâneo configura-se, portanto, como mais uma das inúmeras *crises de superprodução*[15] do sistema do capital.

---

15 De acordo com Mandel (1990, p.210): "Contrariamente às pré-capitalistas (ou pós-capitalistas) que são quase todas de penúria física de subprodução de valores-de-uso, as crises capitalistas são crises de superprodução de valores-de-troca. Não é porque há muito poucos produtos que a vida econômica se desregula. É porque há a impossibilidade de venda de mercadorias a preços que garantem o lucro médio – isto é, porque há, portanto, 'muitas mercadorias' – que a vida econômica se desorganiza, que as fábricas fecham as suas portas, que os patrões demitem e que a produção, as vendas, os investimentos e o emprego caem".

Diante de tal realidade social e de acordo com os autores do eixo temático *centralidade do trabalho*, não acreditamos no "fim do trabalho", no "fim da história" e na consequente afirmação de que a presente fase do capital seja um fenômeno avassalador sobre a humanidade e, particularmente, sobre o mundo industrializado. O que devemos enfatizar é que o atual contexto se mostra intensamente adverso ao trabalho, com profundo acirramento de suas contradições, se o compararmos aos outros momentos de crise. Observamos, na atual conjuntura, que a relação capital *versus* trabalho está depurada em suas formas de absorção de força de trabalho, ou seja, o modelo da grande indústria e do emprego em massa, que permaneceu absoluto, especialmente entre 1914 e 1973, chegou a um estágio de esgotamento irreversível, em razão das mudanças ocorridas nos processos de produção e na gestão do capital.

Antunes (2001) aponta como elementos constitutivos do movimento recente do capital as tentativas de respostas fornecidas pelo neoliberalismo e pela reestruturação produtiva; o desmoronamento do Leste Europeu, após 1989, e suas consequências para os partidos e sindicatos operários; a insuficiência do projeto social-democrata e suas repercussões no interior da classe trabalhadora. Esse cenário caracteriza-se pela desregulamentação e expansão dos capitais, do comércio, da tecnologia, das condições e relações de trabalho. O mesmo autor afirma que a denominada *crise do fordismo-keynesianismo* – expressão como ficou conhecida a crise iniciada nos anos 1970 – é o enunciado de um *quadro crítico e complexo*, que tem como um dos pilares centrais a intensificação da lei decrescente do *valor de uso* das mercadorias. Antunes (ibidem, p.27) diz ainda: "Essa tendência à redução do valor-de-uso das mercadorias, assim como a agilização necessária de seu ciclo reprodutivo e de seu valor-de-troca, vem-se acentuando desde os anos de 1970, quando o capital teve de buscar alternativas à crise que reduzia o seu processo de crescimento". Como exemplo, podemos citar o espetáculo do aumento dos produtos descartáveis e os aparelhos eletrônicos, que são lançados em série, ficam cada vez mais "modernos" e tornam obsoletos os anteriores, mesmo que ainda estejam em ótima condição de uso. A indústria de computadores é uma manifestação desta crescente tendência de depreciação do valor de uso das mercadorias.

Mészáros (2002, p.1071) destaca os principais aspectos estruturais da crise do capital, que eclodiu a partir dos anos de 1970, que são: o fracasso catastrófico do keynesianismo de pós-guerra e sua substituição, ainda mais catastrófica, pelas estratégias *monetaristas*, voltadas à revitalização do capital em crise; o maciço e ainda crescente desemprego estrutural e a correspondente irrupção de grandes distúrbios sociais sobre as ruínas do Welfere State e da estratégia do pós-guerra, que presunçosamente anunciou a realização do pleno emprego em uma sociedade livre. Esse conjunto de fatores demonstra a *incontrolabilidade total* do sistema e de suas formas de produção e reprodução social, pois evidencia seu ciclo *autodestrutivo*.

Diante de tais fracassos e de suas consequências, os apologistas do sistema capitalista aclamam a *reestruturação da economia* como sendo a saída para superar as crises cíclicas, que, como já destacamos, são frutos de uma crise maior, a de *superprodução*. O problema mais absurdo e evidente da atual fase é que a economia capitalista tem capacidade de produzir, mas não tem consumidores para seus produtos e, o que é pior, o número de miseráveis no planeta continua crescendo. Os reajustes momentaneamente realizados na órbita da produção material restringem ainda mais o consumo de milhares de pessoas. Com isso, toda dinâmica estanca e o sistema não pode mais distribuir as mercadorias, movimento necessário para tranquilidade de seu desenvolvimento. O pior de tudo é que, embora a produção continue sendo coletiva, porém precária, a apropriação permanece privada.

A *reestruturação da economia*, ou melhor, a crise estrutural que almeja novas formas de reajustes está baseada em dimensões fenomênicas "irreconciliáveis e contraditórias". De acordo com Mészáros (2002), podemos destacar as seguintes dimensões: 1) o problema da produtividade autodestrutiva do capital; 2) os complexos militar-industrial; 3) a emergência das áreas industrializadas do "Terceiro Mundo" como competidores do capital do "Primeiro Mundo".

A primeira dimensão emerge com grande força no período posterior à Segunda Guerra Mundial, quando o capital se expandiu pelo mundo todo e ativou grande quantidade de recursos humanos e materiais, que acentuaram seu crescimento e reprodução. Durante um curto tempo, o capital beneficiou-se com as inovações tecnológicas no campo da produção, o que facilitou sua expansão e aumento de produtividade; mas, em seguida, surgiram problemas provocados por seu desenvolvimento desarmônico. No período de estagnação dos anos de 1970, 1980 e 1990, as contradições acirraram-se especialmente "quando a própria 'produtividade' crescente principiou a conflitar com a exigência de ampliação (ou mesmo de manter estacionária) a força de trabalho" (Mészáros, 2002, p.1.072). A incapacidade de manter ocupada a força de trabalho gerou o crescente desemprego, que veio à tona após aquele período de prosperidade já citado, que ficou conhecido como *pleno emprego*. Hoje, não se vislumbra a possibilidade de solução para o "problema" do desemprego. O que se deve discutir, na atualidade, não é a "criação de mais empregos" pela *reestruturação da economia*, pois o que realmente está em jogo não é a eficiência do capital, que pode ser aperfeiçoada pela maior ou menor realocação drástica de recursos materiais e humanos; ao contrário, o que está em xeque é a verdadeira natureza de sua produtividade: "uma produtividade que necessariamente define a si mesma através do imperativo da sua implacável autoexpansão alienada como produtividade destrutiva, que sem cerimônia destrói tudo que esteja em seu caminho" (Mészáros, ibidem, p.1.073).

A segunda dimensão integrante da crise estrutural é o complexo militar-industrial, cujo grande desenvolvimento no pós Segunda Guerra Mundial foi alimentado pela guerra fria, consubstanciando-se na corrida armamentista. Potências hegemônicas do capital tornaram os investimentos na indústria bélica ilimitados. A manutenção de tal complexo gerou gastos absurdos e muito influenciou, nos últimos anos, a economia mundial. Note-se que o poderio bélico norte-americano insufla guerras quando precisa escoar seu estoque de "mercadorias" de destruição em massa (armas químicas, biológicas e nucleares), para, em seguida, "reerguer" os países dizimados e, assim, organizarem seus investimentos e pousarem como os "salvadores do mundo" na luta contra o "terrorismo".

A terceira dimensão consiste na industrialização do "Terceiro Mundo", que experimentou um considerado avanço como onda de modernização e desenvolvimento. Na verdade, tratava-se do escoamento de exportação de capital, seguido de suas contradições. Com tal estratégia, o capital central torna-se dependente de matérias-primas, energia, mercados de capital e aufere grandes lucros dos "países periféricos". O movimento de realocação de capital gerou "contradições irreconciliáveis" entre os objetivos produtivos dos "países centrais" em relação aos "periféricos". Isso gerou uma guerra comercial incontrolável que ocasionou a quebra de alguns setores industriais dos "países centrais", especialmente aqueles que empregavam força de trabalho intensiva, pois, para superarem os reajustes, as empresas migraram para as regiões que ofereciam força de trabalho mais barata.

Destacamos também, em nossa análise, a *mundialização(crise) do capital*[16] – denominação precisa para o fenômeno da "globalização" – como o movimento macroeconômico do sistema capitalista, a partir dos anos de 1970. Os traços marcantes desse determinado momento histórico de acumulação do capital são os seguintes: 1) a força intrínseca do capital adquirida graças à longa fase de acumulação dos "Trinta Anos Gloriosos"; 2) as novas tecnologias que as corporações transnacionais, perseguidas pela concorrência dos grupos japoneses, souberam utilizar para seus próprios fins, principalmente com o intuito de modificar suas relações com os trabalhadores assalariados e as organizações sindicais; 3) um apoio fundamental por parte dos próprios Estados capitalistas, sob a forma das políticas de liberalização, desregulamentação e privatização (as políticas neoliberais) (Alves, 2004, p.2-3).

De acordo com Giovanni Alves (ibidem), o marco histórico da *mundialização (crise) do capital* foi a já citada recessão de 1974/1975, o que deu início à "longa crise rastejante". Em seguida à tal crise (1974/1975), o capital rompeu com os esforços de regulamentação das relações trabalhistas conquistadas durante o *Welfere State*. Nos "Trinta Anos Gloriosos", houve certo conforto para os trabalhadores assalariados, pois obtiveram algumas conquistas por direitos (mínimos) sociais.

No alvorecer da "terceira divisão internacional do trabalho", na qual se combinam o processo de reestruturação produtiva do capital, a maturação de mais uma revolução tecnológica, o aprofundamento da concorrência intercapitalista, seguida de mudanças significativas no equilíbrio de forças políticas entre o capital e o trabalho, como também entre o capital e o Estado, é que se configura a *mundialização do capital*. A partir desses acontecimentos, a "ideologia da globalização" – subjacente às políticas neoliberais – é entronizada como nova ordem societária. No decorrer dos anos 1980, ficou nítido que o complexo *processo de reestruturação produtiva do capital e* as políticas neoliberais contribuíram fortemente para destruir as organizações da classe trabalhadora – sindicatos[17] – e colocaram obstáculos

---

16 "A mundialização é o resultado de dois movimentos conjuntos, estruturalmente interligados, mas distintos. O primeiro pode ser caracterizado como a mais longa fase de acumulação ininterrupta do capital que o capitalismo conheceu desde 1914. O segundo diz respeito às políticas de liberalização, de privatização, de desregulamentação e de desmantelamento de conquistas sociais e democráticas, que foram aplicadas desde o início da década de 1980, sob o impulso dos governos Thatcher e Reagan" (Chesnais, 1996, p.34).

17 Tais discussões foram ilustradas no eixo temático *trabalho, sindicalismo e lutas sociais*.

a todas as instituições e relações sociais contrárias à lógica de valorização do capital. Portanto, a *mundialização do capital* resultou da combinação da ofensiva do capital em dois campos: na produção – a reestruturação produtiva – e a ofensiva do capital na esfera política – o neoliberalismo. De acordo com Behring (2003), o neoliberalismo, em nível mundial, apresenta-se como uma reação burguesa, conservadora e monetarista, de natureza claramente regressiva, dentro da qual se situa a "contrarreforma do Estado".

É nesse contexto que se inscreve a *mundialização do capital*, a qual não deve ser confundida pela "mundialização das trocas" – a troca de mercadorias e serviços – que teve seu ápice de 1960 a 1974. Trata-se, na verdade, da "mundialização das operações do capital", seja o industrial, seja o financeiro. Isso não só beneficia a transnacionalização do capital aplicado na indústria e nos serviços, mas especialmente o capital conservado na forma-dinheiro. Emergem, portanto, as principais características da *mundialização do capital* que são: crescente poder do capital-dinheiro altamente concentrado, principalmente de 1985 a 1995; capital-dinheiro incluído o capital industrial, mas principalmente o capital financeiro, aquele capital que se valoriza conservando a forma-dinheiro; predomínio do investimento e da produção em relação à troca; acirramento do processo de centralização financeira e de concentração industrial do capital, tanto no plano nacional quanto no plano internacional (por exemplo, os bancos e os grupos que mantêm fundos mútuos e fundos de pensão); maior interpenetração entre os capitais de vários países mediante o investimento internacional cruzado e as fusões-aquisições interfronteiras, de estruturas oligopolísticas transnacionais em um número crescente de ramos da indústria ou de serviços (Chesnais, 1996; Alves, 2004).

Na *mundialização do capital*, há o predomínio do capital financeiro sobre o capital industrial. O capital financeiro é aquele originado das operações definidas por Marx como sendo $D - D'$, ou seja, dinheiro produzindo dinheiro; um valor que valoriza a si mesmo sem a mediação de nenhum processo de produção. Segundo Chesnais: (ibidem, p.247), "o capital monetário concentrado representa a 'forma mais alienada, mais fetichizada da relação capitalista', a forma $D - D'$ (isto é, aquela em que um capital D se fecunda e gera D', sem passar por um investimento produtivo)". O ciclo do capital-dinheiro entrelaçado ao capital financeiro origina uma camada da burguesia[18] de caráter essencialmente rentista, no sentido econômico preciso, pois os ganhos de que desfrutam resultam de transferências a partir da esfera da produção e da troca. Esse movimento do capital financeiro é fruto das crises da década de 1970, tanto de seu sucesso quanto de suas contradições, ocasionando queda da rentabilidade do capital investido na indústria. "Independente da recente centralização e concentração do capital monetário, os capitais industriais saíram em busca de formas de valorização puramente financeiras. A formação dos euromercados, na década anterior, ofereceu-lhes possibilidades sem precedentes" (Chesnais, 1996, p.252).

Para manutenção do capital financeiro, a burguesia rentista dispõe dos seguintes mecanismos: títulos da dívida pública, capital-dinheiro de empréstimo e ações, os quais permitem a transferência de riqueza do setor produtivo para o mercado financeiro. Os títulos da dívida pública são a "pedra angular" dos mercados financeiros contemporâneos. Marx, referido por Chesnais (ibidem, p.292), diz que: "a acumulação do capital da dívida pública não significa outra coisa, a não ser o desenvolvimento de uma classe de credores do Estado, que são autorizados a reconhecer para eles certas somas do montante dos impostos". O capital-dinheiro de empréstimo é "colocado à disposição de empresas" e ocorre como redução do lucro, mesmo que o juro seja apenas uma parte do lucro, isto é, da mais-valia que o capitalista ativo extorque ao trabalhador, o juro apresenta-se agora quando a dimensão dos mercados em que se negociam as obrigações privadas e créditos bancários ultrapassam um certo limiar, como a coisa primeira; "o lucro, ao contrário, que toma então a forma de lucro da empresa, aparece como um simples acessório e adicional que se junta no curso do processo de reprodução. Aqui, a forma fetichista do capital e a representação do fetiche capitalista atingem sua perfeição" (ibidem, p.292). Quanto mais a esfera financeira se amplia e cresce, com a explosão financeira no curso da década

---

18 Observe a argumentação de Chesnais (1996, p.290): "Quando Marx fala em 'capitalista financeiro', está se referindo aos banqueiros de negócios e outros 'senhores das finanças', que vivem de operações feitas no cenário da esfera financeira, definida como aquela (já citada) em que 'temos D – D', dinheiro que gera dinheiro, um valor que valoriza a si mesmo, sem nenhum processo [de produção] servindo de mediação entre os dois extremos'. As operações próprias à esfera financeira dão origem a camadas da burguesia de caráter essencialmente rentista, no preciso sentido econômico de que os rendimentos de que usufruem provêm de transferência a partir da esfera de produção e circulação".

de 1980 e os sobressaltos financeiros dos anos 1990, "mais engendra um desenvolvimento formidável do fetichismo, inerente certamente às relações mercantis, mas que recebem um impulso extraordinário quando os mercados financeiros atingem o lugar em que se encontram hoje". E por fim, as ações são títulos de propriedades que "estabelecem", segundo Marx, "direitos sobre uma fração da mais-valia de que seu proprietário se apropria sob a forma de dividendos". A existência de vastos mercados de títulos industriais (as Bolsas de Valores) permite desfazer-se de títulos a qualquer momento e detê-los em função de seu rendimento (Alves, 2004, p.10; Chesnais, 1996).

Esses mecanismos subsidiam as relações do capital contemporâneo e causam problemas recentes como a explosão de transações financeiras; a interconexão entre as finanças concentradas e a grande indústria; as formas de centralização do capital monetário de instituições financeiras e, o que é mais devastador, atinge diretamente as decisões e formas de investimento na produção. Isso tem ligação direta com a intensidade de exploração da força de trabalho, e desemboca nas precárias condições de trabalho vigentes.

Outro fator que também contribuiu decisivamente para o avanço do capital financeiro foi o processo político de transferências dos serviços da dívida externa do "Terceiro Mundo", nos anos 1970, para as instituições financeiras como o Fundo Monetário Internacional (FMI) e o Banco Mundial. Isso possibilitou às instituições financeiras aumentar a pressão em prol de uma política monetária favorável aos interesses dos credores e voltada para uma liberalização e uma desregulamentação financeira mais acentuada.

Estamos, portanto, diante de uma "nova configuração" de valorização do capital. É sobre essa base material que se assentam os estudos do mundo do trabalho. Desde o surgimento da *grande indústria*, o capital metamorfoseou-se substancialmente para poder cumprir seu principal objetivo, que é o de valorizar-se. Chesnais (ibidem) e Alves (ibidem, p.11) afirmam, em suas análises da *mundialização do capital,* que a "prioridade metodológica do capital financeiro" não despreza a determinação fundante, que é o capital industrial, no processo de acumulação capitalista; pois a massa de capital-dinheiro valorizada dentro da esfera financeira ocorreu a partir dos lucros não reinvestidos, decorrentes dos sucessos da acumulação industrial no regime *fordista*. Foi também a partir da acumulação de riqueza no setor industrial que as tendências dos mercados foram reafirmadas baseando-se em um determinado estágio, com distribuição de renda em escala nacional e internacional, o que gerou um estado endêmico de *superprodução*. Desse modo, a massa de capital-dinheiro valoriza-se dentro da esfera financeira e provém dos sucessos (e insucessos) do capital produtivo.

Diante desse cenário, torna-se necessário levantarmos considerações sobre as mutações na esfera da produção e seu rebatimento no interior da força de trabalho. Sabemos, no entanto, que as mudanças do mundo do trabalho ocorreram meramente no "interior do padrão de acumulação". Na sequência deste texto, pretendemos apontar algumas mutações que consideramos fundamentais para entendermos a atual configuração das organizações que ainda asseguram a produção capitalista.

Como já salientamos, a esfera da produção material sofreu turbulências no final do século XX. Buscamos, no entanto, investigar as principais questões que emergiram no interior das organizações da produção, em termos macroeconômicos. Estamos cientes de que essas mudanças apresentaram singularidades em cada ramo específico de produção, como também em cada contexto nacional e regional; mas não devemos nos esquecer de que alguns traços são inerentes à configuração universal do modo de produção capitalista. Assim, percebemos que o movimento contraditório e abrangente da crise do capital tem suas expressões fenomênicas em determinadas realidades, as quais se distinguem das demais, mas, ao mesmo tempo, estão entrelaçadas pelo ciclo constante e universal de produção e reprodução do capital.

Nosso ponto de partida para discutirmos tal questão é a denominada transição do fordismo/taylorismo para o toyotismo, a qual, na verdade, nada mais é do que a continuação e adaptação da produção capitalista a mais uma revolução no modelo produtivo.

Antes de entrarmos no mérito das mudanças nos modelos de produção, enfatizaremos tal contexto, que é apontado por David Harvey (2002, p.140) como o momento da *acumulação flexível*. Para esse autor:

> A acumulação flexível [...] é marcada por um confronto direto com a rigidez do fordismo. Ela se apóia na flexibilidade dos processos de trabalho, dos mercados de trabalho, dos produtos e padrões de consumo. Caracteriza-se pelo surgimento de setores de produção inteiramente novos, novas maneiras de fornecimento de serviços financeiros, novos mercados e, sobretudo, taxas altamente intensificadas de inovação comercial, tecnológica e organizacional...

A *acumulação flexível* foi uma "continuidade e descontinuidade" com o padrão fordista/taylorista e seu principal objetivo foi manter ou aumentar a produção, empregando um número reduzido de trabalhadores, para as empresas superarem as crises cíclicas. Essas questões ganham relevância no eixo temático *transformações no mundo do trabalho e reestruturação produtiva*. As empresas foram obrigadas a entrar em uma onda de inovações tecnológicas e organizacionais, cuja expressão homogeneizada é o *toyotismo*. Segundo Alves (2004, p.52), o que veio a ser denominado de *toyotismo* assumiu a posição de "objetivação universal da categoria da flexibilidade e se tornou um valor universal para o capital em processo. O *toyotismo* tornou-se o 'momento predominante' do novo complexo de reestruturação produtiva sob o novo regime de *acumulação flexível*".

O toyotismo teve sua gênese na indústria manufatureira do Japão, para confrontar o modelo fordista/taylorista com uma nova proposta de produção de mercadorias, na concorrência internacional. Nos anos 1980 e 1990, muitas técnicas foram importadas do Japão por diversos países e setores da indústria mundial. "A primeira onda foi a do CCQ's e, quase que em paralelo, a do *Kanban/JIT*. Posteriormente, diversos outros elementos foram adicionados, como *Total Quality Control (TQC)*, *Kaizen*, técnica dos 5 S's, TPM (*Total Productive Maintenance*) e outras" (Zilbovicius apud Alves, 2004, p.52). A introdução do modelo de produção do toyotismo nos países industrializados do Ocidente combinou elementos presentes nas fábricas japonesas "com práticas existentes nos países receptores, decorrendo daí *um processo diferenciado*, particularizado e mesmo singularizado de adaptação desse receituário" (Antunes, 2001, p.57).

Antunes (2000, p.31-2) destaca quatro fases responsáveis pela introdução e avanço do toyotismo nas organizações da produção. São elas:

> *Primeira*: a introdução, na indústria automobilística japonesa, da experiência do ramo têxtil, dada especialmente pela necessidade de o trabalhador operar simultameamente em várias máquinas. *Segunda*: a necessidade de a empresa responder à crise financeira, aumentando a produção sem aumentar o número de trabalhadores. *Terceira:* a importação de técnicas de gestão dos mercados dos EUA, que deram origem ao Kanban. *Quarta fase:* a expansão do método Kanban para as empresas subcontratadas e fornecedoras.

O toyotismo com suas características – especialmente a da produção voltada para a demanda e pronta para suprir as necessidades do consumidor – inovadoras e adaptadas à *mundialização do capital*, surge como o modelo adequado a atender às exigências do mercado mundial na era da *acumulação flexível*. No âmbito organizacional, o que mais se destacou foi a chamada *horizontalização* da produção, que motivou novas formas de reorganizar o espaço produtivo, com destaque para a terceirização, a subcontratação, a gerência participativa, a descentralização da produção, as relocalizações industriais, o sindicalismo de empresa e outras mudanças significativas no espaço industrial.

As novas técnicas na produção, bem como as novas formas de organização do espaço industrial culminaram na "III Revolução Tecnológica e Científica", que deu margem às novas formas de gestão da força de trabalho. Isso exigiu das empresas a polivalência do trabalhador, a *flexibilização* das relações de trabalho, como os contratos temporários, parciais e trabalhadores subcontratados. Isso contribuiu, sobremaneira, para o crescimento do *trabalho invisível* (não regulamentado pelas leis trabalhistas) e, principalmente, da manifestação do desemprego estrutural.

Os "trabalhadores assalariados excedentes" configuram o mercado de trabalho no momento histórico do complexo *processo de reestruturação produtiva*. Surge a *subproletarização tardia*, constituída pelos trabalhadores assalariados em tempo parcial, temporários ou subcontratados, além do monumental "exército de reserva" de força de trabalho que fica totalmente à margem do mercado. Segundo Alves (2004, p.26): "A *subproletarização tardia* é a nova precariedade do trabalho assalariado sob a *mundialização do capital*". Ela ocorre não apenas em setores tradicionais (e desprotegidos) da indústria (e dos serviços), mas, especialmente, em setores modernos da produção capitalista. "Esta é a sua particularidade histórica: ela é decorrente da cisão da classe no interior de seu pólo mais desenvolvido (e organizado)".

Ao analisarmos o mercado de trabalho contemporâneo, podemos dizer que ele se divide entre os *trabalhadores centrais* com grande capacidade técnica, os *trabalhadores periféricos* e os *excluídos*. Os primeiros devem ser qualificados e polivalentes, para permanecerem nas empresas. Além disso, devem conhecer os processos tecnológicos, devem ser capazes de contribuir para melhorar a qualidade do produto, enfim, devem ser o tipo de trabalhador "que pense e tenha iniciativa própria, [...] que tenha iniciativa de mudar, com facilidade e precisão, de uma atividade para outra [...] que, na empresa, seja capaz de vender, de produzir, de consertar os defeitos da máquina, de limpar o chão, de dar e receber ordens" (Teixeira, 1995, p.113). Em síntese, as empresas querem um trabalhador particular que incorpore as forças de um trabalhador coletivo. Não querem mais um trabalhador coletivo combinado, mas um trabalhador que seja a síntese da combinação de diversas operações parciais. Os segundos são aqueles que destacamos como sendo os *subproletários tardios* que compõem o número crescente de trabalhadores – parciais, temporários, subcontratados – sem os mínimos sociais para reproduzirem dignamente; são representados pelo trabalho feminino malremunerado, pelos jovens sem experiência no mercado de trabalho e pelos trabalhadores acima de quarenta anos, considerados "velhos" para o trabalho. Esses trabalhadores estão sempre submetidos às oscilações do mercado e podem, a qualquer momento, estar desempregados ou empregados precariamente. Os terceiros são constituídos pela população excedente de força de trabalho, que já existia anteriormente, mas cresceu com a atual conjuntura, originando o desemprego estrutural, que aumentou o número de "excluídos do emprego".

A nova configuração do mercado de trabalho caracteriza-se pelo reduzido número de trabalhadores centrais em contraste com o grande contingente de trabalhadores que perambulam à procura de emprego precário, na maioria dos casos na informalidade. Harvey (2002, p.144) afirma o seguinte: "A atual tendência do mercado de trabalho é reduzir o número de trabalhadores 'centrais' e empregar cada vez mais uma força de trabalho que entre facilmente e é demitida sem custos quando as coisas ficam ruins".

Nas empresas, as novas formas de gestão da força de trabalho eliminam progressivamente a estabilidade no emprego e solapam os trabalhadores ativistas e líderes nas lutas sindicais. Nesse contexto, emergem as "demissões em massa, nas quais as empresas tratam de se desfazer dos trabalhadores considerados poucos adequados, como os de baixa escolaridade e de mais idade, que têm mais dificuldade para se reciclar e se adaptar aos novos conceitos de produção" (Leite, 1994, p.579). O novo tipo de trabalhador da *acumulação flexível* necessita de maior grau de escolarização, participação e polivalência. Logo, os operários do modelo fordista-taylorista que, em sua maioria, são trabalhadores especializados em determinadas funções e pouco qualificados em relação à polivalência, vão ficando à margem do processo produtivo. Uma vez desempregados, vão integrar o conjunto dos *trabalhadores periféricos* e, consequentemente, ingressarão no imenso "exército de reserva".

Percebemos, por esta análise, que o movimento recente do capital, dos últimos quarenta anos, busca reduzir o tamanho da força de trabalho diretamente empregada pelas empresas e substituir o trabalho integral de longo prazo ou indeterminado, pelo trabalho subcontratado, temporário, informal etc. Aqueles trabalhadores que ainda permanecem empregados nas empresas, com algumas garantias, necessitam de boa qualificação técnica e versatilidade. A lógica contemporânea da relação capital *versus* trabalho é austera para os trabalhadores, seja para aqueles que vendem sua força de trabalho no campo, na indústria ou no setor de serviços. A economia mundial, ao mesmo tempo em que realiza mudanças estruturais, tecnológicas, produtivas e organizacionais, agrava a condição dos assalariados.

No mundo do trabalho contemporâneo, observamos radicalmente a substituição do *trabalho vivo* pelo *trabalho morto*, a diminuição do *capital variável* em prol do *capital constante*, o objetivo impenitente do modo de produção capitalista de elevar a *composição orgânica do capital* intensifica-se. Essas expressões referem-se diretamente à redução da força de trabalho na produção, em decorrência das citadas inovações tecnológicas e organizacionais, sem falar no que destacamos anteriormente como as mais diversas formas de precarização do trabalho.

Não podemos deixar de enfatizar, em nossa análise, o desemprego. De acordo com Marx (2002b, p.748): "Quanto maiores a riqueza social, o capital em função, a dimensão e energia de seu crescimento e, conseqüentemente, a magnitude absoluta do proletariado e da força produtiva do seu trabalho, tanto maior o exército industrial de reserva [...] *Esta é a lei geral, absoluta, da acumulação capitalista...*". Marx adiantou que quanto maior o desenvolvimento do *capital constante*, o *capital variável* se torna cada vez menor, ou seja, quanto mais desenvolvido estiverem os *meios de produção*, menos "espaço" terá à força de trabalho. Entretanto, o total extermínio dos trabalhadores da produção e reprodução do capital não ocorrerá, pois o trabalho humano será sempre o eixo central da humanidade (o principal criador de valor), seja ele material ou imaterial.

A produção material, alimentada pelos trabalhadores, contribui para o aumento da acumulação do capital. Entretanto, o processo de produção material do sistema capitalista gera necessariamente um contingente populacional de trabalhadores supérfluos, os "sem ocupação" na divisão social do trabalho. Esses são os "desempregados", necessários para o desenvolvimento da riqueza e da organização do capitalismo.[19]

Já é sabido que as diversas formas de manifestação do desemprego não é algo novo na organização da sociedade que reproduzimos em larga escala desde o surgimento do capital industrial. Enquanto existir acumulação desenfreada, apropriação de riqueza por meio da exploração intensiva do trabalho assalariado, ou seja, exploração de mais-valia, o desemprego seguirá como preocupação constante da sociedade. Segundo Pochmann (2001, p.81), a partir dos anos 1970, a economia mundial passou a evoluir favoravelmente à geração de um maior número de força de trabalho excedente. Para uma População Economicamente Ativa estimada em 1999 pela Organização Internacional do Trabalho em três bilhões de pessoas, havia cerca de um bilhão de trabalhadores vivendo com sua capacidade de trabalho subutilizada. Ou seja, um a cada três trabalhadores encontrava-se na situação de desemprego ou exercendo atividades de sobrevivência.[20]

---

19 Marx, no Capítulo 23 – "A Lei geral da acumulação do capitalista" – de *O capital*, expõe os mecanismos da acumulação do capital e seus impactos sobre a força de trabalho. No século XIX, Marx denominou de *superpopulação relativa*, àqueles trabalhadores desempregados e ocasionalmente empregados, que assumem três formas de representação – *flutuante, latente e estagnada*. Ele apreendeu a natureza da acumulação do capital, ou seja, na medida em que se desenvolve, o capital tende a substituir *trabalho vivo* por *trabalho morto*. De acordo com Marx (2002b, p.744-6) as características das três categorias são: *Flutuante* – Nos centros da indústria moderna "os trabalhadores são ora repelidos, ora extraídos em quantidade maior, de modo que, no seu conjunto, aumenta o número dos empregados, embora em proporção que decresce com o aumento da escala da produção". *Latente* – "A introdução do capital (meios de produção desenvolvidos) na agricultura faz diminuir a demanda por trabalhadores rurais, estes são obrigados a migrarem para a cidade. Mas, seu fluxo constante para as cidades pressupõe no próprio campo uma população supérflua latente, cuja dimensão só se torna visível quando, em situações excepcionais, se abrem todas as comportas dos canais de drenagem. Por isso, o trabalhador rural é rebaixado ao nível mínimo de salário e está sempre com pé no pântano de pauperismo". *Estagnada* – "constitui parte do exército de trabalhadores em ação, mas com ocupação totalmente irregular. Ela proporciona ao capital reservatório inesgotável de força de trabalho disponível. Sua condição de vida se situa abaixo do nível médio normal da classe trabalhadora, e justamente isso torna-a base ampla de ramos especiais de exploração do capital. [...] A superpopulação estagnada se amplia à medida que o incremento e a energia da acumulação aumentam o número dos trabalhadores supérfluos".
20 Os dados divulgados pela ONU, em agosto de 2005, sobre a situação social no mundo, comprovam um cenário de desigualdade social no capitalismo global que expressa a exacerbação da precariedade do mundo do trabalho. O documento "A Cilada da Desigualdade", expõe

Durante toda a existência do modo de produção capitalista, o desemprego sempre foi sintoma de uma doença crônica, aguda em determinadas fases ou até mesmo "controlada" em outras. Mas, diante da atual crise de acumulação do capital, que se intensificou nos últimos quarenta anos, o desemprego sinaliza um sintoma generalizado do sistema e torna-se irremediável.

Mészáros (2003, p.22) argumenta que o desemprego da atualidade "já não se limita a um 'exército de reserva' à espera de ser ativado e trazido para o quadro de expansão produtiva do capital...", como aconteceu durante algumas fases de ascensão do sistema do capital. "Agora a grave realidade do desumanizante desemprego assumiu um caráter crônico." O desemprego atinge todos os trabalhadores dos mais jovens até os mais velhos, dos "desqualificados" aos "qualificados", dos países "subdesenvolvidos" aos países "desenvolvidos", do "setor primário" da economia passando avassaladoramente pelo "secundário" ao "terciário". O novo padrão de desemprego, aprofundado pelas inúmeras determinações da crise estrutural do capitalismo, adquire características e tendências nunca antes imaginadas pelos defensores do capitalismo.

Ao analisarmos o desemprego contemporâneo, podemos destacar alguns pontos centrais que são: todos os trabalhadores, até mesmo aqueles de alta capacidade técnica, estão sujeitos ao desemprego e submetem-se a qualquer tipo de trabalho para assegurarem a sobrevivência; intensifica-se a competição entre trabalhadores das mais diversas especialidades, o que aumenta a desocupação entre os "menos competitivos"; os problemas agravam-se para os trabalhadores pouco qualificados e limitados a determinados ramos industriais, pois com a competição globalizada, muitos setores da atividade industrial estão em total declínio ou em extinção; muitas profissões são eliminadas das empresas com o processo de reestruturação produtiva, *downsizing* que objetiva o enxugamento do quadro de cargos.

Mészáros (2002) alerta que não devemos responsabilizar pelo desemprego somente o desenvolvimento tecnológico, as novas estratégias empresariais e os alarmes das leis naturais como a "explosão populacional". Mas,

---

dados alarmantes que merecem uma reflexão crítica. Por exemplo, apenas 20% da população mundial têm cobertura por sistema de proteção social. Se, em 1993, 140 milhões de pessoas estavam desempregadas, em 2003, este contingente de desempregados cresceu para 186 milhões. Em 2003, segundo a ONU, 1,39 bilhão de pessoas, ou 49,7% dos trabalhadores do mundo, ganhavam menos de US$ 2,00 por dia. No mundo em desenvolvimento, 23,3% dos trabalhadores ganham menos de US$ 1,00 por dia (Alves, 2007).

sobretudo, devemos examinar os parâmetros estruturais que alicerçam as relações socioeconômicas nas quais estamos assentados e que reproduzimos. Essas são incapazes de dar soluções para as contradições explosivas do sistema. O desemprego estrutural, as formas de trabalho precarizado são as saídas encontradas pelo sistema, pois, com os trabalhadores a produzir sem qualquer regulação e nas piores condições, o capitalismo prorroga sua morte.

Diante de mais uma *crise* de acumulação do capital, o emprego é questão central; o exército de reserva de força de trabalho começa a ser a maioria dos trabalhadores, a "totalidade da força de trabalho da sociedade"; os qualificados e não qualificados estão "desocupados" e comprovam a insuficiência do sistema, acirrando, portanto, sua principal instância reguladora – emprego/desemprego. "Hoje, no período da decadência do imperialismo capitalista, é como se o exército de trabalhadores de reserva fosse o mundo todo" (Mészáros, 2002, p.326).

A *mundialização do capital*, o *processo de reestruturação produtiva*, o *neoliberalismo* são as protoformas das representações fenomênicas do mundo do trabalho como, por exemplo, o trabalho infantil, a informalidade, a precarização do trabalho, o desemprego. Em nossa análise, que objetivou alimentar de forma geral as principais questões dos eixos temáticos, entendemos que o desemprego estrutural e a crescente precarização do trabalho em âmbito mundial apontam para a futura insustentabilidade do sistema do capital, como forma de organização da produção e da vida social.

Nestas considerações finais, contudo, esforçamo-nos em analisar de forma geral as principais questões levantadas pelos autores dos artigos analisados no segundo capítulo. Por tal questão, justifica-se a retomada das discussões sobre a *reestruturação produtiva*, a *mundialização do capital*, a *acumulação flexível* e o *neoliberalismo*, pois a maioria dos artigos analisados tem como cenário social, para discutir o mundo do trabalho, tais fundamentos e principalmente tem como referência de estudo os autores: Antunes (2000; 2001), Harvey (2002), Mészáros (2002; 2003); Chesnais (1996), Mandel (1990).

Essas importantes particularidades da crise contemporânea do capital que destacamos em nossa análise são as determinações estruturais que atingem o mundo do trabalho. Essas, entendidas em suas representações fenomênicas, não são suficientes para interpretarmos o ciclo autodestrutivo do capital. Só conseguiremos elaborar "diagnósticos" precisos sobre o atual modo de produção e reprodução da vida social, quando apreendermos as questões em sua totalidade, como integrante do movimento contraditório do capital, e o conhecimento produzido tiver, como principal objetivo, a perspectiva da superação do capital pelo trabalho.

Perante as diversas contribuições que temos por parte dos estudiosos do tema, entendemos que o mundo do trabalho está no palco central da vida social. As mudanças na base material da sociedade ecoaram, principalmente na produção de valores de troca, na dimensão do *trabalho abstrato*, pois a particularidade histórica contemporânea apresenta as mais diversificadas inovações da produção que a *humanidade social* já presenciou. Os abalos sofridos pelo trabalho nada mais são do que mais uma *crise de acumulação e distribuição da riqueza social*, que, por seus parâmetros estruturais, só será superada com a transcendência do sistema do capital.

O Serviço Social, como profissão inserida na divisão social do trabalho, depara cotidianamente com as consequências da crise de acumulação do capital. Por exemplo, a "questão social" e suas expressões – saúde do trabalhador, pobreza, habitação, desemprego – campos de intervenções do assistente social, são produzidas pela relação conflituosa entre capital *versus* trabalho, o que afirma a aproximação e a necessidade de um saber minucioso do assistente social sobre o mundo do trabalho. É da relação antagônica entre capital *versus* trabalho que surgem as expressões da "questão social" e que se reafirma o espaço sócio-ocupacional dos assistentes sociais por meio de suas formas de ação que são as políticas, os programas e os projetos sociais.

Em nosso livro, procuramos mostrar como a discussão sobre o mundo do trabalho está presente na produção teórica do Serviço Social e a importância que esta aproximação tem para a compreensão da realidade social. A temática *trabalho* é necessária e está afirmada, no interior do Serviço Social, não simplesmente pela posição teórica e política dos assistentes sociais, mas sobretudo pela concretude histórica em que vivemos e com a qual nos defrontamos, cotidianamente, abarrotada de relações sociais emergentes de uma sociabilidade em que o trabalho está submisso ao capital e orienta as formas de exploração da força de trabalho, resultando na produção contraditória e crescente de pobreza e riqueza. Por fim, acreditar na *potência revolucionária do trabalho*, ainda carente de maior atenção pelos estudiosos do mundo do trabalho, não é crer em nenhuma doutrina ou dogma, mas é, antes de tudo, simultaneamente, comprometer-se em produzir um saber que descortine os horizontes vivos, concretos, históricos e possíveis de rupturas – *ruptura* tão necessária para o almejado processo de *emancipação político-social e humana*.

REFERÊNCIAS BIBLIOGRÁFICAS

ALMEIDA, M. C. C. Resenha: "O novo imperialismo" de David Harvey. 2.ed. São Paulo: Loyola, 2005. *Politeia:* História e Sociologia, Vitória da Conquista, v.6, n.1, p.251-7, 2006. Disponível em: <http://www.uesb.br/politeia/v6/resenha02.pdf>. Acesso em: 5 fev. 2008.

ALMEIDA, N. L. T. Considerações para o exame do processo de trabalho do Serviço Social. *Serviço Social & Sociedade,* São Paulo, ano 17, n.52, p.24-47, dez. 1996.

ALVARENGA, G. G. Empresa humanizada e competitiva: realidade ou utopia do Serviço Social. *Debates Sociais,* Rio de Janeiro, ano 37, n.61, p.11-8, jul./dez. 2002.

ALVES, G. A. P. *O novo (e precário) mundo do trabalho:* reestruturação produtiva e crise do sindicalismo. São Paulo: Boitempo, 2000.

_____. *Trabalho e mundialização do capital:* a nova degradação do trabalho na era da globalização. Disponível em: <http://www.globalization.sites.uol.com.br>. Acesso em: 10 mar. 2004.

_____. *A precariedade do trabalho no capitalismo global.* Curso de extensão universitária a distância. Marília: Unesp, 2007.

_____. *Dimensões da reestruturação produtiva:* ensaios de sociologia do trabalho. Londrina: Práxis, 2007.

ALVES, R. *Entre a ciência e a sapiência.* São Paulo: Loyola, 2001.

AMMANN, S. B. A produção científica do Serviço Social no Brasil. *Serviço Social & Sociedade,* São Paulo, ano 5, n.14, p.144-76, abr. 1984.

_____. Mulher: trabalha mais, ganha menos, tem fatias irrisórias de poder. *Serviço Social & Sociedade,* São Paulo, ano 18, n.55, p.84-104, nov. 1997.

ANAGUCHI, H. Y.; GIACOMETTI, I. A costura manual de calçados na cadeia pública de Franca. *Serviço Social e Realidade,* Franca, v.11, n.1, p.187-95, 2002.

ANDERSON, P. Balanço do neoliberalismo. In: SADER, E.; BORÓN, A. *Pós-neoliberalismo:* as práticas sociais e o Estado democrático. São Paulo: Paz e Terra, 1996.

ANDERY, M. A. et al. *Para compreender a ciência:* uma perspectiva histórica. São Paulo: Educ, 1988.

ANDRADE, A. R. A. et al. O programa de combate ao trabalho infantil em Franca: uma prática de pesquisa avaliativa. *Serviço Social e Realidade*, Franca, v.7, n.2, p.29-50, 1998.

ANDRADE, C. D. *Antologia poética*. São Paulo: Record, 2001.

ANTUNES, R. Dimensões da crise e as metamorfoses do mundo do trabalho. *Serviço Social & Sociedade*, São Paulo, ano 17, n.50, p.78-86, abr. 1996.

_____. *Adeus ao trabalho?*: ensaio sobre as metamorfoses e a centralidade do mundo do trabalho. 7.ed. rev. e ampl. São Paulo: Cortez, 2000.

_____. *Os sentidos do trabalho:* ensaio sobre a afirmação e a negação do trabalho. São Paulo: Boitempo, 2001.

_____. O desenho multifacetado hoje e sua nova morfologia. *Serviço Social & Sociedade*, São Paulo, ano 23, n.69, p.107-20, mar. 2002.

ÁVILA, V. F. *A pesquisa na dinâmica da vida e na essência da Universidade.* Campo Grande: Editora UFMS, 1995.

BANDEIRA, M. *Poesia completa e prosa*. Rio de Janeiro: Nova Aguilar, 1993.

BAPTISTA, M. V. Introdução à reflexão sobre problemas da pesquisa histórica no Serviço Social. *Serviço Social & Sociedade*, São Paulo, ano 13, n.39, p.117-25, ago. 1992.

BARBOSA, E. C. N. As transformações do mundo do trabalho e o sindicalismo brasileiro. *Serviço Social e Realidade*, Franca, v.7, n.1, p.38-57, 1998.

BARBOSA, R. N. et al. A categoria "processo de trabalho" e o trabalho do assistente social. *Serviço Social & Sociedade*, São Paulo, ano 19, n.58, p.109-30, nov. 1998.

BARROCO, M. L. Reflexões sobre ética, pesquisa e Serviço Social. *Temporalis:* Revista da Associação Brasileira de Ensino e Pesquisa em Serviço Social, Brasília, DF, ano 5, n.9, p.105-20, mar. 2005.

BEHRING, E. R. *Brasil em Contra-Reforma:* desestruturação do Estado e perda dos direitos. São Paulo: Cortez, 2003.

BERNARDO, J. Crise dos trabalhadores ou crise do socialismo? *Crítica Marxista*, São Paulo, v.1, t.4, p.22-7, 1997.

BERTANI, I. F. O trabalho assalariado e os processos de qualidade total. *Serviço Social e Realidade*, Franca, v.10, n.2, p.32-48, 2001.

BORDA, O. F. Por la práxis: el problema de como investigar la realidad para transformarla. *Serviço Social & Sociedade*, São Paulo, ano 4, n.11, p.29-62, abr. 1983.

BOSCHETTI, I. B. O trabalho e a assistência: as hesitações e os paradoxos do programa de renda mínima na França. *Serviço Social & Sociedade*, São Paulo, ano 17, n.52, p.50-69, dez. 1996.

BOURGUIGNON, J. A. A particularidade histórica da pesquisa no Serviço Social. *Revista Katálysis*, Florianópolis, v.10, n. esp., p.46-54, 2007.

BRAGA FILHO, H. A reorganização da indústria de calçados de Franca. *Serviço Social e Realidade*, Franca, v.9, n.1, p.97-120, 2000.

BRECHET, B. *Antologia poética*. Disponível em: <http://www.culturabrasil.org/brechtantologia>. Acesso em: 25 nov. 2006.

BUENO, M. S. Lazer e trabalho. *Serviço Social e Realidade*, Franca, v.5, n.1, p.10-27, 1996.

CADERNOS ABESS. A produção do conhecimento e o Serviço Social. São Paulo: Cortez, n.5, 1992. 136p.

_____. Produção científica e formação profissional. São Paulo: Cortez, n.6, 1993. 196p.

_____. Formação profissional: trajetórias e desafios. São Paulo: Cortez, n.7, 1997. 168p.

_____. Diretrizes curriculares e pesquisa em Serviço Social. São Paulo: Cortez, n.8, 1998. 117p.

CANÔAS, J. W. *A reestruturação produtiva em Franca:* os sindicatos em movimento. Franca: Editora Unesp/FHDSS, 2002.

_____. *Atitudes operárias no processo de reestruturação produtiva do capital.* Franca: Editora Unesp/FHDSS, 2003.

CANÔAS, J. W.; CINTRA, S. V. Franca, globalização e as estratégias de sobrevivência. *Serviço Social e Realidade,* Franca, v.10, n.1, p.25-46, 2001.

CAPACITAÇÃO em Serviço Social e política social: crise contemporânea, questão social e Serviço Social. Módulo 1. Brasília, DF: CEAD; CFESS; ABEPSS, 1999.

CAPES – Coordenação de Aperfeiçoamento de Pessoal de Nível Superior. Disponível em: <http://www.capes.gov.br>. Acesso em: 16 jan. 2008.

CARNEIRO, C. *Trabalho de mulheres:* construindo e reconstruindo identidades. Franca: Unesp/FHDSS, 1998.

CARVALHO, A. M. P. O desafio contemporâneo de fazer ciência. *Serviço Social & Sociedade,* São Paulo, ano 11, n.33, p.67-81, ago. 1990.

CARVALHO, D. B. B.; SILVA E SILVA, M. O. (Org.) *Serviço Social, pós-graduação e produção de conhecimento no Brasil.* São Paulo: Cortez, 2005.

CARVALHO, M. C. B. Trabalho precoce: qualidade de vida, lazer, educação e cultura. *Serviço Social & Sociedade,* São Paulo, ano 18, n.55, p.105-13, nov. 1997.

CASTEL, R. *As metamorfoses da questão social.* Petrópolis: Vozes, 1998.

CAVALCANTI, R. S. O Serviço Social na área de cultura de empresa. *Debates Sociais,* Rio de Janeiro, ano 37, n.61, p.89-96, jul./ago. 2002.

CBCISS. *História do CBCISS.* Disponível em: <http://www.cbciss.org/html/historia.htm>. Acesso em: 24 out. 2006.

CFESS. *Código de ética do assistente social.* Disponível em: <http://www.cfess.org.br>. Acesso em: 25 nov. 2005.

CECCI, L. A. H. O mundo do trabalho: implicações da política trabalhista. *Serviço Social e Realidade,* Franca, v.7, n.1, p.30-48, 1998.

CHASIN, J. Da razão do mundo ao mundo sem razão. In: _____. *Marx Hoje:* cadernos ensaio. São Paulo: Ensaio, 1988.

_____. Marx – estatuto ontológico e resolução metodológica. In: TEIXEIRA, F. *Pensando com Marx.* São Paulo: Ensaio, 1995.

_____. *Ad hominem:* rota e prospectiva de um projeto marxista. 1996. (mimeo)

CHAUÍ, M. *Escritos sobre a universidade.* São Paulo: Editora Unesp, 2001.

CHESNAIS, F. *A mundialização do capital.* São Paulo: Xamã, 1996.

CHIZZOTTI, A. *Pesquisa em ciências humanas e sociais*. São Paulo: Cortez, 2001.

COCCO, G. Neoliberalismo, sociedade civil e a nova centralidade do trabalho. *Praia Vermelha*, Rio de Janeiro, v.1, n.2, p.7-32, jan./jun. 1999.

COELHO, H. M. F.; GUIMARÃES, M. P. Estado democrático e políticas sociais na fala dos operários de Franca. *Serviço Social e Realidade*, Franca, v.5, n.1, p.5-17, 1996.

COELHO, V. P. O trabalho da mulher, relações familiares e qualidade de vida. *Serviço Social & Sociedade*, São Paulo, ano 23, n.71, p.63-79, set. 2002.

CORDEIRO, J. L.; LIMA, M. H. C. Frentes de trabalho: além de uma solução emergencial. *Serviço Social & Sociedade*, São Paulo, ano 22, n.68, p.140-75, nov. 2001.

COSTA, M. D. H. O trabalho nos serviços de saúde e a inserção dos(as) assistentes sociais. *Serviço Social & Sociedade*, São Paulo, ano 21, n.62, p.35-72, mar. 2000.

COUTINHO, C. N. *O Estruturalismo e a miséria da Razão*. Rio de Janeiro: Paz e Terra, 1972.

CNPq – Conselho Nacional de Desenvolvimento Científico e Tecnológico. Disponível em: <http//www.cnpq.br>. Acesso em: 21 nov. 2006.

DEMO, P. *Pesquisa:* princípio científico e educativo. São Paulo: Cortez, 1997a.

_____. *Conhecimento moderno:* sobre ética e intervenção do conhecimento. Petrópolis: Vozes, 1997b.

DURKHEIM. E. *As regras do método sociológico*. São Paulo: Martins Fontes, 1999.

FALEIROS, V. P. Alternativas metodológicas da pesquisa em Serviço Social. *Serviço Social & Sociedade*, São Paulo, ano 7, n.21, p.5-18, ago. 1989.

_____. Avaliação e perspectivas da área de Serviço Social. *Serviço Social & Sociedade*, São Paulo, ano 11, n.34, p.41-64, dez. 1991.

_____. Pesquisa em Serviço Social. *Debates Sociais*, Rio de Janeiro, ano 38, n.63-4, p.11-28, jan./jun. 2004.

FERNANDES, F. *Universidade brasileira:* reforma ou revolução? São Paulo: Alfa-Omega, 1979.

FEUERBACH, L. *Tesis provisionales para la reforma de la filosofia e princípios de la filosofia del futuro*. Barcelona: Labor, 1976.

FONSECA, L. M. Condições de trabalho e adoecimento na Guarda Municipal de Santos – SP. *Serviço Social & Sociedade*, São Paulo, ano 24, n.82, p.160-82, jul. 2005.

FREDERICO, C. *O jovem Marx:* as origens da ontologia do ser social. São Paulo: Cortez, 1995.

FREIRE, L. M. B. Serviço Social e reestruturação produtiva na empresa. *Debates Sociais*, Rio de Janeiro, ano 37, n.61, p.32-40, jul./dez. 2002.

_____. *O Serviço Social na reestruturação produtiva*. São Paulo: Cortez, 2003.

GADAMER, H. G. *Verdade e método:* traços fundamentais de uma hermenêutica filosófica. Petrópolis: Vozes, 2002.

GIACOMETTI, I. Os trabalhadores e a globalização do capitalismo. *Serviço Social e Realidade*, Franca, v.7, n.1, p.20-32, 1998.

GIACOMETTI, I.; SOUZA, S. A. Aspectos da terceirização no Brasil: recurso da acumulação flexível. *Serviço Social e Realidade*, Franca, v.13, n.2, p.107-16, 2004.

GOLDMANN, L. *Ciências humanas e filosofia*. São Paulo: DEL, 1967.

GONÇALVES, R. Desemprego e progresso técnico. *Praia Vermelha*, Rio de Janeiro, v.1, n.2, p.77-100, jan./jun.1999.

GONÇALVES, R. S. Catadores de material recicláveis: trabalhadores fundamentais na cadeia de reciclagem do país. *Serviço Social & Sociedade*, São Paulo, ano 24, n.82, p.85-72, jul. 2005.

GORZ, A. *Adeus ao proletariado*. Rio de Janeiro: Forense, 1982.

_____. Direito ao trabalho versus renda mínima. *Serviço Social & Sociedade*, São Paulo, ano 17, n.52, p.76-85, dez. 1996.

GRAVE, F. Trabalho, desemprego e Serviço Social. *Serviço Social & Sociedade*, São Paulo, ano 23, n.69, p.73-106, mar. 2002.

GUERCIO, M. A. O Estado, o neoliberalismo e o mundo do trabalho: reflexões e tendências. *Serviço Social e Realidade*, Franca, v.7, n.1, p.45-70, 1998.

GUERRA, Y. Instrumentalidade do processo de trabalho e Serviço Social. *Serviço Social & Sociedade*, São Paulo, ano 21, n.62, p.5-34, mar. 2000.

GUSMÃO, R. A terceirização de serviços na contra-reforma do Estado. *Serviço Social & Sociedade*, São Paulo, ano 23, n.70, p.92-114, jul. 2002.

HABERMAS, J. *Técnica e ciência como ideologia*. São Paulo: Martins Fontes, 1994.

HARVEY, D. *A condição pós-moderna*. São Paulo: Loyola, 2002.

_____. *O novo imperialismo*. São Paulo: Loyola, 2005.

HEGEL, G. W. F. *Fenomenologia do espírito*. Petrópolis: Vozes, 2005.

HOLANDA, M. N. O trabalho em sentido ontológico para Marx e Lukács: algumas considerações sobre o trabalho e Serviço Social. *Serviço Social & Sociedade*, São Paulo, ano 23, n.69, p.5-29, mar. 2002.

HUME, D. *Investigação acerca do entendimento humano*. São Paulo: Nova Cultural, 1999.

HUSSERL, E. *La filosofia como ciencia estricta*. Bueno Aires: Editorial Nova, 1960.

IAMAMOTO, M. V. *Renovação e conservadorismo no Serviço Social*. São Paulo: Cortez, 2000a.

_____. *Serviço Social na contemporaneidade*. São Paulo: Cortez, 2000b.

_____. *Trabalho e indivíduo social:* um estudo sobre a condição operária na agroindústria canavieira paulista. São Paulo: Cortez, 2001.

_____. *Serviço Social em tempo de capital fetiche*. São Paulo: Cortez, 2007.

IAMAMOTO, M. V.; CARVALHO, R. *Relações sociais e Serviço Social no Brasil*. São Paulo: Cortez, 1998.

IAMAMOTO, M. V. et al. Relatório avaliativo da área de pós-graduação em Serviço Social (período: 1987/1989). *Serviço Social & Sociedade*, São Paulo, ano 13, n.38, p.141-66, abr. 1992.

IANNI, O. *Dialética e capitalismo:* ensaio sobre o pensamento de Marx. Petrópolis: Vozes, 1982.

JUNCÁ, D. C. M. Ilhas da exclusão: o cotidiano dos catadores de lixo de Campos. *Serviço Social & Sociedade*, São Paulo, ano 17, n.52, p.106-26, dez. 1996.

_____. Da cana para o lixo: um percurso de desfiliação? *Serviço Social & Sociedade*, São Paulo, ano 21, n.63, p.131-50, jul. 2000.

KAMEYAMA, N. A trajetória da produção de conhecimentos em Serviço Social: alguns avanços e tendências (1975-1997). *Cadernos Abess*, São Paulo, n.8, p.33-77, 1998.

_____. Ética empresarial. *Praia Vermelha*, Rio de Janeiro, v.1, n.11, p.148-67, jul./dez. 2004.

KANT. I. *Crítica da razão pura*. São Paulo: Nova Cultural, 1999.

KARSCH, U. M. S. A produção acadêmica do assistente social: alguns pontos de vista sobre pesquisa. *Serviço Social & Sociedade*, São Paulo, ano 9, n.28, p.121-6, dez. 1988.

KAUFMANN, J. N. Turbulências no mundo do trabalho. Quais são as perspectivas? *Serviço Social & Sociedade*, São Paulo, ano 23, n.69, p.30-52, mar. 2002.

KONDER, L. *O que é dialética*. São Paulo: Brasiliense, 1981.

LADRIERE, J. *Filosofia e práxis científica*. Rio de Janeiro: F. Alves, 1978.

LARA, R. *As determinações do trabalho (in)visível*. Franca, 2005. 254f. Dissertação (Mestrado em Serviço Social) – Faculdade de História, Direito e Serviço Social, Universidade Estadual Paulista "Júlio de Mesquita Filho".

_____. Contribuições acerca da crise de acumulação do capital. *Revista Agora*, Rio de Janeiro, ano 2, n.4, jul. 2006. Disponível em: <http://www.assistentesocial.com.br/agora4/LARA.doc>. Acesso em: 20 fev. 2008.

_____. Pesquisa e Serviço Social: da concepção burguesa de ciências sociais à perspectiva ontológica. *Revista Katálysis*, Florianópolis, v.10, n. esp., p.73-82, 2007.

LARA, R.; CANÔAS, J. W. Sob a ótica do trabalho: questionamentos e depoimentos sobre as condições de trabalho na indústria de calçados de Franca/SP. *Serviço Social e Realidade*, Franca, v.13, n.2, p.25-42, 2004.

LEHFELD, N. A. S. A fabricação de calçados e o processo de terceirização: a dupla exploração da criança e do adolescente no trabalho informal. *Serviço Social e Realidade*, Franca, v.6, n.1, p.5-25, 1997/1998.

LEHFELD, N. A. S.; SILVA, N. A. A municipalização e as ações relativas ao trabalho infanto-juvenil. *Serviço Social e Realidade*, Franca, v.6, n.2, p.51-77, 1997/1998.

LEITE, M. de P. Reestruturação produtiva: novas tecnologias e novas formas de gestão da mão-de-obra. In: OLIVEIRA, C. A. et al (Org.) *O mundo do trabalho*. São Paulo: Cesit; Scritta, 1994.

LEMOS. J. Reposicionamento do Serviço Social da empresa brasileira de correios e telégrafos. *Debates Sociais*, Rio de Janeiro, ano 37, n.61, p.41-62, jul./dez. 2002.

LENIN, V. I. *Materialismo e empiro-criticismo*: notas e críticas sobre uma filosofia reacionária. Rio de Janeiro: Editorial Calvino, 1946.

LESSA, S. A centralidade ontológica do trabalho em Lukács. *Serviço Social & Sociedade*, São Paulo, ano 17, n.52, p.7-23, dez. 1996.

_____. *Mundo dos homens*: trabalho e ser social. São Paulo: Boitempo, 2002.

_____. *Trabalho e proletariado no capitalismo contemporâneo*. São Paulo: Cortez, 2007.

LIRA, I. C. D. Informalidade: reflexões sobre o tema. *Serviço Social & Sociedade*, São Paulo, ano 23, n.69, p.140-50, mar. 2002.

LOBO, M. S. Sensibilizando para a qualidade e produtividade. *Debates Sociais*, Rio de Janeiro, ano 37, n.61, p.76-80, jul./dez. 2002.

LOCKE. J. *Ensaio sobre o entendimento humano*. São Paulo: Nova Cultural, 1999.

LOJKINE, J. Novas tecnologias geradoras de empregos? *Praia Vermelha*, Rio de Janeiro, v.1, n.1, p.167-82, jan./jun. 1997.

_____. Estratégias políticas e sindicais em face da mundialização e da reestruturação produtiva. *Praia Vermelha*, Rio de Janeiro, v.1, n.2, p.51-76, jan./jun. 1999.

_____. *A revolução informacional*. São Paulo: Cortez, 2002.

LÖWY, M. *Método dialético e teoria política*. Rio de Janeiro: Paz e Terra, 1978.

_____. *As aventuras de Karl Marx contra o Barão de Münchhausen*. São Paulo: Cortez, 1994.

LUKÁCS, G. *Existencialismo ou marxismo*. São Paulo: Senzala, 1967.

_____. *Marxismo e teoria da literatura*. Rio de Janeiro: Civilização Brasileira, 1968.

_____. *Introdução a uma estética marxista:* sobre a particularidade como categoria da estética. Rio de Janeiro: Civilização Brasileira, 1970.

_____. As bases ontológicas da atividade humana. In: *Temas de Ciências Humanas*. São Paulo: Ciências Humanas, 1978. v.4.

_____. *Ontologia do Ser Social:* os princípios ontológicos fundamentais de Marx. São Paulo: Ciências Humanas, 1979a.

_____. *Ontologia do Ser Social:* a falsa e a verdadeira ontologia de Hegel. São Paulo: Ciências Humanas, 1979b.

_____. *Ontologia do Ser Social:* a alienação. Trad. Sérgio Lessa. s. d. (a) (Mimeog.)

_____. *Ontologia do Ser Social:* o problema da ideologia. Trad. Ivo Tonet. s. d. (b) (Mimeog.)

_____. *Ontologia do Ser Social:* o trabalho. Trad. Ivo Tonet. s. d. (c) (Mimeog.)

_____. *Per una ontologie dell'essere sociale*. Roma: Riuniti, 1981.

_____. *Sociologia*. São Paulo: Ática, 1981. (Grandes Cientistas Sociais, n.20).

MANDEL, E. *A crise do capital:* os fatos e sua interpretação marxista. São Paulo: Ensaio, 1990.

MARCUSE, H. *Razão e revolução*. Rio de Janeiro: Paz e Terra, 1978.

MARTINELLI, M. L. *Serviço Social: identidade e alienação*. São Paulo: Cortez, 2000.

MARTINELLI, M. L.; JOSÉ FILHO, M. Mesa-redonda: a produção do conhecimento em Serviço Social. In: CONGRESSO NACIONAL DE SERVIÇO SOCIAL DA SAÚDE, 2, 2004, *Anais...* São Paulo: TVMED, 2004.

MARTINEZ, T. M. As novas mudanças do Serviço Social de empresa. *Debates Sociais*, n.61, 2002.

MARTINEZ, T. M.; SILVA, T. C. Empresa humanizada e competitiva: realidade ou utopia do Serviço Social. *Debates Sociais*, Rio de Janeiro, ano 37, n.61, p.11-8, jul./dez. 2002.

MARTINS DE SÁ, J. L. *Conhecimento e currículo em Serviço Social*. São Paulo: Cortez, 1995.

MARTINS, H. de S.; RAMALHO, J. R. *Terceirização: diversidade e negociação no mundo do trabalho*. São Paulo: Hucitec; Cedi-Nets, 1994.

MARX, K. *Critica del programa de Gotha*. Bueno Aires: Lautaro, 1946.

_____. *Capítulo VI inédito de O capital*: resultados do processo de produção imediata. São Paulo: Morais, 1969.

_____. *Capital y tecnologia*: manuscritos inéditos (1861-1863). México: Terra Nova, 1980a.

_____. *Obras escolhidas*. São Paulo: Alfa-Omega, 1980b. v.1.

_____. *Miséria da filosofia*: resposta à Filosofia da Miséria do Sr. Prodhon. São Paulo: Ciências Humanas, 1982.

_____. *Contribuição à crítica da economia política*. 2.ed. São Paulo: Martins Fontes, 1983.

_____. *Manuscritos econômico-filosóficos*. Lisboa: Edições 70, 1993.

_____. *Fondements de la critique de l'economie politique*. Paris: Antrophos, 1995.

_____. *O capital*: crítica da economia política. 19.ed., Rio de Janeiro: Civilização Brasileira, 2002a. Livro 1, v.1.

_____. *O capital*: crítica da economia política. 19.ed. Rio de Janeiro: Civilização Brasileira, 2002b. Livro, v.2.

_____. *A Sagrada família*. São Paulo: Boitempo, 2003.

_____. *Manuscritos econômico-filosóficos*. São Paulo: Boitempo, 2004.

_____. *Crítica da filosofia do direito de Hegel*. São Paulo: Boitempo, 2005.

MARX, K.; ENGELS, F. *A ideologia alemã*. 11.ed. São Paulo: Hucitec, 1999.

_____; _____. *A ideologia alemã*. São Paulo: Boitempo, 2007.

MEDEIROS, F. A. F. Pesquisa para graduados em Serviço Social: gerar conhecimento ou intervir? *Serviço Social & Sociedade*, São Paulo, ano 11, n.33, p.97-108, ago. 1990.

MELO, H. P. O trabalho feminino na indústria: o que mudou? *Praia Vermelha*, Rio de Janeiro, v.11, n.11, p.30-45, jul./dez. 2004.

MÉSZÁROS, I. *Filosofia, ideologia e ciência social*. São Paulo: Ensaio, 1993.

_____. *Para além do capital*. São Paulo: Boitempo, 2002.

_____. *O século XXI*: socialismo ou barbárie? São Paulo: Boitempo, 2003.

_____. *O poder da ideologia*. São Paulo: Boitempo, 2004.

_____. *A teoria da alienação em Marx*. São Paulo: Boitempo, 2006.

MONTAÑO, C. E. Globalização e reestruturação produtiva: duas determinantes para a estratégia neoliberal de Estado e mercado. *Praia Vermelha*, Rio de Janeiro, v.1, n.2, p.101-26, jan./jun. 1999.

_____. *Terceiro setor e questão social*: crítica ao padrão emergente de intervenção social. São Paulo: Cortez, 2003.

MOTA, A. E. As transformações no mundo do trabalho e seus desafios para o Serviço Social. *O Social em Questão*, Rio de Janeiro, v.1, n.1, p.51-62, jan./jun. 1997.

_____. Reestruturação produtiva e Serviço Social. *Praia Vermelha*, Rio de Janeiro, v.1, n.2, p.33-50, jan./jun. 1999.

_____. (Org.) *Nova fábrica de consensos*. São Paulo: Cortez, 2000.

NASCIMENTO, A. A natureza do pensamento marxiano e a superação da concepção política moderna. *Temporalis*: Revista da Associação Brasileira de Ensino e Pesquisa em Serviço Social, Brasília, DF, ano 5, n.10, p.10-31, 2005.

NAVARRO, V. L. *A produção de calçados de couro em Franca (SP):* reestruturação produtiva e seus impactos sobre o trabalho. Ribeirão Preto, 1998. 301f. Tese (Doutorado em Ciências Sociais) – Faculdade de Filosofia, Ciências e Letras, Universidade de São Paulo.

NETTO, J. P. *Capitalismo e reificação.* São Paulo: LECH, 1981.

_____. Notas para a discussão da sistematização da prática e da teoria em Serviço Social. *Cadernos Abess,* São Paulo, n.3, p.141-53, 1989.

_____. *Capitalismo monopolista e Serviço Social.* São Paulo: Cortez, 1996a.

_____. Transformações societárias e Serviço Social – notas para uma análise prospectiva da profissão no Brasil. *Serviço Social & Sociedade,* São Paulo, ano 17, n.50, p.87-132, abr. 1996b.

_____. *Crise do socialismo e ofensiva neoliberal.* São Paulo: Cortez, 2001a.

_____. *Ditadura e Serviço Social.* São Paulo: Cortez, 2001b.

_____. Cinco notas a propósito da "questão social". *Temporalis:* Revista da Associação Brasileira de Ensino e Pesquisa em Serviço Social, Brasília, DF, ano 2, n.3, p.41-50, 2001c.

_____. O Serviço Social e a crise dos paradigmas na pós-Modernidade. *Debates Sociais,* Rio de Janeiro, ano 38, n.63-4, p.50-63, jan./jun. 2004.

_____. O Movimento de reconceituação: 40 anos depois. *Serviço Social & Sociedade,* São Paulo, ano 26, n.84, p.5-20, nov. 2005.

NEVES, N. P.; SOUZA, V. C. T. Enfrentando o mundo do trabalho: relatos orais de pessoas com deficiências. *Serviço Social e Realidade,* Franca, v.14, n.2, p.20-35, 2005.

NICACIO, E. M. Da exclusão a manipulação da subjetividade no mundo do trabalho. *Praia Vermelha,* Rio de Janeiro, v.1, n.5, p.216-37, jan./jun. 2001.

NÓBREGA, F. P. *Compreender Hegel.* Petrópolis: Vozes, 2005.

NOGUEIRA, C. M. *A feminização no mundo do trabalho:* entre a precarização e emancipação. Campinas: Autores Associados, 2004.

_____. *O trabalho duplicado:* a divisão sexual no trabalho e na reprodução. São Paulo: Expressão Popular, 2006.

OFFE, C. Trabalho com categoria sociológica fundamental? In: *Trabalho e sociedade.* Rio de Janeiro: Tempo Brasileiro, 1989. v.1.

OLIVEIRA, E. A. O atual estágio da acumulação capitalista: destruição criativa ou criação destrutiva? *Serviço Social & Sociedade,* São Paulo, ano 26, n.82, p.22-45, jul. 2005.

PADILHA, V. *Tempo livre e capitalismo:* um par imperfeito. Campinas: Alínea, 2000.

_____. *Shopping center:* a catedral das mercadorias. São Paulo: Boitempo, 2006.

PÁDUA, E. M. M. *Metodologia da pesquisa:* abordagem teórico-prática. 7.ed. Campinas: Papirus, 2004.

PANIAGO, M. C. S. Lutas defensivas do trabalho. *Serviço Social & Sociedade,* São Paulo, ano 24, n.76, p.78-92, nov. 2003.

PEREIRA, P. A. P. Abordagem da pesquisa em Serviço Social. *Serviço Social & Sociedade,* São Paulo, ano 7, n.21, p.37-46, ago. 1986.

PICASSO, M. O (Org.) *Leandro Konder: a revanche da dialética*. São Paulo: Editora Unesp; Boitempo, 2002.

PINASSI, M. O. *Da miséria ideológica à crise do capital:* uma reconciliação histórica. São Paulo: Boitempo, 2009.

PINTO, J. B. A pesquisa e a construção da teoria do Serviço Social. *Serviço Social & Sociedade*, São Paulo, ano 7, n.21, p.47-54, ago. 1986.

POCHMANN, M. *O emprego na globalização:* a nova divisão internacional do trabalho e os caminhos que o Brasil escolheu. São Paulo: Boitempo, 2001.

QUINTANEIRO, T. et al. *Um toque de clássicos:* Durkheim, Marx e Weber. Belo Horizonte: Editora UFMG, 1999.

QUIROGA, C. O (não-)trabalho: identidade juvenil construída pelo avesso. *Praia Vermelha*, Rio de Janeiro, v.1, n.7, p.36-52, jan./jun. 2002.

RAMALHO, J. R. A nova face do mundo industrializado nos anos de 1990. *Tempo e Presença*, São Paulo, v.18, n.228, p.47-58, 1996.

RANIERI, J. *A câmara escura:* alienação e estranhamento em Marx. São Paulo: Boitempo, 2001.

REY, B. F. et al. Preparação para a aposentadoria e os programas nesta área. *Serviço Social & Sociedade*, São Paulo, ano 17, n.52, p.146-60, dez. 1996.

ROCHA, C. S.; FRITSCH, R. Qualidade de vida no trabalho e ergonomia: conceitos e práticas complementares. *Serviço Social & Sociedade*, São Paulo, ano 23, n.69, p.53-72, mar. 2002.

ROMERO, D. *Marx e a técnica:* um estudo dos manuscritos de 1861-1863. São Paulo: Expressão Popular, 2005.

ROUSSEAU, J. J. *Discurso sobre a origem e os fundamentos da desigualdade entre os homens*. São Paulo: Nova Cultural, 1999.

_____. *Discurso sobre as ciências e as artes*. São Paulo: Nova Cultural, 1999.

RUIZ, J. A. *Metodologia científica:* guia para eficiência nos estudos. São Paulo: Atlas, 1996.

SÁ, M. E. R.; BARBOSA, M. J. S. A cidade, a reestruturação produtiva e a nova ordem mundial. *Serviço Social & Sociedade*, São Paulo, ano 23, n.72, p.7-15, nov. 2002.

SALVADOR, E. Implicações da Reforma da Previdência sobre o mercado de trabalho. *Serviço Social & Sociedade*, São Paulo, ano 26, n.81, p.24-37, mar. 2005.

SALVADOR, E.; BOSCHETTI, I. A reforma da Previdência Social no Brasil e os impactos sobre o mercado de trabalho. *Serviço Social & Sociedade*, São Paulo, ano 23, n.70, p.114-39, jul. 2002.

SANTOS, A. A reforma trabalhista e sindical do governo Lula: de volta aos parâmetros neoliberais. *Serviço Social & Sociedade*, São Paulo, ano 26, n.81, p.15-30, mar. 2005.

SANTOS, B. S. *Um discurso sobre as ciências*. Porto: Afrontamento, 1991.

_____. *A globalização e as ciências sociais*. São Paulo: Cortez, 2002.

SANTOS, M. A. A reestruturação produtiva e seus impactos na saúde do trabalhador. *Serviço Social & Sociedade*, São Paulo, ano 26, n.82, p.73-85, jul. 2005.

SANTOS, M. M. *Mulher operária:* trabalho, cotidiano e indústria cultural. Franca: Editora Unesp; FHDSS, 2001.

SARTRE, J. P. *Questão de método*. São Paulo: DEL, 1967.

SERPA, M. A. A instituição sindicato é necessária hoje? *Serviço Social & Sociedade*, São Paulo, ano 20, n.60, p.125-59, jul. 1999.

SERRA, R. (Org.). *Trabalho e reprodução:* enfoque e abordagens. São Paulo: Cortez, 2001.

SERVIÇO SOCIAL & SOCIEDADE. Mundo do trabalho. São Paulo, Cortez, ano 17, n.52, mar. 1996, 175p.

SETÚBAL, A. A. *Pesquisa em Serviço Social:* utopia e realidade. São Paulo: Cortez, 1995.

_____. *Pesquisa em Serviço Social:* utopia e realidade. 3.ed. São Paulo: Cortez, 2005.

_____. Desafios à pesquisa no Serviço Social: da formação acadêmica à prática profissional. *Revista Katálysis*, Florianópolis, v.10, n. esp., p.64-72, 2007.

SILVA, T. C. Reposicionamento do Serviço Social da empresa brasileira de correios e telégrafos. *Debates Sociais*, Rio de Janeiro, ano 37, n.61, p.28-31, jul./dez. 2002.

SILVA, J. O. Políticas públicas municipais de trabalho e renda na perspectiva da economia solidária. *Serviço Social & Sociedade*, São Paulo, ano 23, n.69, p.121-39, mar. 2002.

SILVA, M. D. C. A produção do conhecimento no Serviço Social e sua relação com os princípios éticos. *Serviço Social & Sociedade*, São Paulo, ano 25, n.77, p.121-47, mar. 2004.

SILVA, M. L. O. Adultização da infância: o cotidiano das crianças trabalhadoras no mercado Ver-o-peso, em Belém do Pará. *Serviço Social & Sociedade*, São Paulo, ano 23, n.69, p.151-72, mar. 2002.

SILVA, M. V. A. O Serviço Social e as estratégias de controle de gestão da força de trabalho. *Praia Vermelha*, Rio de Janeiro, v.1, n.3, p.30-42, jan./jun. 2000.

SILVA E SILVA, M. O. *Renda mínima e reestruturação produtiva*. São Paulo: Cortez, 1997.

SIMIONATTO, I. Os desafios na pesquisa e na produção do conhecimento em Serviço Social. *Temporalis*: Revista da Associação Brasileira de Ensino e Pesquisa em Serviço Social, Brasília, DF, ano 5, n.9, p.20-8, jan./jun. 2005.

SIQUEIRA, J. R. O trabalho e a assistência social na reintegração do preso à sociedade. *Serviço Social & Sociedade*, São Paulo, ano 22, n.67, p.53-75, set. 2001.

SIQUEIRA, M. C. O.; CANÔAS, J. W. As questões do trabalho frente o neoliberalismo e o terceiro setor. *Serviço Social e Realidade*, Franca, v.10, n.1, p.21-36, 2001.

SILVEIRA, A. J. et al. Desigualdade social, trabalho e crise da modernidade. *Serviço Social e Realidade*, Franca, v.7, n.1, p.23- 42, 1998.

SOUSA, A. A. S. de. Pós-modernidade: fim da modernidade ou mistificação da realidade contemporânea? *Temporalis:* Revista da Associação Brasileira de Ensino e Pesquisa em Serviço Social, Brasília, DF, ano 5, n.10, p.51-81, 2005.

SPOSATI, A. Pesquisa e produção do conhecimento no campo do Serviço Social. *Revista Katálysis*, Florianópolis, v.10, n. esp., p.15-25, 2007.

STOTZ, E. N. Reestruturação industrial na visão dos empresários brasileiros. *Serviço Social & Sociedade*, São Paulo, ano 17, n.52, p.86-105, dez. 1996.

TAVARES, M. A. *Os fios (in)visíveis da produção capitalista:* informalidade e precarização do trabalho. São Paulo: Cortez, 2004.

TEIXEIRA, B. B.; MARQUES, A. C. A intervenção do Serviço Social no cotidiano instituciona l frente às novas relações de trabalho. *Debates Sociais*, Rio de Janeiro, ano 37, n.61, p.70-5, jul./ago. 2002.

TEIXEIRA, F. J. S. Marx e as metamorfoses do mundo do trabalho. *Universidade e Sociedade*, [São Paulo], ano 5, n.8, p.106-16, fev. 1995.

_____. Ética e trabalho. *Praia Vermelha*, Rio de Janeiro, v.1, n.11, p.23-42, jul./dez. 2004.

TELES, J. R. A trajetória dos desempregados calçadista de Franca/SP. *Serviço Social e Realidade*, Franca, v.12, n.2, p.25-46, 2003.

TONET, I. A crise das ciências sociais. *Serviço Social & Sociedade*, São Paulo, ano 14, n.41, p.103-17, abr. 1993.

_____. O pluralismo metodológico: um falso caminho. *Serviço Social & Sociedade*, São Paulo, ano 16, n.48, p.35-57, ago. 1995.

_____. Modernidade, pós-modernidade e razão. *Temporalis:* Revista da Associação Brasileira de Ensino e Pesquisa em Serviço Social, Brasília, DF, ano 5, n.10, p.5-21, 2005.

TRIGUEIRO, M. *Universidades públicas*. Brasília, DF: Editora UnB, 1999.

VICO, G. *Princípios de (uma) ciência nova:* acerca da natureza comum das nações. São Paulo: Abril Cultural, 1984.

WEBER, M. A "objetividade" do conhecimento nas ciências sociais. In: COHN, G. *Max Weber: sociologia*. São Paulo: Ática, 1991. (Grandes Cientistas Sociais, v.13)

WENDHAUSEN. E. J. Pensando os direitos humanos como fornecedores de capital social: o trabalho infanto-juvenil na cultura de arroz no estado do Sergipe. *Serviço Social & Sociedade*, São Paulo, ano 27, n.86, p.122-38, jul. 2006.

YACOUB, L. B. D. Inovações na gestão de mão-de-obra. *Serviço Social & Sociedade*, São Paulo, ano 19, n.57, p.52-73, jul. 1998.

_____. A luta contemporânea pela redução da jornada de trabalho: recuperando antigas bandeiras. *Serviço Social & Sociedade*, São Paulo, ano 26, n.82, p.46-72, jul. 2005.

YAZBEK, M. C. (Org.) Projeto de revisão curricular da Faculdade de Serviço Social/PUC-SP. *Serviço Social & Sociedade*, São Paulo, ano 5, n.14, p.55-78, mar. 1994.

_____. Globalização, precarização das relações de trabalho e seguridade social. *Serviço Social & Sociedade*, São Paulo, ano 17, n.52, p.43-60, dez. 1996.

_____. O Serviço social como especialização do trabalho coletivo. In: *Capacitação em Serviço Social e política social:* reprodução social, trabalho e Serviço Social. Módulo 2. Brasília, DF: Cead; CFESS; Abepss, 1999.

_____. Os fundamentos do Serviço Social na contemporaneidade. In: *Capacitação em Serviço Social e política social:* o trabalho do Assistente Social e as políticas sociais. Módulo 4. Brasília, DF: Cead; CFESS; Abepss, 2000.

_____; SILVA, M. O. S. Das origens à atualidade da profissão: a construção da Pós Graduação em Serviço Social no Brasil. In: CARVALHO, D. B. B.; SILVA E SILVA, M. O. (Org.) *Serviço Social, pós-graduação e produção de conhecimento no Brasil*. São Paulo: Cortez, 2005a. v.1.

_____. Os caminhos para a pesquisa no Serviço Social. *Temporalis:* Revista da Associação Brasileira de Ensino e Pesquisa em Serviço Social, Brasília, DF, ano 5, n.9, p.30-4, 2005b.

SOBRE O LIVRO

Formato: 16 x 23 cm
Mancha: 27,5 x 49,0 paicas
Tipologia: Horley Old Style 11/15
Papel: Offset 75 g/m2 (miolo)
Cartão Supremo 250 g/m2 (capa)
1ª edição: 2011

EQUIPE DE REALIZAÇÃO

Coordenação Geral
Marcos Keith Takahashi

Impressão e acabamento